Gianluigi Nuzzi

VATIKAN AG

Gianluigi Nuzzi

VATIKAN AG

Ein Geheimarchiv enthüllt die Wahrheit
über die Finanz- und Politskandale
der Kirche

Aus dem Italienischen von
Friederike Hausmann, Petra Kaiser und Rita Seuß

ecoWIN

Gianluigi Nuzzi
Vatikan AG
Ein Geheimarchiv enthüllt die Wahrheit über die Finanz- und Politskandale der Kirche

Die italienische Originalausgabe erschien 2009
unter dem Titel „Vaticano S.p.A."
bei Chiarelettere editore srl, Mailand

Produktgruppe aus vorbildlich bewirtschafteten Wäldern
und anderen kontrollierten Herkünften

Zert.-Nr. SGS-COC-004295
www.fsc.org
© 1996 Forest Stewardship Council

Das für dieses Buch verwendete FSC-zertifizierte Papier
EOS lieferte Salzer, St. Pölten

Umschlagidee und -gestaltung: **kratkys.net**

© 2009 by Gianluigi Nuzzi
Deutsche Ausgabe: © 2010 Ecowin Verlag, Salzburg
Lektorat: Dr. Arnold Klaffenböck, Mag. Claudia Dehne
Autorenfoto Nuzzi: Massimo Prizzon
Gesamtherstellung: www.theiss.at
Gesetzt aus der Sabon
Printed in Austria
ISBN 978-3-902404-89-3

2 3 4 5 6 7 8 / 12 11 10

www.ecowin.at

„Die beiden Zeichnungsberechtigten sind
de Bonis Donato und Andreotti Giulio."

*Das Bankdokument belegt, dass für das Konto
der Spellman-Stiftung auch Andreotti zeichnungsberechtigt war.*

„Mama de Bonis, Kampf gegen die Leukämie;
Jonas Foundation, Hilfe für arme Kinder:
über diese Konten liefen keine Spendengelder,
sondern beträchtliche Schmiergeldsummen."

„Sie sind dabei, uns in die Zange zu nehmen.
Befreundete Quellen in der Finanzpolizei haben
mich gewarnt."

*Angelo Caloia, Präsident des IOR, wurde in Echtzeit
über die Pläne der „Mani pulite"-Staatsanwälte informiert.*

„Heiliger Vater, ich betrachte es als meine
Pflicht, Eure Heiligkeit direkt von der
Summe in Kenntnis zu setzen, die das IOR
Eurer Heiligkeit zur Verfügung stellen kann.
Es sind 72,5 Milliarden italienische Lire,
die nach Rückstellung von mehr als
170 Milliarden für Risiken unterschiedlicher
Art übrig bleiben.“

Brief Angelo Caloias an Johannes Paul II., 16. März 1994.

„Die ins IOR gebrachten Wertpapiere stammen
aus Schmiergeldzahlungen an Politiker,
und die Beträge gingen mit Sicherheit als
sauberes Geld an sie zurück."

Brief Angelo Caloias an Kardinalstaatssekretär Angelo Sodano,
5. Oktober 1993.

„In den Beständen des IOR befinden sich
27,9 Milliarden Staatsanleihen,
Schatzanweisungen mit variabler und
fester Verzinsung [...].
Nicht alle Nummern sind ‚sauber'".

Aus dem Bericht Renato Dardozzis, Oktober 1993.

„Die Operation ‚Sofia', also der Versuch,
eine sogenannte Große Partei der Mitte
aufzubauen, die dann die Macht übernehmen
sollte."

*Aussage von Giancarlo Capaldo, Oberstaatsanwalt in Rom und
Koordinator der Ermittlungen zum Staatsstreich der Kardinäle.*

„Alle Transaktionen zugunsten meines Vaters
liefen über die Konten und Schließfächer beim
IOR."

*Massimo Ciancimino, Sohn des ehemaligen Bürgermeisters
von Palermo, Vito Ciancimino.
Vito wurde wegen Unterstützung einer mafiaartigen
Vereinigung verurteilt.*

Für Edoardo und Valentina

Inhaltsverzeichnis

Über dieses Buch	15
Vorwort zur deutschen Ausgabe	21

Erster Teil
Die Geheimpapiere des Vatikans	35
Aufstieg und Fall von Erzbischof Marcinkus	37
Zeichnungsberechtigt: Andreotti Giulio	63
Das parallele IOR	97
Enimont. Das Schmiergeldkomplott	111
Enimont. Falsche Fährten	147
Enimont. Die Vertuschungsmanöver	195
Betrug und Erpressung in den heiligen Hallen	225
Die Gelder des Papstes und das IOR nach de Bonis	253

Zweiter Teil
Die andere Recherche.
Die „Große Partei der Mitte" und das Geld der Mafia	285
Der Staatsstreich der Kardinäle	287
Das IOR und die Gelder für Provenzano	321

Danksagung	339
Glossar	341
Register	349

Über dieses Buch

Die geheimen Unterlagen eines Monsignore

Ein umfangreiches Archiv mit geheimen, bisher unveröffentlichten Dokumenten: Buchungsbelege, Briefe, vertrauliche Mitteilungen, Aufsichtsratsprotokolle, Kopien von Banküberweisungen, Auszüge von Nummernkonten und Geheimbilanzen des Instituts für die Werke der Religion (IOR, Istituto per le Opere di Religione), wie die Vatikanbank offiziell heißt. Dies ist das Material, das mir Einblick in die Geheimnisse des Vatikans verschaffte. Es wurde mir auf ausdrücklichen Wunsch von Monsignor Renato Dardozzi (1922–2003) übergeben, der von 1974 bis Ende der neunziger Jahre in der Verwaltung der Kirchenfinanzen eine leitende Position innehatte.

Mehr als 20 Jahre lang zählte Dardozzi zu den wenigen Monsignori, die an den geheimen Sitzungen der engsten päpstlichen Mitarbeiter teilnahmen. In stuckverzierten, mit Samt ausgekleideten Sälen hinter doppelten Türen agierte man lautlos und geheim, um im Namen der Kirche durchgeführte krumme Finanzoperationen wieder geradezubiegen und gefährliche Sprengsätze in den kirchlichen Finanzen zu entschärfen, Skandale zu vertuschen und skrupellose Prälaten, in der vatikanischen Hierarchie gleich unter dem Heiligen Vater, aus ihrem Amt zu entfernen. Mit dem Crash der Ambrosiano-Bank im Jahr 1982 schienen die Zeiten von Erzbischof Marcinkus ein für alle Mal vorbei. Und doch war plötzlich alles wieder wie zuvor, eingehüllt in einen Mantel des Schweigens.

Um das prekäre Verhältnis dieser Theokratie zum Geld zu schützen, betreibt der Vatikan seine Finanzgeschäfte mit absoluter Diskretion. Die Finanzaktivitäten der Holding des Heiligen Stuhls zählen zu den bestgehüteten Geheimnissen der Welt. Selbst die konsolidierte Bilanz der Kirche, die alljährlich im Juli veröffentlicht wird, enthält nur allgemeine Daten. Diese Verschwiegenheit hat System, sie wird gewahrt, tagtäglich und um jeden Preis. Und obwohl die Unwilligkeit, Auskunft zu geben, die Gerüchteküche brodeln lässt, ist das Schweigen eine goldene Regel der Bankiers in Soutanen, die noch viel diskreter sind als ihre weltlichen Kollegen.

Sämtliche wirtschaftlichen Aktivitäten und damit auch die fragwürdigen Geschäfte der katholischen Kirche vollziehen sich unter dem Siegel der Verschwiegenheit. Dieses Stillschweigen schützt das Vertrauensverhältnis zu den Gläubigen, um Schäden wie die der jüngsten Vergangenheit zu vermeiden. Nicht zuletzt nützt diese Verschwiegenheit aber auch den Seilschaften der Kardinäle und hilft ihnen, ihre Machtposition weiter zu festigen.

Die Finanzskandale um die Banca Privata Italiana Michele Sindonas, den Banco Ambrosiano Roberto Calvis und das IOR mit Erzbischof Paul Marcinkus an der Spitze fügten dem Ansehen der katholischen Kirche schweren Schaden zu. Nach dem mysteriösen Tod des 33-Tage-Papstes Albino Luciani, nach dem Mord an Michele Sindona, der in seiner Gefängniszelle an einem mit Zyankali vergifteten Espresso starb, und nach dem rätselhaften Ende Roberto Calvis, der unter der Blackfriars Bridge in London erhängt aufgefunden wurde, war Johannes Paul II. in den folgenden 20 Jahren um Rehabilitierung bemüht. Solche Skandale durften und dürfen sich nicht wiederholen, wenn das Vertrauensverhältnis zwischen den Gläubigen und den Verkündern des Wortes Gottes nicht noch einmal zerstört werden soll. Eine weitere Bresche in dieser Mauer des Schweigens, ja nur ein kleiner Riss, der einen ahnungsvollen Blick auf die Finanzgeschäfte des Vatikans erlaubte, hätte in diesem Hin und Her aus Heucheleien und Vorurteilen unabsehbare Folgen für die Legitimität von Ämtern und Funktionen. Der Imageschaden wäre gewaltig.

Deshalb hüllte man sich hinter den vatikanischen Mauern auch dann noch in eisernes Schweigen, als die Finanzoperationen der Bankiers von Papst, Erzbischöfen und Kardinälen mit den Geldern der Gläubigen immer kühner und zuletzt gänzlich illegal wurden. Das IOR war und ist eine undurchschaubare Institution. Der Vatikan kann sich kaum dazu durchringen, zuzugeben, dass die Bank überhaupt existiert. Auf der offiziellen Website des Heiligen Stuhls wird das IOR nicht einmal erwähnt, ja es hat den Anschein, als müsse der Vatikan überhaupt nicht mit Geld umgehen.

Jetzt sollen es alle erfahren

Auch Monsignor Dardozzi hielt sich lebenslang an diese Schweigepflicht. Es gibt keine Stellungnahmen von ihm, keine Interviews, kein Foto, kein einziges Zitat. Von seinem umfangreichen Geheimarchiv mit Dokumenten zu den Finanzpraktiken der katholischen Kirche ahnte zu seinen Lebzeiten niemand. Erst nach seinem Tod trat Dardozzi aus dem Schatten heraus. Sein letzter Wille lautete: „Diese Dokumente sollen veröffentlicht werden, damit alle erfahren, was hier geschehen ist."

Erst wenn man weiß, wer dieser Renato Dardozzi war, kann man die Bedeutung der mehr als 4000 Dokumente ermessen, die er in den 20 Jahren seines Wirkens im Vatikan zusammentrug. Geboren 1922 in Parma, wurde er 1973 mit 51 Jahren zum Priester geweiht: ein Spätberufener. Er hatte Mathematik, Ingenieurswissenschaft, Philosophie und Theologie studiert, sprach fünf Sprachen fließend und verkehrte in den Kreisen des internationalen Jetsets. Vor ihm lag eine steile Karriere beim Telekommunikationskonzern STET. Er war sogar als Generaldirektor der italienischen Telefongesellschaft SIP und als Direktor der Hochschule für Telekommunikation Reiss Romoli im Gespräch. Doch auf all das verzichtete er. Durch den Jesuiten René Arnou, Professor an der Päpstlichen Uni-

17

versität Gregoriana, mit dem er bei mehreren Publikationen zusammengearbeitet hatte, lernte er Kardinal Agostino Casaroli kennen, den Leiter des vatikanischen Staatssekretariats während des Pontifikats Johannes Pauls II. Das gute Einvernehmen mit Casaroli, seine hohe berufliche Qualifikation und seine Diskretion garantierten Dardozzi einen raschen Aufstieg im Vatikan. Dardozzi handelte in direkter Vertretung des Staatssekretariats, dem wichtigsten Ministerium der Kurie und operativen Arm des Papstes.

Das Staatssekretariat holte Dardozzi 1974 als Mitarbeiter in den Vatikan, und bald kannte er alle Geheimnisse des IOR. Kardinalstaatssekretär Casaroli weihte ihn umgehend in die Ambrosiano-Affäre ein, übertrug ihm wirtschaftliche und finanzielle Kontrollaufgaben und schickte ihn sogar als Vertreter des Vatikans in die bilaterale Untersuchungskommission. Diese war gemeinsam mit dem italienischen Staat gegründet worden, um die Wahrheit über den Crash von Calvis Banco Ambrosiano ans Licht zu bringen. Donnerstags tauschte Dardozzi oft seine Zivilkleidung gegen den langen schwarzen Talar und begab sich hinauf in die päpstliche Wohnung. Er zählte zu den wenigen Italienern, die von Johannes Paul II. zum Essen eingeladen wurden. Der Papst bevorzugte polnische Tischgenossen.

Auch unter Casarolis Nachfolger, Kardinalstaatssekretär Angelo Sodano, behielt Dardozzi seinen Aufgabenbereich bei. 1985 wurde er Direktor und 1996 Kanzler der Päpstlichen Akademie der Wissenschaften. Neben der Aufsicht über die weniger präsentablen Geschäfte der neunziger Jahre beschäftigte er sich also mit anspruchsvollen wissenschaftlichen Fragestellungen, allem voran einer Neuuntersuchung des Falls Galileo Galilei. Diese war dem Heiligen Vater ein besonderes Anliegen, das weltweit Aufmerksamkeit fand und den damaligen Kardinal Joseph Ratzinger als Präfekten der Glaubenskongregation zwang, sich mit den Briefen Galileo Galileis intensiver auseinanderzusetzen.

Zu allen von ihm untersuchten Finanzangelegenheiten sammelte Dardozzi Dokumente und Aufzeichnungen in besonderen gelben Mappen. Sie wurden mir von den Nachlassverwaltern des Monsignore übergeben, die aus verständlichen Gründen lieber anonym bleiben möchten. Das Archiv lag sicher verwahrt im Keller eines entlegenen Bauernhofs im schweizerischen Tessin, dessen Bewohner gar nicht wussten, was sich in ihrem Haus befand. In monatelanger mühevoller Arbeit wurden sämtliche Unterlagen gescannt, die Daten geordnet und auf CD-ROM gespeichert, um die Dokumente auf einer Website öffentlich zugänglich zu machen (www.chiarelettere.it unter dem Stichwort Vaticano S.p.A.).

Der gefährlichste Teil des gesamten Unternehmens bestand darin, die Originalunterlagen nach Italien zu bringen. Im Spätsommer 2008 brach ich in aller Frühe von Mailand auf. Jenseits der Grenze warteten zwei Samsonite-Koffer mit 40 Kilogramm Inhalt auf mich. Alles ging ganz schnell. Ich trank einen Kaffee mit der alten Bäuerin, die zum Glück nie in den Keller ihres Hauses gestiegen war. In Italien begann dann die Auswertung der Dokumente.

Dieses Buch richtet sich nicht gegen den Vatikan. Es gibt Auskunft über die Machenschaften von Männern, die das in sie gesetzte Vertrauen enttäuschten. Es möchte Zeugnis ablegen von den Vorgängen hinter den Mauern des Vatikans, abgeschirmt von der Schweizergarde in ihren kobaltblauen Uniformen. Vor allem aber möchte es von den undurchsichtigen Finanztransaktionen des Vatikans berichten. Dabei kann es sich auf die Dokumente eines Mannes stützen, der von den siebziger bis in die neunziger Jahre Zeuge jener Ereignisse war, die den Vatikan, Italien und die ganze Welt erschütterten.

Anhand der geheimen Unterlagen Monsignor Dardozzis wird im ersten Teil des Buches die vatikanische Finanzverwaltung rekonstruiert. Der zweite Teil berichtet über die skrupellosen Finanzoperationen, mit deren Hilfe Monsignori und Prälaten nach dem Zusammenbruch der Democrazia Cristiana die Entstehung einer neuen „Großen Partei der Mitte" unterstützten und sogar Mafiagelder wuschen.

Vorwort zur deutschen Ausgabe

Seit Mai 2009, als „Vaticano S.p.A." in Italien erschien und binnen weniger Monate 250.000 Mal verkauft wurde, ist im Vatikan nichts mehr, wie es einmal war. Der Heilige Stuhl hat einschneidende Veränderungen vorgenommen, zu denen ihm das gesamte 20. Jahrhundert stets der Mut fehlte.

So wurde beispielsweise der Bankier Angelo Caloia nach 20 Jahren an der Spitze des IOR vorzeitig „entlassen". Damit wurde einer der Protagonisten dieses Buches entmachtet und musste eineinhalb Jahr vor Ablauf seiner Amtszeit seinen Posten räumen. In Zukunft wird das IOR, das mehr als fünf Milliarden Euro Ersparnisse von Orden, kirchlichen Einrichtungen und Diözesen weltweit verwaltet und die Gewinne daraus unmittelbar dem Papst zur Verfügung stellt, keine Offshore-Bank mehr sein, die außerhalb jeglicher Kontrollvorschriften steht und ihren Mitarbeitern Straffreiheit zusichert, wie es noch zur Zeit der Finanzskandale um Roberto Calvi, Paul Marcinkus und Michele Sindona der Fall war.

Nach Unterzeichnung einer Währungsvereinbarung mit der Europäischen Union unterliegt der Vatikan nunmehr den in der EU geltenden Gesetzen zur Verhinderung von Geldwäsche. Eine epochale Wende, die von der internationalen Presse, allen voran die „Financial Times", auf die brisanten Enthüllungen dieses Buches zurückgeführt wurde. „Vaticano S.p.A." bringt erstmals – unvoreingenommen und gestützt auf Tausende von bis dahin unveröffentlichten Dokumenten des Heiligen Stuhls – Licht in die 20 Jahre währenden Verdunkelungsstrategien und legt die Ströme von Schmiergeldern offen, die durch die Vatikanbank IOR geschleust wurden. Die Folge ist eine Art Glasnost in der vatikani-

21

schen Finanzpolitik. Auch wenn dies in Italien mit seinem traditionell schwierigen Verhältnis zum Heiligen Stuhl kaum publik wurde, machte man im Vatikan einen sauberen chirurgischen Schnitt. Im Januar 2010 strich Kardinalstaatssekretär Tarcisio Bertone den zentralen Posten des „Prälaten" aus dem Organigramm der Papstbank, ein Amt, das einst Donato de Bonis bekleidet hatte, dem in diesem Buch die Rolle des Bösewichts zukommt. Skrupellos hatte de Bonis über Jahre hinweg Schmiergelder und Girokonten italienischer Spitzenpolitiker, deren Namen geheim gehalten wurden, verwaltet. Der Prälat des IOR, einziger Geistlicher in der Führungsriege der Bank, war das Bindeglied zwischen den weltlichen Mitgliedern des Aufsichtsrats und der Kardinalskommission zur Kontrolle des IOR. Ohne jede Vorwarnung wurde nun der aktuelle Prälat des IOR, Piero Pioppo, Ex-Privatsekretär von Kardinalstaatssekretär Angelo Sodano, aus dem Vatikan abberufen. Er wird Apostolischer Nuntius in Kamerun und Guinea-Bissau.

Also ist nichts mehr, wie es einmal war. Das Enthüllungsbuch „Vaticano S.p.A." kam für die Kirchenhierarchie wie ein Blitz aus heiterem Himmel. Das Auftauchen des Archivs von Monsignor Renato Dardozzi, die Auswertung sämtlicher Dokumente und deren Veröffentlichung im Rahmen eines Buchs, das keinem militanten Antiklerikalismus das Wort redet, sich also nicht von vornherein selber diskreditiert, war für die geistlichen Herren im Vatikan ein Schock, ein echtes Trauma. Doch dann erkannten die engsten Mitarbeiter Papst Benedikts XVI. darin eine einmalige Chance, die es zu nutzen galt.

Anfangs herrschte betretenes Schweigen, hie und da gab es verwirrte und verwirrende Äußerungen, doch an einer Strategie, diesem Buch die Legitimation abzusprechen, schien es zu fehlen. So ließ der siebenmalige Ministerpräsident Giulio Andreotti verlauten, er „erinnere sich nicht", ein Konto beim IOR gehabt zu haben – obwohl innerhalb weniger Jahre mehr als 60 Millionen Euro über dieses Konto liefen.

Tatsächlich wurde das Buch im Vatikan genau unter die Lupe genommen, um auf die darin erhobenen Vorwürfe mit einer klaren Strategie zu reagieren. Und diese Strategie bestand in einem großen Schweigen. Es gab keine offenen Angriffe, keine Verteufelungen, nur absolutes Stillschweigen; keine aggressiven medialen Verlautbarungen (wie schon einmal nach Erscheinen von David Yallops Buch „Im Namen Gottes?"), keine Kampagnen gegen dessen Glaubwürdigkeit: „Vaticano S.p.A." wurde nicht auf den Index gesetzt. Die einzige wirksame Waffe gegen dieses Buch schien, es stillschweigend zu übergehen und auf diese Weise zu verhindern, dass darüber gesprochen wurde. Journalisten, die zur Präsentation eingeladen worden waren, setzte man unter Druck, ihre Teilnahme abzusagen. Es wurden haltlose Gerüchte gestreut, etwa, der Verlag habe das Buch wegen drohender Strafanzeigen zurückgezogen. Dabei ist niemand gegen dieses Buch gerichtlich vorgegangen. Bischöfe und Kardinäle wie Rino Fisichella waren nicht bereit, öffentlich über das Buch zu diskutieren, denn damit hätte man es ja zur Kenntnis genommen. Bis zum heutigen Tag, nach rund 100 Präsentationen in ganz Italien, waren nur zwei Geistliche bereit, an Diskussionsveranstaltungen über „Vaticano S.p.A." teilzunehmen: ein Priester aus Trani in Apulien und ein weit über 70-jähriger Franziskanerpater aus Fano in den Marken, der sich unter Verweis auf den heiligen Franz von Assisi über den Rat seiner Diözese hinwegsetzte.

Der offiziellen Verweigerungstaktik lag jedoch eine eklatante Fehleinschätzung zugrunde: Man unterschätzte die Macht des Internets und der Mundpropaganda, die dazu führte, dass das Buch in sechs Monaten elf Auflagen erreichte. Eine kafkaeske, in der westlichen Welt einzigartige Situation: Es wurden zigtausend Exemplare verkauft und mehrere Auflagen gedruckt, aber das italienische Fernsehen überging das Buch. Nach der Bestsellerliste der Nielsen Company im Oktober 2009 war „Vaticano S.p.A." das meistverkaufte Sachbuch des Jahres 2009 in Italien. Doch die großen Fernsehanstalten Rai und Mediaset, die mehr als 90 Prozent des Fernsehmarkts kontrollieren, verloren darüber kein Wort. Eine raffinierte Taktik. Und in einem Land, das in den neunziger Jahren stehen geblieben ist, konnte diese Taktik zunächst durchaus aufgehen. Wenn man bedenkt, dass 80 Prozent der Italiener sich ausschließlich über das Fernsehen informieren, erscheint eine so simple Taktik ungeheuer wirkungsvoll. Entzieht man einem unbequemen Buch die mediale Aufmerksamkeit, will man erreichen, dass seine Wirkung auf einen kleinen Kreis von Eingeweihten beschränkt bleibt. Das Buch prangert finanzielle Machenschaften und Korruption von Politikern, Bankiers und Unternehmern an, die bis heute an den Schalthebeln der Macht sitzen. Es wurde im Feuilleton und im Wirtschaftsteil der Zeitungen besprochen, nicht jedoch im Fernsehen und in einem Teil der Printmedien, wo man fleißig Selbstzensur übte.

Sicher, es gibt keinen schlüssigen Beweis dafür, dass in diesem raffinierten Sabotagespiel irgendjemand die Strippen zog. Wie ein solches Spiel im Detail funktioniert, kann nur verstehen, wer selber in Italien lebt – einem Land, in dem bis heute ehrfürchtige Unterwürfigkeit das Verhalten gegenüber dem Klerus bestimmt. Und genau darin liegt die eigentliche Macht der Kirche in Italien: in jener ungreifbaren Konditionierung. Wenn es keine konzertierte Aktion war, umso schlimmer. Bedeutet es doch, dass eine jeder demokratischen Verfasstheit unwürdige Selbstzensur gegenüber der Kirche wirksam ist, die automatisch greift. Anders lässt sich das Stillschweigen über dieses Buch nicht erklären, das binnen weniger Wochen die Bestsellerlisten stürmte, gleichwohl aber boykottiert wurde. Mehr als sechs Monate lang rangierte es unter den drei meistverkauften Sachbüchern, aber das Fernsehen interessierte sich nicht dafür, nicht einmal in seinen Literatursendungen. Sämtliche Versuche, Autoren und Journalisten, die an solchen Sendungen mitarbeiten, für das Buch zu sensibilisieren, liefen ins Leere. Immer war dieselbe höfliche Begründung zu hören: Es ist nicht möglich, etwas gegen den Vatikan zu sagen. Dass sich „Vaticano S.p.A." nicht „gegen" den

Heiligen Stuhl oder die katholische Religion wendet, sondern im Rahmen einer sorgfältigen Recherche lediglich Ereignisse und Personen entlarvt, die das in sie gesetzte Vertrauen enttäuscht haben, spielte dabei keine Rolle.

Allerdings glaube ich nicht, dass der vatikanische Nachrichtendienst von der Arbeit an diesem Buch, die bereits im Oktober 2007 begann, Wind bekam. Und falls es im Staatssekretariat doch jemand wusste, hatte er es offenbar nicht eilig, den Bankier Gottes zu informieren: Angelo Caloia. Für ihn stellte das Buch eine echte Überraschung dar, es sei denn, er wäre ein blendender Schauspieler. Als ich mich ein paar Tage vor Erscheinen des Buches in einem Hotel in der Via Veneto in Rom mit Caloia traf und ihm ein druckfrisches Exemplar überreichte, blätterte er es durch und erstarrte. Er sagte nur einen einzigen Satz: „Jetzt, da es erschienen ist, werde ich mich wohl gegen die Angriffe verteidigen müssen." Von diesem Tag an ging das Buch durch die Hände Hunderter Kardinäle und Bischöfe. In den ersten Wochen verzeichnete es Rekordverkäufe, insbesondere in den römischen Buchhandlungen unweit des Vatikans. Im Apostolischen Palast wurde zwar darüber gesprochen, aber niemand gab zu, es gekauft zu haben. Die Kardinäle schickten ihre Pförtner in die Buchhandlungen, und viele trugen das Buch bei ihrer Rückkehr in den Vatikan in unauffälligen weißen Plastiktüten. Absolut undurchsichtig.

Dann, im August 2009, vollzog sich plötzlich ein Strategiewechsel. Erste Anzeichen dafür waren bereits bei diversen Buchpräsentationen zu erkennen. Im sizilianischen Marsala bei Palermo beispielsweise ergriff am Ende der Veranstaltung der Bischof das Wort und dankte dem Autor. Das Buch, so sagte er, halte „der Kirche einen Spiegel vor" und zeige ihr „die Runzeln und Falten, die sie loswerden muss." Und er fuhr fort: „Dieses Buch tut der Kirche gut." Durchaus keine Einzelstimme, wie sich wenige Wochen später zeigen sollte, als Kardinal Bagnasco, der Vorsitzende der italienischen Bischofskonferenz, im Vatikan ei-

25

nen kleinen Kreis von Politikern und Unternehmern empfing und informell auf das Buch zu sprechen kam. „Wir werden es nie zugeben können", sagte er, „aber dieses Buch tut der Kirche gut. Es erlaubt die Umstrukturierung einer Einrichtung, die mehr Schatten wirft, als Licht spendet." Mit diesen Worten wurde er einen Monat später in der italienischen Tageszeitung „Libero" zitiert – und es kam kein Dementi.

In jenen Wochen tobte im Vatikan ein versteckter Kampf zwischen denen, die Caloia an der Spitze der Papstbank halten wollten, und denen, die auf einen Wandel drängten. Die Bestätigung für diese stille Revolution erfolgte Ende September, als Bagnascos Äußerungen erste konkrete Schritte einer finanziellen Glasnost-Politik nach sich zogen. Caloia wurde abgesetzt und Ettore Gotti Tedeschi, bis dahin Italien-Chef der spanischen Privatbank Santander, zu seinem Nachfolger ernannt. Der dem Opus Dei nahestehende Professor für Wirtschaftsethik ist neuer Präsident des IOR-Aufsichtsrats. Er pflegt enge Beziehungen zu Tarcisio Bertone, der in der Ära Ratzinger einen grundlegenden Wandel im Vatikan in die Wege leitete. Und Gotti Tedeschi gab sofort Gas. Zuerst musste er die Glaubwürdigkeit eines Instituts wiederherstellen, das immer nur durch Skandale von sich reden gemacht hatte.

Auf internationaler Ebene agierte Gotti Tedeschi unverzüglich. Am 29. November 2009 wurde die Vereinbarung mit der Europäischen Union öffentlich bekannt. Das IOR stand an der Schwelle eines epochalen Wandels, und der Europäische Rat schloss neue Währungsvereinbarungen mit dem kleinen Vatikanstaat. In der Entscheidung des Europäischen Rats heißt es:

Der Staat der Vatikanstadt verpflichtet sich, durch direkte Umsetzung oder gleichwertige Schritte alle zweckdienlichen Maßnahmen zu treffen, damit alle einschlägigen gemeinschaftlichen Rechtsvorschriften zur Verhinderung von Geldwäsche, Betrug und Fälschung von Bargeld oder bargeldlosen Zahlungsmitteln anwendbar werden. Er verpflichtet sich weiterhin, alle einschlägigen gemeinschaftlichen Rechtsvorschriften im Banken- und Finanzsektor umzusetzen, wenn und insofern im Staat der Vatikanstadt ein Bankensektor geschaffen wird.

Der Bankensektor hinter den Leoninischen Mauern wurde bereits vor geraumer Zeit geschaffen. Die Sprache dieses Dokuments jedoch zeigt, wie delikat das Abkommen ist, das am 1. Januar 2010 in Kraft trat. Tatsächlich jedoch erfüllt das IOR bis heute nicht alle Vorgaben. Die dafür erforderliche Umgestaltung ist von solcher Tragweite, dass sie noch viele Monate beanspruchen wird. Notwendig sind eine Neuordnung der Beziehungen zu den Zentralbanken und eine Neuorganisation der Bankaktivitäten, vor allem aber muss all dies den Kunden des IOR vermittelt werden. Diese Maßnahmen ergeben sich folgerichtig aus der Sozialenzyklika „Caritas in Veritate", in der Papst Benedikt XVI. Finanzaktivitäten verurteilt, die dem Menschen schaden.

Jetzt wird sich zeigen, in welche Richtung es weitergeht: ob der Vatikan tatsächlich alle Bestimmungen der Europäischen Union umsetzt oder ob er es zulässt, dass gewisse Grauzonen bestehen bleiben. Dabei ist es von besonderem Interesse, ob die Kontrollorgane die Aktivitäten des IOR überprüfen können, oder ob sie aus dem Nikolausturm ausgeschlossen bleiben.

Verglichen mit diesen kurzfristigen Maßnahmen, hat das IOR eine lange Geschichte. Im Übrigen waren die Purpurträger schon immer von genau jenen aggressiven und risikofreudigen Finanzfachleuten fasziniert, wie sie die schwierige Geschichte der vatikanischen Finanzen und des IOR prägten. Der Grund dafür liegt in dem seit jeher widersprüchlichen, problematischen und unsicheren Verhältnis der Kirche zum Geld. Mit anderen Worten: Die Skandale und die Entscheidungen, die in der Vergangenheit getroffen wurden, sollten mahnendes Beispiel sein. Die Geschichte wiederholt sich eben doch. Geldgier und Veruntreuung, ja sogar Diebstahl gab es schon in der Vergangenheit.

Unter den Geschäftemachern am päpstlichen Hof sticht seit je Niccolò Coscia hervor, einer der frühen Vorgänger von Erzbischof Marcinkus. Der 1681 in der Provinz Avellino geborene Coscia wurde 1725 gegen den Widerstand von neun Kardinälen vom Orsini-Papst Benedikt XIII. zum Kardinal ernannt und hielt bald sämtliche Finanzen des Vatikans unter seiner Aufsicht. Seine Eloquenz und sein unbestreitbares Charisma schlugen den Papst in Bann. Einigen Historikern zufolge verdankte Coscia, der zunächst Co-Adjutor des Erzbistums Benevent und später Leiter der Apostolischen Kammer (der päpstlichen Finanzbehörde) war, seine Ernennung zum vatikanischen Staatssekretär der engen persönlichen Bindung an den Orsini-Papst.[1] Tatsächlich bleibt unbegreiflich, wie der Papst hatte übersehen beziehungsweise tolerieren können, dass sich Coscia durch den Verkauf höchster kirchlicher Ämter persönlich bereicherte und Steuern einführte, deren Einnahmen einzig ihm, Coscia, und seinen engsten Komplizen zugute kamen. Coscia plünderte die vatikanische Staatskasse zugunsten seiner Verwandten. Den Orsini-Papst schien das nicht weiter zu kümmern. Immer häufiger verließ er Sankt Peter, zog sich zum Gebet nach Benevent und Solofra, dem Stammsitz der Orsini, zurück und überließ die Ausübung der weltlichen Gewalt dem stetig mächtiger werdenden Coscia. In seiner „Voyage d'Italie" schrieb Montesquieu: „Heute regiert in Rom eine öffentliche Simonie; in der Verwaltung der Kirche hat das Verbrechen nie eine so unumwundene Herrschaft ausgeübt. Niederträchtige Männer stehen allenthalben für diese Ämter bereit."

Hinter den Mauern des Vatikans wurde Coscias Seilschaft bekämpft, vom Kardinalskollegium im Geheimen und vom Generalschatzmeister Lorenzo Corsini, dem späteren Papst Clemens XII., ganz offen – doch ohne Erfolg. Benedikt XIII., der im Sommer 1729 erkrankte, verteidigte den Kardinal bis zum letzten Tag seines Lebens und stellte ihn als Opfer von Missgunst und Verleumdung dar. Am 21. Februar 1730 starb der Papst. Sofort nach seinem Amtsantritt ließ Clemens XII. Coscia absetzen und vor Gericht stellen. Am 9. Mai 1733 wurde er als Dieb und Betrüger zu zehn Jahren Haft verurteilt und in der Engelsburg inhaftiert. Er musste zurückzahlen, was er sich unrechtmäßig angeeignet hatte; hinzu kam eine Geldstrafe von 100.000 Scudi. Das Glück ließ ihn dennoch nicht im Stich. Mit dem Pontifikat Benedikts XIV. wurde Coscia aus dem Gefängnis entlassen und ging nach Neapel, wo er wenig später starb.

Aus dem Skandal um Coscia zog Papst Benedikt XIV. Konsequenzen. Er erkannte, dass eine radikale Reform der Apostolischen Kammer dringend notwendig war. Er übertrug dem Generalschatzmeister zahlreiche Aufgaben, insbesondere weitreichende Vollmachten bei der Überwachung der Steuerabgaben und bei der Verfolgung von Betrug. Gleichzeitig musste der oberste Wächter über die päpstlichen Finanzen detaillierte Zahlen über sämtliche Einnahmen und Ausgaben liefern. So entstand das erste Finanzministerium der katholischen Kirche.

30 Jahre später, während der Hungersnot von 1771, gab es in der Kirche einen weiteren untreuen Diener. Nicola Bischi, Generalkommissar der mit der Lebensmittelversorgung befassten Annona, erhielt von Papst Clemens XIV. 90.000 Scudi zum Ankauf von Getreide, das er billig an die Bedürftigen verkaufen sollte. Ohne zu zögern, verkaufte Bischi das Getreide auf dem Schwarzmarkt und bereicherte sich an der Not der Gläubigen. Auch bei der Verwaltung der Güter des aufgelösten Jesuitenordens verfolgte Bischi persönliche Interessen. Zusammen mit Monsignor Bontempi, dem Beichtvater Papst Clemens' XIV., plünderte er die Jesuiten so lange aus, bis der Skandal öffentlich bekannt wurde und vor Gericht kam. Am 20. Januar 1778 musste Bischi 282.500 Scudi als Entschädigung zahlen.

Die Wirkungslosigkeit der päpstlichen Politik, die geringen Erträge der Staatskasse sowie finanzielle Fehlentscheidungen führten schon bald zu einer Krise der päpstlichen Finanzen. 1831 gewährte der Bankier Rothschild dem Vatikan ein Darlehen zu einem Zinssatz von 65 Prozent. 1860 sah sich Pius IX. gezwungen, den Haushalt mit den Einkünften aus dem Peterspfennig auszugleichen. Der Vatikan schrieb tiefrote Zahlen, es drohte der Bankrott. Dann das Unvorhergesehene: Am 20. September 1870 schlugen die Bersaglieri, die Infanterietruppen des vereinigten Italien, eine Bresche in die Aurelianische Mauer bei der Porta Pia und drangen in die vom Papst beherrschte Ewige Stadt ein. Der Kirchenstaat hörte auf, zu existieren. Der Albtraum eines finanziellen Debakels war damit zwar abgewendet, aber es drohte neues Unheil. Pius IX. befürchtete die Beschlagnahmung des Kirchenvermögens durch einen italienischen Staat, der sich jakobinischen und säkularen Denktraditionen aufgeschlossen zeigte. Diese Angst war zwar unbegründet, der Alarm jedoch führte zu einer wahren Flut von Spendengeldern, die die leeren Kassen des Papstes füllten. Die Einnahmen aus dem Peterspfennig, fast fünf Millionen Lire zum damaligen Wert, wurden gewinnbringend in einer Bank angelegt, um dem Papst ein Einkommen zu sichern. Hieraus entstand der Plan seines Nachfolgers Leo XIII., die Finanzen zu sanieren, eigene Vermögenswerte ertragreich anzulegen und eine Vatikanbank zu gründen. Mit anderen Worten: zu spekulieren. Monsignor Enrico Folchi[2] wurde vom Papst als Prälat zur Verwaltung der Finanzen eingesetzt, der Kardinalstaatssekretär wiederum war für das Vermögen des Heiligen Stuhls verantwortlich.

Eng verbunden mit der ersten Verstrickung des Vatikans in einen großen Finanzcrash ist der Name Rodolfo Boncompagni Ludovisi, Fürst von Piombino. Die 1862 in Turin gegründete Finanzgesellschaft Società Generale Immobiliare (SGI) begann nach ihrer Verlegung nach Rom mit dem Kauf und Verkauf von Baugrundstücken. Sie gab Obligationen aus, durch die römische Bauunternehmer Kredite erhalten und gegen einen Grundbuchvermerk ein Konto eröffnen konnten. Bei der SGI begann der Fürst von Piombino, das Anwesen seiner Familie in Rom als

Bauland zu parzellieren – eine Fläche von 250.000 Quadratmetern zwischen Porta Pinciana und Porta Salaria innerhalb der Aurelianischen Mauer. Dank seiner vertrauensvollen Beziehung zum Vatikan erhielt der Adlige von der Kirche Darlehen ohne irgendeine Sicherheit. Im Gegenzug wurde der Vatikan Aktionär bei der Società Generale Immobiliare. Niemand konnte die Krise vorhersehen, die 1887 den Bausektor traf. Die Società Generale Immobiliare vergab jetzt keine neuen Kredite mehr, sondern versuchte, Grundstücke und Häuser zurückzukaufen, die sich bald als belastet erwiesen. 1896 stand sie kurz vor dem Bankrott. Ihre Aktien sanken, und damit drohten auch die Aktien des Heiligen Stuhls ihren Wert zu verlieren. Der Fürst wurde aufgefordert, sein Darlehen zurückzuzahlen. Bei der ganzen Sache verlor der Vatikan eine Million Lire, blieb jedoch Aktionär der SGI, die schon bald im Mittelpunkt skrupellosester Spekulationen stehen sollte.

1887 gründete Papst Leo XIII. die Verwaltung für die Werke der Religion (Amministrazione per le Opere di Religione) „Ad Pias Causas" (Für fromme Zwecke), Vorläuferin des Instituts für die Werke der Religion (IOR), das erst 1942 ins Leben gerufen wurde. „Ad Pias Causas" legte die Spendengelder von Gläubigen aus der ganzen Welt in festverzinslichen Wertpapieren an. Schenkungen in Form von Währungsgold oder Immobilien wurden in Aktien umgewandelt. Um ordentliche Renditen zu erzielen, engagierte sich der Heilige Stuhl jetzt auch an den Börsen in London, Berlin und Paris. Für umfassende Finanzoperationen fehlte jedoch eine richtige Bank. Die fand Papst Leo XIII. im Banco di Roma, der zu 50 Prozent vom Heiligen Stuhl kontrolliert wurde. 1889 eröffnete der Papst hier ein Konto auf seinen Namen – mit einer Einlage von drei Millionen. Doch das Glück ließ ihn im Stich. Mit der Börsenkrise 1890 drohte sich das angelegte Vermögen in Luft aufzulösen. Der Vatikan verlor zwar die Zinsen, konnte aber fast sein ganzes Kapital retten.

Die enge Beziehung zum Banco di Roma und die Gründung der Verwaltung „Ad Pias Causas" markierten eine Revolution in der Beziehung des Vatikans zum Bankensektor, zu den Aktienmärkten und vor allem zu Finanzfachleuten, die von den Vermögenswerten und der Macht des Vatikans angezogen wurden. Und keine Börsenkrise konnte den Wunsch zu spekulieren dämpfen. Als 1895 die Börsenmärkte erneut einen Aufschwung nahmen, riet Ernesto Pacelli, Aufsichtsratsvorsitzender des Banco di Roma, der römischen Kurie erneut zu Investitionen, die eine hohe Rentabilität versprachen. Seine Beziehung zu Papst Leo XIII. konnte durch keinen Börsenkrach getrübt werden. Pacelli erteilte Ratschläge in Geldangelegenheiten und erhielt dafür Vergünstigungen und vorteilhafte Darlehen. Der Onkel des späteren Papstes Pius XII. festigte damit vor allem seine eigene Macht:

Seine drei Neffen – Carlo, Marcantonio und Giulio – vertraten die Finanzinteressen des Vatikans bis Ende der sechziger Jahre: als Rechtsberater für die verschiedenen Ämter des Heiligen Stuhls, als Vorstandsvorsitzende, Verwaltungsbeamte und Direktoren von Gesellschaften, die größtenteils im Besitz des Vatikans waren. Unter dem Pontifikat Pius' X. trug die Unterstützung Ernesto Pacellis reiche Früchte. Der Papst brachte jetzt Immobilien in seinen Besitz, unter anderem kaufte er von der Domänenverwaltung des Königreichs Italien die alte Päpstliche Münze neben den Vatikanischen Gärten zurück. Die Transaktion war das Ergebnis von Geheimverhandlungen zwischen Pacelli und der italienischen Regierung; das italienische Parlament wurde vor vollendete Tatsachen gestellt. Pacelli brachte auch den Kauf des Palazzo Marescotti von der Banca d'Italia unter Dach und Fach und konnte sogar den freimaurerischen Bürgermeister Roms dazu bewegen, die in dem Haus untergebrachten Schulen in andere Gebäude zu verlegen.[3]

Im Jahr 1900 kam es in der halb geheimen Verwaltung für die Werke der Religion zu einem spektakulären Diebstahl. Die üblichen Verdächtigen drangen eines Nachts in das Gebäude ein und raubten Wertpapiere im Wert von einer halben Million. Ein echter Coup, doch der Vatikan hütete sich, Anzeige zu erstatten. Er leitete eine interne Untersuchung ein und baute auf die Beziehungen zwischen den Banken, die perfekt funktionierten: Ein Großteil der Wertpapiere wurde sichergestellt, die materiellen Verluste der Kirche hielten sich in Grenzen. Aber der Imageschaden war gewaltig. Was hatten Börsenpapiere in den heiligen Hallen des Vatikans zu suchen?

Die Frage blieb unbeantwortet und geriet, wie der Diebstahl selbst, schnell in Vergessenheit. Die schlichten Finanzoperationen, wie sie Ende des 19. Jahrhunderts getätigt wurden, muten heute wie eine romantische Reminiszenz an. Mit den vielfältigen Investitionen aber wuchs der Umfang der Finanzen – was schließlich zur Affäre Calvi führte und zur Entstehung der Vatikan AG.

---

1 Claudio Rendina, *Il Vaticano. Storia e segreti*, Newton & Compton, 1986.
2 Zu diesem umstrittenen Monsignore vgl. den Vatikanexperten Benny Lai, *Affari del Papa*, Laterza 1999.
3 Claudio Rendina, a.a.O.

Erster Teil

Die Geheimpapiere des Vatikans

Was ich euch sage in der Finsternis,
das redet im Licht;
und was euch gesagt wird in das Ohr,
das predigt auf den Dächern
(Matthäus 10,27).

Aufstieg und Fall von Erzbischof Marcinkus

Ein Leibwächter der besonderen Art

In den fünfziger Jahren betrat ein junger amerikanischer Priester die Korridore des Vatikans. Er war nach Rom gekommen, um an der Päpstlichen Universität Gregoriana kanonisches Recht zu studieren. Mit seinen einssechsundachtzig war er eine imponierende, entschlossen wirkende Erscheinung. Sein Name lautete Paul Casimir Marcinkus. Geboren 1922 als Kind litauischer Einwanderer in Cicero an der recht- und gesetzlosen Peripherie Chicagos, wo der Mafiaboss Al Capone sein Hauptquartier hatte, wurde Marcinkus 1947 zum Priester geweiht. Nach Abschluss des Studiums besuchte er die Päpstliche Kirchenakademie, eine Kaderschmiede für die Diplomaten des Heiligen Stuhls. Dass er eine strahlende Zukunft vor sich hatte, war jedem sofort klar. 1952, als 30-Jähriger, hatte er im Staatssekretariat bereits einen eigenen Schreibtisch. Die Nachricht von seinem kometenhaften Aufstieg in der Hierarchie des Vatikans machte die Runde. Kardinal Giovanni Benelli, so wurde gemunkelt, wolle ihn als Mitarbeiter und betrachte sich als seinen Mentor.

Andere sahen den Schlüssel für seinen Eintritt in die Schaltzentrale Papst Pius' XII., der den antikommunistischen Thesen des New Yorker Kardinals Francis J. Spellman sehr aufgeschlossen gegenüberstand, in den amerikanischen Referenzen des jungen Priesters.[1] Diese Erklärung erscheint am überzeugendsten. Auf dem Höhepunkt des Kalten Kriegs war der mächtige Kardinal ein wichtiger Vermittler zwischen den Vereinigten Staaten und dem Vatikan. Spellman knüpfte enge Beziehungen zu den Hauptakteuren im Vatikan, allen voran dem gelernten Ingenieur Bernardino Nogara. Dieser war 1929 zum Leiter der neu gegründeten Vermögensverwaltung des Heiligen Stuhls (APSA) berufen worden und hatte die Gelder, die dem Vatikan aus den Abfindungszahlungen des italienischen Staats im Zuge der Lateranverträge 1929 zugebilligt worden waren, gewinnbringend investiert.[2] Als Nogara im November 1958 starb, würdigte Spellman ihn mit den Worten: „Das Beste, was der katholischen Kirche nach Jesus Christus widerfahren ist, war Bernardino Nogara." Wahrscheinlich hatte er recht. Nach vorsichtigen Schätzungen des britischen Historikers David A. Yallop übergab Nogara seinen Nachfolgern Beteiligungen im Wert von 500 Millionen Dollar, die von der Außerordentlichen Sektion, und 650 Millionen Dollar, die von der Ordentlichen Sektion der APSA kontrolliert wurden, sowie Beteiligungen im Wert von 940 Millionen Dollar, die vom IOR verwaltet wurden. Aus diesen Vermögen flossen dem Papst Jahr für Jahr 40 Millionen Dollar allein an Zinsen zu. Die Vatikan AG war inzwischen zu einem wichtigen Akteur der globalen Finanzwelt geworden.[3]

Spellmans Visitenkarte öffnete Marcinkus viele Türen. Freilich hatte er wenig von einem Geistlichen an sich. Er rauchte kubanische Zigarren, verkehrte in Gesellschaftssalons, spielte Golf und zog den Sportplatz der Sakristei vor. Was uns hier jedoch mehr interessiert, ist eine Begegnung in den Amtsräumen des Staatssekretariats, die Marcinkus' Leben verändern sollte und in der Folge die Finanzen des Vatikans ins Trudeln brachte. Als päpstlicher Prosekretär war Giovanni Battista Montini die rechte Hand Pius' XII. So gegensätzlich Montini und Marcinkus in Auftreten und Charakter auch waren, schlossen sie nach anfänglichen Vorbehalten einen eisernen Pakt.

1963, nach dem Tod Johannes' XXIII., wurde Giovanni Battista Montini, der Bankierssohn aus Brescia, zum Papst gewählt. Nach einer Übergangsphase, in der die Finanzgeschäfte des Heiligen Stuhls eher unauffällig verliefen, lenkte Papst Paul VI. sie in aggressive und gewagte Bahnen – eine aus der Not geborene Strategie, wie wir gleich sehen werden. Francis Spellman[4] pendelte zwischen New York und dem Vatikan. Kaum hatte Paul VI. den Stuhl Petri bestiegen, traf er sich mit dem amerikanischen Kardinal, der ihm Marcinkus wärmstens empfahl.[5]

1964 kam es zu einem kleinen Zwischenfall. Bei einer Fahrt durch Rom blieb Paul VI. in der Menschenmenge stecken und wurde fast erdrückt. Geistesgegenwärtig warf sich Marcinkus ins Getümmel und rettete Seine Heiligkeit. Vom nächsten Tag an war Marcinkus der Leibwächter des Papstes und verantwortlich für dessen Sicherheit bei seinen Reisen nach Indien und in die Türkei, nach Portugal und in die Vereinigten Staaten. Auf den Philippinen stellte sich Marcinkus 1970 einem Mann in den Weg, der sich mit einem Messer auf den Papst stürzen wollte.[6] Der Amerikaner gewann Zugang zur Schaltzentrale der Macht im Vatikan und schloss unter anderem Freundschaft mit Pater Pasquale Macchi, dem Privatsekretär des Papstes, der auf den Heiligen Vater großen Einfluss ausübte. Beide verstanden sich auf Anhieb. Marcinkus wurde Bischof und 1971 Sekretär der Vatikanbank, und er hatte dezidierte Vorstellungen. Berühmt ist sein Satz: „Kann man in dieser Welt leben, ohne sich um Geld Gedanken zu machen? Man kann die Kirche nicht mit Ave Marias führen."

Der Pakt mit Sindona

Die finanzielle Situation war schwierig. Seit dem Tod Papst Johannes' XXIII. war das Spendenaufkommen der Gläubigen von 19 auf 5 Milliarden Lire zurückgegangen. Schlimmer noch: 26 Jahre, nachdem Mussolini per Rundschreiben vom 31. Dezember 1942 den Vatikan von der Dividendensteuer befreit hatte, führte die italienische Regierung die Besteuerung von Kapitalerträgen des Heiligen Stuhls wieder ein. Eine finanzielle Katastrophe kündigte sich an: Schätzungen zufolge[7] hielt die Kirche Ende der sechziger Jahre zwischen zwei und fünf Prozent des italienischen Aktienmarkts. 1968, unter Ministerpräsident Giovanni Leone, brach der letzte Widerstand gegen die Dividendenbesteuerung weg. Der Vatikan musste Rückstände von umgerechnet mehr als einer Milliarde Euro (nach heutigem Wert) nachbezahlen. Um das Vermögen des Vatikans dem Zugriff des italienischen Fiskus zu entziehen, vertraute Papst Paul VI. den Transfer seiner Unternehmensbeteiligungen ins Ausland einem Geistlichen und einem Laien an. Der weltliche Manager war ein liebenswürdiger Sizilianer mit besten Kontakten in die Vereinigten Staaten; Montini kannte ihn bereits seit seiner Zeit als Erzbischof in Mailand. Sein Name war Michele Sindona.[8] Er brachte das Kapital der Mafia ein. Der Geistliche, der von Finanzgeschäften nicht viel verstand und ein Freund der Vereinigten Staaten war, hieß Paul Marcinkus. Es war der Anfang vom Ende.

Beide knüpften eine enge Geschäftsbeziehung und bauten ein weitverzweigtes Finanzgeflecht auf. Sindona trat an Geistliche wie Pasquale Macchi heran, die rechte Hand des Papstes schon seit dessen Zeit als Erzbischof von Mailand, aber auch an adlige IOR-Manager wie Massimo Spada sowie an Luigi Mennini und Pellegrino de Strobel, die Führungsspitze des IOR. Aus nächster Nähe verfolgte indessen ein verschwiegener, vorsichtiger und diskreter junger Priester aus Lukanien die dreisten Finanzoperationen dieser Gruppe. Fasziniert von den Aktivitäten der Seilschaft, stand er beobachtend im Hintergrund. Sein Name war Donato de Bonis. Erst viel später, in den neunziger Jahren, treffen wir ihn wieder, als er hinter den Leoninischen Mauern Schmiergelder und Gelder von Politikern verwaltete.

Die sechziger Jahre waren für Sindona eine Zeit grenzenlosen Wachstums. Seine Geschäfte mit den Vereinigten Staaten, dem Vatikan und Italien florierten. Als Berater des italoamerikanischen Mafiabosses Joe Adonis aus der Familie Don Vito Genovese fand der sizilianische Bankier die geeigneten Kanäle, um die Gelder der Mafia zu waschen. Er kaufte dem IOR die Schweizer Finabank ab, und seine Erfolge auf den Finanzmärkten wurden sogar in der

40

amerikanischen Presse gefeiert. In den Vereinigten Staaten arbeitete er mit David M. Kennedy zusammen, dem Präsidenten der Continental Illinois Bank und späteren Finanzminister in der Regierung Nixon. Und er wurde Mitglied bei Propaganda Due (P2), der mächtigsten Freimaurerloge von Licio Gelli, dem er bei einem der wenigen unternehmerischen Aktivitäten des Logengroßmeisters als Direktor der Remington Rand, Toskana, begegnete. Gelli war im Vatikan bereits bestens eingeführt. Dank seiner Beziehungen zu Papst Paul VI., Bischof Marcinkus und Kardinal Paolo Bertoli konnte er in einem Spiel der Macht, das Italien die ganzen siebziger Jahre hindurch in Atem hielt, antikommunistische Ängste mobilisieren und befriedigen.

Während in den Vereinigten Staaten bereits erste Verdächtigungen wegen Geldwäsche und Drogenhandel laut wurden, saß Sindona in Italien immer noch fest im Sattel. Die Rückendeckung, die er genoss, war ungebrochen. Beauftragt von Papst Paul VI., die Unternehmensbeteiligungen der Vatikanbank ins Ausland zu transferieren, inszenierte er zusammen mit Marcinkus den größten Kapitalexport aller Zeiten. Dabei schaffte er die Gelder in die Tresore der Swiss Bank, die ihm und dem Vatikan gemeinsam gehörte. Zu seinen ersten Aktivitäten zählte die Umleitung der vatikanischen Beteiligung an der Società Generale Immobiliare (SGI), einem Immobilienkonzern mit Besitzungen im Wert von mehr als einer halben Milliarde Dollar, an ein luxemburgisches Finanzinstitut.

Es war das erste einer endlosen Folge von Finanzmanövern mit vatikanischen Vermögenswerten, die von nun an in immer neue Kanäle flossen, um sie dem Zugriff der italienischen Steuerbehörde zu entziehen und dabei jedes Mal erneut Gewinne einzustreichen. Es kam zu regelrechten Plünderungen: Sindona erleichterte die Banca Unione um 250 Millionen Dollar, die er auf die Amincor Bank in Zürich transferierte. An die katholische Volkspartei Democrazia Cristiana flossen beträchtliche Geldsummen; zum Beispiel wurde eine Kampagne gegen das Referendum zur

Ehescheidung „finanziert". Der sizilianische Bankier bediente sich der Finanzgesellschaften, an denen der Vatikan beteiligt war, und der Konten des Heiligen Stuhls bei der Banca Privata Italiana, um Mafiagelder zu verschieben. Betrug war sein Metier. Im September 1973 wurde er von Giulio Andreotti zum „Retter der Lira" erklärt. Dabei hatte er selber zum Schaden der italienischen Währung spekuliert, um dann obskure Manöver gegen die Währung seines Landes öffentlich anzuprangern.

Das Trio Marcinkus, Sindona und Calvi

Es war Sindona, der Marcinkus mit dem Dritten im Bunde bekannt machte: dem Bankier Roberto Calvi. Wir befinden uns im Jahr 1971, als Marcinkus von Papst Paul VI. zum Präsidenten des IOR berufen wurde. Die drei beeinflussten und manipulierten gemeinsam die Mailänder Börse mithilfe vatikaneigener Firmen, die über Sindona an Calvi verkauft wurden. Sindona wiederum gelang es, eine weitere Bank zu kaufen: die Franklin National Bank, die unter den größten amerikanischen Banken auf Platz 20 rangierte. Die Schulden und die überhöhten Beteiligungen wurden in Auslandsfilialen von Roberto Calvis Banco Ambrosiano verbucht. Doch das ganze Gebäude war auf Sand errichtet. Ausgelöst durch die Watergate-Affäre, brach plötzlich der Rückhalt in den Vereinigten Staaten weg. Die italienische Regierung war so schwach, dass die Democrazia Cristiana aus den Kommunalwahlen von 1975 als Verliererin hervorging. Hinzu kamen die Auswirkungen der Weltwirtschaftskrise 1973 und die uneinheitliche Haltung der Regierung zum Jom-Kippur-Krieg zwischen Israel und der arabischen Welt. Nachdem die arabischen Staaten ihre Erdöllieferungen nach Europa gedrosselt hatten, galt es, schwierige Entscheidungen zu treffen. Die politische Rückendeckung war auch durch das Referendum gefährdet, das im Mai 1974 mit 59,1 Prozent der Stimmen zugunsten der Ehescheidung ausging.

Im Spätsommer 1974 brach Sindonas Banca Privata Italiana zusammen. Die Verluste der Franklin National Bank betrugen zwei Milliarden Dollar, die der Banca Privata mit Giorgio Ambrosoli als Insolvenzverwalter 300 Millionen, und die Verluste der Finabank beliefen sich allein aus Devisengeschäften auf 82 Millionen Dollar. Sindona entzog sich der Festnahme durch die Flucht ins Ausland. Marcinkus versicherte 1975: „Der Vatikan hat nicht einen Cent verloren." Eine glatte Lüge. Tatsächlich betrugen die Verluste der Kirche zwischen 50 und 250 Millionen Dollar. Mennini, Spitzenfunktionär des IOR, wurde verhaftet und verlor seinen Reisepass. Die Ermittlungen weiteten sich aus. Spada zeigte sich fassungslos: Niemand im Vatikan schien von Sindonas kriminellen Machenschaften etwas gewusst zu haben. Die Rolle des sizilianischen Bankiers übernahm jetzt Calvi. Hinzu kam eine weitere Besonderheit: Durch die Schaffung eines katholischen Bankenzusammenschlusses wollte man im IOR mit den internationalen Finanzkonzernen besser mithalten können und die Politik jener Länder beeinflussen, in denen man operierte, allen voran Italien. Marcinkus und Calvi wurden bei ihren Finanzgeschäften nach dem Crash der Banca Privata noch dreister.

Auf der einen Seite stand Sindona, der von New York aus gegen seine Auslieferung kämpfte und den Insolvenzverwalter Ambrosoli sowie Enrico Cuccia, den Vorstandsvorsitzenden der Mediobanca, der einzigen großen Investmentbank Italiens, bedrohte. Auf der anderen Seite Calvi, der versuchte, sein Schicksal von dem seines ehemaligen Freundes abzukoppeln. Aber Sindona spielte nicht mit. Er startete eine letzte Erpressungsaktion, was 1978 die Überprüfung des Banco Ambrosiano durch die Banca d'Italia zur Folge hatte. Jetzt kamen all die Schulden, faulen Kredite und hohen Liquiditätsrisiken ans Licht. Papst Paul VI., der über das Trio Sindona-Marcinkus-Calvi seine schützende Hand gehalten hatte, starb am 6. August 1978. Sein Nachfolger wurde Albino Luciani, Patriarch von Venedig, der als Papst

43

Johannes Paul I. den Stuhl Petri bestieg. Ein Mann von großer moralischer Strenge, der schon in der Vergangenheit Divergenzen mit Marcinkus und Calvi gehabt hatte, angefangen mit seiner Erbitterung über den Verkauf der Banca Cattolica del Veneto an den Banco Ambrosiano unter Missachtung der Ansprüche und Mitspracherechte der Diözese Venedig. Wenige Wochen später, am 12. September 1978, veröffentlichte Mino Pecorelli, Journalist und selbst Mitglied der geheimen Freimaurerloge P2, jene 121 Namen von Kardinälen, Bischöfen und Prälaten, die Freimaurer waren, darunter Marcinkus und sein Sekretär Donato de Bonis, der inzwischen in der Vatikanbank aufgestiegen war. Auf der Liste standen auch Kardinalstaatssekretär Jean Villot, der vatikanische Außenminister Agostino Casaroli sowie Kardinal Ugo Poletti, Vikar von Rom. Johannes Paul I. war fest entschlossen, im IOR aufzuräumen und Marcinkus, de Bonis, Mennini und de Strobel ihrer Ämter zu entheben. Das vertraute er Villot am Abend des 28. September 1978 an. Am nächsten Morgen fand man ihn leblos in seinem Bett. Der Tod des Papstes kam überraschend. David A. Yallop und andere Historiker behaupten, er sei vergiftet worden. Laut offiziellem Befund starb er an Herzstillstand.

Am 16. Oktober 1978 wurde der Pole Karol Wojtyła zu seinem Nachfolger gewählt. Papst Johannes Paul II. kehrte zur Politik Pauls VI. zurück und sicherte Marcinkus die Kontinuität seiner Finanzstrategie zu. Alle blieben in Amt und Würden, für Sindona jedoch gab es kein Zurück. In seiner Verzweiflung ließ er am 11. Juli 1979 den Insolvenzverwalter Ambrosoli durch einen Killer der sizilianischen Cosa Nostra umbringen. 1980 fand in den Vereinigten Staaten der Prozess um den Zusammenbruch der Franklin National Bank statt, der mit einer 25-jährigen Haftstrafe für Sindona zügig zum Abschluss kam. Die Situation war inzwischen außer Kontrolle geraten.

Im März 1981 entdeckten die Staatsanwälte Gherardo Colombo und Giuliano Turone bei ihren Ermittlungen zur „Liste der 500" Kunden Sindonas, die Devisen ins Ausland transferiert hatten, die Mitgliederliste von Gellis Geheimloge Propaganda Due. Der dadurch ausgelöste P2-Skandal führte in Italien zu einer Regierungskrise. Zwei Monate später wurde Calvi wegen Devisenvergehen festgenommen und am 20. Juli 1981 zu vier Jahren Haft verurteilt. Er legte jedoch Berufung ein und wurde gegen Zahlung einer Kaution auf freien Fuß gesetzt.

Der Banco Ambrosiano stand vor dem Zusammenbruch. Im August traf sich Marcinkus mit Calvi im Vatikan. Der Erzbischof ließ sich von Calvi ein Entlastungsschreiben geben, mit dem Calvi die volle Verantwortung für vergangene und künftige Finanztransaktionen übernahm. Im Gegenzug stellte das IOR Calvi sogenannte Patronagebriefe aus, Garantieerklärungen, die dem Banco Ambrosiano bis zum 30. Juni 1982 Aufschub für seine Auslandsschulden gewährten.[9] Nach Ablauf dieser Frist sollte mit einer Zahlung von 300 Millionen Lire an das IOR das Spiel beendet werden. Dieser Umstand verschaffte Calvi ein wenig Luft, um die Konten zu bereinigen, nachdem der Bank unrechtmäßig Wertpapiere entnommen worden waren und Calvi sich eine Million Dollar angeeignet hatte. Kurzum, dem Bankier sollte Zeit gegeben werden, die Dinge in Ordnung zu bringen und nach all den Betrugsmanövern mit Scheinfirmen in Panama zugunsten des IOR und der Ambrosiano-Bank auch seine Auslandsschulden zu begleichen. Dies war zumindest das Ziel der Übereinkunft zwischen Marcinkus und Calvi. Aber die Rechnung ging nicht auf. Am 31. Mai 1982 forderte die Banca d'Italia Calvi auf, für die 1,3 Milliarden Dollar Verbindlichkeiten der Ambrosiano Holding in Luxemburg aufzukommen. Calvi verschwand nach London, wo er am 18. Juni 1982 unter der Blackfriars Bridge, der Brücke der Schwarzen Mönche, erhängt aufgefunden wurde. Es war Mord. Der Aufsichtsrat der Bank hatte Calvi tags zuvor seiner Funktionen enthoben; die italienische Regierung hatte einen Interimskommissar berufen.

Bald entdeckte man, dass die Ambrosiano-Bank Kredite bei ausländischen Gesellschaften aufgenommen hatte, die mit dem IOR verbunden waren. Die von der Banca d'Italia eingesetzte kommissarische Verwaltung forderte Marcinkus auf, diese Schulden zu begleichen, doch der lehnte ab. Am 6. August 1982 ordnete Schatzminister Andreatta die Zwangsliquidation des Banco Ambrosiano an.

Das historische Treffen am 29. August 1983

Angesichts dieser Skandale und der immensen Verluste durch die betrügerischen Finanzoperationen Sindonas und Calvis war Marcinkus' Stern zum Sinken verurteilt. Doch der Erzbischof genoss nach wie vor die Protektion Johannes Pauls II., nicht zuletzt dank der 100 Millionen Dollar, die der Vatikan der polnischen Gewerkschaft Solidarność zukommen ließ.[10] Tatsächlich war es nur dem Widerstand von Staatssekretär Agostino Casaroli zu verdanken, dass Erzbischof Marcinkus nicht zum Kardinal ernannt wurde. Bereits 1980 hatte Casaroli entgegen der Anweisung des Papstes verhindert, dass Marcinkus sechs Jahre nach dem Bankcrash im Prozess gegen Sindona zu dessen Gunsten aussagte. Auf diese Weise vermied er es, das ohnehin angeschlagene Image der Kirche noch weiter zu beschädigen. Die Anordnung von Schatzminister Andreatta verschärfte jedenfalls die Konfrontation zwischen Erzbischof Marcinkus und Casaroli. Wegen der finanziellen Verluste und des Schadens für das Ansehen der Kirche hätte Casaroli Marcinkus am liebsten vor die Tür gesetzt. 1983 proklamierte der Papst das außerordentliche Heilige Jahr (das letzte reguläre war 1975), nicht zuletzt, um die vatikanischen Kassen durch Schenkungen wieder zu füllen. Kardinalstaatssekretär Casaroli musste also behutsam vorgehen. Bis es dann endlich so weit war, verging noch viel Zeit: Erst 1989 verließ Marcinkus die Vatikanbank.

Bis ein endgültiger Schlussstrich gezogen werden konnte, waren mehrere Schritte erforderlich. Eine interne Untersuchungskommission zum Fall IOR/Banco Ambrosiano wurde einberufen sowie eine bilaterale Kommission, die sich aus Vertretern des Vatikans und des italienischen Staats zusammensetzte. Beide sollten die Verantwortung des Vatikans für die Pleite von Calvis Bank klären. Schließlich sollte der Streit mit der Ambrosiano-Bank schnell beigelegt und der Schaden möglichst begrenzt werden.

Zu diesem Zweck arbeitete der Heilige Stuhl mit den Insolvenzverwaltern von Calvis Banco Ambrosiano zusammen. Deren einsehbare Unterlagen waren bei einem Schweizer Notar hinterlegt. Marcinkus wurde vorgeladen, verweigerte jedoch die Aussage. Bald tat sich eine unüberbrückbare Kluft auf. Die drei vom Vatikan bestellten Kommissäre – Pellegrino Capaldo, Präsident der Banca di Roma und Ciriaco De Mita nahestehend, dem Parteisekretär der Democrazia Cristiana, Agostino Gambino, ehemals Verteidiger von Sindonas Banca Privata, und Monsignor Renato Dardozzi – erkannten, dass ihre minimalistische These zur Verantwortung des IOR als „ahnungslosem Werkzeug" Calvis von den Kommissionsmitgliedern aufseiten des italienischen Staats keineswegs geteilt wurde. Im August 1983 informierten sie Casaroli über ein drohendes Scheitern der Kommission: Es werde womöglich getrennte Untersuchungsberichte der italienischen Regierung und des Heiligen Stuhls geben. In ihrem Memorandum[11] schlugen sie einen warnenden Ton an: Die italienischen Kommissionsmitglieder, so ihre Vermutung, neigten der These zu, dass das IOR zusammen mit Calvi einen geheimen Plan verfolgt hatte und die damit in Zusammenhang stehenden Finanzoperationen zur Pleite der Ambrosiano-Gruppe führten. Diese Ansicht vertrat der damalige italienische Schatzminister Beniamino Andreatta, der die Schulden des Vatikans beim Zusammenbruch von Calvis Bank auf 1200 Millionen Dollar bezifferte. Die finanziellen Risiken und der Imageschaden für den Vatikan waren enorm. In dem Schreiben wurden zudem mögliche Handlungsstrategien erwogen:

47

1. La Santa Sede e il Governo italiano prendono atto della questione tra l'Istituto per le Opere di Religione, da un lato, e il Banco Ambrosiano S.p.A. in liquidazione coatta amministrativa e sue controllate, dall'altro, qui di seguito denominati soggetti interessati, consistente in richieste avanzate dal Banco anzidetto e sue controllate nei confronti dell'Istituto per le Opere di Religione, il quale afferma di nondovere alcunchè, mentre dichiara di vantare a propria volta crediti nei confronti dei richiedenti; e convengono sulla opportunità di collaborare per l'accertamento della verità.

2. A tale scopo, le Parti danno incarico ai seguenti Signori di procedere congiuntamente al detto accertamento entro il termine di due mesi dall'inizio dei lavori (e comunque non oltre il 31 marzo 1983):

- Per la Santa Sede:

  Avvocato Prof. Agostino Gambino, Copresidente
  Avvocato Prof. Pellegrino Capaldo
  Dott. Renato Dardozzi

- Per il Governo italiano:

  Avvocato Pasquale Chiomenti, Copresidente
  Prof. Mario Cattaneo
  Avv. Prof. Alberto Santa Maria

3. L'oggetto dell'accertamento dovrà riguardare:

a) le società indicate nelle lettere dette di patronage rilasciate dall'Istituto per le Opere di Religione e le operazioni da esse società eseguite;

b) le obbligazioni eventualmente originate dalle lettere predette;

c) le operazioni dette di "conto deposito" che l'Istituto per le Opere di Religione afferma essere state eseguite per ordine e conto di entità controllate direttamente o indirettamente dal Banco Ambrosiano S.p.A.;

in quanto influenti direttamente o indirettamente sul contenzioso.

Ciascuna delle Parti farà quanto è in suo potere perchè i soggetti interessati al contenzioso autorizzino, esonerando dai relativi impegni di segretezza, istituti bancari, enti di gestione fiduciaria ed eventualmente persone fisiche, a porre a disposizione dei Signori sopra nominati la documentazione relativa all'oggetto dell'accertamento.

4.   I risultati dell'accertamento così effettuato e la documentazione acquisita verranno posti a disposizione dei soggetti interessati. Questi ultimi, valutati gli elementi così raccolti, decideranno, in base ai rispettivi ordinamenti, sul seguito da dare all'indagine, ivi compresa, se opportuna, la nomina di eventuali amichevoli compositori per la risoluzione della controversia e la determinazione delle relative procedure.

     Fatto nella Città del Vaticano il 24/12/1982 in due originali in lingua italiana.

Per la Santa Sede

Per il Governo della
Repubblica Italiana

Das Abkommen zwischen dem Heiligen Stuhl und der italienischen Regierung zur Gründung einer gemeinsamen Kommission, die Licht in die Verflechtungen zwischen dem IOR und der Ambrosiano-Gruppe bringen sollte. Unterzeichnet von Kardinalstaatssekretär Agostino Casaroli und vom italienischen Botschafter Claudio Chelli. In der Vereinbarung wird Renato Dardozzi als einer der Vertreter des Heiligen Stuhls genannt.

---

1. Der Heilige Stuhl und die italienische Regierung nehmen Kenntnis vom Streit zwischen dem Institut für die Werke der Religion auf der einen Seite und der sich in Zwangsliquidation im Verwaltungsweg befindlichen Banco Ambrosiano AG samt den von ihr kontrollierten Gesellschaften auf der anderen Seite, nachfolgend Betroffene genannt. Es geht um Forderungen der vorgenannten Bank und der von ihr kontrollierten Gesellschaften gegenüber dem Institut für die Werke der Religion, das jegliche Verpflichtung bestreitet, gleichzeitig aber seinerseits Forderungen gegenüber den Fordernden erhebt. Der Heilige Stuhl und die italienische Regierung sind übereingekommen, gemeinsam die Wahrheit zu ermitteln.

2. Zu diesem Zweck beauftragen die Parteien die nachfolgend genannten Herren mit einer Prüfung, die innerhalb von zwei Monaten nach Beginn ihrer Tätigkeit (spätestens am 31. März 1983) abgeschlossen sein soll:

– Für den Heiligen Stuhl:
Rechtsanwalt Prof. Agostino Gambino, Co-Präsident
Rechtsanwalt Prof. Pellegrino Capaldo
Dr. Renato Dardozzi

– Für die italienische Regierung:
Rechtsanwalt Pasquale Chiomenti, Co-Präsident
Prof. Mario Cattaneo
Rechtsanwalt Prof. Alberto Santa Maria

3. Gegenstand der Prüfung sind:

a) die Gesellschaften, die in den vom Institut für die Werke der Religion ausgestellten sogenannten Patronagebriefen benannt sind, sowie die von diesen Gesellschaften getätigten Operationen;

b) die sich aus vorgenannten Briefen ergebenden möglichen Verpflichtungen;

c) die „in Konsignation" durchgeführten Operationen, welche, wie das Institut für die Werke der Religion versichert, im Auftrag und in Rechnung von Gesellschaften getätigt wurden, die direkt oder indirekt von der Banco Ambrosiano AG kontrolliert wurden;

sofern sie direkt oder indirekt mit dem Rechtsstreit zu tun haben.

Die beiden Parteien werden alles in ihrer Macht Stehende tun, damit die an dem Rechtsstreit Beteiligten Bankinstitute, Treuhandgesellschaften und gegebenenfalls auch natürliche Personen von ihrer Geheimhaltungspflicht entbinden und sie ermächtigen, den oben genannten Herren die für den Gegenstand der Prüfung erforderlichen Unterlagen zur Verfügung zu stellen.

4. Die Ergebnisse der Prüfung und die aus ihr gewonnenen Erkenntnisse werden den Betroffenen vorgelegt. Diese werden die auf diese Weise gewonnenen Erkenntnisse auswerten und auf der Grundlage der entsprechenden Rechtsordnung über den Fortgang der Untersuchung entscheiden, gegebenenfalls einschließlich der Ernennung einvernehmlicher Schlichter zur Beendigung des Rechtsstreits und zur Umsetzung entsprechender Maßnahmen.

Vatikanstadt am 24.12.1982, verfasst in italienischer Sprache und in zweifacher Ausfertigung

Für den Heiligen Stuhl   Für die Regierung
                                          der Republik Italien

In jedem Fall wird ein extrem kostspieliger und komplizierter Rechtsstreit die Folge sein. […] Das IOR wird vermutlich nicht nur für lange Zeit in der Weltpresse Schlagzeilen machen, das Institut selbst könnte in eine Krise geraten, da seine Vermögenswerte beschlagnahmt werden könnten, einschließlich der Einlagen in verschiedenen italienischen und ausländischen

Banken. Es liegt auf der Hand, dass das IOR nach einer Insolvenz nicht mehr in der Lage wäre, seinen Anlegern (Diözesen, religiösen Einrichtungen etc.) das zurückzuzahlen, was sie ihm im Lauf der Zeit anvertraut haben. Die vatikanischen Kommissionsmitglieder sehen es daher als einen richtigen Weg, Maßnahmen zu unterstützen, die zu einer einvernehmlichen Lösung des Streits führen, vorausgesetzt, es werden keine Schuldzuweisungen ausgesprochen und die Bedingungen sind finanziell akzeptabel und geeignet, die ganze Angelegenheit definitiv zum Abschluss zu bringen.

Die Sache sollte also möglichst geräuschlos abgewickelt werden. Casaroli drängte zur Eile. Er berief für den 29. August 1983 eine Sitzung im engsten Kreis ein, um die Handlungsstrategie des Vatikans gegenüber der italienischen Regierung festzulegen. Ein in der Tat historisches Treffen, denn man traf Entscheidungen und übernahm Verantwortung, wenngleich hinter geschlossenen Türen, und Marcinkus und seine Verbündeten blieben mit ihren Ansichten in der Minderheit. Neben den Verfassern des zitierten Schreibens hatte Casaroli auch Marcinkus und Eduardo Martínez Somalo eingeladen. Somalo war der damalige stellvertretende Staatssekretär, der im Konsistorium am 28. Juni 1988 von Johannes Paul II. zum Kardinal ernannt wurde. In dem von Staatssekretär Casaroli ausgewählten Sitzungssaal herrschte dicke Luft. Gambino ergriff das Wort und verteidigte Marcinkus auf ganzer Linie. Er machte lediglich „formale Unregelmäßigkeiten" geltend, Lappalien letztlich:

Aus den gesammelten Dokumenten ergibt sich nichts, was auf eine Schuld des Präsidenten und der Führung des IOR schließen ließe. Es existiert kein Beleg dafür, dass sie von dem okkulten Plan des Bankiers Calvi Kenntnis gehabt hätten, dessen Finanzoperationen den Konkurs der Ambrosiano-Gruppe nach sich zogen. Diese Situation könnte gerichtliche Schritte gegen das IOR sowie Beschlagnahmungen zur Folge haben, die auch ohne Anerkennung einer Schuld die zivil- und vermögensrechtliche Verantwortlichkeit bedeuten könnten.[12]

Untersuchungsrichter Bricchetti erinnert sich

Entweder unterschätzte Gambino die Brisanz der Unterlagen, oder er war von der Wahrheit noch sehr weit entfernt. Ausgerechnet jene Dokumente nämlich, die er als einen Freispruch wertete, veranlassten den Mailänder Untersuchungsrichter Renato Bricchetti, 1987 Haftbefehl gegen Marcinkus, de Strobel und Mennini zu erlassen, und zwar wegen Beihilfe zum betrügerischen Bankrott der Ambrosiano-Bank. Bricchetti erinnert sich heute:

Ohne die Unterlagen wäre es nicht zum Prozess gekommen. Von der Tätigkeit dieser Kommission wussten wir wenig oder gar nichts. Die Mitglieder trafen sich, besprachen und studierten die Unterlagen im Ausland, während wir italienischen Richter nichts in der Hand hatten. Laut dem Gründungsprotokoll der Kommission sollte das konsultierte Material in der Anwaltskanzlei Mensch in Lugano hinterlegt werden. Es sollte für eine kurze Zeit dort verbleiben, anschließend war der Notar verpflichtet, es zu vernichten. Zu dem Zeitpunkt, da wir von der Existenz dieser Dokumente erfuhren, waren wir Richter und Staatsanwälte geradezu ausgehungert nach Unterlagen und Informationen über die Situation des Banco Ambrosiano im Ausland. Ich bat den Schweizer Staatsanwalt Paolo Bernasconi darum, die Dokumente im Rahmen eines parallel in der Schweiz laufenden Verfahrens wegen Erpressung zu beschlagnahmen. Ich erhielt sie dann im Zuge eines Rechtshilfeersuchens.[13]

Pro-memoria per Sua Eminenza il Cardinale Segretario di Stato

L'andamento dei lavori della Commissione nominata dalla Santa Sede e dal Governo Italiano lascia prevedere che, difficilmente, si giungerà ad un univoco consenso nell'accertamento della verità sullo svolgimento dei complessi rapporti Istituto per le Opere di Religione (I.O.R.) - Banco Ambrosiano.

Il lungo lavoro svolto e la copiosa documentazione raccolta consentono peraltro di formulare rispettivamente alcune ipotesi sullo svolgimento di quei rapporti, sul ruolo avuto da ciascuno dei soggetti e di conseguenza sulle rispettive responsabilità.

Le ipotesi vanno da:

1) uno I.O.R. strumento inconsapevole di un disegno occulto di Calvi che si è concretizzato nella realizzazione di operazioni finanziarie che hanno portato al dissesto del Gruppo Ambrosiano;

2) ad uno I.O.R. socio di Calvi nella realizzazione di quel disegno;

3) ad uno I.O.R., infine, "centro" di tutto il sistema di operazioni di cui Calvi era solo un esecutore.

I membri di parte vaticana ritengono, per parte loro, attendibile la prima ipotesi: ciò sulla base sia della documentazione raccolta, sia degli incontri che hanno potuto avere con gli alti Dirigenti dello I.O.R. Anche se questi ultimi possono aver commesso qualche imprudenza, soprattutto per la fiducia riposta nel Presidente dell'Ambrosiano, si può comprendere la difficoltà di cogliere il disegno che questi andava realizzando con un fitto intreccio di operazioni che, autonomamente considerate, potevano apparire normali. E' anche comprensibile che, data la lunga consuetudine di affari che lo legava al Banco Ambrosiano, lo I.O.R. abbia per così dire allentato la vigilanza sulle operazioni che Calvi via via gli prospettava.

Risulta che i membri di parte italiana sono su posizioni diverse. Pur se con varie sfumature, essi sembrano propendere per la seconda delle ipotesi sopra richiamate senza escludere del tutto la terza.

Allo stato attuale è probabile, pertanto, che la Commissione giunga a due relazioni con l'esposizione dei rispettivi punti di vista.

In ogni caso ne deriverà un contenzioso estremamente oneroso e complesso, dato anche che, dall'esercizio di attività economiche possono derivare responsabilità civili e patrimoniali pur in assenza di colpa.

Tale contenzioso, oltre a tenere presumibilmente lo I.O.R. alla ribalta della cronaca internazionale per lungo tempo, rischia di porre in crisi lo I.O.R. medesimo, a causa dei possibili sequestri di cui potrebbero essere oggetto i suoi beni, compresi i depositi presso varie banche italiane e straniere. E' evidente che un eventuale dissesto dello I.O.R. ne causerebbe l'impossibilità di restituire ai depositanti (Diocesi, Istituti Religiosi etc.) quanto essi gli hanno, nel tempo, affidato.

In questo quadro, i membri di parte vaticana valutano positivamente l'opportunità di assecondare iniziative volte ad un componimento amichevole della questione, in termini che non configurino attribuzioni di colpa, siano finanziariamente accettabili, e tali inoltre da condurre alla definitiva chiusura dell'intera vertenza.

Città del Vaticano, 17 Agosto 1983.

(Agostino Gambino)

(Pellegrino Capaldo)

(Renato Dardozzi)

Das Dokument, unterzeichnet von den Vertretern des Heiligen Stuhls in der Kommission IOR/Ambrosiano, verdeutlicht die Befürchtungen, die den Vatikan schließlich 1984 veranlassten, den Insolvenzverwaltern der Bank Roberto Calvis 242 Millionen Dollar zu bezahlen.

Memorandum für Seine Eminenz den Kardinalstaatssekretär

Im Verlauf der Tätigkeit der vom Heiligen Stuhl und der italienischen Regierung eingesetzten Kommission zeichnet sich bereits jetzt ab, dass in der Bewertung der komplizierten Beziehungen zwischen dem Institut für die Werke der Religion (I.O.R.) und dem Banco Ambrosiano kein Konsens erzielt werden wird.

Die lange Tätigkeit und die umfangreichen Unterlagen, die von der Kommission zusammengetragen wurden, erlauben es allerdings, einige Hypothesen zur Art und Weise dieser Beziehungen, zur Rolle der Beteiligten und folglich zu den Verantwortlichkeiten aufzustellen. Diese Hypothesen lauten:

1) Das I.O.R. war ahnungsloses Werkzeug eines okkulten Plans, mit dem Calvi Finanzoperationen realisierte, welche zum Konkurs der Ambrosiano-Gruppe führten;

2) Das I.O.R. war bei der Umsetzung dieses Plans Calvis Geschäftspartner; und schließlich

3) Das I.O.R. stand im „Zentrum" des gesamten Systems von Operationen, bei dem Calvi nur ausführendes Organ war.

Auf Grundlage der gesammelten Unterlagen sowie von Gesprächen mit der Führung des I.O.R. neigen die vatikanischen Kommissionsmitglieder der ersten Hypothese zu. Die Führung des I.O.R. hat vielleicht einige Unvorsichtigkeiten begangen, insbesondere, indem sie dem Präsidenten der Ambrosiano-Bank ihr Vertrauen schenkte, dennoch bleibt nachvollziehbar, dass es schwierig war, seinen Plan zu durchschauen. Er wurde mithilfe eines dichten Geflechts von Finanzoperationen umgesetzt, die – einzeln betrachtet – als durchaus normal erscheinen konnten. Auch ist verständlich, dass das I.O.R. angesichts seiner langjährigen Geschäftsbeziehung zum Banco Ambrosiano gegenüber den Operationen, die Calvi nach und nach vorschlug, nicht genügend Vorsicht hatte walten lassen.

Die italienischen Kommissionsmitglieder vertreten eine andere Position. Wenngleich mit unterschiedlichen Nuancierungen, scheinen sie der zweiten oben dargelegten Hypothese zuzuneigen, ohne jedoch die dritte ganz auszuschließen.

Zum gegenwärtigen Zeitpunkt ist es daher wahrscheinlich, dass es zwei Untersuchungsberichte geben wird, in denen die Kommission ihre Ansichten darlegt.

In jedem Fall wird ein extrem kostspieliger und komplizierter Rechtsstreit die Folge sein, nicht zuletzt weil sich aufgrund der Ausübung wirtschaftlicher Aktivitäten auch ohne Anerkennung einer Schuld zivil- und vermögensrechtliche Verantwortlichkeiten ergeben könnten.

Bei einem solchen Rechtsstreit wird das I.O.R. vermutlich nicht nur für lange Zeit in der Weltpresse Schlagzeilen machen, das Institut selbst könnte in eine Krise geraten, da seine Vermögenswerte beschlagnahmt werden könnten, einschließlich der Einlagen in verschiedenen italienischen und ausländischen Banken. Es liegt auf der Hand, dass das I.O.R. nach einer Insolvenz nicht mehr in der Lage wäre, seinen Anlegern (Diözesen, religiösen Einrichtungen etc.) das zurückzuzahlen, was sie ihm im Lauf der Zeit anvertraut haben.

Die vatikanischen Kommissionsmitglieder sehen es daher als einen richtigen Weg, Maßnahmen zu unterstützen, die zu einer einvernehmlichen Lösung des Streits führen, vorausgesetzt, es werden keine Schuldzuweisungen ausgesprochen und die Bedingungen sind finanziell akzeptabel und geeignet, die ganze Angelegenheit definitiv zum Abschluss zu bringen.

Vatikanstadt, 17. August 1983.

(Agostino Gambino)
(Pellegrino Capaldo)
(Renato Dardozzi)

Zurück zur entscheidenden Sitzung. Auch Marcinkus ergriff das Wort, selbstsicher und unbeirrt. Er verwies auf die „normalen Geschäftsbeziehungen mit dem in Liquidation befindlichen Banco Ambrosiano" und betonte das „mit Bedacht in Calvi gesetzte Vertrauen", das nicht zuletzt durch „die direkte und indirekte Wertschätzung der italienischen Währungsbehörde" gerechtfertigt gewesen sei. Marcinkus versicherte, das IOR habe „nicht gewusst, dass Calvi eigene geheime Ziele verfolgte, bei denen er sich des Namens der Vatikanbank bediente". Und dann diktierte er sogar die weitere Vorgehensweise: „Bei einer solchen Einigung muss jede Schuldzuweisung gegenüber dem IOR ausgeschlossen sein. Das finanzielle Opfer muss in erträglichen Grenzen gehalten werden." Für Casaroli war das Maß voll. Er schaltete sich ein und stellte klar, worauf es ankam. Der kühle Ton, typisch für den ranghöchsten Mitarbeiter des Papstes, klingt sogar in dem Bericht über dieses Treffen an:

> Seine Eminenz der Kardinalstaatssekretär bemerkte, es müsse vorrangig darum gehen, das Ansehen des Heiligen Stuhls zu retten, und äußerte seine Ansicht, dass der Streit unbedingt einvernehmlich beigelegt werden müsse.

So kam es zu ersten wichtigen Eingeständnissen:

> Die ganze Angelegenheit lässt sich folgendermaßen zusammenfassen: a) die Prüfung der Unterlagen ergibt keine Gewissheit, das heißt einseitig interpretiert, könnte bei eventuellen Urteilen durchaus zuungunsten des IOR entschieden werden; b) aufgrund der Insolvenz mit nachteiligen Folgen für Dritte im Zuge von Aktivitäten, an denen das IOR nicht unbeteiligt ist, sprechen vernünftige und sachliche Erwägungen für einen Vorstoß des Instituts. Auf die Frage jedoch, ob eine solche Initiative nicht als Schuldeingeständnis gewertet werden könnte, antwortet Professor Capaldo, man müsse eine Vorgehensweise wählen, die eine solche Interpretation unwahrscheinlich mache oder ganz ausschließe.

Casaroli plädierte für einen diplomatischen Vorstoß bei der Regierung Craxi, um die Angelegenheit zu bereinigen. Unterdessen führte Johannes Paul II. das neue kanonische Recht ein, in dem der Passus, die Zugehörigkeit zu einer Freimaurerloge sei mit sofortiger Exkommunikation zu ahnden, gestrichen wurde. Joseph Ratzinger, der Präfekt der Glaubenskongregation, konnte sich nicht damit durchsetzen, die von Clemens XII. im Jahr 1738 eingeführte Exkommunikation beizubehalten.[14]

Und schließlich kam es zu einem Vergleich mit den Gläubigerbanken von Calvis Banco Ambrosiano, der am 25. Mai 1984 in Genf unterzeichnet wurde. Die Vatikanbank bestritt weiterhin jede Verantwortung. Sie erklärte sich aber zu einer „freiwilligen Ausgleichszahlung" in Höhe von 242 Millionen Dollar bereit, mit der alle weiteren Forderungen abgegolten sein sollten. Mit diesem „Vertrag",[15] der von Marcinkus und seinem Sekretär de Bonis unterzeichnet wurde, tilgte das IOR Schulden in Höhe von 400 Milliarden Lire. Gleichzeitig ging es vor allem der Gefahr aus dem Weg, diese Schulden aufgrund der sogenannten Patronagebriefe oder Garantieerklärungen, die die Verbindlichkeiten des Mailänder Bankinstituts bestätigten, auf mehr als 1500 Milliarden Lire[16] anwachsen zu lassen.

Für den Vatikan war die Sache damit erledigt. Das Trauma des Bruchs würde mit der Zeit schon heilen. Sindona, gerade erst von den Vereinigten Staaten ausgeliefert und wegen Mordes an dem Anwalt Giorgio Ambrosoli zu einer lebenslangen Freiheitsstrafe verurteilt, starb am 20. März 1986 um 14.12 Uhr im Gefängnis von Voghera, nachdem er einen mit Zyankali vergifteten Espresso getrunken hatte. Er lag 53 Stunden im Koma. Der Untersuchungsrichter Antonio De Donno erklärte im November, also sieben Monate später, es sei „kein Strafverfahren einzuleiten, da es sich um Selbstmord handelte."

Marcinkus hatte verloren. Der am 20. Februar 1987 von der Mailänder Staatsanwaltschaft erlassene Haftbefehl gegen den Erzbischof sowie gegen die Spitzenfunktionäre des IOR, Luigi Mennini und Pellegrino de Strobel, bestärkte Johannes Paul II. in seiner Entschlossenheit. In den Augen der Richter war die Führung des IOR für den betrügerischen Bankrott des Banco Ambrosiano mitverantwortlich. Marcinkus behielt seinen Posten als Präsident des IOR, wurde jedoch der „Führungsaufsicht" durch einen von Casaroli und seinem vertrauensvollen Berater Dardozzi eingesetzten Aufsichtsrat unterstellt. De Strobel und Mennini wurden auf Verwaltungsposten abgeschoben.[17] Gleichzeitig jedoch stärkte der Heilige Vater den Einfluss von Kardinälen und Beratern, die dem Opus Dei nahestanden. Das IOR wurde von einer eigens eingesetzten Kommission reformiert. Am 9. März 1989 machte der polnische Papst der Präsenz Marcinkus' in den Zeitungsspalten des „Osservatore Romano" ein Ende. Was folgte, war der Rückzug des Erzbischofs aus dem IOR und seine Rückkehr nach Chicago 1997. Marcinkus starb 2006 als einfacher Seelsorger der kleinen Kirche St. Clemens in Sun City, Arizona. Die Vatikanbank erlitt einen Schaden von 77,3 Milliarden Lire, die Ambrosiano-Bank hingegen wurde von dem Katholiken Giovanni Bazoli neu gegründet. Dass 1989 die Berliner Mauer fiel, ist nicht zuletzt dem Papst zu verdanken. Damit schien ein Kapitel abgeschlossen. Johannes Paul II. konnte es nicht ahnen, aber dem Heiligen Stuhl stand eine Zeit schwierigster Probleme bevor.

---

1 Nach der Oktoberrevolution in Russland galt dem Vatikan der atheistische, den Klassenkampf propagierende Kommunismus als Hauptwidersacher des Glaubens. Papst Pacelli bezeichnete ihn als Inkarnation des Bösen und sah im Warschauer Pakt und der kommunistischen Expansion eine Gefahr, die es zu bekämpfen galt.

2 David A. Yallop, *Im Namen Gottes? Der mysteriöse Tod des 33-Tage-Papstes Johannes Paul I. Tatsachen und Hintergründe*, Droemer Knaur, München, 1984, S. 130.

3 David A. Yallop, a.a.O., S. 139.

4 Spellman war es auch, der Geldmittel beschaffte, um eine kommunistische Unterwanderung der NATO-Staaten zu verhindern. So erhielt Alcide De Gasperis Democrazia Cristiana von den Alliierten einen Scheck über zehn Millionen Dollar zur Unterstützung im Parlamentswahlkampf 1948. Einer der Ersten, die diese These aufstellten, war der amerikanische Journalist Christopher Simpson. Er versuchte auch, der Herkunft der Gelder auf die Spur zu kommen: „Dieses ‚Schwarzgeld' kam nicht von den amerikanischen Steuerzahlern. Ein wesentlicher Teil der Geldmittel für geheime Aktivitäten in Italien stammte aus beschlagnahmten Nazivermögen, einschließlich Geld und Gold, das die Nazis den ermordeten Juden abgenommen hatten" (Christopher Simpson, *Der amerikanische Bumerang. NS-Kriegsverbrecher im Sold der USA*, Ueberreuter, Wien, 1988, S. 118). Diese These vertraten in den neunzi-

ger Jahren auch der Jüdische Weltkongress und einige amerikanische Historiker. Sie verwiesen auf die Kirche als Quelle der Gelder, die dieser These zufolge aus dem Besitz der von den Nazis ermordeten Juden stammten.

5 Hierzu gibt es unterschiedliche Versionen. Im Gespräch mit Giancarlo Galli (*Finanza bianca. La Chiesa, i soldi, il potere*, Mondadori, Mailand, 2004) widerspricht Angelo Caloia dieser Darstellung entschieden.

6 Gianfranco Piazzesi und Sandra Bonsanti, *La storia di Roberto Calvi*, Longanesi, Mailand, 1984.

7 Fabrizio Rizzi, „L'Oro di Pietro", in „Fortune", April 1989.

8 Sindona wurde 1920 in Patti in der bitterarmen Provinz Messina geboren. Nach der Schulzeit bei den Jesuiten beendete er 1942 sein Jurastudium, kurz vor der Landung britisch-amerikanischer Truppen auf Sizilien. Er knüpfte Kontakte zum Mafiaboss Baldassarre Tinebra, von dem er Zitrusfrüchte und Weizen erhielt, um sie der alliierten Militärregierung zu verkaufen. Während Sindona im Finanzamt von Messina arbeitete, wurde er mit dem italienischen Steuersystem vertraut und ging nach Mailand, um dort 1947 eine Steuerkanzlei zu eröffnen. Die Empfehlungsschreiben des Erzbischofs von Messina halfen ihm, ein immer dichteres Beziehungsnetz zu knüpfen. Sindonas Spezialität war die Steuerhinterziehung und die doppelte Rechnungsstellung. Ihn konsultierten Unternehmen und Freiberufler, die sich dem Zugriff des Finanzamts entziehen wollten. Und Sindona half ihnen, indem er seine Beziehungen zum Ausland nutzte. Bereits 1950 gründete er seine erste Briefkastenfirma in Liechtenstein: die Fasco AG. Zu seinem Kundenkreis zählten jedoch auch die New Yorker Mafiafamilien Inzerillo und Gambino, die von der Unverfrorenheit und gleichzeitigen Diskretion dieses Sizilianers beeindruckt waren. Ihm vertrauten sie ihre Drogendollars an. Sindona expandierte weiter. Durch Vermittlung Massimo Spadas, des Sekretärs der IOR, kaufte er die Mailänder Banca Privata Finanziaria, ehemals Moizzi & C. 1959 tätigte er ein Geschäft, das für seine weitere Laufbahn von entscheidender Bedeutung war: Mithilfe des damaligen Erzbischofs von Mailand, Giovanni Battista Montini, fand er ein Grundstück und erhielt die dafür benötigten Mittel (in Höhe von 400.000 Dollar), um das Altenheim Casa della Madonnina zu gründen. Sindona wurde zum Finanzberater der Kurie befördert.

9 Der Text lautet: „Sehr geehrte Herren, hiermit bestätigen wir, dass wir direkt oder indirekt die Anteilsmehrheit an nachstehend genannten Firmen besitzen: Manic SA (Luxemburg), Astolfine SA (Panama), Nordeurop Establishment (Liechtenstein), United Trading Corporation (Panama), Erin SA (Panama), Bellatrix SA (Panama), Belrosa SA (Panama), Starfield SA (Panama). Wir bestätigen ferner die Tatsache der Verschuldung dieser Firmen bei Ihnen,

wie sie, bezogen auf den Juni 1981, aus beiliegender Saldenaufstellung hervorgeht" (Unterschrift Pellegrino de Strobel und Luigi Mennini).

10 David A. Yallop, a.a.O., S. 431.

11 „Memorandum für Seine Eminenz den Kardinalstaatssekretär" vom 17. August 1983. Der Brief trägt die Unterschrift von Monsignor Dardozzi, Pellegrino Capaldo und Agostino Gambino, den vatikanischen Mitgliedern der Kommission „zur Prüfung der Sachlage betreffend das IOR und den in Zwangsliquidation befindlichen Banco Ambrosiano". Die drei vertraten eine zur Position der italienischen Regierung konträre Auffassung und behaupteten, das IOR sei das „ahnungslose Werkzeug eines okkulten Plans gewesen, mit dem Calvi Finanzoperationen realisierte. [...] Die Führung des IOR hat vielleicht einige Unvorsichtigkeiten begangen, insbesondere, indem sie dem Präsidenten der Ambrosiano-Bank ihr Vertrauen schenkte." Dennoch sei es schwierig gewesen, Calvis Plan zu durchschauen. „Er wurde mithilfe eines dichten Geflechts von Finanzoperationen umgesetzt, die – jeweils für sich betrachtet – als durchaus normal erscheinen konnten." Auch sei verständlich, dass das IOR angesichts seiner langjährigen Geschäftsbeziehung zum Banco Ambrosiano nicht genügend Vorsicht hatte walten lassen.

12 Auszug aus dem maschinenschriftlichen Protokoll der Sitzung unter Leitung Casarolis am 29. August 1983.

13 Renato Bricchetti, damals Untersuchungsrichter im Verfahren zum Zusammenbruch des Banco Ambrosiano und Verfasser zahlreicher viel beachteter juristischer Aufsätze, ist heute am Kassationsgericht tätig. Aus einem Interview mit dem Autor am 30. Oktober 2008.

14 Der spätere Papst Benedikt XVI. kommentierte die Indiskretionen der Presse zur Abschaffung der Exkommunikation mit den Worten: „Die Kirche hält an ihrem negativen Urteil über die Freimaurervereinigungen fest, deren Prinzipien seit jeher als unvereinbar mit der Lehre der Kirche betrachtet wurden. Deshalb bleibt der Beitritt zu ihnen verboten" (Carlo Palermo, *Il quarto livello*, Editori Riuniti, Rom 1996).

15 Franco Scottoni, „Ecco il testo dell'intesa tra IOR e Ambrosiano", in „La Repubblica", 5. März 1989.

16 Giancarlo Galli, a.a.O.

17 „Auch aufgrund ihres vorgerückten Alters (beide waren über siebzig) wurden sie faktisch abgesetzt. Sie leben zurückgezogen im Seniorenheim Santa Maria und essen im allgemeinen Speisesaal. Sie gehen abends nur selten aus, und wenn, dann besuchen sie nur Freunde, um gemeinsam den Rosenkranz zu beten. Auch Marcinkus wurde in seinen Befugnissen zurückgestuft. Ihm wurde die Organisation der Papstreisen entzogen. Den Posten des Pro-Präsidenten der Kardinalskommission für die Verwaltung des Vatikanstaats, des soge-

nannten Governatorats, konnte er zwar behalten, aber den Kardinalspurpur hat er verspielt. [...] Und auch einen Teil seiner Macht im IOR musste er an die Kontrollkommission abgeben" (Angelo Pergolini, „Dimenticare Marcinkus", in „Espansione" Nr. 222, 1. November 1988).

Zeichnungsberechtigt:
Andreotti Giulio

Ein unzugänglicher Safe

Viele meinen, das IOR sei keine Bank im herkömmlichen Sinn, weil sie keine Darlehen gewähre, über keine Schalter verfüge und keine Schecks ausgebe. Aber all das entspricht nicht der Wahrheit. Einen Bankschalter gibt es definitiv, er befindet sich in dem trutzigen Festungsturm Nikolaus' V. Man muss lediglich die laxe Grenzkontrolle der Schweizergardisten hinter sich bringen. Den Trick hierfür kennt jeder Römer: Man zeigt ein Arztrezept vor und sagt, man müsse zur internationalen Apotheke des Vatikans. In der Regel lässt einen der diensthabende Schweizergardist ohne Weiteres durch. Um ein Bankkonto zu eröffnen, genügt – oder genügte – es, über gute Beziehungen zur Nomenklatura des Vatikans zu verfügen. Dass das IOR keine Schecks ausstellt, ist nur die halbe Wahrheit beziehungsweise eine halbe Lüge. Es stimmt, das IOR stellt keine Schecks aus, aber nur, weil dafür gar keine Notwendigkeit besteht. Im Bedarfsfall bezieht es Schecks von italienischen Banken, zu deren vornehmsten Kunden das IOR gehört. Und es bietet eine Vielzahl weiterer Dienstleistungen, darunter sogar eigene Debitkarten.[1]

Das Statut der Bank und die Abkommen mit dem italienischen Staat machen das IOR zu einem Offshore-Finanzplatz, der sich jeglicher Kontrolle entzieht. Nur unter diesen Voraussetzungen konnte es in den siebziger Jahren überhaupt zu den Finanzskandalen kommen, die bis heute nachwirken. Das IOR garantiert seiner Führung strengste Geheimhaltung, absolute Straffreiheit und freie Hand in allen ihren Finanzaktivitäten – und seinen Klienten freies

Geleit. Auch innerhalb der Leoninischen Mauern kann die Bank nach Belieben schalten und walten. Sie genießt den Status der Autonomie, und ihre Leitung unterliegt keinerlei Kontrolle. Diese Vorzüge waren Marcinkus und de Bonis mit ihrem für Kleriker ungewöhnlich aggressiven Geschäftsgebaren bestens bekannt.

Dem von Papst Johannes Paul II. im Jahr 1990 erlassenen Statut zufolge können kirchliche und religiöse Einrichtungen, Bewohner des Vatikans, Nichtgeistliche und sogar Ausländer Kunden der Bank werden, sofern sie bereit sind, einen Teil ihrer Einlagen für „gute Werke" zu spenden. Dieser Anteil wird umgehend abgezogen, denn die Konten sind steuerbefreit. In Artikel 2 des IOR-Statuts heißt es: „Das Institut hat die Aufgabe, für die sichere Aufbewahrung und Verwaltung der beweglichen und unbeweglichen Güter zu sorgen, die dem Institut von natürlichen oder juristischen Personen übergeben oder anvertraut wurden und für religiöse und karitative Zwecke bestimmt sind. Das Institut kann daher Vermögenswerte von Einrichtungen und Einzelpersonen des Heiligen Stuhls und des Staats der Vatikanstadt akzeptieren, die wenigstens teilweise oder in Zukunft die im vorhergehenden Absatz genannte Bestimmung erfüllen."

Eine überaus verlockende Besonderheit. Wer also mitten in Rom über eine ausländische Bank Geschäfte abwickeln möchte, für die die Kontrollbestimmungen zwischen Banken und internationale Vereinbarungen zum Schutz gegen Geldwäsche keine Geltung haben, eröffnet hier ein Konto.

Das IOR kann weder polizeilich durchsucht, noch können seine Telefone abgehört oder seine Mitarbeiter vernommen werden. Für Auskünfte über die Transaktionen dieser Bank muss die Staatsanwaltschaft eines anderen Landes ein Rechtshilfeersuchen an den Vatikanstaat stellen. Wenn die Staatsanwälte nachfragen, kann es leicht zu „Interessenkonflikten" kommen. Dann muss der Vatikan entscheiden, ob er Anfragen zu den Aktivitäten der einzigen eigenen Bank stattgeben soll oder nicht. Fast immer verweigert der Vatikan jegliche Aufklärung, lehnt Amtshilfe ab oder erteilt nur bruchstückhaft Auskunft. Tatsächlich ist der Heilige Stuhl nicht gehalten, Rechtshilfe zu gewähren. Wenn überhaupt, tut er dies nur in Befolgung diplomatischer Höflichkeitsregeln, wie sie zwischen souveränen Staaten üblich sind. Der Vatikanstaat ist das einzige Land Europas, das nie ein Rechtshilfeabkommen mit anderen europäischen Staaten unterzeichnet hat; auch nicht das Zusatzprotokoll zum Europäischen Übereinkommen über die Rechtshilfe in Strafsachen von 1978 in Straßburg, das auch von Albanien, Moldawien, Luxemburg, Litauen und Zypern ratifiziert wurde. Weiters existieren keine bilateralen Abkommen, wie sie schon seit 1939 zwischen Italien und San Marino bestehen, einem weiteren Zwergstaat auf der italienischen Halbinsel. 1996 dann eine echte Überraschung: „Das IOR hat von sich aus beschlossen, die von der FATF [Financial Action Task Force on Money Laundering, Arbeitskreis Maßnahmen zur Bekämpfung der Geldwäsche] ausgearbeiteten Empfehlungen zu übernehmen."[2] Die Bindung ist allerdings schwach: Das IOR ist aufgrund seiner Autonomie an keine Kontrolle durch irgendeine Organisation gebunden. Der Vatikan zählt nicht zu den 34 Mitgliedstaaten der FATF, der unter anderem auch Luxemburg, die Schweiz und Singapur angehören.

Auch können keine Ermittlungsverfahren gegen die leitenden Mitarbeiter des IOR geführt werden; sie können weder festgenommen noch in Italien vor Gericht gestellt werden. In Artikel 11 der Lateranverträge heißt es:

Die Zentralstellen der katholischen Kirche sind (mit Vorbehalt der Bestimmungen der italienischen Gesetze über den Erwerb durch juristische Personen) von jeder Einmischung seitens des italienischen Staats und von der Konvertierung der Immobilien frei.

Nach Interpretation des Kassationsgerichts können Mitarbeiter zentraler Einrichtungen des Heiligen Stuhls in Italien daher weder festgenommen noch vor Gericht gestellt werden. Sie genießen strafrechtliche Immunität, wie sie in keinem Gesetzbuch vorgesehen ist. Die Bestimmung erinnert allenfalls an die Immunität des italienischen Staatspräsidenten oder an den kürzlich für verfassungswidrig erklärten „Lodo Alfano", ein Gesetz, das die Aussetzung von Strafprozessen für die höchsten Ämter im Staat vorsah.

Auf diese Weise konnten sich der IOR-Präsident Paul Marcinkus und seine Mitarbeiter Mennini und de Strobel 1987 der Verhaftung entziehen. Das Kassationsgericht erklärte die Haftbefehle des Untersuchungsrichters Renato Bricchetti für unwirksam, verzichtete damit faktisch auf die Strafverfolgung und trat Souveränitätsansprüche ab. Ein Vorgehen, das heftig kritisiert wurde und die Tätigkeit der Richter und Staatsanwälte für ein halbes Jahrhundert beeinflusste. Es entbrannte eine juristische Debatte, die das Verfassungsgericht abwürgte, als es den Urteilsspruch des Kassationsgerichts bestätigte. Erst 2004 entschied das Kassationsgericht in einem Verfahren gegen Radio Vatikan wegen schädlicher elektromagnetischer Strahlung seiner Sendeanlage, dass alle auf italienischem Territorium begangenen Straftaten gerichtlich verfolgt werden können.

De Bonis, der Hilfsarbeiter Gottes

Aber zurück zu Marcinkus. Sein System der Macht, der Transaktionen und Allianzen musste allen Erschütterungen zum Trotz erhalten bleiben, um in absoluter Diskretion weiter operieren zu können. Bereits im Frühjahr 1987, als gegen ihn, Mennini und de Strobel Haftbefehl erlassen wurde, stellte er daher die Weichen für die Zukunft. Er suchte sich einen Nachfolger, der den Erfordernissen der neunziger Jahre Rechnung tragen konnte. Seine Wahl fiel auf den einzig verlässlichen Kandidaten: Donato de Bonis. Seit 1954 im IOR tätig, zuerst als Privatsekretär des IOR-Präsidenten Kardinal Alberto di Jorio und seit 1970 als Generalsekretär der Bank, stieg er zur Nummer zwei auf. 17 Jahre lang hatte de Bonis die Finanztransaktionen von Marcinkus genau verfolgt. Jetzt waren diese beiden die Herren der Bank.

Wir wissen nicht mit Bestimmtheit, ob der schrittweise Rückzug, den Marcinkus mit den höchsten Kardinälen aushandelte, den Verbleib von de Bonis in der Vatikanbank vorsah. Jedenfalls verschanzte sich Marcinkus bis 1997 hinter vatikanischen Mauern und pflegte seine Kontakte. Unterdessen schlug de Bonis sowohl das Bistum Potenza als auch das Amt des Weihbischofs der Diözese Neapel aus, um im IOR bleiben zu können. Vielleicht auf Anweisung Johannes Pauls II. schneiderte Casaroli 1989 im Rahmen des neuen Organigramms de Bonis eine überraschende und lohnende Funktion auf den Leib: die eines „Prälaten des IOR". Nunmehr hatte der Vorsitzende eines neuen, aus Laien zusammengesetzten Aufsichts- oder Verwaltungsrats die Aufgabe des Präsidenten inne. Im Juni 1989 übernahm der lombardische Bankier Angelo Caloia dieses Amt. Die neue Organisation bedeutete den Bruch mit der Vergangenheit, wie ihn auch Monsignor Renato Dardozzi befürwortete, der eigens nach Mailand fuhr, um Caloia die Präsidentschaft der Vatikanbank anzutragen. Caloia, ein enger Freund Giovanni Bazolis, des Neugründers der Ambrosiano-Bank, und des Mailänder Kardinals Carlo Maria Martini, stand der Gruppe um den Christdemokraten Vittorino Colombo nahe und verkörperte in aller Klarheit die mit der katholischen Kirche verbundene „weiße Finanz" des Nordens.

In diesem Spiel eines Gleichgewichts der Kräfte wurde de Bonis zur Schaltstelle zwischen der Bank und der fünfköpfigen Kardinalskommission, die unmittelbar dem Papst rechenschaftspflichtig war.[3] Aber de Bonis war in erster Linie das historische Gedächtnis des IOR. Er kannte die Schwächen sämtlicher Mitarbeiter, die Geheimnisse aller Finanztransaktionen und vor allem die innere Dynamik des vatikanischen Finanzsystems. Er stammte aus Pietragalla, einem der ärmsten Dörfer in der Basilicata, das er als Zehnjähriger verließ, um ins Priesterseminar einzutreten. In

DIE FINANZVERWALTUNG DES VATIKANS IN DEN NEUNZIGER JAHREN

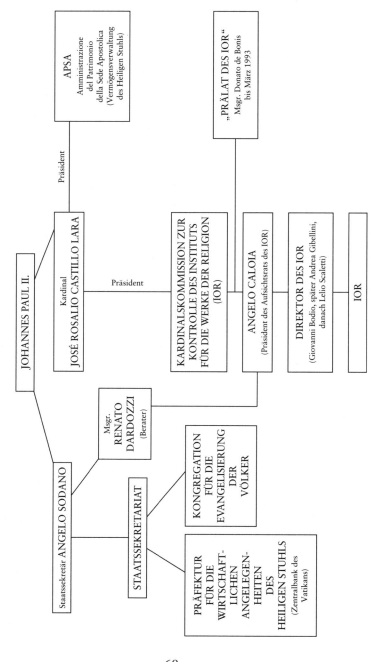

der Wochenzeitschrift „Panorama" zeichnete der Journalist Giancarlo Zizola im Jahr 1989 folgendes Bild von ihm:

De Bonis wurde 1930 geboren; seine Mutter, aus Neapel stammend, war Lehrerin, sein Vater Bankdirektor. In dieser katholischen Familie mit sieben Kindern (eine Tochter ist Franziskaner-Terziarin, zwei andere arbeiten im Bankensektor) verbindet sich der Geist des Evangeliums mit modernen Managertugenden. Im Alter von zehn Jahren tritt Donato in das Seminar von Potenza ein, hinter dessen Mauern er eine von den Entbehrungen des Krieges geprägte Jugend verbringt. Er besucht das Gymnasium des Regionalseminars in Salerno. 1953 wird er in der Lateranbasilika von Clemente Micara zum Priester geweiht. Ein Jahr später tritt er in die Kommandozentrale des Vatikans ein, ins IOR, um dem Traum seiner Familie nachzueifern: das Geld mit der franziskanischen Utopie zu versöhnen. Sein Förderer ist Kardinal di Jorio, der Präsident des IOR. Als di Jorio 1970 in den Ruhestand geht und Paul Marcinkus seinen Posten an der Spitze der Bank übernimmt, wird de Bonis zum Generalsekretär ernannt. Eine steile Karriere in absoluter Diskretion: nie ein Empfang, stets im Hintergrund, keine Begegnungen mit Sindona, Calvi und den anderen Finanzjongleuren jener Zeit. Sein Motto ist ein chinesisches Sprichwort: „Tu Gutes und wirf es ins Meer. Die Fische werden nicht wissen, von wem es stammt, aber Gott weiß es." In seinem Büro lag stets ein aufgeschlagenes Evangeliar auf dem Lesepult. „Die Kirche muss sich entscheiden", pflegte er zu sagen, „ob sie auf der Seite des heiligen Franziskus oder des Geschäftslebens steht". Doch de Bonis' Idealismus korrespondiert mit einem dezidierten Pragmatismus und misst sich an den großen Zahlen. Er trägt eine Uhr am Handgelenk, die zwei verschiedene Zeitzonen anzeigen kann: die von Rom und die von New York.[4]

In der Geschichte des Banco Ambrosiano zeigte er ein ganz anderes Gesicht. De Bonis war ein geschickter Strippenzieher. Nach außen hin versuchte er stets, sich vom IOR-Präsidenten Marcinkus freizuspielen, aber das war nur ein Scheinmanöver. In Wirklichkeit war er bei allen Geschäften sein treuer Schatten. Mit ihm tüftelte er den Verkauf von 51 Prozent IOR-Beteiligungen am Banco di Roma Suisse aus, die für 100 Millionen Dollar, damals fast 160 Milliarden Lire, an die Union de Banques Suisses (UBS) gingen. Ein paar Jahre später stieg das IOR, erneut unter seiner Regie, aus der Beteiligungsholding Italmobiliare der Familie Pesenti aus und verkaufte seine 1,7 Prozent Beteiligung. Ebenso wurde bei der Gotthard-Bank verfahren, die Calvi dazu nutzte, die Geldströme des Banco Ambrosiano zu verschleiern.

1984 unterzeichnete de Bonis, erneut zusammen mit dem Präsidenten des IOR, den Scheck, der den Streit mit den Insolvenzverwaltern des Banco Ambrosiano beenden sollte. De Bonis hielt stets an Marcinkus' These fest, Calvi und Sindona hätten mit ihren Betrügereien dem Vatikan geschadet. Dabei ging er ausnahmsweise einmal aus der Deckung: „De Strobel und Marcinkus sind nicht die Verantwortlichen", erklärte er, „sondern die Opfer des Ambrosiano-Crashs."[5] Er kritisierte offen die gegen Calvis Bank ermittelnden Staatsanwälte, denen er vorwarf, „die wahren Verantwortlichen der Pleite gar nicht ausfindig machen zu wollen. Wir möchten nicht, dass die Energien, die bisher auf das IOR verwendet wurden, bei der Suche nach den wahren Schuldigen fehlen."[6] Gleichzeitig versuchte de Bonis, sich als „Befürworter einer moralischen Erneuerung" darzustellen, indem er in den Zeitungen Geschichten über seine lobenswerte Transparenz und Klugheit streute. „Ich hatte schon als Kind graue Haare, ja sogar schon seit meiner Geburt ... Ich arbeite im Stillen [...]. Ich bin ein Hilfsarbeiter Gottes."[7] Im Jahr 1981 schrieb er in einem Brief an den Schauspieler und Freund Eduardo De Filippo:

Man hat mich gefragt, was ich tun würde, wenn der heilige Franziskus an meine Tür klopfen würde? Ich antwortete, seitdem ich meinen Verstand zu gebrauchen wüsste, hätte ich den Schlüssel meines Hauses dem heiligen Franz von Assisi übergeben. Seither klopfe er nicht mehr an meine Tür; er trete ein, wann immer er wolle.[8]

Und gegenüber der spanischen Journalistin Isabel Pisano gab er zu Protokoll: „Die Staatsanwälte haben bestätigt, dass ich an den fraglichen Ereignissen keine Mitverantwortung trage. Mit der Führung des IOR hatte ich nichts zu tun. Das habe ich den Laien überlassen, und wie Sie sehen, bin ich der Einzige, der sich gerettet hat ...".[9]

„De Bonis hat einen unverwechselbaren Stil", erinnert sich der Untersuchungsrichter Otello Lupacchini heute. „Wenige und wohldosierte Worte in den entscheidenden Momenten der Ambrosiano-Affäre. Eine unmissverständliche Art, um jeden Zweifel an seinem Einfluss auszuräumen, und sehr präzise Botschaften. Denn bei diesen Skandalen des Vatikans kam es auf alles an – auf eine politische und finanzpolitische Strategie, auf die Taktik von Verdächtigungen, Erpressung und Betrug –, nur nicht auf die Religion." Und schließlich äußerte der Prälat in den Zeitungen noch den Wunsch, „das IOR möge wieder in den Dienst der Universalkirche treten und gewisse Verbindungen zur laizistischen Weltfinanz, wie es sie in der Vergangenheit gab, hinter sich lassen."[10]

In Wirklichkeit gingen die Verflechtungen in gewohnter Weise weiter. 1983 geriet de Bonis sogar in die Verstrickungen eines Ölskandals, der damals schon zehn Jahre zurücklag. Die Richter entzogen ihm den Reisepass, aber die Sache geriet schnell wieder in Vergessenheit.

Die Übergabe der Stafette von Marcinkus an den Prälaten des IOR vollzog sich, wie im Vatikan üblich, lautlos und gemächlich. Während der angespanntesten Monate im Leben seines Vorgesetzten legte de Bonis das Fundament für die eigene Nachfolge. Es war der 15. Juli 1987, die kritische Phase im Skandal um den Ambrosiano-Crash. Bald würde das Kassationsgericht entscheiden, ob der Präsident des IOR hinter Gitter wanderte, wie es die Mailänder Ermittler forderten, oder ob ein solcher Schritt mit den Lateranverträgen, die der Führung des Heiligen Stuhls „Straffreiheit" zusicherten, für unvereinbar erachtet wurde. IOR-Präsident Marcinkus lief Gefahr, in Handschellen abgeführt zu werden. Am Vorabend der Urteilsverkündung begann de Bonis jenes Netz zu knüpfen, das in den neunziger Jahren zu einem Offshore-System für die Geldwäsche mit Nummernkonten hinter den vatikanischen Mauern werden sollte.

Der erste geheime Schritt ist in den Dokumenten von Dardozzis Archiv festgehalten: De Bonis beantragte die Eröffnung eines Girokontos mit der Nummer 001-3-14774-C als erstes Konto des neuen Offshore-Systems; der Jahreszins betrug neun Prozent. Die erste Einzahlung in Höhe von 494.400.000 Lire geschah in bar. Damit diese Geschäfte von außen unsichtbar blieben, musste de Bonis in absoluter Diskretion operieren. Die Skandale der Vergangenheit durften sich keinesfalls wiederholen, gleichzeitig musste er seiner mächtigen Klientel satte Gewinne zusichern. In gewisser Weise sagte de Bonis das sogar selbst: „Wir haben gelitten, aber wir haben unsere Lektion gelernt. Bestimmte Fehler dürfen sich nicht wiederholen."

Um auch nur den Schatten eines Verdachts zu zerstreuen, ließ de Bonis das Konto auf den Namen der „Fondazione Cardinale Francis Spellman" laufen, eine ominöse Stiftung, über die nie viel bekannt wurde. Die Namenswahl war durchaus kein Zufall. Es handelte sich um den gefürchteten Kardinal Spellman, Militärbischof der Vereinigten Staaten, der 1967 gestorben war. Er hatte in der Nachkriegszeit die Democrazia Cristiana mit Geldern finanziert, die nach Ansicht einiger Historiker aus Vermögen der von den Nazis ermordeten Juden stammten. Spellman war es auch, der dem damaligen Papst Paul VI. Marcinkus empfohlen hatte. Jetzt erwies ihm de Bonis, Marcinkus' Nachfolger, seine Reverenz. Alle anderen Hypothesen wären gewagt.

Hätte ein diensteifriger Mitarbeiter des IOR im Dossier des Kontos „Spellman" geblättert, hätte er festgestellt, dass die Stiftung selbst nirgendwo dokumentiert war. Es existierte keine Gründungsurkunde, nicht einmal ein schlichtes Schreiben mit dem Briefkopf dieser Stiftung: denn sie existierte gar nicht; ein einfacher, aber wirkungsvoller Kunstgriff. Im IOR jedoch verspürte offenbar niemand eine solche Neugier.

Warum dann diese Geheimniskrämerei? Es war die Zeit vor dem richterlichen Urteilsspruch, der Marcinkus' Inhaftierung und damit den Zusammenbruch des ganzen Systems zur Folge haben konnte. Zur Tarnung beschloss man daher, das Konto unter dem Namen einer frei erfundenen wohltätigen Stiftung zu führen, eingetragen unter dem Namen Kardinal Spellman, Purpurträger und politischer Vermittler zwischen den Vereinigten Staaten, der CIA, dem Vatikan und Italien. Auf dem Unterschriftsprobenblatt findet sich der Name des damals bereits viermaligen Ministerpräsidenten Giulio Andreotti.

Die Konten des Präsidenten

Alle Personen (fast ausschließlich Prälaten und Kardinäle), die beim IOR ein Konto eröffnen wollen, werden aufgefordert, ein in einem Umschlag verschlossenes Testament zu hinterlegen. Im IOR-Dossier der „Spellman-Stiftung" befindet sich das handschriftliche Testament des „Kontoführenden" de Bonis. Mit einem mitteldicken Filzstift schrieb er auf liniertes Papier die folgenden aufschlussreichen Zeilen:

Nach meinem Tod soll das Konto 001-3-14774-C Seiner Exzellenz Giulio Andreotti für karitative und wohltätige Zwecke nach eigenem Ermessen zur Verfügung gestellt werden. Ich danke im Namen des gebenedeiten Gottes, Donato de Bonis, Vatikan, 15.7.87.

ISTITUTO PER LE OPERE DI RELIGIONE
UFFICIO AMMINISTRATIVO

Fondo n. 001 3 14774 C

per

P°°T. 166009

I. | 1 5 LUG. 1987

POSIZI 1730

Il sottoscritto Mons. Donato de Bonis

nella sua qualità di

del

chiede che sia costituito un fondo Lire italiane

denominato: FONDAZIONE CARDINALE FRANCIS SPELLMAN

vincolo per 6 mesi , prima scadenza
{ 31 Marzo
30 Giugno
30 Settembre
31 Dicembre 1987

alle condizioni seguenti:

a) Gli interessi nella misura del 9% annuo posticipato, saranno liquidati alla scadenza del vincolo.

b) L'Istituto ha facoltà, ove per il fondo non sia data disdetta entro la scadenza, di rinnovare il vincolo per un periodo uguale al precedente, alle condizioni di interesse attuabili alla scadenza e così successivamente.

c) L'Istituto potrà, se richiesto, concedere il ritiro di somme, anche durante il periodo di vincolo. In tal caso sarà applicato, su tali somme, il tasso d'interesse a debito nella misura di quello in corso maggiorato dell'1%.

Dalla data odierna, e fino a che l'Istituto per le Opere di Religione lo consentirà, su detto fondo sono fin d'ora autorizzati ad attuare tutte le operazioni con firme disgiunte/congiunte:

Mons. Donato de Bonis che firmerà

che firmerà

che firmerà

che firmerà

con piena approvazione del loro operato.

Vaticano, il 15 luglio 19 87

(firma)

(domicilio) Città del Vaticano

Si autorizza la costituzione del fondo di cui sopra.

Vaticano, il 19

LM/AC

IL PRESIDENTE

IOR Mod. 49 - 1986/3 (5.000)

Das Girokonto mit der Bezeichnung „Stiftung Kardinal Francis Spellman"
wurde von Monsignor Donato de Bonis im IOR eröffnet und „im Namen von
Giulio Andreotti" geführt.

Letzter Wille von Monsignor Donato de Bonis, der das Konto im Falle seines Ablebens Giulio Andreotti zur Verfügung stellte.

Handelte es sich also um ein von de Bonis geführtes Geheimkonto Andreottis? Oder war es eine falsche Fährte zur Verschleierung dubioser Geschäfte? Alle Indizien deuten auf Ersteres hin. Beispielsweise die vertraulichen Briefe über die Machenschaften des Prälaten, die der IOR-Präsident in den folgenden Jahren regelmäßig an Kardinalstaatssekretär Angelo Sodano schickte. Am 21. Juni 1994, sieben Jahre nach der Eröffnung des Kontos, sah Caloia es als erwiesen an, dass „das Konto der ‚Stiftung Kardinal Spellman', das der ehemalige Prälat für Omissis führte, Beträge in der Größenordnung von 4,5 Milliarden aus Staatsanleihen enthält, deren Seriennummern allesamt im Rechtshilfeersuchen der Mailänder Staatsanwaltschaft auftauchen." Wie aus den Dokumenten des Dardozzi-Archivs klar hervorgeht, ist „Omissis" der von Caloia und anderen IOR-Managern benutzte Codename für Giulio Andreotti. De Bonis' Codename war „Roma". Für andere Kontoinhaber wurden in schriftlichen Mitteilungen die Städtenamen „Ancona" und „Siena" verwendet. Die Identität von „Ancona" ist bis heute ungeklärt.

An wen die Gelder gingen: Namen und Zunamen

Auf das Konto der „Spellman-Stiftung", das der Prälat des IOR wahrscheinlich im Namen von Andreotti führte, ging eine wahre Geldflut ein. Millionen von Geldscheinen, Milliarden von Lire in bar. Sämtliche Kontobewegungen lassen sich anhand der in Dardozzis Archiv aufbewahrten Buchungsbelege detailliert nachvollziehen. Das Konto wies Gutschriften in Form von Schatzanweisungen sowie Bareinzahlungen auf. Zwischen 1987 und 1992 schaffte de Bonis damit mehr als 26 Milliarden Lire (26,4 Millionen Euro[11]) Bargeld in den Vatikan.

Diese Buchungen setzten sich mit immer größeren Beträgen fort, bis das unter dem Schlagwort „Tangentopoli" bekannte Schmiergeldsystem aufgedeckt wurde und sich dessen Ermittlungen bald auf ganz Italien ausweiteten. Zwischen dem 14. Juli 1987 und Ende 1988 wurden 2,5 Milliarden in bar eingezahlt, in dem Zweijahreszeitraum 1989/90 vervierfachte sich diese Summe auf fast 10 Milliarden, und allein 1991 wurden weitere 9,3 Milliarden verbucht. 1992 gingen die Zahlungseingänge massiv zurück, auf 4 Milliarden Lire. Von da an gelangten keine Gelder mehr ins IOR. Die Zahlungen in italienischer Währung endeten im Mai 1993 unvermittelt, und für den Rest des Jahres gab es nur noch geringfügige, nicht nennenswerte Devisentransaktionen. Hinzu kommt eine große Menge von hinterlegten und eingelösten Staatsanleihen im Wert von 42 Milliarden Lire[12] (32,5 Millionen Euro). Aber woher stammten alle diese Gelder?

Ein erster eindeutiger Hinweis führt uns Jahre zurück. Bereits im März 1981 operierte eine „Stiftung Spellman". Vor den fassungslosen Abgeordneten des Untersuchungsausschusses zum Fall Sindona hatte Pietro Macchiarella, ein verschwiegener Handlanger des sizilianischen Bankiers, der an der Spitze der Fasco AG stand, gute Beziehungen Sindonas zur Democrazia Cristiana eingeräumt und gesagt, die Firma Fasco habe 200 Millionen Lire als Schenkung für Andreotti an die nichtexistente „Spellman-Stiftung" gezahlt. Massimo Teodori spielte darauf ein paar Jahre später in einer scharfen Rede im italienischen Abgeordnetenhaus an, als er über die Beziehungen Sindonas zu Andreotti sagte: „Wir wissen, dass die Gelder an rechte und linke Parteien verteilt wurden: an Flaminio Piccolis Forschungsinstitut Irades (die, gewiss, 1976 zurückgezahlt wurden), an Andreottis ‚Spellman-Stiftung' und so weiter [...]".[13]

Die Geldkoffer, die de Bonis ins IOR brachte, waren für seine Mitarbeiter inzwischen längst zur Normalität geworden. Woche für Woche zahlte der Prälat Tausende Bündel von 100.000-Lire-Scheinen auf Konten ein, jeweils in einer Höhe von bis zu einer halben Milliarde Lire in bar. Hinzu kamen Zirkularschecks (in Höhe von 400 bis 500 Millionen Lire) sowie Gutschriften aus dem Ausland, insbesondere aus der Schweiz. In Genf bestanden Geschäftsbeziehungen zur Union Bancaire Privée, in Lugano zur Banca di Credito e Commercio SA und zur Banque Indosuez.[14] Für den Zahlungsverkehr mit dem Banco di Lugano dagegen wurde der Einfachheit halber das Konto mit der Nummer 101-7-13907 des IOR bei dem Schweizer Geldinstitut genutzt. Auch Überbringersparbücher mit Lohnzahlungen und persönlichen Ersparnissen wurden dort deponiert. Selbst politische Verbindungen fehlten nicht. Eine Einzahlung von 40 Millionen trug auf einem Papier mit dem Briefkopf „Palazzo di Montecitorio" (dem Sitz der italienischen Abgeordnetenkammer) den Vermerk: „auf Spellman überweisen". Eine Scheckeinreichung in Höhe von 590 Millionen Lire wies die Notiz auf: „Sen. Lavezzari". Der lombardische Stahlunternehmer Carlo Lavezzari war ein Intimus von Giulio Andreotti; der Senator der Democrazia Cristiana hatte sein Büro an der Piazza San Lorenzo in Lucina in Rom im selben Stock wie der Ministerpräsident. Andere Überweisungen trugen einen Vermerk, der auf die Bestimmung für wohltätige Zwecke schließen lässt.

„Die Liebe deckt viele Sünden zu", heißt es im Ersten Petrusbrief (4,8). Und tatsächlich wurden vom Konto Spellman regelmäßig Hunderte von Stipendien und Schenkungen an Nonnen und Mönche, Äbtissinnen und Äbte, Körperschaften, Orden und Missionen verteilt. Die Liste der Zahlungsempfänger ist lang: die Suore Ospedaliere della Misericordia (Krankenschwestern von der Barmherzigkeit), die Suore Crocifisse Adoratrici dell'Eucarestia (Kongregation der Anbeterinnen der Eucharistie), die Ursulinen von Cortina d'Ampezzo, die Benediktiner-Oblatinnen aus Priscilla, die Karmelitinnen von Arezzo. Aber auch Orden, religiöse Einrichtungen, Pfarreien und Klöster zählten zu den Begünstigten: das Benediktinerkloster von Cesena, das Klarissenkloster von Spello in Umbrien, die Trappistinnen von Vitorchiano bei Viterbo sowie die Augustinerinnen. Weitere Empfänger waren Gemeinschaften und Vereine: Nomadelfia in Grosseto, der Fußballverein Marcia Lazio, das Solidaritätszentrum Don Mario Picchi, die Gemeinschaft Sant'Egidio. 100 Millionen Lire gingen an die „Stiftung Tito und Fanny Legrenzi". Außerdem an Personen, die sich durch wohltätige Werke hervortaten, wie Tekla Famiglietti, die Generaloberin der Brigittinnen, Pater Valerio di Carlo, dem 218 Millionen Lire für „Assisi per l'Amazzonia" (Assisi für die Amazonasregion) überwiesen wurden, sowie den Historiker Abelardo Lobato. Und an Unternehmer, die der Bewegung Comunione e Liberazione (Gemeinschaft und Befreiung) nahestanden, sowie an Freunde Andreottis wie Raffaello Fellah und seinen Verein „Il Triangolo" in Rom. Oder das Kinderdorf in der Provinz Caserta (mit Verbindung zu den Legionären Christi), das Andreotti schon immer am Herzen gelegen hatte und insgesamt mehr als 2,2 Milliarden Lire erhielt.[15]

Allerdings waren nur die allerwenigsten Gelder dieses Kontos für wohltätige Zwecke bestimmt. Severino Citaristi, Schatzmeister der Democrazia Cristiana und in der Schmiergeldaffäre mehrfach rechtskräftig verurteilt, erhielt einen Scheck über 60 Millionen Lire. An den Rechtsanwalt Odoardo Ascari, damals Strafverteidiger von Edgardo Sogno und Rechtsbeistand der Familie des ermordeten Polizeikommissars Luigi Calabresi, gingen zwischen 1990 und 1991 vom „Spellman"-Konto des IOR 400 Millionen

Lire. Wenig später bestellte Andreotti ihn zu seinem Anwalt im Prozess in Palermo, wo er der Unterstützung der Mafia angeklagt war.

1,563 Milliarden Lire erhielt ein fiktives „Comitato Spellman" (Spellman-Komitee) in Form von Barabhebungen beziehungsweise Zirkularschecks in unterschiedlicher Höhe (jeweils 1, 2, 5, 10 und 20 Millionen Lire). Alles nur Wohltätigkeit? Eine Million Dollar erhielt der brasilianische Kardinal Lucas Moreira Neves, bis 2000 Präfekt der Kongregation für die Bischöfe. Weitere Überweisungen gingen an den Erzbischof von New York, Kardinal John O'Connor, an den kroatischen Kardinal Franjo Kuharić von der Erzdiözese Zagreb und an den Weihbischof Nike Prela von Skopje-Prizren „für die Gläubigen albanischer Sprache".

In der Liste tauchen auch der Generalkonsul in Jerusalem, Marino Fleri, auf (30.000 Dollar, die für Bedürftige verwendet wurden), der Botschafter Stefano Falez, der im Jahr 1992 Geld für „die katholische Presse Sloweniens" erhielt, sowie Armando Tancredi, stellvertretender Honorarkonsul von New York. Mithilfe desselben Fonds wurden Kongresse finanziert, beispielsweise eine Tagung zum Thema Cicero-Studien in New York im April 1991. Aus dem „Memorandum Präsident Andreotti", das sich unter den Überweisungs- und Buchführungsunterlagen des IOR befand, geht hervor, dass anlässlich des Kongresses 100.000 Dollar für die 182 Gästezimmer im Plaza und Sheraton Hotel sowie 225 Millionen Lire für Flugtickets, Führungen und Transfers von dem Konto bezahlt wurden.

Auf Auslandsüberweisungen, von denen sich in Dardozzis Archiv gleichfalls Kopien befinden, taucht immer wieder der Vermerk „P. Giulio" auf, der Taufname Andreottis; beispielsweise bei der Überweisung jener einen Million Francs an Eva Sereny in Paris im Oktober 1991 über das Konto mit der Nummer 751032-C, das das IOR in der Filiale des Crédit Lyonnais in Paris an der Rue du 4 Septembre eröffnet hatte. Als Absender der 1,3 Millionen Dollar, die komplett an die „Casa dei bambini [Kinderhaus] di

Brooklyn" überwiesen wurden, firmierten die „römischen Freunde Kardinal Spellmans". Die ungewöhnliche lateinische Namensform „Julius" findet sich schließlich auf einer Überweisung in Höhe von 27.000 Dollar an den Deutschen Alexander Michels bei der Dresdner Bank in Köln. Diese Überweisung lief über das Geldinstitut Banco di Lugano. Weitere 55.000 Dollar im Oktober 1992 wurden via Chase Manhattan Bank New York überwiesen.

Diese lebhaften Kontobewegungen im Vatikan weckten über Jahre hinweg und selbst nach dem Wechsel in der Führungsriege weder Zweifel noch Kritik. Nicht bei der neuen IOR-Führung unter Caloia und Giovanni Bodio, die den Sumpf trockenlegen sollte, und auch nicht bei den Mitgliedern der Kardinalskommission, die als Bankaufsicht eingesetzt war. Nicht einmal dann, als de Bonis Staatsanleihen in Höhe von zig Milliarden Lire hinterlegte oder auf luxemburgische Finanzinstitute überwies. Mit Marcinkus' Rückhalt erweiterte de Bonis das System, das schon bald auf 17 verschiedene Konten verzweigt war. Seine Schlüsselstellung erlaubte es ihm, sich persönlich und in aller Ruhe sowohl um die Konten als auch um die großen Allianzen zu kümmern. Den Einstieg des IOR in das Aktionärssyndikat des Banco Ambrosiano Veneto (kurz: Ambroveneto) mit jenen 2,29 Prozent, die das IOR bereits hielt, als Teil der Gruppe Banco San Paolo di Brescia und Mittel, bezeichnete er im September 1991 als eine rein „technische Maßnahme".

Aber es war eine trügerische Ruhe. Am 17. Februar 1992 klickten die Handschellen. Mit der Verhaftung Mario Chiesas begannen die Ermittlungen der Mailänder Staatsanwaltschaft zur Bekämpfung des Korruptionssumpfes von Parteien, Wirtschaft und organisierter Kriminalität, die als „Mani pulite" (Operation „Saubere Hände") bekannt wurde. Zahlreiche Politiker der Ersten Republik wurden verhaftet, zig Ermittlungsverfahren wegen Korruption eingeleitet. Eine wahre Prozesslawine zwang den Vatikan, die für Dritte geführten Konten diskret und zügig zu überprüfen.

Bereits im März 1992 erhielt Caloia einen ersten Bericht von IOR-Mitarbeitern über die von de Bonis geführten Konten. Viele waren auf den Namen fiktiver Stiftungen wie „Kardinal Spellman" eingetragen. Die Alarmglocken schrillten. Um dieses geheime System zu zerschlagen, griff der Aufsichtsrat der Bank am 1. April 1992 zu einer rigiden Maßnahme:

> Keine Einzelperson, die mit dem IOR in irgendeiner Weise verbunden ist, sei es als noch aktiver oder schon pensionierter Angestellter, als Manager, Buchprüfer, Prälat oder Aufsichtsratmitglied, darf über Konten oder Depots verfügen, die ihm nicht persönlich gehören.[16]

Es war ein speziell gegen de Bonis gerichtetes Verbot. Der erste Damm gegen die doppelte Rechnungslegung. Aber das reichte noch lange nicht. Caloia verlangte Klärung, deshalb wurde eine interne Geheimkommission gegründet, der drei IOR-Mitarbeiter angehörten. Nach dreimonatigen Untersuchungen legten sie dem Aufsichtsrat einen streng vertraulichen Bericht auf den Tisch. Die Situation war bitterernst. Das IOR und damit der Vatikan drohten in einen neuen Skandal zu schlittern. Schließlich hatte die Bank sowohl Gelder führender Politiker verwaltet (angefangen mit denen, die Andreotti zugeordnet werden konnten) als auch de Bonis' geheimnisvolle Schatzanweisungen und milliardenschwere Bargeldsummen. Erst nach jahrelangen Recherchen konnte die Kommission schließlich im März 1994 feststellen:

> Die Kommission hat definitiv geklärt, dass alles, was als „Fonds" oder „Stiftung" deklariert ist, nicht als Stiftung im Sinne des kanonischen oder bürgerlichen Rechts verstanden werden darf. Vor der Änderung des Statuts und der Einsetzung des derzeitigen Aufsichtsrats bedienten sich Präsidium und Führung des Instituts bei der Zuschreibung der Konten sehr häufig der Bezeichnungen „Fonds" und „Stiftung". Tatsächlich müssen diese Konten als Nummernkonten betrachtet werden, wie sie in manchen ausländischen Staaten üblich

sind. [...] Sie haben nichts mit tatsächlich existierenden offenen Stiftungen zu tun, wie sie nach den Grundsätzen des kanonischen Rechts und anderen Statuten geführt werden.[17]

Es handelte sich um verschlüsselte Konten, streng geheime Depots, wie sie auch in anderen Kreditinstituten geführt werden. Sie waren mit Ziffern und Buchstaben des Alphabets bezeichnet, die Kundendaten nur ausgewählten Mitarbeitern mit besonderen Vollmachten bekannt.

Die streng geheimen Dokumente

Caloia war unschlüssig, ob er den Heiligen Vater über dieses neu entdeckte, geheime Kontengeflecht unverzüglich informieren sollte. Der Grund für sein Zögern lag einzig und allein im Gesundheitszustand des Papstes, der gerade an einer Dysplasie operiert worden war. Nach dem Eingriff und der Rekonvaleszenz war der Heilige Vater müde und erschöpft in den Vatikan zurückgekehrt. Aber die Situation duldete keinen Aufschub, und so beschloss der sonst so zurückhaltende Caloia, in die Offensive zu gehen. Am 5. August 1992 griff er zu Papier und Stift und schrieb an den Privatsekretär Johannes Pauls II., Stanisław Dziwisz, seit 2005 Erzbischof von Krakau. Dem Brief legte er den streng geheimen Bericht über die Konten von de Bonis' Stiftungen bei. Durch Dziwisz sollte der Heilige Vater von de Bonis' Machenschaften in Kenntnis gesetzt werden:

> Exzellenz, Sie sind hoffentlich bei guter Gesundheit. Ich hoffe, dass die Genesung des Heiligen Vaters weitere Fortschritte macht, damit er uns auf unserer irdischen Pilgerschaft auch weiterhin Trost und Führung sein kann. Ich erlaube mir, ihm durch Sie meine ergebensten guten Wünsche zu schicken.

ISTITUTO
PER LE
OPERE DI RELIGIONE

IL PRESIDENTE

5 agosto 1992

CITTÀ DEL VATICANO

Brief von Angelo Caloia, Präsident des IOR, an Stanisław Dziwisz, den Privat-sekretär Johannes Pauls II., mit Verweis auf den vertraulichen Bericht zum parallelen IOR.

Aus naheliegenden Gründen konnte und wollte ich mich in diesen sorgenvollen Tagen nicht an Sie wenden. Ich glaube aber, Ihnen jetzt weitere Informationen zukommen lassen zu können, um eine Klärung zu beschleunigen und die Angelegenheit mit sehr bedachtsamen Maßnahmen womöglich zum Abschluss zu bringen. Beiliegend das Ergebnis der weiteren Untersuchung zu den Stiftungen, die streng geheim durchgeführt wurde, einschließlich eines Anhangs zum sensiblen Kapitel der heiligen Messen. In wenigen Tagen werde ich Rom verlassen, um mich zu erholen. In der letzten Augustwoche werde ich meine Tätigkeit wiederaufnehmen und hoffe sehr, dann mit Ihnen sprechen zu können oder/und Sie zu sehen. Mit ergebener Hochachtung, Angelo Caloia.

Diesem Brief lag ein ausführlicher und brisanter Bericht über de Bonis' Kontensystem bei, der hier in voller Länge wiedergegeben wird, mit allen zwölf Kapiteln und einschließlich der Codenamen von drei in dem Dokument erwähnten Personen: Mit „Roma" ist de Bonis gemeint, mit „Omissis" Giulio Andreotti und mit „Ancona" ein hoher Prälat, dessen Identität, wie gesagt, bis heute unbekannt ist.

Stiftungen, weitere Überprüfungen. Anknüpfend an das vorausgegangene Schreiben vom März 1992 zum Thema „Erste Ergebnisse betreffend die Stiftungen", enthält dieses Dokument die wichtigsten neuen Erkenntnisse der im IOR derzeit durchgeführten Untersuchung zu den frommen Verfügungen. Am 1. April 1992 berief der Aufsichtsrat – auch mit Bezug auf den Brief der Kardinalskommission – eine kurzfristige Kommission ein, bestehend aus drei Abteilungsleitern und einem Koordinator. Die Kommission hat die Aufgabe, die im Institut als Stiftungen ausgewiesenen oder ihm für religiöse oder karitative Zwecke anvertrauten Vermögenswerte zu ermitteln, eine vollständige Liste anzufertigen und den Zeitraum zu bestimmen, der notwendig ist, um die nachfolgende Dokumentation zu erstellen, zu analysieren und einen Abschlussbericht zur Führung der Konten zu erarbeiten. Der Aufsichtsrat hat die Kommission beauftragt, der Verfügung der Kardinalskommission Rechnung zu tragen, derzufolge es allen in irgendeiner Weise für das IOR tätigen Personen verboten ist, die in Frage stehenden Vermögenswerte zu verwalten. Jegliche Geschäftätigkeit dieser Personen muss daher von zwei Kommissionsmitgliedern geprüft werden. Im Zuge der Untersuchungen dieser Kommission sind Sachverhalte ans Licht gekommen, die es genauer zu betrachten gilt.

Für den gesamten fraglichen Zeitraum wurden alle von „Roma" erbetenen Transaktionen gestoppt. Sie betreffen insbesondere die Konten der „Spellman-Stiftung" (Konto Nr. 001-3-14774-C) sowie die Konten der „Santa Casa di Loreto" (Konto Nr. 001-3-16899).

Hier werden erstmals die Nummernkonten des IOR veröffentlicht, über die in den gesamten neunziger Jahren illegale, als karitative Werke getarnte Geschäfte abgewickelt wurden, Transaktionen in der Größenordnung von Hunderten Milliarden Lire. Die Liste der hier vorgestellten Konten ist identisch mit dem Schreiben, das Caloia dem Papst durch dessen Sekretär zukommen ließ. Sämtliche Dokumente befinden sich in Dardozzis Archiv.

Das Geflecht des parallelen IOR bildeten verschiedene Arten von Konten. Der Einfachheit halber unterteilen wir sie in drei Gruppen. Die erste umfasst Girokonten, die auf den Namen fiktiver Stiftungen eröffnet wurden und Politikern und Unternehmern zugeordnet werden konnten. Diese Klientel war durch verschiedene Filter geschützt und damit jeglicher Kontrolle entzogen. Eine zweite Gruppe von Konten kann unmittelbar de Bonis zugeordnet werden. Auf diese Konten, die er unter eigenem Namen führte, wurden beträchtliche Summen eingezahlt, auch in bar. Eine dritte Gruppe schließlich umfasst Konten, die auf den

Namen von Verbänden, Kongregationen und Wallfahrtsorten eingetragen waren. Über diese Konten wurden erhebliche Geldsummen verschoben. De Bonis war zeichnungsberechtigt und agierte bedenkenlos.

Fondazione Cardinale [Stiftung Kardinal] Francis Spellman (Konto Nr. 001-3-14774-C)

Das Konto wurde auf Antrag von „Roma" am 15. Juli 1987 mit dessen alleiniger Unterschrift eröffnet. Auf dem Unterschriftsprobenblatt taucht jedoch auch der Name „Omissis" auf, dessen Unterschrift in Wirklichkeit nie hinterlegt wurde. Jedenfalls ist oben genannter Name auf dem Blatt fein säuberlich ausgestrichen und damit fast unleserlich gemacht.

Das Konto wird von dem Zeichnungsberechtigten verwaltet. Bestimmungen zur Regelung der Tätigkeit der „Stiftung" existieren nicht. Es besteht im Gegenteil eine testamentarische Verfügung von „Roma", der nach seinem Tod das noch verbliebene Guthaben „S.E. Omissis für karitative Zwecke und Hilfsprojekte nach eigenem Ermessen zur Verfügung" stellt. Eine Verfügung zugunsten des Instituts gibt es nicht. Das Konto weist – auch im Hinblick auf seine angebliche Zweckbestimmung – recht lebhafte Bewegungen auf: Allerdings ist vom 1. April 1992 an, dem Zeitpunkt verschärfter Überprüfungen, die Zahl der Ein- und Ausgänge rückläufig. Zwischen Januar 1991 und dem 9. Mai 1992 weist die Habenseite Zuflüsse im Wert von insgesamt 28.814 Millionen Lire auf – bei 91 Operationen, das ist durchschnittlich eine alle vier Tage, einschließlich der Zinseingänge. Im selben Zeitraum wurden einhundertsechsunddreißig Abbuchungen getätigt (eine alle drei Tage).

Auf das Konto wurden Bargeld und Erlöse aus dem Verkauf von Wertpapieren eingezahlt. Neben Bargeldabhebungen wurden von diesem Konto auch Überweisungen getätigt, unsere Zirkularschecks ausgegeben und Wertpapiere bei uns erworben. Die Bewegung der Wertpapiere weist eine einzigartige Besonderheit auf. Unsere Ankäufe in diesem Zeitraum belaufen sich auf insgesamt 10.791 Millionen Lire, unsere Verkäufe auf 11.931 Millionen. Die Wertpapiere waren demnach nicht bei uns angelegt. Insgesamt bleiben erhebliche Zweifel an der tatsächlichen Art dieses Kontos, das aufgrund der Häufigkeit und des Umfangs der Operationen und Geldbestände wohl nicht rein karitativen und wohltätigen Zwecken diente, auch wenn einige Zahlungsausgänge formal darauf hindeuten. Am 7. Juli 1992 betrug der Kontostand rund 12,1 Milliarden Lire.

Louis Augustus Jonas Foundation (Konto Nr. 001-3-16764-G)
Das Konto wird am 10. Oktober 1990 auf Antrag von Luigi Bisignani eröffnet, der als einziger Zeichnungsberechtigter seine Unterschrift hinterlegt. Man ging stets davon aus, dass es sich bei diesem Bisignani, dem Kontobevollmächtigten, um den Präsidenten von Alitalia handle, in Wirklichkeit handelt es sich um seinen Bruder Luigi, der zum engeren Kreis um „Omissis" gehörte. Ende 1991 wurden Wertpapiere in Höhe von 6 Milliarden Lire vorgelegt. Im Dezember desselben Jahres wurden 3,7 Milliarden Lire an eine luxemburgische Bank überwiesen; als Auftraggeber firmiert „P. Star", als Zahlungsempfänger „Società Teal".[18] Diese Überweisung trägt die Unterschrift „Roma", der jedoch keine Kontovollmacht besitzt. Es folgen eine Reihe von Barabhebungen, die größte am 18. März in Höhe von 3 Milliarden.

Fondo san Serafino (Konto Nr. 001-3-17178)
Das Konto wird am 8. Mai 1991 auf Antrag von Carlo Sama eröffnet, der als Präsident der „Fondazione san Serafino" [Sankt-Serafino-Stiftung] firmiert. Im März 1992 betrug der Kontostand 1948 Millionen. Zeichnungsberechtigt war ein

Zweig der Familie Ferruzzi (Alessandra Ferruzzi, deren Ehemann Carlo Sama und Sergio Cusani). Die Kontobezeichnung verweist unmittelbar auf den inzwischen verstorbenen Gründer der Ferruzzi-Gruppe (Serafino, Alessandras Vater). Es hat eine kurze, aber intensive Lebensdauer: Innerhalb von zwei Monaten wurden auf der Habenseite insgesamt 46,6 Milliarden verbucht. Im Mai und Juni 1991 werden Erträge aus Schatzanweisungen des italienischen Staats im Wert von 9876 Millionen beziehungsweise 34.770 Millionen gutgeschrieben. Die Staatsanleihen werden von „Roma" vorgelegt, der nicht zur Kontoführung berechtigt ist. Ein Großteil des Geldes wird anschließend auf Schweizer Banken überwiesen: am 17.5.91 Lire 9850 Millionen; am 5.7.91 Lire 9870 Millionen; am 8.7.91 Lire 21.150 Millionen. Die von „Roma" auf den Überweisungen genannten Auftraggeber sind „P. Star" und „St. Louis". Der Empfänger ist „Pius K. Steiner". Mit derselben nicht autorisierten Unterschrift wurde am 12. Oktober 1991 auch eine Barabhebung in Höhe von 38.550.000 Lire getätigt. Die Transaktionen weisen Gemeinsamkeiten mit denen des Kontos der „Louis Augustus Jonas Foundation" auf (siehe voriger Abschnitt, wo gleichfalls die Namen „P. Star" und „Louis" auftauchen).[19]

Fondo mamma Roma per la lotta alla leucemia [Fonds Mama Roma zum Kampf gegen die Leukämie] (Konto Nr. 001-3-15924; Kontostand rund 660 Millionen)
In einigen Unterlagen wird das Konto unter dem Stichwort „Associazione Lotta alla Leucemia" [Verein zum Kampf gegen die Leukämie] geführt. Das Konto wird am 10. Oktober 1989 mit einer Bareinzahlung von 200 Millionen Lire eröffnet. Zeichnungsberechtigt ist „Roma", der in der Folge der einzige Kontobevollmächtigte bleibt. Die größten Gutschriften erfolgen von den Konten Tumedei Alina Casalis und vom „Fondo san Martino". Am 13. Dezember 1991 wird der Be-

trag von 412.800.000 Lire abgehoben und zum Gegenwert von 334.000 US-Dollar auf das Konto 051-3-10054 eingezahlt, das auf den Namen „Roma Charity Fund" lautet. Auch bei dieser Gutschrift, die scheinbar einen bestimmten Verwendungszweck hat, fehlt jeglicher Hinweis darauf, dass hinsichtlich der Verwendung der überwiesenen Summen dieser Zweck erfüllt wurde.

Roma Charity Fund (Konto Nr. 051-3-10054)
Die persönliche Zuordnung des Fonds ergibt sich bereits aus seiner Eintragung. Ein großer Posten ist die Gutschrift von 344.000 US-Dollar (entsprechend einem Gegenwert von 412.800.000 Lire), die vom „Fondo mamma Roma" zum Kampf gegen die Leukämie abgehoben wurden. Es finden sich Gutschriften, in Auftrag gegeben von Personen, die bereits in den vorher genannten Fonds auftauchen, wie zum Beispiel die Louis Augustus Jonas Foundation mit einem Betrag von 100 Millionen Lire. Es gibt auch Belege für religiöse und karitative Zuwendungen, die vermutlich personenbezogen sind. So beispielsweise die Zahlung von rund 172 Millionen an die Brittenschwestern und die Zahlung von 200 Millionen an die Opera di don Picchi.

Fondo Madonna di Lourdes (Konto Nr. 051-3-02370)
Kontostand am 7. Juli 1992: rund 1,2 Millionen US-Dollar. Eröffnet im Mai 1987 durch S.E. Vetrano, verstorben im November 1990. Im Testament wird seine Ehefrau Anna Bedogni und nach deren Tod „Roma" oder eine von ihm bestimmte Person als Erbe eingesetzt. Aus der Formulierung S.E. Vetrano allein ist nicht ersichtlich, ob „Roma" persönlich oder aufgrund seiner Position im Institut als letzter Erbe eingesetzt ist. „Roma" scheint sich selbst als künftigen Erben zu verstehen und macht sich nicht die Mühe, das Testament an Signora Bedogni, Vetranos Witwe, auszuhändigen.

Tumedei Alina Casalis (Konto Nr. 051-1-03972, 051-6-04425 und 051-3-05620; Wertpapierdepot Nr. 30908 und 31135)

Es handelt sich um den Nachlass des Ehepaars Tumedei (der 1969 verstorbenen Alina Casalis und ihres später verstorbenen Mannes, des Anwalts Cesare Tumedei). 60 Prozent des Vermögens im Gesamtwert von 3–4 Milliarden Lire sind nach dem Willen des verstorbenen Anwalts für wohltätige Zwecke im Gesundheitssektor bestimmt, 40 Prozent sollen für wohltätige Werke an das IOR gehen. 40 Prozent des IOR-Anteils werden von „Roma" eigenmächtig auf verschiedene Konten überwiesen; eine Kopie der Unterschriftsprobenblätter liegt bei. Die Unterschrift von „Roma" auf den Formularen wäre im Übrigen gar nicht notwendig gewesen, da die Gelder dem Institut gehören (und nicht einzelnen Mitarbeitern).

Es ist unklar, wie sich die Überweisungen rechtfertigen lassen:
- 200 Millionen Lire am 10.10.1989 an den „Fondo mamma Roma"
- 400 Millionen Lire am 23.07.1990 an den „Fondo mamma Roma"
- 556 Millionen Lire am 14.03.1991 an den „Fondo san Martino" (Konto Nr. 001-3-14577), der von „Roma" so sehr nach eigenem Ermessen geführt wurde, dass nach Auflösung des Kontos die Summe auf den „Fondo mamma Roma" überwiesen wird.

Santa Casa di Loreto (Konto Nr. 001-3-16899; Kontostand rund 2,8 Milliarden Lire)
Santuario di Loreto und Sacro Monte di Varese (Konto Nr. 051-3-10840; Kontostand rund 2,8 Millionen Dollar)

Die beiden Konten hängen in gewisser Weise zusammen. Das erste, auf das unter anderem die Zuwendungen von der „Fondazione Paolo VI" [Stiftung Paul VI.] flossen, wurde am 21. Dezember 1990 auf Antrag von „Roma" eröffnet, der als einer von zwei Zeichnungsberechtigten firmiert; der andere ist „Ancona". Das zweite Konto wurde am 25. Oktober 1991 (Protokoll vom 12. November 1991!) auf Antrag von „Ancona" eröffnet, der als einziger Bevollmächtigter firmiert. Am 14. November 1991 erteilt besagter „Ancona" „Roma" eine Kontovollmacht. Auf dieses Konto wurden 2.834.510 US-Dollar überwiesen – per Unterschrift des Kontobevollmächtigten „Roma", und zwar von einem Konto mit der Nummer 051-3-05213 und der Bezeichnung „Fondo Santa Teresa", das damit aufgelöst wird. Die Überweisungsaufträge nach dem 1. April kommen über „Roma" von „Ancona". „Ancona" hat formlos darum gebeten, die Dollar (rund 2,5 Millionen) aus dem IOR abzuziehen. Angesichts des Widerstands, auf den er stieß, war „Ancona" stattdessen bereit, die Dollar in Lire umzutauschen, um einen höheren Zinssatz zu erzielen. Dieser Umtausch wurde ausgesetzt.

Auch bezüglich der Konten, die auf den Namen des verstorbenen Kardinals di Jorio lauteten, agierte „Roma" als „Erbe": kleine Transaktionen, aber mit der Einstellung dessen, der sich als Besitzer fühlt (und nicht als Testamentsvollstrecker, was er hätte sein sollen).

Trotz der rückläufigen Aufträge mit der Unterschrift „Roma" wurden zahlreiche Überweisungsaufträge von den bereits genannten, auf ihn zurückführbaren Konten direkt von den Kontoinhabern beziehungsweise Kontoeröffnenden unterzeichnet. Die Aufträge sind zwar formal korrekt, es besteht jedoch der Verdacht, dass „Roma" von diesen Personen Blankoaufträge erhalten hat, die er verwenden konnte, ohne sie der Kommission zur Prüfung vorzulegen. In Ergänzung der bereits vorgelegten Dokumentation liegt eine Aufstellung der Konten bei, für die „Roma" sowohl mit formaler Vollmacht als auch nach dem Gewohnheitsrecht agierte. Von diesen Konten werden auch der Kontostand am 9. Mai 1992 und der Inhaber (laut den Kontoeröffnungsunterlagen) genannt. [...]

Fondo san Martino (Konto Nr. 001-3-14577)
Das Konto wurde am 7. März 1987 auf Antrag von „Roma"
eröffnet. „Roma" zahlt auf dieses Konto Gelder ein, die von
verschiedenen Auftraggebern stammen. Beispielsweise werden am 24. April 1991 100 Millionen von Comm. Lorenzo
Leone überwiesen (N.B.: hinter dem Namen Comm. Leone
verbirgt sich ein vermögender Kunde aus Bisceglie, der im Zusammenhang mit mehreren Konten mit bedeutenden Summen
– rund 50/60 Milliarden – auftaucht, die im Namen der
Schwestern von Bisceglie geführt werden, aber auch im Zusammenhang mit Privatkonten in Höhe von rund 16 Milliarden). Am 30.04.1991 erfolgt eine Gutschrift von 150 Millionen Lire mit Gegenposten auf dem Konto Nr. 001-9-40001,
„Fondo a disposizione di S.E. Mons. Prelato" [Fonds zur Verfügung S.E. Msgr. Prälat]. Hier tauchen 556 Millionen Lire
aus dem Nachlass Tumedei Alina Casalis auf. Das Konto Nr.
001-3-14577 wird am 12.07.91 aufgelöst, nachdem sein Bestand auf das Konto Nr. 001-3-15924 „Fondo mamma
Roma" überwiesen worden ist.

**Suore Ancelle della divina Provvidenza [Dienerinnen der gött-
lichen Vorsehung] Bisceglie**
Mehrere Konten im Gegenwert von insgesamt rund 55,4
Milliarden Lire. Die Unterschrift von „Roma" wurde erst
nach Eröffnung des Kontos hinterlegt, ohne dass die erforder-
liche Vollmacht erteilt wurde. Die Geschäftsbeziehungen der
Ordensschwestern zum IOR laufen teilweise über den Comm.
Lorenzo Leone, der gleichfalls aus Bisceglie stammt und als
Inhaber von Konten mit bedeutenden Geldsummen firmiert.

Comm. Lorenzo Leone – Bisceglie
Konten, die auf verschiedene Namen eingetragen sind, mit
Vermögenswerten von insgesamt rund 16 Milliarden Lire. Es
handelt sich um Privatkonten, wie die testamentarischen Ver-

fügungen belegen, in denen als Zahlungsempfänger die Tochter oder Enkelkinder benannt sind. Wie im Zusammenhang mit dem „Fondo san Martino" deutlich wurde, überwies der Comm. Leone mindestens einmal Geld an „Roma" (100 Millionen Lire).

Eine scheinbar völlig außer Kontrolle geratene Situation voller Unregelmäßigkeiten und eigenmächtiger Operationen seitens de Bonis. Die Gefahr war groß, dass die italienische Staatsanwaltschaft Ermittlungen einleitete. Aber es war vor allem der letzte Teil des Dossiers, der den Sekretär Johannes Pauls II. so sehr überraschte, dass er ihn mehrmals las.

Nachtrag betreffend das Konto für die heiligen Messen

Die Erträge aus Vermächtnissen gestatten jedes Jahr die Feier einer bestimmten Anzahl heiliger Messen. Die Gesamtzahl der durch die verschiedenen Vermächtnisse ermöglichten Messen beträgt 8700. Eine Verfügung vom Januar 1990 (unterzeichnet von Marcinkus, de Strobel und de Bonis) legt fest, dass pro heilige Messe 10.000 Lire veranschlagt werden müssen, und zwar für die ersten 8000 Messen, sowie 15.000 Lire für alle heiligen Messen darüber hinaus. Selbstverständlich muss in der Bilanz des IOR gewährleistet sein, dass auf dem Konto Nr. 001-9-200000 (für die heiligen Messen) die Differenz zwischen der Summe der aus den Vermächtnissen eingegangenen Gelder und der Anzahl der Zelebranten ausgeglichen wird. Tatsächlich waren es in den Jahren 1989 und 1990 jeweils rund 90 Millionen Lire, was die Feier von rund 10.000 heiligen Messen pro Jahr erlaubt.
Bei der Prüfung des Hauptbuchs Nr. 001-9-200000 für die Messgelder fiel auf, dass dieses Konto, das normalerweise ein Sollsaldo aufweist (und deshalb, wie oben erläutert, durch die IOR-Bilanz ausgeglichen werden muss), Ende 1991 ein Habensaldo von 166.028.299 Lire aufwies (das sich aus unver-

hofft umfangreichen Vermächtnissen ergab, die für weitere heilige Messen bestimmt waren).

Im Zuge einer (eigenmächtigen) Transaktion der damaligen Direktion und ohne die (nach kanonischem Recht und den Zielsetzungen des IOR unerlässliche) Zustimmung des Ordinarius (der allein solche Umwandlungen genehmigen kann) wurde das gesamte Geld auf diesem Konto, inzwischen 194.469.206 Lire, auf das Konto Nr. 001-3-01383 überwiesen, das den Namen „IOR Beneficenza [Wohltätigkeit]" trägt, ohne dass die dafür erforderlichen Unterschriften eingeholt wurden.

Tatsächlich wurde letztgenanntes Konto in diesem Jahr von „Roma" intensiv genutzt, der große Mengen Bargeld abhob, das mit Sicherheit nicht für heilige Messen verwendet wurde. Fünfundvierzig Abhebungen führten zu einem Kontostand von null. Über die Existenz dieses Kontos (dessen sofortige Sperrung veranlasst wurde) wurde der Aufsichtsrat nie in Kenntnis gesetzt; und das, obwohl „Roma" für wohltätige Zwecke im Zusammenhang mit seiner Funktion die Summe von 150 Millionen Lire zur Verfügung gestellt wurde (die „Roma" auf den oben genannten „Fondo san Martino" überwies).

Schließlich teilen wir mit, dass das Konto für die heiligen Messen (Nr. 001-9-200000) (auch nach der Verfügung vom 1. April 1992) von „Roma" dafür verwendet wurde, heilige Messen gebündelt (jeweils 100/200) einer Reihe von Priestern zuzuteilen, ohne den Vorgang zwei oder drei Kommissionsmitgliedern zur Prüfung vorzulegen und ohne dafür Empfangsbestätigungen einzuholen. In Anbetracht der großen Bedeutung dieses hochsensiblen Themas ist eine Rationalisierung der Vorgänge bei der Zuteilung der heiligen Messen sowie bei der Kontrolle der erfolgten Umsetzung der frommen Verfügungen in Vorbereitung.

De Bonis' Offshore-System speiste sich also auch aus den Geldern, die Gläubige zum Gedenken an ihre Verstorbenen einbezahlt hatten – Marcinkus' letzter Coup und Beleg für den Übergang der Macht an den neu eingesetzten Prälaten. Das IOR drohte in einen weiteren Skandal hineinzuschlittern, der weltweit für Aufsehen sorgen würde.

---

1 In einem Memorandum vom 24. April 1990 heißt es: „Zu den Dienstleistungen zählen unter anderem: Vermietung von Schließfächern, Aufbewahrung verschlossener Umschläge, Verkauf von Reiseschecks, Ausstellung von Kreditkarten, Herausgabe eigener Debitkarten, deren Benutzung auf Geldautomaten auf dem Territorium des Vatikanstaats beschränkt ist."

2 Memorandum zum IOR vom 24. April 1996.

3 Im Zuge der IOR-Reform übertrug Johannes Paul II. die Leitung und Kontrolle der Bank zwei neuen Gremien: einem fünfköpfigen Aufsichtsrat, dem neben dem weltlichen Bankier Angelo Caloia als Vorsitzender der Spanier José Sánchez Asiaín, Präsident des Banco Bilbao-Vizcaya und der Schweizer Philippe de Weck, Aufsichtsratsvorsitzender der Schweizer Großbank UBS (beide galten als dem Opus Dei nahestehend) sowie Theodor Pietzcker (von der Deutschen Bank) und der Amerikaner Thomas Macioce, ehemals Präsident der einflussreichen Laienorganisation Knights of Columbus, angehörten. Das zweite Gremium war eine aus fünf Kardinälen bestehende Kontrollkommission, die die Tätigkeit der Bank überwachen sollte und von dem Venezolaner José Rosalio Castillo Lara geleitet wurde.

4 Giancarlo Zizola, „Banchiere di San Francesco", in „Panorama", Nr. 1197, 26. März 1989.

5 Orazio La Rocca, „Per difendere Marcinkus ora lo IOR rompe il silenzio", in „La Repubblica", 12. Juli 1987.

6 Giancarlo Zizola, „Banchiere di San Francesco", in „Panorama", Nr. 1197, 26. März 1989.

7 Antonio Padalino, „Nei decenni fedele", in „Panorama", Nr. 1320, 4. August 1991.

8 Giancarlo Zizola, „Banchiere di San Francesco", in „Panorama", Nr. 1197, 26. März 1989.

9 Francesco Pazienza, *Il disubbidiente*, Longanesi, Mailand, 1999.

10 Otello Lupacchini, Oberstaatsanwalt in Rom, damals Untersuchungsrichter im Fall der mafianahen Magliana-Bande, ermittelte unter anderem zum Mord an Roberto Calvi, zum Anschlag von Bologna und zur Ermordung des amerikanischen Generals Lemmon Hunt. Bei seinen Gesprächen mit dem Autor im Sommer 2008 erinnerte sich Lupacchini auch an die Obduktion des

exhumierten Leichnams Calvis: „Es war kaum nachzuvollziehen, dass er ein schwer erreichbares Baugerüst hinaufgeklettert sein soll, um sich zu töten, wie man glauben machen will. Ich erinnere mich, dass er makellose Fingernägel hatte."

11 Ein ungefährer Wert, ermittelt durch Umrechnung entsprechend den Vorgaben von www.irpef.info.

12 Die Summe bezieht sich auf Kontobewegungen zwischen 1990 und 1993. De Bonis hob Schatzanweisungen im Wert von 22.453.000.000 Lire ab und legte andere im Wert von 19.930.000.000 Lire an. Die Differenz ergibt sich vermutlich aus Schatzanweisungen, die nicht in den Tresoren der Vatikanbank deponiert waren.

13 IX. Legislaturperiode, Parlamentsakten, Abgeordnetenkammer, Sitzung vom 4. Oktober 1984.

14 Eine halbe Milliarde kam am 19. November 1990 von der Banque Indosuez mit dem Vermerk: „cop.ns.tlx dir. dd 6.11.91, rif Ad Meliora."

15 Die Aufstellung berücksichtigt alle Buchungen und Belege des Kontos der „Spellman-Stiftung", die sich in Dardozzis Archiv befinden.

16 Aus dem „Memorandum für den Aufsichtsrat" vom 18. Februar 1994, unterzeichnet „V.P." für Vincenzo Perrone, Berater des IOR und Caloias Vertrauensmann.

17 Aus dem „Memorandum für den Aufsichtsrat" vom 9. März 1994, auch diesmal mit „V.P." unterzeichnet.

18 Dass diese Überweisung mit dem Auftraggeber „P. Star" und dem Zahlungsempfänger einer fiktiven „Società Teal" Teil des Systems der Auslandskonten in der Enimont-Schmiergeldaffäre war, blieb in dem Bericht unerwähnt, weil es zu diesem Zeitpunkt noch nicht bekannt war.

19 Die Anmerkung in Klammern bezieht sich auf den ersten Bericht mit den „Ersten Ergebnissen bezüglich der Stiftungen" des parallelen IOR vom März 1992.

Das parallele IOR

Die geheimen Abteilungen

Stanisław Dziwisz ließ den Brief unbeantwortet. Der Zeitpunkt war heikel. Als Caloia die Geheimkommission zur Kontrolle der fiktiven Stiftungen des IOR ins Leben rief und die ersten alarmierenden Fakten der „Spellman-Stiftung" ans Licht kamen, war es März 1992: Ministerpräsident Andreotti stand mitten im Wahlkampf zu den Parlamentswahlen im April. Die „Mani pulite"-Ermittlungen hatten gerade begonnen. Mehr noch: Am 25. April 1992, zwei Monate vor dem regulären Ende seiner Amtszeit, gab Staatspräsident Francesco Cossiga seinen Rücktritt bekannt und machte damit den Weg frei für eine Präsidentschaftskandidatur Andreottis, die sogar von Umberto Bossi von der rechtspopulistischen Partei Lega Nord unterstützt wurde. Erst nach der Ermordung des Antimafia-Staatsanwalts Giovanni Falcone am 23. Mai 1992 wurde Oscar Luigi Scalfaro zum Staatspräsidenten gewählt.

In seinem nahezu einsamen Kampf gegen Prälat de Bonis war es für Caloia jetzt noch wichtiger, Informationen über dessen heimliche Aktivitäten zu sammeln und an Staatssekretär Angelo Sodano und Dziwisz weiterzuleiten, damit der Heilige Vater diskret davon Kenntnis erhielt und handeln konnte.

Im Frühjahr 1992 lag das Offshore-System, das de Bonis im Lauf der Zeit aufgebaut hatte, nach monatelanger Überprüfung durch die Geheimkommission des IOR und Monsignor Dardozzis in erschreckender Deutlichkeit offen zutage. Doch es gab nach wie vor blinde Flecken, gefährliche Sprengsätze, die jederzeit explodieren und alles Bemühen um eine Bereinigung zunichte machen konnten. Niemand kannte das ganze Ausmaß des Systems der von de Bonis geführten Konten. Und es sollte noch Jahre dauern, bis alle Finanzoperationen rekonstruiert, Akteure, Komplizen und Zahlungsempfänger enttarnt waren. Schwerer jedoch wog die Tatsache, dass hochrangige Kardinäle im Vatikan dieses System gedeckt hatten. Revanchen und Racheakte waren dadurch geradezu vorprogrammiert. Im Sog dieser schwarzen Löcher wurde zwischen den verschiedenen vatikanischen Cliquen ein Kampf mit ungleichen Waffen ausgetragen. Eigentlich unterstand der Prälat des IOR dem Aufsichtsrat mit Caloia als Vorsitzendem. Aber in der katholischen Kirche geben die Geistlichen die Anweisungen, die Laien müssen gehorchen.[1]

In diesen kritischen Monaten des Jahres 1992, während unterschwellig versucht wurde, de Bonis in die Ecke zu drängen, wuchs das Offshore-System dennoch weiter. Die „finanzwirtschaftliche Illegalität", in der es existierte, machte es unangreifbar. Formal war der Prälat das Bindeglied zwischen den weltlichen Mitarbeitern und den Kardinälen, tatsächlich aber führte er die Regie in einem Institut, das immer mehr einer „Bank innerhalb der Bank" glich. Eine „Geldwaschanlage" mitten in Rom auf exterritorialem Gebiet, unbehelligt von allen strafrechtlichen Verfolgungen durch die „Mani pulite"-Staatsanwälte, deren Ermittlungen Italien in den Grundfesten erschütterten. Eine „Bank innerhalb der Bank", die den zunehmend strengeren internationalen Kontrollbestimmungen zum Schutz gegen Geldwäsche nicht unterworfen war. De Bonis hatte ein regelrechtes Steuerparadies geschaffen, mit enormen Kapitalbeständen und Vermächtnissen, über die er nach Belieben schalten und walten konnte: Die Gelder, die ihm von vermögenden Katholiken anvertraut waren, leitete er teilweise auf Privatkonten um.

Schmiergelder statt Wohltätigkeit

Dieses System funktionierte folgendermaßen: Nehmen wir das Beispiel des Kontos „mamma Roma". Darauf flossen im Jahr 1989 200 Millionen Lire, die aus dem Depot des renommierten Anwalts und Dozenten für römisches Recht, Cesare Tumedei und seiner Ehefrau, stammten. Das Ehepaar hatte sein Vermögen dem IOR für wohltätige Zwecke vermacht. Doch im IOR leitete irgendjemand diese Gelder eigenmächtig so um, dass der Prälat der Bank direkt darüber verfügen konnte. Doch wer war dieser Jemand? Es war Pellegrino de Strobel, Chefbuchhalter und enger Vertrauter von Marcinkus in dessen goldenen Zeiten. Auch gegen de Strobel hatten die Mailänder Richter im Zuge ihrer Ermittlungen zum Crash der Ambrosiano-Bank Haftbefehl erlassen, der dann vom Kassationsgericht aufgehoben wurde. Jetzt überließ de Strobel das Kommando dem gleichfalls getreuen de Bonis und unterstützte ihn bei seinen ersten Finanzoperationen. Die Stafettenübergabe war damit abgeschlossen. Marcinkus' ehemaliger Sekretär hatte die Führung übernommen. Er hatte das Beziehungsnetz neu geknüpft und verwaltete jetzt das Vermögen.

Insgesamt waren es 17 Hauptkonten, mit denen de Bonis „operierte, sowohl mit formaler Vollmacht", wie Caloia im August 1992 an Papst Johannes Paul II. schrieb, „als auch nach dem Gewohnheitsrecht". Zwischen 1989 und 1993 wurden dort Transaktionen im Wert von mehr als 310 Milliarden Lire (rund 275,2 Millionen Euro) getätigt. Allein die Ein- und Auszahlungen in bar beliefen sich einer vorsichtigen Schätzung[2] zufolge auf mehr als 110 Milliarden. Was aber die Geheimkommission besonders beunruhigte, waren die lebhaften Kontobewegungen bei den Staatspapieren. In einem Zeitraum von knapp zwei Jahren liefen über diese Geheimkonten zwischen 135 und 200 Milliarden Lire in Form von Schatzanweisungen. Und dies sind nur Näherungswerte. Bis heute gibt es keine gesicherten Erkenntnisse darüber, wie viel Geld in den Jahren der unbekümmerten Finanzführung im Vatikanstaat tatsächlich über dieses parallele System verschoben wurde.

Das Archiv enthält zwei verschiedene Dokumente mit Schätzungen zu den verschobenen Summen. Das erste, datierend vom 12. November 1993, stammt von Monsignor Dardozzi selbst und verzeichnet Schatzanweisungen in Höhe von 200 Milliarden Lire, „an Banken überwiesen von 1991 bis heute". Das zweite, undatierte Dokument nennt die Summe von 135 Milliarden für Staatsanleihen, die sich allein aus der Überprüfung von 5 der 17 von de Bonis geführten Konten (san Serafino, Louis Augustus Jonas Foundation, Fondo Domenico Bonifaci, Kardinal Spellman und Kardinal di Jorio-Fonds) ergaben. Es handelte sich hierbei allerdings weniger um realistische Hochrechnungen als vielmehr um Schätzungen, die von Optimismus und der Angst diktiert waren, die Geister der Vergangenheit könnten zurückkehren.

Im Herbst 1992 stellte man fest, dass diese ersten Schätzungen sehr ungenau waren. Der Prälat hatte seine Aktivitäten bestens getarnt. Vor allem aber war er sehr viel geschickter, skrupelloser und vorsichtiger gewesen, als man es sich im Vatikan hatte vorstellen können. Niemand schien damit gerechnet zu haben, obwohl der aus der ländlichen Basilicata stammende Geistliche allem Anschein nach für jedermann sichtbar agierte. Er sammelte und bündelte alles, was er von Marcinkus und von seinem Vorgänger, Kardinal Alberto di Jorio, gelernt hatte. Ihm hatte er 20 Jahre lang, zur Zeit der ersten Finanztricksereien im IOR, als Sekretär der Vatikanbank gedient. De Bonis hatte Erfahrungen gesammelt und seine Zeit als Schüler, Lehrer und schließlich Vizerektor des päpstlichen Seminars von Potenza, als Direktor von Jugendzentren, Diözesanassistent und sogar geistlicher Führer von Kulturorganisationen hinter sich gelassen. In weiser Voraussicht, dass er im Vatikan Feinde haben könnte, baute er für sein Kontensystem eine doppelte Tarnung auf, einen Schutzschirm, hinter den so leicht niemand blicken konnte und der seinen unvermeidlichen Abgang aus dem IOR so lange wie möglich hinauszögerte.

Nur wenige schöpften Verdacht, und noch weniger wussten im Vatikan über seine Aktivitäten Bescheid. De Bonis hatte eine Schattenbank außerhalb der offiziellen Bilanzen und der normalen Geschäftsabläufe aufgebaut. Er nutzte außerbilanzielle Kanäle, um fern jeglicher Kontrolle die heikelsten Schatzanweisungen zu handhaben. Nach einem vertraulichen Bericht von Ende 1993 wurden binnen drei Jahren Staatsanleihen in Höhe von mehr als 16,6 Milliarden außerbilanziell eingelöst. „Es besteht der Verdacht des Transfers von Staatspapieren und/oder Coupons an ausländische Banken", sah Dardozzi sich zu schreiben gezwungen, „der im Namen des IOR erfolgte, im Institut selbst aber nur unvollständig oder gar nicht verbucht wurde." Es existierte ein „paralleles IOR" mit doppelter Rechnungslegung. De Bonis bog sich den Sinn und Zweck des IOR nach eigenem Gutdünken zurecht, um seinem illustren Kundenkreis ein Höchstmaß an Diskretion zu sichern.

Im Statut der Bank ist von Werken der christlichen Frömmigkeit und von Gottesdienst die Rede; ein Teil der Gelder, die das IOR einnimmt und verwaltet, soll frommen Werken zugute kommen. Der Regisseur dieses geheimen Systems sah darin eine ausgezeichnete Gelegenheit, die eigenen Finanzmanöver hinter diesen traditionellen, verdienstvollen karitativen Aufgaben zu verstecken. Tatsächlich wurden nicht nur Kontoguthaben inexistenten Stiftungen zugeschrieben, oft zeugten schon die Kontozuschreibungen selbst von Heuchelei und Zynismus. Das Konto „001-3-15924-C" benannte der Prälat des IOR um in „Fondazione mamma de Bonis, lotta alla leucemia [Stiftung Mama de Bonis, Kampf gegen die Leukämie]". Über das Konto der „Louis Augustus Jonas Foundation", das der Lobbyist Luigi Bisignani, ein Intimus de Bonis' und Andreottis, mit dem Verwendungszweck „Hilfe für arme Kinder" eröffnete, liefen keine für Almosen bestimmte Scherflein, sondern beträchtliche Schmiergeldsummen.

Neben den zunächst entdeckten 17 Konten kamen im Zuge der internen Prüfung weitere Konten aus dem geheimen Universum des parallelen IOR ans Licht. Das Geflecht der teils auf Stiftungen eingetragenen Konten erweiterte sich damit auf unverdächtige Privatpersonen, Freunde von Freunden von Freunden, ein ganzes Netzwerk von Seilschaften. Nachfolgend sind die wichtigsten Konten aufgeführt. Verzeichnet sind Kontoinhaber, Kontostand in Lire beziehungsweise Dollar sowie in Klammern der Zeichnungsberechtigte ohne Vorname, was eine schnelle Identifizierung des eigentlichen Kontoinhabers verhinderte:

intestazione	c/	valori al 9.5.92	rif.
Louis August Jonas F.	001316764	L. 4.428.053.800,=	L.Bisignani
Fondo Carità S.Dino	001317007	L. 1.658.979.000,=	E. Viola
Fondo S. Giuliano	001316145	L. 11.045.437.000,=	Geronzi
Madonna di Lourdes	051302370	$usa 1.172.500,=	Vetrano
Fondo S. Serafino	001317178	L. 1.948.070.000,=	Cusani
Spellman Card.Francis	001314774	L. 12.073.534.000,=	Andreotti
S. Casa di Loreto	001316899	L. 2.655.469.000,=	S.E.Macchi
" "	051310840	$usa 2.760.000,=	"
De Guida Canori	001315634	L. 3.620.000.000,=	De Guida
Fondo S. Luigi	051302803	$usa 1.090.700.=	Manguso
"	001112771	L. 237.100.000,=	"
Fond.Lotta Leucemia	001315924	L. 242.500.000,=	
Fond.Cesare Peruzzi	001315247	L. 700.000.000.=	Buratti
Fond. S. Caterina	001314337	L. 276.368.000,=	
------------------	----	-----------	
Comm.Lorenzo Leone	c/vari	L. 16.000.000.000,=	
Emanuele Caruso	"	L. 3.500.000.000,=	
Marco Melis	"	L. 9.500.000.000 =	

Das Dokument, das an den Privatsekretär Johannes Pauls II. geschickt wurde, enthält sämtliche Salden der Girokonten des parallelen IOR.

- Fondo Carità S. Dino	1.658.979.000	(E. Viola)
- Fondo S. Giuliano	11.045.437.000	(Geronzi)
- Madonna di Lourdes	$ 1.172.500	(Vetrano)
- Fond. Cesare Peruzzi	700.000.000	(Buratti)
- De Guida Canori	3.620.000.000	(De Guida)
- Fondo S. Luigi	$ 1.090.700	(Manguso)

Der Sekretär des Papstes und die Irren von Bisceglie

Um dieses System zu schwächen, galt es, de Bonis mithilfe der sogenannten Artischockentechnik zu entlarven, also gewissermaßen Blatt für Blatt abzulösen. Man musste die Schwachpunkte unter seinen Verbündeten finden und sie dazu bringen, de Bonis fallen zu lassen. Der Ansatzpunkt dafür konnten nur die Konten sein: Unter den prominenten Kunden, die der Prälat betreute, waren viele ehemalige Freunde von Marcinkus.

Unter den zahlreichen Namen stach einer ganz besonders heraus: Monsignor Pasquale Macchi, einflussreicher Sekretär Giovanni Battista Montinis schon zu dessen Zeit als Erzbischof von Mailand, also lange bevor Kardinal Montini 1963 als Paul VI. zum Papst gewählt wurde. Wie fast alle Privatsekretäre der Päpste war auch Macchi ein geschätzter Ratgeber. Er knüpfte Beziehungen zu den Mächtigen dieser Welt und schloss Freundschaft mit Premierministern und Spitzenpolitikern, die seine raffinierte Intelligenz zu würdigen wussten. Papst Paul VI. schätzte das Gespür seines Sekretärs, unterstützte so manche seiner Winkelzüge und ermöglichte, ganz in Macchis Sinn, Marcinkus' fulminante Karriere. Zuerst vertraute er Marcinkus die Organisation seiner Reisen, später seine Bank an. 1997 gelang es Macchi sogar, Kardinal Giovanni Benelli im Zuge einer Verschwörung „aus dem vatikanischen Staatssekretariat hinauszudrängen".[3] Ausländischen Enthüllungsjournalisten zufolge[4] beauftragte Papst Paul VI. Macchi auch mit der Neuorganisation des vatikanischen Geheimdienstes. Diese These ist aber bisher nur unzureichend belegt. „Nach Rom", wird Jahre später sein Freund Giulio Andreotti schreiben, „kam Macchi aber auch bei anderen Gelegenheiten im Lauf des Jahres, wo er bei zwei Freunden wohnte: Pater Carlo Cremona und Msgr. Donato de Bonis. Sie sind jetzt dort oben."[5]

Johannes Paul II. ernannte Macchi 1988 zum Erzbischof von Loreto. De Bonis empfand ihm gegenüber stets eine tiefe Dankbarkeit: Der ehemalige Sekretär Pauls VI. hatte sich für ihn verwendet und ihm geholfen, die von Marcinkus hinterlassene Macht im IOR zu übernehmen. Und so operierte der Prälat mit zwei Konten Macchis, die offiziell auf den Namen Santa Casa di Loreto eingetragen waren, eine der bedeutendsten katholischen Wallfahrtsstätten. Das erste Konto wies einen Kontostand von 2,655 Milliarden Lire auf, auf dem zweiten lagen 2,7 Millionen Dollar. Die wenig transparente Kontenführung und die (abgelehnten) Anträge, Summen auf Privatkonten außerhalb des IOR zu überweisen, boten Caloia die Gelegenheit, seinen Plan umzusetzen. Er traf sich mit Macchi und unterbreitete ihm seine Absicht, de Bonis aus dem IOR zu entfernen, freilich ohne die Einschaltung vatikanischer oder italienischer Strafbehörden. Die Diplomatie war am Werk, auch wenn das Treffen weder Caloia noch Macchi zufriedenstellte. Doch am Horizont zogen bereits neue dunkle Wolken auf.

Aus der Basilicata, der Heimat des IOR-Prälaten, kamen beunruhigende Nachrichten. Sie standen in Zusammenhang mit der psychiatrischen Anstalt Don Uva di Bisceglie, die offiziell der Kongregation der Ancelle della Divina Provvidenza (Dienerinnen der göttlichen Vorsehung) gehörte. In dieser größten psychiatrischen Anstalt Europas wurden rund 800 Patienten betreut. Die Klinik besaß vier Häuser in Apulien und in der Basilicata. Einerseits gelobt wegen ihrer modernen psychiatrischen Therapiemethoden, war sie andererseits dennoch schon mehrfach ins Visier der Ermittler geraten: wegen mutmaßlicher Misshandlung der psychisch kranken Patienten, rätselhafter Todesfälle, betrügerischer Machenschaften, Klientelwirtschaft und umstrittener Auftragsvergaben. Diesmal ermittelte Cinzia Mondatore, die Staatsanwältin von Potenza, wegen Betrugs und Missbrauchs amtlicher Unterlagen. Offenbar waren die Vereinbarungen mit den Behörden, die die Kliniken finanzierten, missachtet worden. Die Staatsanwältin leitete ein Ermittlungsverfahren gegen die Führung der Region und die Klinikleitung ein, Monsignor Eligio Lelli und Commendatore Lorenzo Leone. Mehr als der Monsignore war es der Name des Commendatore, der die Geistlichen in der IOR-Führung hellhörig machte. Leone war ein vermögender Kunde der Vatikanbank mit Einlagen in Höhe von 16 Milliarden Lire (24,3 Millionen Euro) und ein Intimus von de Bonis. Beide verband eine langjährige Freundschaft. De Bonis besuchte ihn oft in Apulien, wo er auch die Trauung von Leones Enkel vollzogen hatte.

Aber damit nicht genug. Zusammen mit dem Prälaten der Vatikanbank verwaltete Leone das Konto der Schwestern, denen die psychiatrische Klinik Don Uva gehörte. Die Kongregation der Ancelle della Divina Provvidenza war im Jahr 1922 von Don Pasquale Uva in Bisceglie gegründet worden. Seit dieser Zeit widmeten sich die frommen Schwestern der Pflege und Fürsorge psychisch kranker Menschen. Aber man irrt sich gewaltig, wenn man glaubt, diese Schwestern wären arm wie Kirchenmäuse gewesen. Das Guthaben der Ancelle betrug 55,4 Milliarden Lire, umgerechnet 43,5 Millionen Euro. Die Herkunft dieser Gelder zu verfolgen ist schwierig, vielleicht stammten sie aus Nachlässen oder Vermächtnissen. Die Summe jedenfalls ist beachtlich, wenn man bedenkt, dass die Erzdiözese einer großen Stadt eine Bilanz von zehn bis zwölf Millionen Euro aufweist. Über dieses Konto verfügte de Bonis weitgehend unbekümmert und ohne die erforderlichen Vollmachten. Aus Dardozzis Archiv geht hervor, dass de Bonis' Name auf dem Unterschriftsprobenblatt verzeichnet war, ohne dass eine entsprechende Vollmacht vorlag.

105

Woher stammten diese Gelder? Die Ordensgemeinschaft kassiert heute vom italienischen Staat mehr als 100 Euro pro Tag und Patient, insgesamt also rund 30 Millionen Euro im Jahr. Bei diesem Budget könnte man eine vorbildlich geführte Einrichtung erwarten, aber die Patienten leben unter unmenschlichen Bedingungen, wie der Journalist Gianni Lannes berichtet: „Auf dem urinverschmutzten Fußboden rutscht man aus; der Geruch ist durchdringend. Die Exkremente werden mit Eimern Wasser weggespült, an den Wänden kleben verkrustete Spuren. Inmitten oftmals nackter Mitpatienten betteln Insassen um eine Zigarette oder klauben Zigarettenstummel vom Boden auf."[6]

Im Vatikan befürchtete man das Schlimmste. Einige vermuteten sogar, ein Teil der Gelder der Schwestern stamme aus illegalen Quellen und sei den Kranken weggenommen oder von staatlichen Finanzierungen abgezweigt worden, vielleicht sogar ohne Wissen der Kontoinhaber. Möglicherweise, so mutmaßte man, wurde das Konto dazu benutzt, fremde Gelder darauf zu parken, Gelder von Personen, die nicht einmal treuhänderisch als Kunden des IOR in Erscheinung treten durften.

Nagende Zweifel, genährt durch die Erinnerung an vergangene Ermittlungen wegen Veruntreuung der Gelder für die Unterbringung und Verpflegung der Patienten – ein Verfahren, das für Leone mit dem erwarteten Freispruch endete. Er wurde 1996 in einem Berufsverfahren freigesprochen, das erstinstanzliche Urteil wurde aufgehoben. Damit war der Fall aber keineswegs abgeschlossen. 1999 interessierte sich die Staatsanwaltschaft erneut für die Gelder, die der Klinik zuflossen. Diesmal ermittelte die Staatsanwaltschaft Trani wegen Geldwäsche, Unterschlagung staatlicher Gelder und Mitgliedschaft in einer kriminellen Vereinigung. Verwandte und Mitarbeiter Leones wurden unter Hausarrest gestellt. Die Anklage lautete auf überhöhte Kostenangaben für Gartenpflege und Instandsetzungsarbeiten, um sich persönlich zu bereichern. Mindestens elf Milliarden Lire wurden von den staatlichen Hilfsgeldern abgezweigt, die über die Region

Apulien aus dem Gesundheitsministerium geflossen waren. Staatsanwalt Domenico Secchia beantragte Haftbefehl gegen Leone, doch der Chef der psychiatrischen Klinik verstarb überraschend. Der Fall wurde zu den Akten gelegt. Schade, denn damit liefen auch jene Anschuldigungen ins Leere, die eine Schwester mutig zu Protokoll gegeben hatte: Sie habe, so berichtete sie dem Staatsanwalt, gesehen, wie Leone Schuhschachteln voller Geldscheine ins Auto geladen hatte und in Richtung Vatikan aufgebrochen war.

„Seine Heilsamkeit" Fiorenzo Angelini

Psychiatrische Kliniken und Altenheime waren schon immer hochprofitabel: Das eminente Geschäftsfeld „Gesundheit" konnte also auch von de Bonis nicht übergangen werden, der stets darauf bedacht war, die Beziehungen mit vermögenden und einflussreichen Purpurträgern der katholischen Kirche zu pflegen. Einer der mächtigsten Kardinäle des Heiligen Stuhls zählte im parallelen IOR der neunziger Jahre zu den engen Freunden und Kunden des Prälaten: Fiorenzo Angelini, dem Johannes Paul II. im Juni 1991 die Kardinalswürde verlieh und der dem Heiligen Vater nahestand. Als einziger echter Römer unter den Kardinälen war der Präsident der Päpstlichen Kommission für die Seelsorge an den Menschen in medizinischen Berufen (ab 1988 Päpstlicher Rat für die Pastoral im Krankendienst) elf Jahre lang für den Gesundheitssektor im Vatikan verantwortlich und Ansprechpartner für katholische Ärzte und Apotheker. Angelini leitete als Gesundheitsminister des Heiligen Stuhls zwischen 1985 und 1996 ein weit verzweigtes Imperium: 40.000 kirchliche Einrichtungen, allein 3000 davon in Italien. Das trug ihm den Spitznamen „Monsignor due stanze" ein – eine Anspielung darauf, dass Angelini in den Kliniken Roms für seine Freunde immer zwei Zimmer reserviert hatte. Man bekam also problemlos ein Krankenbett, wenn man mit ihm befreundet war.[7] Oder „Sua Sanità" (Seine Heilsamkeit), weil er mächtige Freunde hatte wie beispielsweise Giulio Andreotti, den Angelini als „einen gerechten und vorbildlichen Mann" bezeichnete.

Ins Visier der italienischen Tangentopoli-Ermittler geriet Angelini durch Duilio Poggiolini, Direktor im italienischen Gesundheitsministerium und für die Zulassung von Medikamenten verantwortlich. Die beträchtlichen Schmiergelder, die Poggiolini erhielt, tauschte er in Goldbarren ein. Nach seiner Festnahme packte er aus und erhob schwere Anschuldigungen gegen den Kardinal. „Alle hatten Angst vor Monsignor Angelini, vor seiner ungeheuren Macht", gab er zu Protokoll. „Er sprach Empfehlungen aus, intervenierte für bestimmte Pharmaunternehmen und verlangte für sie einen Sonderstatus. Über seine Referenten stellte er Bedingungen und setzte bei der italienischen Arzneimittelkommission CUF und dem Interministeriellen Preisausschuss CIP Farmaci seine Forderungen durch."[8] Der Vatikan dementierte umgehend und nahm den Kardinal in Schutz. Angelini bestritt die Vorwürfe vehement, sekundiert vom Pressesprecher Joaquín Navarro-Valls, der gleichlautende Vorwürfe von Giuseppe Giampiero Miglio von der Sandoz Holding zurückwies. Gegen Angelini leiteten sowohl die Staatsanwaltschaft Neapel als auch Staatsanwalt Antonio Di Pietro in Mailand Ermittlungen ein. Der Kardinal habe, so der Vorwurf, von einem pharmazeutischen Unternehmen Gelder für Kongresse erpresst, die er im Vatikan organisierte.

Trotz aller offiziellen Dementis wuchs im Vatikan die Sorge. In Dardozzis Archiv sind zwar keine Verbuchungen Angelinis dokumentiert, dennoch enthält es interessante Hintergrundinformationen. Im Vatikan befürchtete man, dass der vatikanische Gesundheitsminister sich nicht vorbildlich verhalten hatte. Damit erklärt sich jedoch nicht, warum der mächtige Kardinal Castillo Lara, Präsident der Kontrollkommission des IOR und Finanzminister des Heiligen Stuhls, in den Tagen des Arzneimittelskandals dringend Caloia zu sich bestellte und ihn ausdrücklich bat, die Bewegungen der Girokonten „Seiner Heilsamkeit" mit der gebotenen Diskretion im Auge zu behalten. Man wollte vor allem verhindern, dass der vatikanische Gesundheitsminister seine Gelder unbesonnen transferierte oder Maßnahmen ergriff, die ihn ins Visier der italienischen Ermittler bringen konnten. Caloia reagierte zurückhaltend. Er wollte sich nicht in Angelegenheiten hineinziehen lassen, mit denen er bisher nichts zu tun gehabt hatte. Das machte er auch gegenüber Staatssekretär Sodano deutlich:

> Man hat mich gebeten, die Konten Kardinal Angelinis im Auge zu behalten, damit überraschende Kontobewegungen ausgeschlossen bleiben. Ich antwortete, dass ich nie Gelegenheit hatte, Seine Eminenz den Kardinal persönlich kennenzulernen, da er sich nach Aussage der internen Verantwortlichen stets der Vermittlung durch Monsignor de Bonis bediente.[9]

Je mehr sich die Ermittlungen der Staatsanwaltschaften Mailand und Neapel ausweiteten, desto mehr hagelte es Verhaftungen und Prozesse. Ehemalige Gesundheitsminister wie Francesco De Lorenzo kamen für Jahre hinter Gitter, die Anklage gegen Angelini jedoch versickerte. Sein Name verschwand aus den Gerichtsakten. Gegen den Kardinal wurde weder ein Ermittlungsverfahren eingeleitet, noch wurde er vor Gericht gestellt oder vernommen. Auch für ihn galt Artikel 11 der Lateranverträge, der hochrangigen Mitarbeitern des Heiligen Stuhls strafrechtliche Immunität zusichert.

---

1 Wie es Giancarlo Galli in seinem Buch *Finanza bianca. La Chiesa, i soldi, il potere*, Mondadori, Mailand, 2004, formulierte: „Eine goldene Managerregel besagt, dass bei einem Konflikt mit einem Vorgesetzten der Untergebene nachgeben muss. Da aber das IOR eine ganz besondere Institution ist, spielt im Falle eines Streits mit einem Kleriker die Hierarchie keine Rolle mehr."

2   Die Beträge der einzelnen Girokonten, wie sie aus den Buchungsbelegen und den Geheimberichten in Dardozzis Archiv ersichtlich sind, wurden addiert.

3   David A. Yallop, *Im Namen Gottes? Der mysteriöse Tod des 33-Tage-Papstes Johannes Paul I. Tatsachen und Hintergründe*, Droemer Knaur, München, 1984, S. 98, Fußnote.

4   Diese These vertrat neuerdings wieder Eric Frattini in *The Entity. Five Centuries of Secret Vatican Espionage*, New York, 2008 (zuerst spanisch).

5   Editorial zum Gedenken an Don Pasquale Macchi mit dem Schriftzug Giulio Andreottis, Chefredakteur von „30 giorni" (auch auf Deutsch unter dem Titel „30 Tage"), der internationalen Monatszeitschrift von Comunione e Liberazione (Gemeinschaft und Befreiung), im April 2006: „Die Erinnerung an seinen Papst hat sich Don Macchi stets mit kindesgleicher Zuneigung und großer Intelligenz bewahrt."

6   Gianni Lannes in „Diario", 16. März 2007.

7   Alessandra Longo, „Angelini il Richelieu delle medicine", in „La Repubblica", 12. Oktober 1993.

8   Ebd.

9   Brief Caloias an Kardinalstaatssekretär Sodano vom 20. Oktober 1993. Mit „interne Verantwortliche" meint Caloia die Mitarbeiter des IOR, die ihm in diesen Monaten bei der Rekonstruktion von de Bonis' Kontennetzwerk behilflich waren.

Enimont. Das Schmiergeldkomplott

Die Geldwaschanlage des IOR

Als 1987 die Ferruzzi-Gruppe mit zwei Milliarden Dollar beim Chemieriesen Montedison einstieg, wurde der Agrarkonzern, das zweitgrößte private Firmenimperium nach dem Fiatkonzern Agnellis, zum Hauptaktionär von Montedison und damit zu einem Global Player. Im Frühjahr 1989 schloss Ferruzzi-Chef Raul Gardini – Spitzname „der Korsar von Ravenna"[1] – den Jahrhundert-Deal mit dem staatlichen Energiekonzern Eni: ein Joint Venture zwischen einem privaten und einem staatlichen Unternehmen. Der große Traum einer starken nationalen Chemieindustrie schien somit Wirklichkeit zu werden. Unternehmer und Politiker hofften, dadurch den neuen globalen Herausforderungen gewachsen zu sein und die finanziellen Probleme dieses Sektors hinter sich zu lassen. So entstand am 9. Mai 1989 die Enimont als ein Mischkonzern auf paritätischer Basis: 80 Prozent der Aktien waren zu gleichen Teilen zwischen Eni und Montedison aufgeteilt, die restlichen 20 Prozent im Besitz anderer Aktionäre. Doch der Chemiekonzern agierte von Anfang an glücklos, und aus den Träumen wurden bald die schlimmsten Albträume. Auf der einen Seite standen die Ferruzzi mit dem äußerst gewieften Gardini an der Spitze. Gardini wollte den gesamten Konzern unter seine Kontrolle bringen und begann, an der Börse Enimont-Aktien aufzukaufen, was laut Abmachung verboten war. Auf der anderen Seite war Gabriele Cagliari, Präsident von Eni, der die Anwälte einschaltete und die Regierung aufforderte, einzuschreiten.

Im November 1990 beschloss der damalige Ministerpräsident Andreotti, den zunehmend eskalierenden Streit beizulegen. Auf

Betreiben des Ministers für Staatsbeteiligungen, Franco Piga, wurde das sogenannte „Cowboy-Abkommen" geschlossen: Der private Partner hatte die Wahl, ob er die Staatsanteile kaufen oder lieber aussteigen und seine Enimont-Anteile verkaufen wollte. Montedison entschloss sich zum Verkauf. Damit war die Fusion gescheitert. Eni erklärte sich bereit, Gardinis 40 Prozent Anteile von Enimont zurückzukaufen, allerdings zu einem Kurs weit über dem Marktwert. Mit einem Scheck in Höhe von 2805 Milliarden Lire (mehr als 2,1 Milliarden Euro) trennte sich die Ferruzzi-Gruppe von dem Energiegiganten.

Der Chemiesektor wurde damit erneut staatlich. Wie aber dieser Deal zustande gekommen war, das erschien alles andere als transparent. Um sich die Unterstützung der Politiker zu sichern, versprach man fast allen Parteien Geld. Schmiergeldsummen dieser Größenordnung waren in Italien bis dahin noch nie geflossen. Die Zahlungen begannen bereits einen Monat nach der Trennung im Herbst 1990. Zu diesem Zeitpunkt erhielten Arnaldo Forlani, damals Generalsekretär der Democrazia Cristiana, und Severino Citaristi, Schatzmeister der Partei, 4,7 Milliarden Lire.

Im Unterschied zu anderen Korruptionsskandalen gingen in diesem Fall keine Briefumschläge und Geldköfferchen von Hand zu Hand. Die Schmiergeldzahlungen folgten einem völlig neuen Muster. Die erste Tranche stammte aus außerbilanziellen Mitteln. Es gab Banküberweisungen, saubere Summen, die über Tarnkonten und Scheinfirmen gewaschen worden waren. Vor allem aber war de Bonis' IOR beteiligt, eine Bank außerhalb Italiens, über die ein Großteil der Gelder gewaschen und verschoben wurde, bevor sie den Strohmännern der politischen Führung der Ersten Republik* übergeben wurden.

Selbst nach mehreren Prozessen gelang es Richtern und Staatsanwälten nicht, die Wege dieser Schmiergeldzahlungen zu

---

* Gemeint ist die Zeit vor den Schmiergeldskandalen und dem Zusammenbruch des alten Parteiensystems Anfang der neunziger Jahre.

rekonstruieren. Das ist erst heute, anhand der Dokumente aus Dardozzis Archiv, möglich. Die Beschaffung der Bestechungsgelder für die Politiker lief über den römischen Bauunternehmer Domenico Bonifaci, der Montedison 152,8 Milliarden Lire in Form von Bargeld und Schatzanweisungen bereitstellte.[2] Das Geld wurde an Partei- und Staatsführung, Politiker und Aufsichtsratsmitglieder der Eni verteilt, die dafür bezahlt wurden, dass sie entweder kauften oder verkauften, sowie an die Mittelsmänner. Für die Auszahlung waren Gardinis Vertrauensmann Sergio Cusani und Carlo Sama zuständig, Chefmanager bei Montedison, der seinerseits auf die innige Freundschaft mit dem mächtigen PR-Mann der Unternehmensgruppe, Luigi Bisignani, zählen konnte.

De Bonis hatte in den Jahren Roberto Calvis und des Banco Ambrosiano einen äußerst versierten Journalisten der staatlichen italienischen Nachrichtenagentur ANSA kennengelernt, der über wertvolle Kontakte verfügte: eben jenen Luigi Bisignani, der Pressesprecher von Schatzminister Gaetano Stammati in den Andreotti-Regierungen der siebziger Jahre gewesen war und dem Ministerpräsidenten nahestand.[3] Als 1981 in der Villa Gellis, des Gründers der Freimaurerloge Propaganda Due (P2), in Castiglion Fibocchi, einer kleinen Gemeinde in der Provinz Arezzo, deren Mitgliederlisten sichergestellt wurden, kam ans Licht, dass Bisignani seit 1997 mit der Mitgliedsnummer 1689 geführt wurde.[4] Trotzdem ließ er sich nicht aus der Ruhe bringen. Auf die Frage, ob er Freimaurer sei, gab er knapp zurück: „Ich war nie in meinem Leben in einer Loge."

Zu der Zeit, da Caloia IOR-Präsident war, und noch vor der Trennung zwischen Eni und Montedison, ging Bisignani im Vatikan ein und aus. Mit de Bonis' Hilfe eröffnete er am 11. Oktober 1990 beim IOR das Konto mit der Nummer 001-3-16764-G „Louis Augustus Jonas Foundation (Usa)" mit 600 Millionen Lire in bar. Dies war eines jener Konten, auf die Caloia im Sommer 1992 (siehe S. 87) den Papst aufmerksam machte. Offiziell wurde dieses Konto eröffnet, um Gelder als „Hilfe für arme Kinder" zu sammeln. Nach dem Zweiten Weltkrieg existierte in den Vereinigten Staaten tatsächlich eine karitative Stiftung dieses Namens, die ihren Hauptsitz in Doylestown, Pennsylvania, hatte. Es handelte sich jedoch um eine fiktive Stiftung. „Bisignani verfügt über beste Beziehungen zum IOR", enthüllte de Bonis später, „seit er mit Calvi und dem Banco Ambrosiano in Kontakt stand. Er stammt aus einer ausgesprochen religiösen Familie; sein Vater Renato, Spitzenmanager bei Pirelli, der schon vor Jahren gestorben ist, war ein frommer Mann, seine Mutter Vincenzina ist eine herzensgute Frau. Bisignani ist ein tüchtiger Bursche. Das Institut verfolgt karitative Zwecke, und die Freunde helfen den Armen, denen, die nichts besitzen. Auch der Schneider Litrico sagte zu mir: ‚Ich kleide die Reichen ein, um den Armen zu helfen.'"[5] Dass das alles inszeniert war, spürte man sofort.

Das Konto blieb drei Monate lang unangetastet. Was dann geschah, ist anhand fotokopierter Bankauszüge in Dardozzis Archiv genau dokumentiert. Am späten Vormittag des 23. Januar 1991 tauchte de Bonis mit Staatsanleihen im Wert von fast fünf Milliarden Lire in der Bank auf, die Konten von Privatpersonen und nicht von Mönchen und Ordensschwestern gutgeschrieben wurden. Die Staatspapiere wurden zügig eingelöst, der Betrag auf zwei Konten verteilt. 2,7 Milliarden gingen auf das Konto der „Jonas Foundation" seines Freundes Bisignani, der den Empfang per Unterschrift bestätigte. Fast 2,2 Milliarden schrieb de Bonis dem Konto „Kardinal Francis Spellman" gut, das de Bonis persönlich und im Auftrag von „Omissis" alias Giulio Andreotti führte, wie Caloia es Sodano und Papst Johannes Paul II. über dessen Sekretär Dziwisz mitteilte.

Das Geld wurde umgeleitet, damit sich die Spuren seiner Herkunft verloren. Dazu agierte der Prälat der Papstbank wie ein gerissener Finanzier: Das Geld blieb nur wenige Minuten auf dem Konto „Spellman", gerade so lange, um via Banco di Lugano eine Überweisung von 2,5 Milliarden von „Spellman" auf das Konto

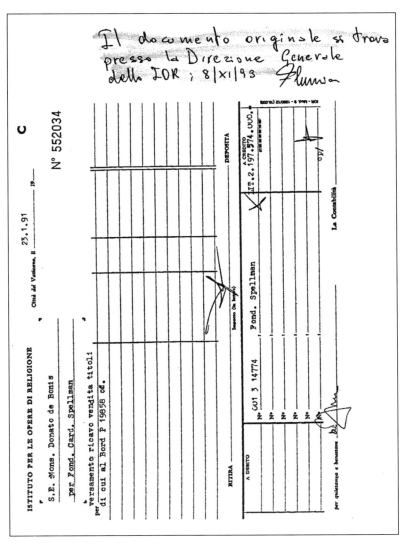

Das Bankdokument belegt die erste Tranche der Enimont-Schmiergeldzahlungen mit dem Verkauf von Staatsanleihen, den Monsignor de Bonis über das Konto der „Spellman-Stiftung" abwickelte.

FF 2927 der Trade Development Bank in Genf zu tätigen. De Bonis entnahm dem Konto „Spellman" weitere 300 Millionen, die er zusammen mit den soeben erhaltenen 2,2 Milliarden Lire in die Schweiz überwies. Dieses Geld ging weder an „arme Kinder" noch an jene Stiftung in Pennsylvania. Doch es erlangte symbolische Bedeutung: nämlich als erste Tranche der Enimont-Bestechungsgelder, die als „Mutter aller Schmiergelder" in die Geschichte einging. Die erfolgreiche „Geldwaschanlage" war damit in Betrieb genommen.

Bisignani machte de Bonis mit Carlo Sama bekannt, dem aufgehenden Stern am Himmel der Ferruzzi-Gruppe. Die drei verstanden sich auf Anhieb. Am 8. Mai 1991 betrat Sama zusammen mit seiner künftigen Ehefrau Alessandra Ferruzzi, Tochter des Firmengründers Serafino, und dem jungen Sergio Cusani, einem weiteren Vertrauensmann Gardinis, den Nikolausturm und stiegen hoch in die Beletage des IOR. Zügig unterzeichneten sie die wenigen Schriftstücke, hinterlegten ihre Unterschriften und eröffneten das Konto „Fondo san Serafino" (siehe S. 87).[6] Sein offizieller Zweck waren Werke der Wohltätigkeit. Der Zinssatz betrug 8,25 Prozent. Binnen weniger Tage wurden auf dieses Konto 36 Milliarden Lire in Form von Schatzanweisungen eingezahlt. Obwohl nicht zeichnungsberechtigt, tätigte de Bonis eine Überweisung von 9,8 Milliarden an die Società di Banca Svizzera in Chiasso auf ein Konto, das Mauro Giallombardo zugeordnet werden konnte, dem Vertrauensmann für die Geheimkonten der Sozialistischen Partei Italiens (PSI) und Bettino Craxis. Dies war die zweite Tranche der Schmiergeldzahlungen, die in Italien unter dem Schlagwort „Maxitangente" bekannt wurden.

Es war eine Zeit, in der sich Finanzgeschäfte, Gefühle und Schmiergelder miteinander verquickten und Funktionen und Schicksale durcheinandergewirbelt wurden. Denn der Besuch in der Geldwaschanlage am Petersplatz hatte durchaus auch seine magischen Momente: Während de Bonis, Bisignani und Cusani weiter Gelder verschoben, um Politiker zu bestechen, schlossen

Carlo Sama und Alessandra Ferruzzi den Bund der Ehe. Sie wurden von de Bonis in der Kirche Sant'Anna getraut, die nur wenige Schritte vom IOR entfernt lag und mit blühenden Calla und zarten weißen Rosen geschmückt war. Diese Trauung schmiedete ein unauflösliches Bündnis zwischen dem Heiligen Stuhl und den Ferruzzi: Sama ließ dem Papst ganz offiziell eine Schenkung in Höhe von einer halben Milliarde Lire für wohltätige Zwecke zukommen, und der Papst besuchte die römische Redaktion der Tageszeitung „Il Messaggero", die damals der Ferruzzi-Gruppe gehörte.

Das Geldkarussell drehte sich weiter, und zwar in schwindelerregendem Tempo. Alle Schmiergeldzahlungen liefen über das Konto „Fondo san Serafino", das von de Bonis direkt geführt wurde. De Bonis löste Schatzanweisungen im Wert von 45 Milliarden Lire ein, legte das Geld an und veranlasste Überweisungen auf Schweizer Banken in Höhe von 44,8 Milliarden Lire. Hinzu kamen Bargeldabhebungen durch Sama in Höhe von 750 Millionen Lire wie auch von de Bonis selbst. Obwohl offiziell nicht zeichnungsberechtigt, besaß er dennoch freien Zugang zu dem Konto.

Auf das Konto „Jonas Foundation" gingen 23 Milliarden Lire ein, fast 10 Milliarden davon stammten aus dem Verkauf von Staatsanleihen. Zwischen Oktober 1991 und Juni 1993 hob Bisignani 12,4 Milliarden Lire in bar ab, und zwar mittels von de Bonis unterschriebenen Coupons. Weitere 10 Milliarden Lire wurden auf das Konto des Bauunternehmers Bonifaci überwiesen.

Ruhe, hier wird Geld gewaschen

Im IOR schien davon niemand etwas bemerkt zu haben. Um die Transaktionen zu verbuchen, bediente sich der Prälat seiner Mitarbeiter, die sich an seine Machenschaften inzwischen gewöhnt hatten. Insbesondere drei sind zu nennen: Antonio Chiminello,

Carlini und Pietro Ciocci, stellvertretender Chef der Sicherheitsabteilung des IOR. Sie verlangten weder Erklärungen noch informierten sie ihre Vorgesetzten, sondern führten de Bonis' Anweisungen stillschweigend aus. „Sie erhalten von Generaldirektor Giovanni Bodio Instruktionen, Geschäftsvorgänge zu verbuchen, die allein aufgrund der Tatsache, dass sie vom Prälaten des Instituts getätigt wurden, den Anstrich größerer Glaubwürdigkeit besitzen", schreibt Dardozzi in einem vertraulichen Bericht an seine Vorgesetzten.[7] Niemand stellte Fragen, auch Bodio selbst nicht, der seinen Posten ein Jahr zuvor vom Päpstlichen Kammerherrn Luigi Mennini übernommen hatte, einem Vertrauten von Erzbischof Marcinkus.

Bodio war die rechte Hand des IOR-Präsidenten Caloia und von diesem ausgewählt worden, um einen endgültigen Schlussstrich unter die Ambrosiano-Affäre zu ziehen; beide hatten bereits im Finanzinstitut Mediocredito Centrale zusammengearbeitet. Die Skandale der Vergangenheit und die Alarmsignale Caloias hätten ihn hellhörig machen müssen. Aber er schwieg.

Über ihn gibt es sehr kontroverse Ansichten. Sein Mentor Caloia meinte später: „Bodio? Es genügte, dass ein Soutanenträger mit einer roten Knopfreihe ihn zum Frühstück einlud, damit er einer Investition zustimmte. Er war fasziniert von Monsignor de Bonis und von dessen Charisma."[8] Caloia entschied sich also für den einzig möglichen Ausweg: Er stellte Bodio als einen beeinflussbaren Bankier hin und räumte ein, dass es ein schwerer Fehler gewesen war, ausgerechnet ihn zu seinem engsten Mitarbeiter zu machen. Doch die Behauptung, dass die Generaldirektion des IOR in den Händen eines Ahnungslosen und Unbedarften lag und dass Caloia sich einen charakterlosen Mitarbeiter als Nummer zwei gewählt hatte, um eine heikle Sanierung zu bewerkstelligen, erscheint alles andere als glaubwürdig. Das Deckmäntelchen der Stiftungen und wohltätigen Werke konnten einen Neuling durchaus täuschen, der bemüht war, das Wohlwollen der Soutanenträger zu erringen und die Ertragskraft des IOR zu steigern. Doch keine einzige Kontobezeichnung weist „die rechtlichen Grundlagen dafür auf, dass es sich um eine Stiftung im engeren oder weiteren Sinn handelt."[9]

Caloias Argumentation zur Absolution Bodios ist jedoch nicht stichhaltig, sie hat vielmehr einen großen Haken. Denn Bodio selbst war es, der von den Ferruzzi und von Bisignani die Gelder entgegennahm – zwischen Luxemburg und der Schweiz wurden zig Transaktionen ausgeführt –, ohne den Aufsichtsrat unter Caloias Vorsitz zu informieren, wie es seine Pflicht gewesen wäre. Wenn der Generaldirektor sich von dem edlen Motiv leiten ließ, die Gewinne seiner Bank zu mehren, wenn er also zum Wohle des IOR handelte, warum setzte er dann nicht seine Vorgesetzten über den Erfolg dieser Finanztransaktionen in Kenntnis, wie es im Übrigen den Vorschriften entsprochen hätte? Stattdessen: Schweigen. Nicht einmal die beunruhigenden Mengen Bargeld, die in jenen Jahren hereinkamen und wieder hinausgingen, weckten Verdacht im Nikolausturm. Noch im Herbst 1992, als die Berichte der Geheimkommission immer detaillierter und bedrohlicher wurden, bekräftigte der Generaldirektor der Bank seine Version: Er bestätigte – fälschlich und irreführend – die Verwendung der Gelder aus den Stiftungen von de Bonis' System für angeblich karitative Zwecke und verbaute sich damit hoffnungslos seine Zukunft. Den Kollegen sagte er, die Ferruzzi seien für das IOR das Huhn, das goldene Eier legt; Sama und Cusani hätten ihm versprochen, Kapital in Höhe von 400 Milliarden in der Bank anzulegen.

Im Zuge der Überprüfungen kamen immer mehr Ungereimtheiten und Eigenmächtigkeiten ans Licht, etwa im Fall der heiligen Messen oder verdächtiger Gutschriften. Doch die Tätigkeit der Geheimkommission erwies sich alles andere als einfach. Caloia war misstrauisch, er grenzte den gesamten Aufsichtsrat aus und informierte neben Staatssekretär Sodano nur noch einige wenige andere Kardinäle. Im September 1992 kamen dann aus Italien die ersten Signale einer drohenden Prozesslawine. Giuseppe Garofano, Präsident von Montedison, wurde wegen der 200 Millionen Lire vernommen, die er an Gianstefano Frigerio, den Sekretär der

Democrazia Cristiana in Mailand, überwiesen hatte. Wenige Monate später übernahm Sama anstelle von Garofano die Führung der Unternehmensgruppe. Schritt für Schritt tasteten sich die Mailänder „Mani pulite"-Staatsanwälte zu den Freunden des IOR-Prälaten vor. Die interne Überprüfung ergab weitere, gleichfalls von de Bonis geführte Konten, die bald auch in den von Dardozzi gesammelten Berichten zu den Aktivitäten des parallelen IOR auftauchten. Es war ein Wettlauf gegen die Zeit. Zwar war das Staatssekretariat von der Wahrheit über die Enimont-Schmiergelder immer noch weit entfernt, aber die Berichte der Kommission zeichneten ein zunehmend alarmierenderes Bild von den Vorgängen im IOR. Von Caloia gedrängt, wurde Sodano immer misstrauischer gegenüber de Bonis, der allmählich spürte, dass ihm der Boden entzogen wurde. Sein Stern begann zu sinken. Er wusste, sein Ende war jetzt nur noch eine Frage der Zeit.

Im Dezember 1992 erteilte Sodano, von Caloia unter Druck gesetzt, die Genehmigung, Bodio nach Ablauf der Amtsperiode seines Postens zu entheben und in die Lombardei zurückzuschicken. Mit Unterstützung von Kardinal José Rosalio Castillo Lara (ein Name, der uns noch öfter begegnen wird), dem Vorsitzenden der Kardinalskommission, die das IOR kontrollierte, wurde Andrea Gibellini zum Generaldirektor berufen. Er hatte zuvor denselben Posten bei der Bank Credito Varesino innegehabt. De Bonis überschüttete ihn mit Lob, Bekundungen seiner Wertschätzung und Sondervergünstigungen und schloss Freundschaft mit ihm. Ein unbestreitbar kluger, ja brillanter Schachzug des Prälaten war es, Gibellini seinen eigenen Sekretär an die Seite zu stellen: Natalino Aragona, Schatten und vertrauensvoller Mitarbeiter de Bonis'. Von jedem Atemzug des neuen Generaldirektors wurde de Bonis umgehend unterrichtet, alle seine Aktivitäten wurden registriert und eingehend analysiert. Aragona folgte Gibellini auf Schritt und Tritt. IOR-Präsident Caloia blieb dabei außen vor. Gibellini erfüllte alle Wünsche der Purpurträger. Er sei „de Bonis' Gefangener", schrieb Caloia an Sodano.

Die Ermittlungen von „Mani pulite"

Im Januar und Februar 1993 überstürzten sich die Ereignisse. Die Staatsanwälte in Rom und Mailand leiteten parallel Ermittlungsverfahren gegen Enimont ein. Garofanos Haus und Büro wurden durchsucht, und Ende Februar gerieten auch Gardini und Cagliari ins Visier der Ermittler. Am 10. März wanderte Eni-Präsident Cagliari ins Gefängnis San Vittore in Mailand.

Es folgte das Unvermeidliche. Was sich lange angekündigt hatte und in gewisser Weise mit Pater Macchi abgesprochen war, wurde Ende März in aller Stille Wirklichkeit: De Bonis schied aus dem IOR aus. In den Korridoren des Vatikans, hinter schalldichten doppelten Türen und in abhörsicheren Räumen wurden heimlich, still und leise Verbannungen ausgesprochen, Verschwörungen angezettelt und Absetzungen beschlossen, auch wenn die Entscheidungsprozesse viel langsamer abliefen als draußen, im öffentlichen Raum.

Promoveatur ut admoveatur: Er wird befördert, damit man ihn loswird, so lautet das geltende Gesetz. Strafrechtliche Konsequenzen im Vatikan selbst waren undenkbar, wenngleich sie geboten gewesen wären. De Bonis war zwar abgesetzt worden, aber dafür wurde er zum Titularbischof von Castellum in Numidia ernannt und am 11. April 1993 zum Kaplan des Malteserordens in Rom befördert, dessen Mitglied im Großpriorat Neapel und Sizilien er bereits war. Eine prestigeträchtige Position, die ihm Kontakte auf höchster Ebene ermöglichte.

Die Gründe für diese Entscheidung sind in der Geschichte der katholischen Kirche und ihrem seit jeher verkrampften Verhältnis zum Geld zu suchen. Im konkreten Fall liegt der Grund aber auch in der Machtfülle dieses Priesters aus Pietragalla, der im Intrigenspiel des IOR großgeworden war. Man braucht sich nur die Fotos anzusehen, die am Sonntag, dem 25. April 1993 im Seminar Santa Maria della Fiducia in Rom entstanden. An diesem Tag wurde de Bonis zum Bischof geweiht, gut sechs Wochen nach seinem Ausscheiden aus dem IOR. Die Bischofsweihe vollzog Kardinal Corrado Ursi, assistiert von de Bonis' Freund, Erzbischof Macchi, und Michele Scandiffio. Ein abermaliger Sieg für diese weit verzweigte Seilschaft. 2000 Personen hatten sich versammelt: 15 Kardinäle, 45 Diözesanbischöfe und an die 100 Prälaten, dazu ein Parterre hochrangiger Politiker, unter ihnen Francesco Cossiga und Emilio Colombo. Ein bedeutender Teil der römischen Elite.

Über die Bischofsweihe wurde in allen Zeitungen berichtet, denn de Bonis dankte öffentlich dem Mann, der still und gebeugt in der ersten Reihe saß: „Ich möchte Präsident Giulio Andreotti danken, der uns vor zehn Jahren mit seinen Ratschlägen vor schweren Gefahren bewahrt hat!",[10] rief der frisch gekürte Bischof in demonstrativer Anspielung auf die Ambrosiano-Affäre. Es folgte ein zehnminütiger tosender Applaus. Eine Ovation. Aufsehenerregende Worte von schillernder Bedeutung, war doch Andreotti gerade in jenen Wochen von den Kronzeugen der Justiz in Palermo beschuldigt worden, mit den Bossen der Cosa Nostra gemeinsame Sache gemacht zu haben. Eine wichtige Solidaritätsbekundung am Vorabend der Parlamentsabstimmung zur Aufhebung der Immunität des Senators auf Lebenszeit. Alle sollten daran erinnert werden, welche Wertschätzung dieser politischen Führungsfigur gebührte, die seit der Nachkriegszeit wichtigster Ansprechpartner des Vatikans gewesen war und sich immer wieder für den Heiligen Stuhl eingesetzt hatte: bei der Banca d'Italia, um einen Schlussstrich unter die heikle Angelegenheit Banco Ambrosiano zu ziehen, nachdem die Einigung mit den Insolvenzverwaltern der Bank in Genf unterzeichnet war; bei der Mediengruppe Rizzoli, als Logenmeister Licio Gelli Andreotti die berühmten Fotos übergab, die Johannes Paul II. im Swimmingpool der Vatikanischen Gärten zeigten. Der Präsident überbrachte sie dem Papst, der sich dafür bedankte.[11] Und nicht zuletzt war de Bonis' Äußerung ein Memento an all jene, die das Konto der „Spellman-Stiftung", das parallele IOR und die Geheimnisse zwischen Andreotti und dem Vatikan kannten und womöglich hofften, ein neues Kapitel aufzuschlagen.

Bisignani ahnte das drohende Ungemach und klopfte am 28. Juni 1993 beim IOR an. Er ließ sich die testamentarischen Verfügungen übergeben, die, wie üblich, in der Bank hinterlegt worden waren. Er löste das Konto der „Jonas Augustus Foundation" auf und hob 1,687 Milliarden Lire in bar ab – in zwei Raten, denn die mitgebrachten Taschen waren nicht groß genug für alle Geldscheine. Als einen Monat später Antonio Di Pietro und die „Mani pulite"-Staatsanwälte gegen ihn ermittelten, tauchte er unter. Es war der tragische Monat Juli 1993. Gegen Sama und Garofano wurden Anklageprotokolle verfasst. Innerhalb weniger Tage fand man Gabriele Cagliari mit einer Plastiktüte über dem Kopf im Gefängnis San Vittore tot auf, und Raul Gardini erschoss sich mit seiner Walther PPK, Kaliber 7,65 einen Tag, bevor die Zeitungen die explosiven Enthüllungen brachten. Seine Leiche im Schlafzimmer seines Luxusappartements im Palazzo Belgioioso aus dem 18. Jahrhundert in Mailand markierte das Ende einer Epoche. Er hinterließ einen Brief mit einem einzigen Wort: „Grazie".

Gewitterwolken über dem IOR

Wie aus dem Dardozzi-Archiv hervorgeht, verschwand im IOR das Dossier zum Offshore-System, von dem Kardinalstaatssekretär Sodano eine Kopie erhalten hatte, wie durch Zauberhand. De Bonis hatte das Institut zwar inzwischen verlassen, aber irgendjemand hatte in weiser Voraussicht die brisantesten Unterlagen aus den Akten beiseitegeschafft, um die Tätigkeit der Geheimkommission von Dardozzi, Caloia und Sodano zu behindern. Die Meldung vom spurlosen Verschwinden dieser Unterlagen landete auf Sodanos Schreibtisch. Jene sechs handschriftlichen Seiten Caloias waren eine regelrechte Anklageschrift, die den Vorwurf der Veruntreuung enthielt. Der sonst so gelassene Bankpräsident schlug einen ungewohnt dramatischen Ton an. Caloia beschönigte nichts. Er beschuldigte de Bonis „ganz bewussten, eindeutig kriminellen Handelns".[12] Im selben Brief gab der IOR-Präsident zu verstehen, dass sich seit der Amtsenthebung des Prälaten, den er bisweilen mit seinem Codenamen „Roma" bezeichnet, nichts geändert hatte. De Bonis koordinierte weiterhin die Aktivitäten der Bank, jetzt allerdings aus der Ferne. Auch 1991, unter Caloias Präsidentschaft und mit dem „vertrauensvollen" Bodio als Generaldirektor der Vatikanbank, wurde weiter Geld gewaschen:

Die Fotokopien der internen Dokumentation, die Ihnen zugesandt wurde (und die bis vor einiger Zeit einsehbar war, jetzt aber verschwunden ist, beiseitegeschafft von den ... üblichen Verdächtigen!), verdeutlichen die immense Gefahr der Verwicklung des IOR in kriminelle Machenschaften, wie sie dieser Tage ans Licht gekommen sind und die im Jahr 1991 den damaligen Generaldirektor [Giovanni Bodio] veranlassten, einen sogenannten Fonds zu gründen, dessen Geldzuflüsse möglicherweise nicht aus humanitärer Spendenfreudigkeit, sondern aus dubiosen Finanzoperationen stammen. Wie aus den Überweisungsaufträgen hervorgeht, veranlasste „ROMA" sogar Zahlungen ins Ausland, und dies zu einem Zeitpunkt, da er bereits nicht mehr Mitarbeiter des IOR war und formal gar keine Kontovollmacht besaß. Immer klarer zeichnen sich die Konturen des ganz bewussten, eindeutig kriminellen Handelns eines Menschen ab, der sich aufgrund seiner Lebensentscheidung und seines Amtes eigentlich strenger und kritischer Selbstprüfung hätte unterziehen müssen. Es erscheint immer unverständlicher, dass eine Situation fortbesteht, in der die genannte Person von einem nicht weniger privilegierten Standort aus die Aktivitäten des IOR indirekt weiter steuert. [...] Eminenz, ich hoffe, dass der gute Glaube der vielen, die in dieser wertvollen Institution mitgearbeitet haben, uns vor den Stürmen bewahrt. Ich werde jedenfalls in Kontakt bleiben, und ich bin stets überaus dankbar und glücklich, wenn es mir vergönnt sein wird, Sie zu sehen und/oder zu hören.[13]

Die Stürme, die über Italien hinwegfegten und von denen Caloia sprach, verschonten auch die Mutter Kirche nicht. Überbringer des Unheils war der Anwalt Franzo Grande Stevens, eine Koryphäe des italienischen Handels- und Gesellschaftsrechts. Grande Stevens, Spross einer Adelsfamilie, war legendärer Verteidiger und vertrauensvoller Berater Gianni Agnellis, Vizepräsident von Fiat und später, bis 2006, Präsident des Fußballclubs Juventus Turin. In den folgenden Monaten spielte er bei der Verteidigung des IOR eine Schlüsselrolle.

Am 24. August 1993 verabredete sich Dardozzi mit Grande Stevens für den folgenden Tag. Die Atmosphäre des Treffens war angespannt. „Der Anwalt des Avvocato [= Agnellis]" machte mit nüchternen Worten deutlich, dass „sich etwas zusammenbraut". Das konnte nur heißen: Auch der Vatikan war ins Visier der „Mani pulite"-Ermittler geraten. Eine Zeitungsmeldung erschütterte die Purpurträger des Heiligen Stuhls: Die Staatsanwälte hatten herausgefunden, dass ein Teil der Enimont-Schmiergelder in Form von Staatsanleihen bezahlt worden waren. Handelte es sich um die Wertpapiere, die im IOR hinterlegt worden waren? Ein bestens informierter Giorgio Bocca verriet auf der Titelseite von „La Repubblica", dass „am großen Ball der Korrupten neben Politikern und Unternehmern, Bankiers und leitenden Angestellten der Wirtschafts- und Börsenaufsicht CONSOB auch Bischöfe des IOR und Richter in hektischem Zusammenspiel teilnahmen."[14]

Eine Meldung, die der Aufmerksamkeit des Staatssekretariats nicht entging. Der Artikel wurde Zeile für Zeile studiert. Für Dardozzi bedeutete die Indiskretion die höchste Alarmstufe.

Im Vatikan wurde ein „Krisenstab" gebildet, in dem sich – höchst ungewöhnlich – die vier wichtigsten Akteure zusammenfanden: Sodano, Dziwisz, Dardozzi und Caloia. Zwischen ihnen zirkulierten die Informationen und Berichte der geheimen Untersuchungskommission zum parallelen IOR, und vertrauensvolle geistliche Herren wie Timothy Broglio erstatteten ihnen Bericht.[15]

Und so bewertete der Krisenstab das neueste Dossier, das die Empfänger von Auslandsüberweisungen aus dem „Fondo san Serafino" namentlich benannte: 44,8 Milliarden gingen an die Bank Leu in Genf und an die Società di Banca Svizzera in Chiasso zu Händen von Pius K. Steiner (35 Milliarden) und zu Händen von Ostinelli (9,8 Milliarden). „Im Rückblick könnte man sagen", heißt es in dem vertraulichen Schreiben, „dass die genannten Operationen dazu dienten, einer bestimmten Person Geld zu überweisen." Noch nüchterner und alarmierender äußerte sich Vincenzo Perrone, der treue Berater des IOR:

Falls tatsächlich jemand den Ermittlungsbehörden die Seriennummern der Schatzanweisungen mitgeteilt hat, so ist nicht auszuschließen, dass man über diesen Bankkanal (Credito Italiano) auch bis zum Institut (dem IOR) vordringen wird. Schon seit Längerem bringen die Zeitungen beunruhigende Nachrichten: Die Ermittler sind auf der Suche nach 50 Milliarden, nachdem sie dem Verbleib der anderen Gelder bereits auf die Spur gekommen sind. Die Presse berichtet immer eingehender und kreist das Ziel (das IOR?) immer exakter ein. Man hat den begründeten Verdacht, dass „irgendjemand" (Sama, Cusani und/oder andere mit ihnen verbundene Personen) die Spur (die Seriennummern) der inkriminierten und gesuchten Schatzanweisungen verraten hat.

Die Zeitungen berichteten von Überweisungen und Zahlungsempfängern, die mit denen identisch sind, die in der Buchhaltung des Offshore-Systems auftauchten. Noch brachte niemand Enimont und die Schatzanweisungen mit dem Vatikan in Verbindung. Und deshalb schieden sich hinter dem Bronzeportal des Apostolischen Palastes die Geister. Einige versuchten die Sache herunterzuspielen und sprachen von einer „merkwürdigen Koinzidenz" zwischen den in der Presse „genannten Zahlen" und „den Beträgen, die der Prälat in die Schweiz überwiesen hat." Die meisten jedoch deuteten die Signale richtig und wählten eine ganz bestimmte Strategie: Sie gingen in Deckung und warteten ab, ohne den Ermittlern jene wertvollen Informationen zu liefern, wie sie Papst Johannes Paul II. bereits seit März 1992, also seit mehr als einem Jahr, vorlagen. Eine Haltung, die von strategischen Motiven diktiert war.

Weitreichende institutionelle Auswirkungen

Die Ermittlungen der Mailänder Staatsanwaltschaft zogen immer größere Kreise. Die Aussagen des Bauunternehmers Bonifaci halfen den Ermittlern zu rekonstruieren, wohin die Schatzanweisungen gelangt waren. Sie trugen dazu bei, die Verwicklung des IOR in den Enimont-Schmiergeldskandal nachzuweisen. Und so entschloss sich die Mailänder Staatsanwaltschaft zu einem unerhörten Vorstoß, wie es ihn in den Beziehungen zwischen dem Vatikan und dem italienischen Staat noch nie zuvor gegeben hatte. Statt den Heiligen Stuhl um Amtshilfe im Fall der Schatzanweisungen zu ersuchen, die Garofano und Sama bis ins Detail aufgelistet hatten, griff Francesco Saverio Borrelli, der Leiter der Mailänder Staatsanwaltschaft, am 5. Oktober 1993 zum Hörer und rief Caloia direkt an. Ein informeller Anruf mit der kurzen Bitte um ein Gespräch. Dem späteren Schreiben des IOR-Präsidenten zufolge wurde folgender stillschweigender Deal geschlossen: Sie kommen und packen aus, ohne es an die große Glocke zu hängen, und wir setzen unsere Ermittlungen fort.

Der IOR-Präsident hörte sich den Vorschlag an, bedankte sich und legte auf. Dann verließ er seine Wohnung in Mailand und fuhr zum Flughafen Linate, nahm das nächste Flugzeug nach Rom und war wenige Stunden später im Vatikan. Er bat Broglio um eine dringende Audienz bei Sodano. Während der Wartezeit besprach er sich mit den Anwälten des IOR, dann schrieb er dem Kardinalstaatssekretär einen Brief, in dem er ihm verschiedene Verteidigungsstrategien darlegte:

Der Staatsanwalt deutete Probleme bezüglich des IOR an (am Ende des Gesprächs sagte er mir, es handle sich um „Staatsanleihen, die das IOR eingelöst hat"). Um öffentliches Aufsehen zu vermeiden, lud er mich zu einem informellen Gespräch ein, offenkundig, um mir die Probleme darzulegen. Ich dachte, die Unterredung fände mit Dr. Borrelli persönlich statt, und nachdem ich vorausschickte, dass ich mich noch mit meinen Vorgesetzten besprechen müsse, verabredete ich mich für Donnerstag, dem 7., um 16 Uhr. Tatsächlich erfuhr ich dann – von ihm selbst –, dass mich vor dem Mailänder Gericht ein Carabiniere zu zwei mit den Ermittlungen beauftragten Staatsanwälten bringen würde. Ich nahm unverzüglich ein Flugzeug nach Rom und bin jetzt bereits im Vatikan, um das weitere Vorgehen abzustimmen.

Caloia zog mehrere Anwälte zu Rate. Grande Stevens riet von einem Gespräch ab und empfahl, die Sache schriftlich zu erledigen. Giuseppe De Luca dagegen schien sich, so Caloias Eindruck, „der Tragweite und der negativen Auswirkungen des potenziellen Sachverhalts deutlicher bewusst (den die Ermittler aber wohl schon kennen, sind sie doch im Besitz sämtlicher Seriennummern der Staatsanleihen im Zusammenhang mit Enimont). [...] Ob man nun den Weg eines Gesprächs wählt oder nicht, die Presse wird so oder so darüber berichten (,L'Espresso', ,La Repubblica' etc.)."[16] Der Präsident des IOR führte Sodano den Kern der Beschuldigungen vor Augen, die in den Zeitungen Schlagzeilen machen würden:

Eine namentlich bekannte Person könnte in einem Institut im Dienst der Universalkirche in der Weise operiert haben, dass Schatzanweisungen, mutmaßlich aus Schmiergeldern in beträchtlicher Höhe, eingelöst wurden, wodurch der Eindruck entstand, dass das Institut nach wie vor mit den Methoden der desaströsen Vergangenheit operiert. Das Gespräch zu verweigern und die Angelegenheit stattdessen über ein Rechtshilfeersuchen zu klären, könnte nicht nur zu Irritationen führen, sondern die Arbeitsweise der gesamten Einrichtung in Misskredit bringen. Insbesondere in Anbetracht der beachtlichen Höhe der eingelösten Summen (die den Ermittlern mit Sicherheit bekannt ist) besteht die Gefahr, dass das ganze Institut in den Sog der Ermittlungen gerät und der Vorwurf sachlicher Begünstigung erhoben werden kann. Die Staatsanwaltschaft wird im Übrigen niemals glauben, dass die Identität derjenigen, die diese Staatsanleihen zu uns gebracht haben, unbekannt ist.[17]

Womöglich wurde sich Caloia jetzt zum ersten Mal der Gefährlichkeit der Lage bewusst und bekam Angst. Angst, dem Druck nicht standhalten zu können. Die Staatsanwaltschaft Mailand aufzusuchen bedeute, so schrieb er in seinem Brief an Sodano weiter, „die volle Verantwortung für die optimale Darstellung einer Situation übernehmen zu müssen, die weitreichende personelle Konsequenzen und Auswirkungen auf das gesamte Institut sowie die Kirche hat". Mit anderen Worten: Sollte er vernommen werden, könnten sich „unkontrollierbare Abgründe auftun". Im IOR war es vor allem die „Spellman-Stiftung", die die Führungsspitze der Bank und das Staatssekretariat in Unruhe versetzte. Verheerende Folgen für die Kirche ergaben sich schon aus der Tatsache, dass ein paralleles IOR überhaupt existierte. Folglich war das Rechtshilfeersuchen die bessere Lösung: „Der Heilige Stuhl hätte damit die Möglichkeit, schon im Voraus zu erfahren, was die Staatsanwaltschaft plant, und genügend Zeit, die notwendigen Maßnahmen zu treffen." Wenn Borrelli also eine Absage erteilt wurde, dann nur, weil man auf Zeit spielen und versuchen wollte, den staatsanwaltschaftlichen Handlungsspielraum zu begrenzen. Gleichzeitig wollte man versuchen, „etwaige Irritationen zu beschwichtigen" und den Ermittlungsbehörden Kooperationsbereitschaft zu signalisieren. Die Bitte um ein Gespräch wurde also abgelehnt – mit einem freundlichen, aber gewundenen, ja beinahe kryptischen, kurzen Brief Caloias an Borrelli, dem ein freundlicher, gleichwohl überflüssiger Anruf vorausging. Der Präsident sagte den vereinbarten Termin ab, versicherte aber gleichwohl, er sei „darauf bedacht, bei den verschiedenen Formen des Austauschs in Zukunft größtmögliches Entgegenkommen zu zeigen".[18] Was man tatsächlich wollte, war alles andere als das.

Informanten im Gericht

Im Vatikan herrschte dicke Luft. Die Suche nach den Schatzanweisungen im Zusammenhang mit den Enimont-Schmiergeldern wurde in Mailand verstärkt fortgesetzt. Die katholische Kirche hatte sich „einem Problem von enormen, bis dahin ungeahnten Ausmaßen" zu stellen, wie es Caloia in einem handschriftlichen Brief an Sodano formulierte. Der Albtraum der Ambrosiano-Affäre warf seine langen Schatten über den Petersplatz. Diesmal konnte die Kirche nicht auf altbewährte Beziehungen zu Regierungspolitikern zurückgreifen und nicht auf den wechselseitigen Schutz zählen, dank dessen sie aus den Skandalen der Vergangenheit mit mehr als nur mit Anstand hervorgegangen war.

Es waren die Jahre 1992 und 1993. Italien, ein Land im Umbruch, stand am Übergang von der Ersten zur Zweiten Republik.* Das politische Establishment war aufgrund des entschlossenen Vorgehens der Ermittlungsbehörden entscheidend geschwächt. Die Schmiergeldskandale, der Zerfall des alten Parteiensystems, das Massaker an den Staatsanwälten Giovanni Falcone und Paolo Borsellino in Sizilien, der Prozess gegen Andreotti, der der Zusammenarbeit mit der Mafia und des Mordes an dem Journalisten Mino Pecorelli angeklagt war, sowie die brisanten Aussa-

---

* Gemeint ist die Ära nach dem Zusammenbruch des alten Parteiensystems im Zuge der Ermittlungen zu den Schmiergeldzahlungen an Politiker aller Parteien.

gen Tommaso Buscettas von der sizilianischen Cosa Nostra verschärften eine ohnehin schwierige Situation. Gewiss, nach den Skandalen des Trios Sindona, Calvi und Marcinkus hatte der Vatikan bereits schmerzhafte Erfahrungen mit der Arbeitsweise der Justiz sammeln können. Aber das reichte nicht. Im Krisenstab begann man jetzt, jeden Schritt der Mailänder Ermittler genau zu verfolgen.

Zu diesem Zweck wurden alle verfügbaren Informationskanäle aktiviert, ein weitgespanntes Beziehungsnetzwerk des Vatikans, das von der Diözese Mailand bis in die Gerichtskorridore reichte. Der Briefwechsel zwischen Caloia, Sodano und Castillo Lara sowie die Aufzeichnungen Monsignor Dardozzis geben Aufschluss darüber, wie außerordentlich geschickt die Kirche darin war, die Vorgehensweise der Staatsanwaltschaft gründlich zu analysieren und zu berechnen. Manchmal kannte man die operativen Maßnahmen der Kriminalpolizei sogar schon im Voraus und gelangte frühzeitig in den Besitz wichtiger Gerichtsunterlagen. Auf Informanten und vertrauliche Auskünfte wurde oft nur in Anspielungen und indirekt, manchmal aber auch ganz offen Bezug genommen. In den entscheidenden Momenten kannte der Heilige Stuhl also die Trümpfe des Gegners. Es war ein Spiel mit gezinkten Karten.

Der Registerwechsel begann am 5. Oktober 1993, als die Hintergründe bekannt wurden, die teilweise bereits Ende September in der Zeitschrift „L'Espresso" enthüllt worden waren. Jetzt wurde dem IOR klar, dass die Lawine nicht mehr zu stoppen war.[19] Der Bauunternehmer Bonifaci hatte den Mailänder Staatsanwälten eine Liste mit den Seriennummern der ins IOR gelangten Staatsanleihen ausgehändigt. Die Summe der gewaschenen Gelder stieg ins Unermessliche. Mithilfe dieser Seriennummern konnten die Ermittler den Weg der Schatzanweisungen bis in die Vatikanbank hinein verfolgen. Deshalb Borrellis Anruf.

Gegenüber Sodano äußerte sich Caloia lapidar: Die tatsächliche Situation erweist sich „als immer dramatischer und könnte ernste Konsequenzen nach sich ziehen". Die Mailänder Staatsanwälte wussten, dass die „über das IOR gelaufenen Wertpapiere", wie Caloia an Sodano schrieb, „aus Schmiergeldzahlungen an Politiker stammen und die Beträge mit Sicherheit als sauberes Geld an sie zurückgingen. Es sind exakt dieselben Mechanismen wie in der Vergangenheit." Die Liste war endlos lang. Es handelte sich nicht nur um das, „was Sie bereits wissen", betonte Caloia, nämlich um „Gelder in einer Größenordnung von rund vierzig Milliarden Lire", wie es die Geheimkommission ja bereits festgestellt hatte. Nein, es ging um sehr viel größere Summen: „Es ist eine Liste mit Staatsanleihen von sehr viel größerem Umfang aufgetaucht, die das IOR 1991 erworben haben könnte." Der Präsident des IOR sprach es zwar noch nicht aus, aber er kannte bereits die Ergebnisse einer Untersuchung, die Mario Clapis, Abteilungsleiter Wertpapiere der Vatikanbank, durchführte, aber zu diesem Zeitpunkt noch nicht abgeschlossen hatte: Der Wert der Schatzanweisungen, die offenkundig als Schmiergelder über den Vatikan liefen, betrug 63 Milliarden Lire. Jetzt bat Caloia Sodano darum, die Vorgesetzten zu informieren: „Man kann sich des Gefühls nicht erwehren, dass wir alle es hier mit einem hochexplosiven Sprengsatz zu tun haben, der den höchsten Amtsträgern zur Kenntnis gebracht werden muss." Caloia bat darum, die Kardinalskommission zu informieren. Sodano unterrichtete den Heiligen Vater.

In jenen Stunden erreichten den Vatikan die Indiskretionen aus dem Informantennetzwerk, das man aktiviert hatte. Als Erstes kam eine vertrauliche Information aus einer undichten Stelle bei der Finanzpolizei. Caloia, zutiefst beunruhigt, informierte Sodano schriftlich: „Befreundete Quellen in der Finanzpolizei", notierte er mit einer gewissen Arglosigkeit, „haben mich gewarnt, dass die Staatsanwaltschaft meine Adresse in Erfahrung gebracht hat." Wer war es, der Caloia zeitnah von den Aktivitäten der Staatsanwaltschaft in Kenntnis setzte? Wir wissen es nicht. Aber wenn die Staatsanwaltschaft seine Adresse in Erfahrung gebracht hatte, konnte dies nur eines bedeuten: Dem Präsidenten des IOR drohte die Festnahme. Die dramatische Bestätigung dieser Indiskretion ließ nicht lange auf sich warten.

5 ottobre 1993

Eminenza Reverendissima,

a completamento delle sommarie informazioni fatteLe pervenire per il tramite di Mons. Broglio, ho sentito l'avvocato Grande Stevens ed il penalista prof. Giuseppe De Luca.

Mi trovo di fronte ad un problema che è di dimensioni enormi e finora non immaginabili. Oltre a quello che Lei già conosce (e che è dell'ordine di una quarantina di miliardi) è emersa, da approfondimenti in corso, l'esistenza di una lista di titoli di credito che lo IOR potrebbe avere acquistato nel 1991 per un importo molto più elevato. Accertamenti sono in corso. Tuttavia, al di là della vera quantità, ciò che rende gravissima la situazione è che la lista proviene da Cusani che ha informato i giudici sui titoli passati attraverso lo IOR. Sono il risultato di pagamenti di tangenti a uomini politici, per importi certamente a loro ritornati in forma pulita. E' la esatta replica dei meccanismi del passato.

Il Consiglio dei nostri legali (FGS e De Luca) è a questo punto più che appropriato. Una rogatoria consentirà di meglio strutturare le risposte che in ogni caso non potranno essere mie, ma di coloro che hanno effettivamente iniziato e percorso procedure così delicate e quasi insondabili per me. Si ha la sensazione netta che ci si trovi di fronte, tutti, ad un potenziale esplosivo inaudito che deve essere doverosamente portato a conoscenza delle più alte Autorità.

Mi domando se non sia il caso di portare a conoscenza una realtà che si rivela sempre più drammatica e foriera di conseguenze gravissime alla Commissione Cardinalizia e al plenum del Consiglio di Sovrintendenza. Il difetto di tale informazione potrà essere addebitato come una pesante omissione.

Restando come sempre a Sua completa disposizione, Le porgo i miei più affettuosi ossequi.

Angelo Caloia

A Sua Eminenza Reverendissima
il Signor Cardinale Angelo SODANO, Segretario di Stato
CITTA' DEL VATICANO

Brief Angelo Caloias, Präsident des IOR, an Kardinalstaatssekretär Angelo Sodano, zum Enimont-Schmiergeldskandal.

5. Oktober 1993

Eminenz,

in Ergänzung der summarischen Informationen, die Ihnen durch Msgr. Broglio zur Kenntnis gebracht wurden, habe ich mit dem Anwalt Grande Stevens und dem Strafrechtler Prof. Giuseppe De Luca gesprochen.

Ich sehe mich einem Problem von enormen und bis dahin unvorstellbaren Ausmaßen gegenüber. Zusätzlich zu dem, was Sie bereits wissen (von Geldern in einer Größenordnung von rund vierzig Milliarden), ist im Zuge der Ermittlungen eine Liste mit Staatsanleihen von sehr viel größerem Umfang aufgetaucht, die das IOR 1991 erworben haben könnte. Eine Überprüfung ist im Gang. Was über den wahren Umfang der Gelder hinaus die Lage so ernst macht, ist die Tatsache, dass diese Liste von Cusani stammt, der die Staatsanwälte von diesen über das IOR gelaufenen Wertpapieren in Kenntnis gesetzt hat. Sie stammen aus Schmiergeldzahlungen an Politiker, und die Beträge gingen mit Sicherheit als sauberes Geld an sie zurück. Es sind exakt dieselben Mechanismen wie in der Vergangenheit.

Unsere Rechtsberater (FGS und De Luca) sind in dieser Hinsicht mehr als hilfreich. Ein Rechtshilfeersuchen wird es erlauben, die Antworten besser zu strukturieren, die in jedem Fall nicht von mir, sondern von denen stammen müssen, die so heikle und für mich fast undurchschaubare Transaktionen begonnen und abgewickelt haben. Man kann sich des Gefühls nicht erwehren, dass wir alle es hier mit einem hochexplosiven Sprengsatz zu tun haben, der den höchsten Amtsträgern zur Kenntnis gebracht werden muss.

Ich frage mich, ob es nicht angebracht wäre, die Kardinalskommission und den gesamten Aufsichtsrat über eine Situation zu informieren, die sich als immer dramatischer erweist und ernste Konsequenzen nach sich ziehen könnte. Darauf zu verzichten könnte uns als eine schwerwiegende Unterlassung angekreidet werden.

Ich stehe wie stets zu Ihrer vollen Verfügung und verbleibe mit ergebener Hochachtung

Angelo Caloia

An Seine Eminenz
Herrn Kardinal Angelo SODANO, Staatssekretär
VATIKANSTADT

Das Rechtshilfeersuchen der Mailänder Staatsanwaltschaft

Am 11. Oktober 1993 trat Kardinal Carlo Maria Martini in Aktion. Der Mailänder Erzbischof verfügte über beste Beziehungen zu den „Mani pulite"-Ermittlern. Er bat Caloia um ein „dringendes Treffen", das für 20.45 Uhr vereinbart wurde. Martini zeigte sich besorgt und angespannt. Caloia wird Sodano anschließend mitteilen, er habe „durch einen Priester Hinweise erhalten, dass die Mailänder Staatsanwaltschaft nicht erfreut war über meine Weigerung, persönlich zu erscheinen, und dass wegen nicht erfolgter Kontaktaufnahme die Folge großes Geschrei und Gerassel (von Handschellen?) sein könnte". Während der Unterredung mit dem Kardinal versuchte Caloia jedoch, etwas Ruhe einkehren zu lassen. Er bekräftigte die Rechtmäßigkeit des Rechtshilfeersuchens und bemühte sich, Martini für seine Position zu gewinnen. Der Bankier wusste, dass dieser enge Beziehungen zur Mailänder Staatsanwaltschaft pflegte, und auch, welchen Respekt Martini bei den Justizbehörden genoss. Deshalb forderte Caloia ihn auf, sich mit Staatssekretär Sodano in Verbindung zu setzen. Außerdem versuchte er zu erreichen, dass der Kardinal in dieser heiklen Phase den Kontakt zur Staatsanwaltschaft weiterhin aufrechterhielt. Die Möglichkeit zum Dialog offenzuhalten konnte sich vielleicht noch als wichtig erweisen. Und wer konnte ein besserer Mittelsmann sein als Martini? Caloia ging sogar noch weiter: Er trug Martini auf, „die Mailänder Staatsanwaltschaft wissen zu lassen, dass eine Vorgehensweise ins Auge zu fassen sei, wie sie in den Beziehungen zwischen Staaten üblich ist."

In Wirklichkeit war längst alles entschieden. Am nächsten Tag wurde ein Rechtshilfeersuchen zur Enimont-Affäre auf den Weg gebracht, allerdings nicht direkt, sondern über die üblichen diplomatischen Kanäle. In jenem Herbst 1993 wurde das Rechtshilfeersuchen zunächst an das Justizministerium geschickt und Anfang November von dort an die italienische Botschaft beim

Heiligen Stuhl weitergeleitet, die es dem Vatikan zustellen sollte. Doch das Informantennetz der Kirche war auch hier bereits aktiviert. In Echtzeit erreichte den Vatikan die Nachricht, dass im Ministerium das Rechtshilfeersuchen bereits in Vorbereitung war. Martini wurde damit zum Vermittler und Gesprächspartner.

Piercamillo Davigo, Antonio Di Pietro, Francesco Greco, Gherardo Colombo und Francesco Saverio Borrelli hatten also bereits jene fünf Seiten unterschrieben, die bestätigten, was bis zum Vatikan durchgesickert war: Nach Ansicht der Staatsanwaltschaft liefen von den insgesamt 130 Milliarden Lire der Enimont-Schmiergelder 88,9 Milliarden über das IOR, und zwar in Form von 234 eingelösten Staatsanleihen. Mit anderen Worten: Gut zwei Drittel der gesamten Schmiergeldsumme waren über das IOR gelaufen. In Mailand wollte man wissen, wann und von wem die Schatzanweisungen eingereicht wurden und wer die Empfänger der Gutschriften waren. Ein strategisch kluger Schachzug: Die Staatsanwaltschaft fragte nicht, wer diese Gelder im IOR verwaltete, denn diese Personen waren ja durch die in den Lateranverträgen vereinbarte strafrechtliche Immunität geschützt. Sie erbat vielmehr Informationen, um die Wege dieser enormen Schmiergeldsummen zu rekonstruieren. „So wie ich es erlebt habe", erklärte der damalige Staatsanwalt Colombo kürzlich in einem bisher unveröffentlichten Interview, „machte der Vatikanstaat, was er wollte. Und soweit ich mich erinnere, machte er keine Anstalten, uns zu helfen. Wir baten um Amtshilfe, obwohl wir genau wussten, wie die Dinge lagen. Das war alles. Sagen wir, dass wir uns mit der Antwort ‚zufriedengaben'. Mehr war nicht zu machen. Wenn es keine Vereinbarungen zur Amtshilfe gibt, gründen sich die Beziehungen auf die Völkercourteoisie. Ich war mir fast sicher, dass vom IOR kein Entgegenkommen zu erwarten war."[20]

Eine schwierige Partie. Auf der einen Seite die italienische Justiz, die Licht in das Dunkel der Schmiergeldzahlungen bringen wollte, auf der anderen Seite die Geheimnisse und Machenschaften des Vatikans, der in verschiedene Lager zersplittert war. Der

Druck führte dazu, dass sich der Vatikan einigelte. Dieses „Handschellengerassel", wie Caloia es nannte, jagte ihm Angst ein. Am Abend des 12. Oktober 1993 drängte er Sodano, bei der bevorstehenden Aufsichtsratssitzung, an der auch die Kardinäle Castillo Lara, Casaroli, Martínez Somalo und O'Connor von der Kontrollkommission teilnehmen sollten, eine gemeinsame und unüberwindbare Verteidigungslinie aufzubauen:

Sie sind dabei, uns in die Zange zu nehmen. Wenn ich meine Überzeugung äußern darf, so sind Borrellis Anruf, die Einschaltung Kardinal Martinis und die Meldung im „Espresso" klare und unmissverständliche Botschaften der Mailänder Staatsanwaltschaft. Ich werde mir morgen erlauben, den Kardinälen die Vorgehensweise der Staatsanwaltschaft zu erläutern und die Vermutungen zur Verstrickung des IOR darzulegen. Ich werde darauf hinweisen müssen, was für ein enormer Schaden für die persönliche Reputation, für den Heiligen Stuhl und noch weitaus mehr für das Image der Kirche zu erwarten ist. Es wird zumindest notwendig sein, die Verantwortung gemeinsam zu tragen und einen kompakten Verteidigungswall aufzubauen, der auch Kollegen aus dem Aufsichtsrat, die Kardinalskommission und natürlich auch den Heiligen Stuhl einschließt. [...] Ich weiß nicht, wann und wie man in Erfahrung bringen kann, auf welchem Weg sie die Bestätigung für das erhalten wollen, was sie längst wissen: dass nämlich die Schatzanweisungen vom IOR eingelöst wurden; und vor allem, wie sie erfahren wollen, wo und bei wem diese gigantischen Summen gelandet sind. Unsere Anwälte sind sich keineswegs sicher, dass das Ermittlerteam auf Schritte verzichten wird, die an der Grenze des juristisch Üblichen liegen oder diese Grenze sogar überschreiten. Daher ist es wichtig zu wissen, ob die Justiz auf dem üblichen Weg zufriedengestellt werden kann, wodurch tödliches Aufsehen vermieden und absolut ungerechter Schaden von Personen und Institutionen abgewendet werden kann.

Aber die Front war keineswegs so fest gefügt, weder unter den Kardinälen noch unter den Mitarbeitern des IOR. De Bonis und das parallele IOR, für das er stand, sorgten für Konflikte, Spannungen und Entfremdungen. Der Prälat hatte die Vatikanbank zwar bereits vor sieben Monaten verlassen, aber es herrschten mitnichten klare Verhältnisse. Caloia hatte alle Girokonten des parallelen IOR einfrieren lassen. Und er versuchte, die Bank weiter von den Mitarbeitern zu säubern, die dem Prälaten nahestanden. So verfügte er die Frühpensionierung von Ciocci, der alle Vorlagen de Bonis' abgezeichnet hatte und erst abtrat, als man ihm eine großzügige Abfindung zusicherte. Auch Monsignor Carmine Recchia, der Leiter des Archivs, wurde in Pension geschickt. Gegenüber Recchia hegte Caloia ein besonders großes Misstrauen. „Es handelt sich um einen Abteilungsleiter", klagte Caloia in einem seiner regelmäßigen Berichte an Sodano, „dessen Praxis, soweit mir bekannt, stets darin bestand, dass er die Aktivitäten des ehemaligen Prälaten deckte. Sein Ausscheiden hätte eine größere Transparenz der Geschäftsabläufe zur Folge und würde verhindern, dass sich ein nicht ungefährliches stillschweigendes Einverständnis und interne Einflussnahmen verfestigen."

Die Bombe platzt

Alle Zeitungen brachten die Nachricht vom Rechtshilfeersuchen auf der ersten Seite. „Enimont-Schmiergelder im Vatikan", titelte der „Corriere della Sera" am 16. Oktober 1993. Und am Tag darauf: „Das IOR öffnet sich, doch die Rechnung geht nicht auf". Die Mailänder Tageszeitung ging mit dem Vatikan scharf ins Gericht. Gianluca Di Feo schrieb:

Alle Wege führen nach Rom. Und alle großen Bankencrashs führen in den Vatikan. [...] Wer sich jedoch mit der „Operation Vatikan" beschäftigt, wird sich an die klassischen Geldwäschertricks erinnert fühlen. Im Jargon der Geldwäscher ist das eine „Indianerfurt": Das Geld wird so lange hin und her transferiert, bis sich die Spur zur ursprünglichen Straftat verliert, genauso wie es die Indianer machten, wenn sie durch Bäche wateten, um ihre Spuren zu verwischen. Allerdings braucht dieses System äußerst zuverlässige Bankkanäle, die über jeden Verdacht erhaben sind. Und was könnte dafür besser geeignet sein als das IOR? Wer immer den Strom der Schatzanweisungen in den Vatikan geleitet hat, konnte auf eine Tradition der Verschwiegenheit bauen, die sich schon gegenüber den Mailänder Ermittlern nach dem Crash des Banco Ambrosiano bewährt hat. Damals wurden alle Türen dicht gemacht. Inzwischen aber hat sich die Situation womöglich gewandelt. Der Vatikanstaat signalisiert seine Bereitschaft, die verlangte Aufklärung zu liefern. Die Order lautet Transparenz.

Man konnte sich gar nichts anderes vorstellen. Die, wie Caloia sagte, „gut formulierten" Presseerklärungen unterstrichen die Kooperationsbereitschaft. Kardinal Martini übermittelte den Mailänder Staatsanwälten Signale der Entspannung und Öffnung. Er überbrachte die Botschaft, dass für Johannes Paul II. die Zeiten von Erzbischof Marcinkus endgültig vorbei sowie Kontrollinstanzen und neue Gremien wie die Kardinalskommission gegründet worden waren. Der „Corriere della Sera" erinnerte auf seiner Titelseite daran, dass das IOR „durch eine zweifache Kontrolle abgesichert" war.[21] „Die größtmögliche Aufgeschlossenheit in der Phase der öffentlichen Aufmerksamkeit", so Caloia an Sodano, „hat meiner Ansicht nach bewirkt, dass die Zeitungen insgesamt mit Respekt auf die Erklärung reagiert haben, mit der italienischen Justiz zusammenzuarbeiten."[22] Aber leider verhielt es sich anders. Der Vatikan war in zwei Lager gespalten, die sich mit eigenen, einander widersprechenden Vorstößen offen bekämpften.

139

Es drohte der Bruch zwischen Castillo Lara und Caloia, dessen Zweifel an der Transparenz des Vorsitzenden der Kardinalskommission des IOR wuchsen. Es kam zur offenen Konfrontation. Generaldirektor Gibellini, der sich mit Caloia überworfen hatte, suchte auf dringende Empfehlung Castillo Laras den Präsidenten der italienischen Zentralbank, den mächtigen und erzkatholischen Antonio Fazio, auf und bat ihn um Verhaltensratschläge in der Sache Enimont. Ein Vorstoß, der Caloia empörte. Er informierte umgehend Sodano und forderte ihn auf, zu intervenieren:

Die Besorgnisse nehmen kein Ende! [...] Die unbedachte und an diesem Punkt wirklich unerträgliche Einmischung Kardinal Castillo Laras, der die Aktivitäten des Generaldirektors unmittelbar steuert, hat zu waghalsigen Vorstößen geführt, die der Linie des wachsamen Abwartens, wie sie so nachdrücklich vom Staatssekretariat vorgegeben wurde, diametral widersprechen. Dr. Gibellini, der sich für den einzigen Freund Dr. Fazios hält und dies seit geraumer Zeit auf lächerliche Weise zur Schau stellt (wen das interessieren könnte, bleibt schleierhaft, und es ist auch nicht gut, dass das IOR sich von ausländischen Institutionen wie der Banca d'Italia überwachen lässt), hat sich auf eigene Initiative mit dem Zentralbankchef getroffen. Abgesehen davon, dass ein solcher Schritt alle Statuten und internen Reglements missachtet (denen zufolge der Kontakt zu ausländischen Behörden und Institutionen dem Präsidenten obliegt), abgesehen auch von der extremen Brisanz der Materie, um die es letztlich ging – er verfügt weder über ausreichend Kenntnis von der Sache noch über umfassende Informationen bezüglich der mannigfaltigen Auswirkungen dieser Angelegenheit –, scheint es, dass Gibellini den „Auftrag" hatte, seinem „Freund" in allen Einzelheiten darzulegen, was womöglich bei uns geschehen ist. [...] Castillo Laras Versuch, die Vorgänge auch durch neue Interviews und sogar dadurch zu erklären, dass er unvorsichtige Leute wie Gibellini bei ausländischen Behörden Erkundigungen einholen ließ, macht die Gefahr deutlich, dass er sich einer Angelegenheit bemächtigen will, die ganz andere Anforderungen stellt, nämlich Augenmaß und Klugheit.[23]

Caloia war wütend. Und dafür gab es noch andere Gründe. So hatte der Venezolaner Castillo Lara ein voreiliges, mit falschen Behauptungen gespicktes und realitätsfernes Interview gegeben. Dieses erweckte den Eindruck, der Vatikan hätte sich auf eine vage und in sich widersprüchliche Verteidigungsstrategie festgelegt: „Man hat das Institut schuldig gesprochen, als hätte es schmutziges Geld gewaschen", erklärte er. „Aber das ist absurd: Ein Signore, ein Großindustrieller wie Ferruzzi wird in einer Bank vorstellig und möchte 50 Milliarden in absolut legalen italienischen Staatsanleihen hinterlegen, und irgendwann möchte er einen Teil davon einlösen. Ein völlig normaler Vorgang, wie ihn jede Bank tagtäglich abwickelt."[24] Und die Rechtshilfe? „Wir werden niemanden decken, der Verantwortung trägt", tönte Castillo Lara vollmundig, „seien es Kardinäle, Bischöfe oder Mitarbeiter des IOR."[25] Ein utopischer Gedanke.

Diesmal jedoch schwieg Sodano nicht, sondern kam Caloias Bitte nach. Er bestellte Castillo Lara zu sich und gab ihm im milden, für den Kardinal typischen Ton zu verstehen, dass man dem Präsidenten des IOR gegenüber der Mailänder Staatsanwaltschaft freie Hand lassen müsse. Der Venezolaner hörte zu und nickte. Kommentarlos kehrte er in sein Büro zurück. Er dachte nach und beschloss, seine Taktik zu ändern und subtiler zu agieren. Am 20. Oktober griff er zum Telefon. Er rief Caloia an und lud ihn ein, sich mit ihm zu treffen. Nach all den Auseinandersetzungen, Verärgerungen und dem spannungsvollen Schweigen trafen sich die beiden gegen Mittag zu einer gut einstündigen, scheinbar offenen Unterredung. Castillo Lara und Caloia einigten sich auf eine gemeinsame Strategie. Der Kardinal wollte, dass Caloia, der weltliche Bankier, ein internes Dossier zur aktuellen Situation anfertigte, mit einer Liste aller Wertpapiere, die im IOR gelandet, also eingelöst worden waren oder noch in einem Tresor der Bank lagerten. Aber der Präsident des IOR war wachsam. De Bonis, inzwischen bei den Malteserrittern, hatte sich bereits gemeldet und sich zu einem Treffen mit Castillo Lara verabredet. Caloia fürchtete eine Falle. Vielleicht argwöhnte er auch nur, dass dieses interne Dossier an die Öffentlichkeit gelangen könnte, ausgerechnet jetzt, da es an der nötigen inneren Einheit fehlte, was für das Ansehen der katholischen Kirche, für die Zukunft des IOR und die noch unabgeschlossene Reform verheerende Folgen haben würde. Es schien ihm besser, an der defensiven Strategie festzuhalten, wie sie mit Sodano abgesprochen war. Besser, man wartete das Rechtshilfeersuchen aus Mailand ab.

Dann ließ Castillo Lara eine zweideutige, giftige Bemerkung fallen. Ein Satz, der wie eine Warnung klang. Er flüsterte Caloia zu, er selber, Caloia, habe die Situation, de Bonis' Kontengeflecht, doch gekannt und das Staatssekretariat wiederholt darauf aufmerksam gemacht. „Heute zeigt es sich, dass ich recht hatte und meine Vermutung richtig war, schien der Kardinal sagen zu wollen", teilte Caloia Sodano mit. Der Kardinal kannte die Berichte, die Caloia dem Staatssekretär geschrieben hatte, und sagte ihm aufs Gesicht zu, dass er, Caloia, Sodano gewarnt hatte. Richtig oder falsch? Die Botschaft jedenfalls war klar: Wenn das parallele IOR zusammenbrach, würden viele auf der Strecke bleiben.

Die Bemerkung stand im Raum, und Castillo Lara wechselte sofort das Thema. Aber der Sprengsatz des parallelen IOR blieb liegen, immer noch hochexplosiv.

---

1 In der Presse wurde damals viel über Gardinis Großtaten geschrieben, doch es fehlte auch nicht an kritischen Stimmen. Der Spitzname „Korsar", der für seinen Mut, aber auch für seine Skrupellosigkeit stand, fand Eingang in die Umgangssprache (vgl. Nicola Saldutti und Sergio Bocconi, „Caccia in Borsa ai titoli Comit", in „Corriere della Sera", 29. September 1998; und Daniele

Mastrogiacomo, „Uranio, tangenti e alta finanza. I pericolosi segreti del manager", in „La Repubblica", 30. Juni 1994).

2 Landgericht Mailand, V. Strafkammer, Urteil „Enimont. Altissimo più altri", 27. Oktober 1995.

3 Das eindrucksvollste Porträt von Bisignani zeichnete Alberto Statera: „Klein, wendig und hochintelligent, durchschaut er sofort, was sein Gegenüber denkt, und stellt sich frettchenhaft schnell darauf ein", in „La Stampa", 5. August 1993.

4 Meldung der Nachrichtenagentur ANSA, „Loggia P2: elenco nomi", vom 21. Mai 1982, „Fasc. 020203, grup 6, dott. Bisignani Luigi, Roma, Codice E. 1977, Tessera 1689, data iniz., 1.1.1977, data scad. 31.12.1980".

5 Daniele Martini, „Per far la carità tutti i mezzi sono buoni", in „Panorama", 30. Januar 1994; Chiara Beria di Argentine und Leo Sisti, „E io vi sposo in nome dello IOR", in „L'Espresso", 26. Dezember 1993.

6 Das Konto lief auf den Namen Serafino Ferruzzi, der das Firmenimperium gegründet hatte und 1979 im Alter von 71 Jahren starb. Sein Erbe wurde unter seinen vier Kindern aufgeteilt: Idina (geboren 1936 und verheiratet mit Raul Gardini), Franca (geboren 1938 und verheiratet mit Vittorio Giuliano Ricci), Arturo (geboren 1940, verheiratet mit Emanuela Serena Menghini, später getrennt) und Alessandra Ferruzzi (geboren 1954, Witwe Ermanno Perdinzanis und Lebensgefährtin Carlo Samas).

7 In dem Bericht mit dem Titel „Die Rekonstruktion der Vorgänge" vom Winter 1993/94 heißt es: „Um seine Operationen zu verbuchen, bediente er sich stets solcher Beamter und Angestellter, die ihm gegenüber unkritisch oder an seine Praktiken gewöhnt waren. Dies waren insbesondere Carlini, Chiminello und Ciocci. Sie verlangten von dem Prälaten keine Erklärungen, und manchmal handelten sie rein mechanisch, wie Chiminello und Ciocci, ohne im Vorfeld ihre Vorgesetzten zu informieren. Chiminello ist (neben Natalino Aragona, de Bonis' Sekretär) vielleicht der einzige Mitarbeiter im IOR, der die Personen gesehen hat, die zusammen mit de Bonis die Staatsanleihen und das Bargeld verschoben haben."

8 Giancarlo Galli, *Finanza bianca. La Chiesa, i soldi, il potere*, Mondadori, Mailand, 2004.

9 Aus dem Bericht mit dem Titel „Die Rekonstruktion der Vorgänge" vom Oktober 1993, der dem Staatssekretariat überstellt und in Dardozzis Archiv aufbewahrt wurde.

10 Fernando Proietti, „Andreotti, applausi in chiesa", in „Corriere della Sera", 27. April 1993.

11 Laut einem Bericht der in Bologna erscheinenden Zeitung „Il Resto del Carlino" vom 20. Oktober 1993. Demnach berichtete Umberto Ortolani, Frei-

143

maurer in Licio Gellis Geheimloge P2, den Staatsanwälten von einem Telefonat, das er Jahre zuvor von Bruno Tassan Din und Angelo Rizzoli erhalten hatte, den damaligen Herausgebern des „Corriere della Sera". Die beiden teilten ihm mit, sie seien in den Besitz von Fotos gelangt, die den Papst beim Schwimmen zeigten. Der in Bologna erscheinenden Zeitung zufolge sagte Ortolani aus, die Herausgeber hätten sich auch an Gelli gewandt, der die Fotos an sich genommen und Andreotti übergeben habe. Der wiederum habe sie dem Papst ausgehändigt.

12 Brief Angelo Caloias an Kardinalstaatssekretär Angelo Sodano vom 27. Juli 1993.

13 Ebd.

14 Giorgio Bocca, „Al gran ballo dei corrotti Enimont", in „La Repubblica", 21. August 1993.

15 Geboren in Cleveland Heights, Ohio, war er Stabschef des Staatssekretariats und Ehrenprälat Seiner Heiligkeit. 2001 wurde er von Sodano und Kardinal Giovanni Battista Re zum Bischof geweiht und 2007 von Benedikt XVI. zum Erzbischof der US-Streitkräfte ernannt. Zum damaligen Zeitpunkt war Broglio noch sehr jung und Mittelsmann zwischen Sodano und Monsignor Dardozzi. Er sondierte die Stimmung in der Bank und informierte den Staatssekretär über die Unregelmäßigkeiten in den Bilanzen und das gut getarnte parallele IOR.

16 Brief Angelo Caloias an Kardinalstaatssekretär Angelo Sodano vom 5. Oktober 1993.

17 Ebd.

18 In seinem Brief an Borrelli vom 5. Oktober 1993 schrieb der Bankier Caloia unter anderem: „Bezug nehmend auf unser vorgestriges Telefonat, möchte ich Ihnen mitteilen, dass ich mich in gebotener Weise mit meinen Vorgesetzten in Verbindung gesetzt habe, wie es dem Gefüge der staatlichen Zuständigkeit wie auch der mir übertragenen Aufgabe als bloßer Ansprechpartner, nicht als Handlungsbefugter in der vatikanischen Institution entspricht. Unter Berücksichtigung der Vielzahl dieser letzteren Institutionen, der Impraktikabilität einer mir zugeschriebenen Rolle als Gesprächspartner sowie vergangener und gegenwärtiger Erfahrungen, die es nahelegen, die Vorgehensweise so abzustimmen, dass einer besseren Kenntnis der Fragen und Inhalte der laufenden Ermittlungen Rechnung getragen werden kann, haben sich meine Vorgesetzten entschieden, den Formalitäten, wie sie zwischen souveränen Staaten üblich sind, den Vorzug zu geben. Diesem Wunsch kann ich mich nicht entziehen [...]".

19 Am Samstag, dem 2. Oktober 1993 veröffentlichten die Zeitschriften „Panorama" und „Espresso" Auszüge aus dem Vernehmungsprotokoll, in dem

Pino Berlini, verantwortlich für die „Parallelfinanz" bei Montedison, gegenüber der Mailänder Staatsanwaltschaft ein freimütiges Geständnis ablegte.

20 Gespräch des Autors mit dem damaligen Staatsanwalt Gherardo Colombo am 23. Oktober 2008.

21 Bruno Bartoloni, „L'Istituto garantito da un duplice controllo", in „Corriere della Sera", 17. Oktober 1993.

22 Brief Angelo Caloias an Staatssekretär Angelo Sodano vom 19. Oktober 1993.

23 Ebd.

24 Andrea Giacobino, „Meno Stato più papato", in „Milano Finanza", 4. Dezember 1993.

25 Ebd.

Enimont. Falsche Fährten

Heimlich weitergegebene Dokumente

Obwohl das Rechtshilfeersuchen den Vatikan noch nicht erreicht hatte, verlor man in den heiligen Hallen hinter dem Bronzeportal keine Zeit. Mehrere Papiere und Aufzeichnungen aus dem Archiv Dardozzi legen den Gedanken nahe, dass eine nicht autorisierte Kopie der Anfrage der Mailänder Staatsanwaltschaft schon mindestens zwei Wochen, bevor das Schriftstück auf seinem offiziellen diplomatischen Weg am 6. November 1993 den Vatikan erreichte, in Händen der kirchlichen Behörden war. Das lässt sich vor allem dem sehr zuverlässigen persönlichen Tagebuch entnehmen, das Dardozzi stets auf dem neuesten Stand hielt:

Am heutigen 23. Oktober 1993 um 10.15 Uhr wollte Kardinal Sodano Genaueres über das Prozedere wissen. Er sagte mir, die Anfrage werde an den vatikanischen Gerichtshof gerichtet, der sie prüfen und (wahrscheinlich) mit den Verantwortlichen in Kontakt treten werde, um über den Fall Informationen einzuholen. Ich habe ihm geantwortet, dass das Papier auf informellem und geheimem Weg in die Hände von Rechtsanwalt Franzo [Grande Stevens] gelangt ist und dass (ebenso informell) ausdrücklich nur eine bestimmte Person damit beauftragt worden ist, genauere Erkundigungen einzuholen. Dadurch solle vermieden werden, dass etwas „durchsickert".

Darüber hinaus aber lassen zwei andere Hinweise vermuten, dass das Papier, das Grande Stevens „auf informellem Weg" bereits in Händen hatte, eben jenes Rechtshilfeersuchen war. Dafür spricht vor allem ein Fax, das der Turiner Anwalt am 23. Oktober eine halbe Stunde nach dem Treffen zwischen Dardozzi und Sodano schickte. Darin wurden all die verdächtigen Zahlungen und Daten im Fall Enimont genannt, die bis dahin aus der Presse noch nicht bekannt und erst in dem Rechtshilfeersuchen enthalten waren. Der Rechtsanwalt teilte diese noch geheimen Informationen mit, um einen ersten Entwurf für die Antwort auf das Rechtshilfeersuchen zu erstellen. Weiterhin sind in dem Archiv Dardozzis zwei Kopien des Schreibens vorhanden, die sich in einem entscheidenden Punkt voneinander unterscheiden. Die eine ist die offizielle, denn sie trägt auf jeder Seite den Eingangsstempel des Vatikans. Auf der zweiten, die im Übrigen identisch ist, fehlt dieser Stempel. Das bedeutet, dass diese Kopie erstellt worden war, bevor das Dokument am Petersplatz eintraf.

Obwohl das noch kein endgültiger Beweis dafür ist, dass irgendjemand im Gericht oder im Justizministerium Wochen vor dem offiziellen Termin das Schreiben unter der Hand weitergeleitet hat, deuten die Papiere des Dardozzi-Archivs doch in diese Richtung. In diesem Fall hätte jemand das Untersuchungsgeheimnis verletzt. Anstatt den vatikanischen Gerichtshof als Ansprechpartner der Mailänder Staatsanwaltschaft zu informieren, hätte er jene politischen Institutionen des Heiligen Stuhls in Kenntnis gesetzt, die vom Rechtshilfeersuchen betroffen waren und als Zeugen den Verbleib der Enimont-Schatzanweisungen hätten aufklären müssen. Die Verletzung wiegt umso schwerer, wenn man bedenkt, dass der damalige italienische Justizminister Giovanni Conso das Rechtshilfeersuchen auch hätte ablehnen und dem Mailänder Ermittlerteam zurückschicken können.

Die Wahrheit über die Bestechung im Fall Enimont

Am 6. November 1993 ging das Rechtshilfeersuchen offiziell beim Vatikan ein. Kardinalstaatssekretär Sodano unterrichtete alle Mitglieder der Kardinalskommission, angefangen mit seinem Amtsvorgänger Agostino Casaroli. Er teilte ihnen mit, Caloia schon gebeten zu haben, „so bald wie möglich den hochwürdigen Mitgliedern der Kardinalskommission für die Aufsicht über das Kreditinstitut die notwendigen Informationen zur Verfügung zu stellen".[1] Der Präsident des IOR kam dieser Aufforderung schnell nach, denn endlich konnte er im engsten Kreis bekannt machen, was sich über das parallele IOR herauskristallisiert hatte. Deshalb teilte er die Ergebnisse der jüngsten Nachprüfungen in den Tresoren der Vatikanbank mit und wies auch auf kritische Punkte hin, die zum damaligen Zeitpunkt den Mailänder Staatsanwälten noch nicht bekannt waren.

Die Lage stellte sich wesentlich komplexer dar, als die Ermittler unter Leitung Borrellis erkannt hatten. Auf diese Weise konnten die höchsten Behörden des Heiligen Stuhls ermessen, wie weit die Mailänder Staatsanwälte hätten vorstoßen können. Deshalb ging es jetzt nicht nur darum, ob man die Anfrage beantworten wollte. Auf jeden Fall musste die angekündigte „Zusammenarbeit" fortgeführt werden, denn damals war die Arbeit der „Mani pulite"-Ermittler von der allgemeinen Zustimmung der Öffentlichkeit getragen. Es galt, vorsichtig auszuwählen, was man den Staatsanwälten mitteilen konnte. Schließlich sollte anderes, noch belastenderes Material geheim gehalten werden. Unterlagen, die zeigten, welche Beträge tatsächlich über die Vatikanbank geflossen und wer die Empfänger waren.

Aus den Abrechnungen, über die Caloia in jenen Tagen einen Bericht an Dardozzi und Sodano weiterleitete, geht hervor, dass das IOR im wahrsten Sinne des Wortes in einigen Fällen zur „Geldwäsche" benutzt worden ist. Dieser Tabubegriff wurde in den vertraulichen Schreiben mutig in den Mund genommen und als Tatbestand zugegeben:

149

Die internen Ermittlungen erlauben eine umfangreiche, in den Jahren von 1990 bis 1993 besonders intensive Bewegung von Wertpapieren und Bargeld nachzuweisen, die direkt oder indirekt auf die Person von Donato de Bonis zurückgeht und, wir wissen nicht, ob absichtlich oder unabsichtlich, im Wesentlichen den Zweck verfolgte, für finanzielle Mittel, die geheim gehalten oder in einigen Fällen gewaschen werden sollten, den Schutz einer Institution wie des IOR zu nutzen, die ihren Sitz nicht in Italien hat. Die Wertpapiere wurden entweder in bestehende Wertpapierdepots übernommen und verwahrt, an das IOR verkauft oder zur Auszahlung an andere Banken weitergeleitet, wobei das IOR bei der Liquidierung fälliger Wertpapiere als Tarnung benutzt wurde. In einigen Fällen ließ sich de Bonis Wertpapiere aushändigen, die er zu Lasten der oben Genannten (insbesondere der „Stiftung Spellman" und des „Fonds di Jorio") gekauft hatte, denen er auch den Erlös aus dem Verkauf anderer Wertpapiere oder auch Bargeldbestände gutschreiben ließ. So kam es sogar zum „Tausch von Wertpapieren gegen Wertpapiere" und zum „Tausch von Bargeld gegen Wertpapiere", das heißt zu Fällen von „Geldwäsche".[2]

Für derartige Operationen werden zahlreiche Beispiele genannt. Auf das Konto der „Stiftung Spellman" wurde in mindestens vier Fällen an einem einzigen Tag eine beträchtliche Zahl von Wertpapieren eingelöst. Am 25. Januar 1991 handelte es sich um einen Gesamtbetrag von 6 Milliarden Lire. Am 17. und 23. Oktober 1992 wurden für weitere 3 Milliarden Schatzanweisungen hinterlegt und gleichzeitig andere für 4,5 Milliarden entnommen. Im gleichen Zeitraum ließ sich de Bonis „als Bevollmächtigter für die ‚Stiftung Spellman' und den ‚Fonds di Jorio' den Geldwert von Coupons für insgesamt 5,4 Milliarden auszahlen."[3]

Aber es kam noch schlimmer. Die Überprüfung der Wertpapiere ergab Unstimmigkeiten. Die Staatsanwälte, die nur einen

Teil der Wahrheit in Händen hielten, verfügten über eine Aufzählung von Schatzanweisungen und Hinweise auf Überweisungen ins Ausland. Insgesamt verlangten sie Auskunft über 234 Wertpapiere im Gesamtwert von 88,9 Milliarden, die in den Jahren 1990 bis 1993 über das IOR gelaufen waren und zu denen die ungeheuren Bestechungssummen für die chemische Industrie Italiens gehörten. Doch der Vergleich dieser Schatzanweisungen, die für die Verteilung der in dem Rechtshilfeersuchen genannten Bestechungssummen benutzt worden waren, mit den Überweisungen an die Vatikanbank, wie sie in den Zeitungen abgedruckt waren, ergab, dass Nummern und Beträge der Coupons nicht übereinstimmten. Es waren auch andere Schatzanweisungen verwendet worden. Erst jetzt wurde deutlich, dass im IOR Schatzanweisungen im Wert von Hunderten und Aberhunderten Milliarden binnen weniger Jahre zu Geld gemacht worden waren. Man musste also allen derartigen Transaktionen nachgehen. Die Summen und die Seriennummern der Schatzanweisungen mit den fraglichen Überweisungen in Einklang zu bringen bedeutete jedoch, andere als die in dem Rechtshilfeersuchen genannten Schatzanweisungen aufzulisten und so die Ermittlungen auszuweiten. Dies trat in Widerspruch zu der Notwendigkeit, den Heiligen Stuhl vor etwaigen weiteren Verdachtsmomenten zu schützen.

Allein der Geldwert der Wertpapiere auf fünf Konten des parallelen IOR, die den Kunden von de Bonis für die Enimont-Bestechungszahlungen zur Verfügung standen, lag wesentlich höher. Schatzanweisungen über mehr als 62,6 Milliarden waren nur schwer mit den Angaben der Mailänder Staatsanwaltschaft in Übereinstimmung zu bringen. Diese Summe ergibt sich ganz einfach folgendermaßen: Mehr als 22,6 Milliarden liefen über das Konto „San Serafino" der Familie Ferruzzi, 14,3 über die „Stiftung Kardinal Spellman", 13,4 über den „Fonds Kardinal di Jorio", der besonders von dem damaligen Prälaten des IOR genutzt wurde, 10,5 über das Konto des Bauunternehmers Domenico Bonifaci und 1,8 über das Depot des Firmensprechers Bisignani.

Natürlich waren diese „Wertpapiere in Art und Nummerierung nicht mit der Auflistung der Mailänder Staatsanwaltschaft oder den Listen von Bonifaci identisch", wie in einem Bericht des IOR zu lesen ist. Deshalb ist es nicht ausgemacht, dass alle etwas mit dem Enimont-Skandal zu tun hatten. Aber „man kann nicht ausschließen, dass ein Teil davon, vor allem die Beträge, die die Familie Ferruzzi betreffen, aus bisher noch unbekannten Quellen stammt."[4] Ähnlich äußerte sich auch Caloia, für den diese Wertpapiere nach Bestechung rochen:

> Weitere Nachprüfungen lassen den Umfang der von „Roma" bewerkstelligten Manipulationen erkennen. Er hat systematisch Coupons von Wertpapieren zur Auszahlung vorgelegt, die zwar bei unserer Bank deponiert waren, aber nicht mit den in dem Rechtshilfeersuchen genannten übereinstimmen und wohl dennoch auf kriminelle Machenschaften zurückzuführen sind. Anders gesagt, man muss fürchten, dass die italienische Justiz den bisherigen Anfragen noch weitere folgen lassen wird.[5]

Eine andere Frage betraf ein bereits erwähntes Problem, das sich nun erneut stellte. Die bei der Vatikanbank zur Auszahlung oder zur Verwahrung vorgelegten Wertpapiere wurden an andere Banken, wie den Credito Italiano und die Banca Commerciale, weitergeleitet. Aber auch in diesem Fall gab es zahlreiche Unstimmigkeiten. Von den 88,9 Milliarden an Schatzanweisungen, die von der Staatsanwaltschaft ermittelt worden waren, blieben 15,6 Milliarden unauffindbar, obwohl das IOR sie nach Angaben der Staatsanwälte vom Banco di Santo Spirito (später Banca di Roma) hätte einziehen müssen. Ebenso eine weitere Milliarde beim Credito Italiano.

Man muss fürchten, dass de Bonis Wertpapiere oder deren Geldwert nur scheinbar auf das IOR überweisen ließ, ohne die üblichen internen Regelungen zu befolgen, gegen die er dann schwerwiegend verstoßen hätte. Man kann hier schwerlich einen Fehler der betroffenen Banken, der Banca d'Italia, der Finanzpolizei und der Staatsanwaltschaft vermuten.[6]

Die doppelte Rechnungslegung des geheimen IOR schuf also beträchtliche Probleme. Man musste zuerst die „offizielle" Bewegung klären, dann die geheime. „Wir sprechen von ‚offiziell', denn es besteht Grund zu dem Verdacht, dass es eine Bewegung von Wertpapieren und/oder Coupons zu anderen Banken gab, die im Namen des IOR abgewickelt wurde ohne oder mit nur unvollständiger Verrechnung innerhalb des Instituts."[7] Die vertraulichste Abteilung des parallelen IOR also.

Man bewegte sich in vermintem Gelände. Bei jedem Schritt tauchten neue Schwierigkeiten auf. Darüber hinaus musste man in der Bank auch entscheiden, wie man die Schatzanweisungen und festverzinslichen Staatsanleihen behandeln sollte, die noch in den unterirdischen Geldschränken ruhten. Man wusste nicht, wie man sie einlösen sollte, denn im Vatikan ahnte man, dass diese Wertpapiere aus Bestechungen oder weiteren Fällen von Geldwäsche stammen könnten. Deshalb musste man überaus vorsichtig agieren:

In den Beständen des IOR befinden sich 27,9 Milliarden Staatsanleihen, variabel und festverzinsliche Schatzanweisungen. Dabei handelt es sich nicht um Wertpapiere auf der Liste der Staatsanwaltschaft, die alle zwischen Juni 1991 und Februar 1992 fällig waren, sondern um Wertpapiere unterschiedlicher Provenienz. Nicht alle Nummern sind „sauber". Bevor wir die Coupons zum Inkasso oder den Mantel zur Einlösung an andere Banken weiterleiten, muss Papier für Papier genau rekonstruiert werden, von wem wir die Wertpapiere bekommen haben.[8]

Gegenüber der Staatsanwaltschaft tat sich aber eine weitere Schwierigkeit auf, die den Skandal auszuweiten drohte und zum eigentlichen Zündstoff werden konnte. Denn es bestand die Gefahr, dass de Bonis von den Staatsanwälten als Zeuge befragt wurde. Um die Verantwortung von sich abzuschieben, konnte der ehemalige Prälat des IOR die neue Leitung belasten, die sich bereits gegenüber dem Staatssekretariat verteidigte:

> Er könnte versuchen, die Verantwortung auf die neue weltliche Leitung des Instituts abzuschieben und besonders die Direktion, den Aufsichtsrat und Caloia beschuldigen, die keine Schuld treffen kann, da sie von Direktor Bodio über die Eröffnung der Depots nicht unterrichtet worden waren. Darüber hinaus wurde nach dem Bekanntwerden der Depots auf Bodio und de Bonis in entsprechender Weise Druck ausgeübt, die Positionen zu schließen. Von einer *culpa in vigilando** kann keine Rede sein. Die Tatsachen haben in den allermeisten Fällen zu internen Überprüfungen der Stiftungen geführt, deren Ergebnisse der Kardinalskommission zur Kenntnis gebracht wurden.[9]

Dass de Bonis aussagen musste, war umso wahrscheinlicher, da die Mailänder Staatsanwaltschaft in ihrem Rechtshilfeersuchen den Namen der Person wissen wollte, die die Schatzanweisungen zur Bank gebracht hatte – also de Bonis: „Er hat die Wertpapiere vorgelegt und die Aufstellung für ihren Erhalt unterzeichnet. Außer bei Abhebungen von Luigi Bisignani in der letzten Zeit war es de Bonis, der die Summen in bar ausbezahlt bekam oder ihre Überweisung anordnete."[10] Deshalb musste man nach einer Lösung suchen, um zu verhindern, dass der ehemalige Prälat des IOR mit den Staatsanwälten in Berührung kam. Sogar seine Feinde wurden sich widerwillig darüber klar, dass es nur einen Weg gab: ihn so weit wie möglich zu schützen.

---

*   schuldhafte Verletzung der Aufsichts- und Kontrollpflicht

154

Die Variante Andreotti

Damit nicht genug. Hinter all dem lauerte die schwierigste Frage, die unvorstellbare Probleme zu zeitigen drohte. Caloia und der Krisenstab hatten das drohende Unheil schon lange geahnt und bereits im März 1992 Papst Johannes Paul II. zur Kenntnis gebracht, ohne jedoch eine brauchbare Antwort zu erhalten. Es ging um das Konto „Spellman" und die „Verwicklung Andreottis", wie der dem ehemaligen christdemokratischen Ministerpräsidenten gewidmete folgende Abschnitt überschrieben ist:

Wir sind nicht sicher, dass hinter der „Fondazione Cardinale Spellman" die Person Andreotti steht. Weder sein Name noch seine Unterschrift tauchen in der Eintragung auf. Es existiert nur eine Verfügung von de Bonis, dass nach seinem Tod alles Andreotti überlassen werden soll [...] der nach eigenem Ermessen über die Verwendung des Fonds verfügen kann. [...] Der Fall „Fondazione Spellman" ist sehr unübersichtlich. Die 4198 Millionen aus dem Verkauf oder dem Inkasso von Wertpapieren aus der „Bestechungssumme Enimont" vermischen sich mit zahlreichen anderen, normalen Bewegungen auf diesem Konto. In diesem Depot lassen sich eindeutig mindestens vier Fälle ausmachen, bei denen Wertpapiere gewaschen wurden, die, falls sie bekannt würden, weitere staatsanwaltliche Ermittlungen nach sich ziehen müssten. [...] Es gilt abzuwarten, was de Bonis sagen wird, wenn er befragt wird. Die Verwicklung von Andreotti könnte de Bonis vor schwerwiegenderen strafrechtlichen Konsequenzen schützen (er hätte sich die 4198 Millionen aus der Enimont-Bestechung nicht angeeignet), würde aber aufsehenerregende Auswirkungen haben. Bis jetzt ist Andreotti nicht von dem Enimont-Skandal betroffen. [...] De Bonis hat nicht als Vertreter des IOR gehandelt, sondern als Beauftragter der wahren Inhaber der Fonds, die nie persönlich in Erscheinung getreten sind. Er war der Mann ihres Vertrauens. Mögliche weitere Anfragen der Staatsanwaltschaft über Bewegungen in dem Depot „Fondazione Cardinale Spellman" könnten neue Ermittlungsstränge nach sich ziehen.[11]

Der Schluss des Berichts, der in Erwartung des Rechtshilfeersuchens angefertigt wurde, entwirft düstere Szenarien. Er legt fest, was wie und wann den Staatsanwälten zu antworten ist:

> Bei der Formulierung der Antwort ist Folgendes zu bedenken: Wenn es der Wahrheit entspricht, dass die Wertpapiere aus der Enimont-Bestechung von Garofano für Andreotti gedacht waren, wie de Bonis einmal behauptet hat, dann könnte Garofano das den Mailänder Staatsanwälten bereits gesagt haben.[12]

In Wirklichkeit wurde dem Politiker nichts dergleichen vorgeworfen, er wurde auch nie Gegenstand der Ermittlungen. Sein Name tauchte in den Akten lediglich als Führungsfigur eines christdemokratischen Parteiflügels auf, dessen Vertretern die Annahme von bestimmten Beträgen vorgeworfen wurde. Sie wurden im Prozess aber dann freigesprochen.

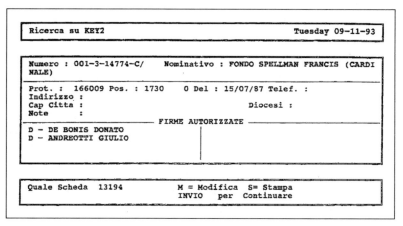

Dieses Bankdokument zeigt, dass zu den Bevollmächtigten des Kontos „Stiftung Spellman" auch Giulio Andreotti zählte.

Die Verdachtsmomente über die mögliche Beteiligung Andreottis, die der Bericht enthielt, mussten dennoch ausgeräumt werden. Deshalb besuchte Dardozzi am 9. November die Bank, um die Wahrheit über die „Stiftung Spellman" zu erfahren. Er ließ sich mit dem internen Suchbefehl Key2 den Kontoauszug des Depots „Fondo Spellman Francis" ausdrucken. Er schenkte den bisherigen Berichten und mündlichen Angaben kein Vertrauen mehr. Dardozzi wollte nun definitiv wissen, wer der Begünstigte dieses Kontos war, der bei den geistlichen Würdenträgern solche Ängste und Vorsichtsmaßnahmen hervorgerufen hatte. Die bittere, gefürchtete Überraschung hielt er innerhalb weniger Sekunden in der Hand. Die beiden Zeichnungsberechtigten waren „de Bonis, Donato" und „Andreotti, Giulio". Der Vatikan und sein treuester und mächtigster Verbündeter unter den italienischen Politikern, der den Päpsten stets nahegestanden und bisher von den „Mani pulite"-Ermittlungen nicht betroffen war, schwebten demnach in höchster Gefahr.

Solche angstvollen Gedanken machte man sich in jenen Tagen überall im Vatikan. Auch Caloia, der das Ende des allgemein als CAF bezeichneten Regierungsbündnisses zwischen dem Sozialisten Bettino Craxi und den Christdemokraten Giulio Andreotti und Arnaldo Forlani voraussah. Gedanken und Befürchtungen, die Caloia wie immer Kardinal Sodano in einem Brief vom 29. Oktober 1993 mitteilte, in dem sehr deutlich wird, wie man Andreotti schützen und was man den Mailänder Staatsanwälten preisgeben wollte. Caloia benutzte die üblichen Vorsichtsmaßnahmen und Decknamen, wie wir sie bereits kennen. So steht „Roma" für de Bonis, „OMISSIS" in Großbuchstaben für den ehemaligen Ministerpräsidenten Andreotti und „Spell" für das auf die Spellman-Stiftung lautende Konto.

Eminenz, ich möchte Ihnen im Anschluss an das Gespräch, das Sie mir am 27. d. M. gewährt haben, einige Überlegungen und weitere Rechercheergebnisse aus dem uns zur Verfügung stehenden Material unterbreiten.

Eine Haltung verantwortungsvoller Zusammenarbeit, zu der wir uns öffentlich bereit erklärt (und damit vor allem im Ausland ein positives Echo erzielt) haben, erlaubt uns nicht, der Frage auszuweichen, wer die inkriminierten Wertpapiere „materiell" hinterlegt haben kann. Daraus ergibt sich, dass wir den Namen „Roma" nicht verschweigen können. Dies auf der Seite der Eingänge. Aufseiten der Ausgänge (und dabei beziehe ich mich im Wesentlichen wieder auf „Roma") würden weitergehende Überlegungen die Beteiligung von OMISSIS ausschließen, während die beiden anderen Teilnehmer des sogenannten CAF eine Rolle spielen. OMISSIS könnte dagegen ins Visier geraten durch das, was von „Roma" auf das Konto Spell gutgeschrieben wurde. An dieser Stelle hätte „Roma" einen doppelten Fehler begangen: zum einen dadurch, dass er inkriminiertes Material eingebracht hat, und zum anderen dadurch, dass er es auf das Konto unter seinem Namen hat gutschreiben lassen (auch wenn er dieses treuhänderisch für OMISSIS führte)! Zusammenfassend lässt sich sagen, dass es unklug wäre, auch aufseiten der Ausgänge die Überweisungen ins Ausland zu verschweigen, und zwar aus folgenden Gründen: Mit genauen Angaben sind die Überweisungen bereits in „L'Espresso" abgedruckt; OMISSIS wäre davon nicht betroffen; sie könnten während des in Mailand laufenden Prozesses aufgedeckt werden (wenn das nicht bereits geschehen ist), wo der Hauptakteur der inkriminierten Operation vor Gericht steht, der von den anderen Politikern, denen die Überweisungen gelten könnten, beauftragt wurde.

Mit anderen Worten: Man konnte die Staatsanwaltschaft über die Überweisungen ins Ausland informieren, weil sie nicht an Andreotti gegangen waren, den Staatsanwälten ohnehin bekannt und bereits in der Presse abgedruckt waren. Höchste Vorsicht ließ man hingegen bezüglich der auf die Konten des IOR überwiesenen Summen walten, angefangen mit dem Konto „Spellman", das de Bonis und Andreotti verband.

Diese Rolle als Vertreter Dritter könnte strafrechtliche Folgen nach sich ziehen. Er ist italienischer Staatsbürger und könnte zumindest nachweisen müssen, dass er bei dem, was er getan hat, (in juristischem Sinn) in gutem Glauben gehandelt hat. Wenn er weiterhin die Zuständigkeit für die „Fondazione Cardinale Spellman" übernehmen will, müsste er nachweisen, warum er über Papiere im Wert von 4198 Millionen verfügte. Es liegen keine eindeutigen Beweise dafür vor, dass er Geld für sich selbst erhalten hat (die dem „Fonds Kardinal di Jorio" gutgeschrieben worden wären). Wertpapiere zum Nennwert von 300 Millionen, die er am 1. August 1991 an uns verkauft hat, tragen jedenfalls Nummern, die unmittelbar an die Wertpapiere der Listen anschließen, die wir von der Mailänder Staatsanwaltschaft und von Domenico Bonifaci erhalten haben.[13]

Die Hypothese, dass der ehemalige Prälat des IOR ohne Wissen Andreottis das Geld für sich selbst auf das Konto „Spellman" eingezahlt hatte, um dadurch Kontrollen und Neugierige auf eine falsche Fährte zu locken, ließ sich demnach immer weniger aufrechterhalten. Das wäre ein gewagter Winkelzug gewesen, um sich selbst zu schützen, falls alles auffliegen sollte. Die treuhänderische Verfügung über ein Konto erlaubt nämlich, jede beliebige Summe darüber laufen zu lassen. Diese Hypothese wurde jedoch verworfen: Wenn es sich um Geld für ihn selbst gehandelt hätte, wäre es dem „Fonds di Jorio" gutgeschrieben worden.

Abgesehen von dem Kapitel Andreotti durfte man nicht vergessen, dass schon allein die Nachricht, „Bestechungsgelder im Fall Enimont seien über unsere Bank gelaufen, wegen der Größe der Summe schwerwiegend ist; außerdem die Tatsache, dass die vier Beteiligten Alessandra Ferruzzi, Carlo Sama, Sergio Cusani und Luigi Bisignani kirchlichen Kreisen vollkommen fern- und stattdessen den bürgerlich-laizistischen Kreisen um die sozialistische Partei Italiens nahestehen".[14]

Caloia, Dardozzi, Sodano, Casaroli und andere tauschten sich über diffizile Fragen aus, um eine erfolgreiche Strategie zur Überwindung der Enimont-Affäre zu entwickeln. Am Abend des 13. November 1993, eines Samstags, drohte ein Unfall alles zu verschlimmern und alle Pläne scheitern zu lassen. Luciano Pavina, der diskrete Fahrer am Steuer eines Alfa Romeo, brachte Caloia, den Präsidenten des IOR, zu einem Termin in der Provinz Brescia. Auf der Autobahn Mailand–Venedig wurde der Wagen nahe der Ausfahrt Palazzolo sull'Oglio gerammt, sodass der Fahrer die Kontrolle über das Auto verlor. Caloia musste ins nächstgelegene Krankenhaus gebracht werden und war so schwer verletzt, dass er in die Intensivstation des Krankenhauses Rovato verlegt wurde. Einige Stunden später wurde er wegen mehrerer Brüche operiert; nach Angaben der Ärzte dauerte der Genesungsprozess mindestens einen Monat. Die Zeitungen berichteten nur in einer knappen Notiz. In den Gärten und auf den Fluren des Vatikans machten jedoch Gerüchte und Anspielungen die Runde. Man erinnerte sich an die verdächtigen Todesfälle der achtziger Jahre, aber der Verlauf des Geschehens legte dann doch nahe, dass es sich lediglich um einen Unfall gehandelt hatte.

Im Krankenhaus kam Caloia zu dem Ergebnis, dass man das Bedürfnis nach Verschwiegenheit, nach einem positiven Image und dem Schutz der Bank gegen die Forderungen der Staatsanwaltschaft abwägen musste. Deshalb schlug er einen Weg ein, den schon verschiedene der von den „Mani pulite"-Ermittlungen Betroffenen gewählt hatten, nämlich der Staatsanwaltschaft das zu bestätigen, was sie schon wusste, und darüber hinaus nur das preiszugeben, was sie in Bälde ohnehin aufdecken würde. Diese Strategie bietet in einer Krisensituation zahllose Vorteile: Der Schaden hält sich in Grenzen, in den Medien kann dieses Verhalten als „ein Höchstmaß an Zusammenarbeit" verkauft werden und die gelieferten Daten glaubwürdig erscheinen lassen. Vor allem aber wird auf diese Weise die Neugier der Staatsanwälte befriedigt. Nur so war es möglich, diejenigen Aspekte in den Hintergrund treten zu lassen, die den Heiligen Stuhl am meisten in Schwierigkeiten bringen würden. Und nur so konnten neue Ermittlungsstränge gekappt und nicht mehr beherrschbare Weiterungen verhindert werden.

Diese Linie schien auch der Schweizer Philippe de Weck, eines der wichtigsten Mitglieder des Aufsichtsrats der Bank und enger Vertrauter Caloias, zu verfolgen. Der frühere Präsident der Union de Banques Suisses (UBS) war damals Vizepräsident des IOR. De Weck genoss das volle Vertrauen des Vatikansprechers Joaquín Navarra-Valls, der seit 1959 „ordentliches Mitglied" des Opus Dei war. Auf seiner Sitzung vom 17. November beriet der Aufsichtsrat über Verteidigung, Gegenmaßnahmen und das allgemeine Vorgehen gegenüber der Staatsanwaltschaft. Besonders de Weck, so ist in einem zusammenfassenden Protokoll der Sitzung über „den neuesten Stand einiger heikler Probleme", das heißt Enimont, zu lesen, „empfiehlt, nur auf die gestellten Fragen zu antworten und nicht mehr"[15].

Tags darauf machte der Schweizer Bankier Caloia in einem Brief den etwas banalen Vorschlag, den Namen des IOR zu ändern, „um den Bruch mit der Vergangenheit deutlich zu machen". De Weck hielt es offenbar für ausreichend, das Logo auf dem Briefkopf der Bank zu ändern, um den Skandal zu unterdrücken. Darüber hinaus empfahl er, die Funktion des Prälaten des IOR abzuschaffen.

Am Abend des 23. November fand jedoch eine weitere Besprechung zwischen Sodano, Caloia, Dardozzi und Rechtsanwalt Franzo Grande Stevens statt. Letzterer erhielt dabei den Auftrag, von de Bonis persönlich die Wahrheit zu erfragen. Dieses Treffen wurde in allen Einzelheiten vorbereitet. Caloia entwarf einen Brief mit Fragen an de Bonis, den er Sodano bereits am frühen Morgen vorlegte und dazu schrieb: „Da dem nichts entgegensteht, übermittle ich Ihnen eine Abschrift und danke wie immer für Ihre Ermutigung und die Weisheit Ihrer Ratschläge".

Der Rechtsanwalt erhielt demnach eine Audienz bei dem neu ernannten Bischof in den Räumen des Malteserordens in der Via Condotti in Rom. De Bonis hatte es eilig und versuchte, die Dinge einfacher darzustellen, als sie waren. Seine oder die vereinbarte Version zielte darauf ab, alles auf Bisignani abzuwälzen. „De Bonis hat mir gesagt", schrieb Grande Stevens in einem vertraulichen Brief unmittelbar nach dem Treffen an Caloia, „er habe die fraglichen Wertpapiere von Signor Bisignani ausgehändigt bekommen und sei von Letzterem zu den elf Überweisungen auf ausländische Konten aufgefordert worden."[16] Eine Besprechung jagte daraufhin die nächste, wie sich an Dardozzis Kalender ablesen lässt: „Besprechung de Bonis/FGS, 7. Caloia/de Bonis, 8. Caloia/Grande Stevens, 9. Caloia/Castillo Lara, am 4.12.93 Martínez Somalo/Agostino [Casaroli]". In jenen Tagen war „sehr viel zu tun", wie Caloia am 4. Dezember 1993 schrieb, „um die Vorgänge mit äußerster Vorsicht zu rekonstruieren, allzu große Weiterungen zu vermeiden und die richtige Art der Antwort zu finden."[17]

Die Tätigkeit der Staatsanwaltschaft musste begrenzt werden. Deshalb galt es, wie Grande Stevens betonte, „zu kontrollieren, ob alle von der Staatsanwaltschaft vorgelegten Daten über den Verkauf der Wertpapiere an italienische Banken durch das IOR vor oder zeitgleich zu den oben genannten elf Überweisungen liegen".[18] Tatsächlich wurden nämlich unzählige Schatzanweisungen vorgelegt, und aus diesen mussten die richtigen herausgefischt werden. Viele Wertpapiere gehörten jedoch zusammen, und wenn man einige davon nennen wollte, würden die Staatsanwälte auf eine weitere Spur gesetzt. Man musste deshalb sicher sein, nur jene Angaben zu bestätigen, die den Ermittlern bereits bekannt waren.

Maßgeschneiderte Antworten an die Staatsanwälte

Im Vatikan gibt es niemals nur eine Wahrheit. Nicht einmal bei Zahlen. Und aus den Unterlagen des Dardozzi-Archivs lässt sich entnehmen, dass einige Vertreter des Heiligen Stuhls gegenüber den Staatsanwälten vieles verschwiegen. Entgegen der versprochenen und in der Presse verbreiteten Bereitschaft zur Aufklärung beschränkte man sich darauf, nur das preiszugeben, was nicht mehr geheim zu halten war. Der tatsächliche Umfang der Schatzanweisungen, die beim IOR eingegangen und mit der Bestechung im Fall Enimont in Verbindung zu bringen waren, lag jedoch wesentlich höher, als die Staatsanwaltschaft entdeckt hatte.

Unverzüglich wurde der erste Schritt beschlossen. Mit einer Lüge wurde die Rolle des ehemaligen Prälaten des IOR kleingeredet, um de Bonis zu schützen. Man sagte nicht, er habe die Wertpapiere vorgelegt, die Gutschriften und Überweisungen getätigt und den Vatikan damit in große Schwierigkeiten gestürzt. Stattdessen lud man die ganze Schuld auf Bisignani ab. Man behauptete, der Vertreter der Familie Ferruzzi habe die Wertpapiere beim IOR vorgelegt, während doch an den Coupons abzulesen ist, dass es der damalige Prälat des IOR war, der persönlich jede Phase der Transaktionen leitete und durch seine Unterschrift auf den Quittungen bestätigte.

Die Liste der Wertpapiere musste mit jener der Überweisungen in Übereinstimmung gebracht werden. Da jedoch die Beträge nicht zusammenpassten, mussten andere Gruppen von Schatzanweisungen des parallelen IOR genannt werden, ohne Verdacht zu erregen. In den Entwürfen für die Antwort an die Staatsanwaltschaft ging es ständig darum, welche Beträge genannt werden sollten. Um keine weitere Verwirrung zu stiften, mussten die verschiedenen Entwürfe sogar alphabetisch geordnet werden. Bis zum Schluss konnte man sich nicht entscheiden, wie viele und welche Schatzanweisungen genannt werden sollten. Schließlich kam man mühselig zu dem Ergebnis, dass von den überzähligen

163

Schatzanweisungen im Gesamtwert von 62,7 Milliarden nicht weniger als 34,9 Milliarden verdächtige Seriennummern trugen. Wie konnten diese Wertpapiere geheim gehalten werden?

Am 6. Dezember fürchtete Monsignor Dardozzi, dass die Lage außer Kontrolle zu geraten drohe. „Achtung!", ist in einer handschriftlichen Notiz zu lesen, „Di Pietro wartet bis zum 13. (oder vielleicht auch nicht)". Deshalb legte er schneller als geplant, um 18.40 Uhr, Sodano „den Briefentwurf von Professor Caloia an Professor Ciprotti, wie er mit dem Rechtsanwalt abgesprochen ist",[19] vor. Es handelte sich um jenes Schreiben, das mit Grande Stevens vereinbart und an den Präsidenten des vatikanischen Gerichtshofs gerichtet war, der den Mailänder Staatsanwälten zu antworten hatte.

Der Brief enthält als Anlage eine Liste mit den Daten der elf Auslandsüberweisungen des IOR: „Falls Sie damit einverstanden sind, wird diese Liste auf informellem Wege am 7. Dezember an Professor Ciprotti zur ersten Einsicht weitergeleitet." Sodano las das Dokument und gab Dardozzi um 20 Uhr telefonisch seine endgültige Einwilligung: „Fahren Sie fort".[20] Am nächsten Tag trafen sich alle beim Staatssekretär. Allerdings stimmte die Summe der von der Staatsanwaltschaft übermittelten Schatzanweisungen und der an die Politiker überwiesenen Beträge immer noch nicht überein. Deshalb mussten die Daten weiterer Schatzanweisungen nachgeliefert werden, die in dem Rechtshilfeersuchen nicht genannt waren. Und dies betraf nicht alle, aber zumindest einen Teil der Wertpapiere im Gesamtwert von 34,9 Milliarden, die zum Verdruss der Vatikanvertreter mit der Enimont-Bestechung in Zusammenhang standen. Nach einer erneuten Überprüfung wurden den Staatsanwälten Schatzanweisungen „der gleichen Art" im Gesamtwert von 23,1 Milliarden genannt, die von de Bonis und Bisignani eingelöst worden waren.

Besonders Dardozzi und Caloia erkannten, dass seit Juli 1991 die fortlaufenden Nummern über den Eingang von Schatzbriefen und die der Überweisungen nicht mehr übereinstimmten. Dardozzi verbrachte eine ganze Nacht mit der Durchsicht der Belege. Er stellte eine neue Rechnung auf und fand die Lösung:

Die fortlaufende Nummerierung, um die es geht, könnte erreicht werden, wenn man einen Teil der Schatzanweisungen, die nicht in dem Rechtshilfeersuchen genannt sind, einfügt: zum Beispiel im Juni 1991 14.620 Millionen Lire (entsprechend den Unterlagen des IOR) von insgesamt tatsächlich vorgelegten Papieren im Wert von 23.170 Millionen (nicht im Rechtshilfeersuchen). Auf diese Weise ergeben sich folgende Summen des Eingangs an Schatzbriefen und des Ausgangs von Überweisungen: Wertpapiere mit einem Nominalwert von 103,6 Milliarden ergeben bei Fälligstellung 107,0 Milliarden, denen Ausgänge von 96,6 Milliarden gegenüberstehen. Die Differenz von zirka 10 Milliarden lässt sich auf zwei Arten erklären: Entweder als Verbleib auf Konten des IOR (auf dem Konto Bonifaci) oder als Barauszahlung (an Bisignani), wie es sich auch tatsächlich nachweisen lässt.[21]

Ein Kompromiss schien in greifbarer Nähe. Die Summe dem Bauunternehmer Bonifaci zuzuordnen, wurde als Unsicherheitsfaktor für das IOR angesehen. Daraus konnten sich neue Szenarien ergeben und eine Lücke, die die Aktivitäten der Bank aufdeckten. „Zu erläutern, dass Schatzanweisungen im Wert von 10 Milliarden von Bonifaci vorgelegt wurden, setzt Letzteren allen möglichen gegenwärtigen und künftigen Implikationen aus. Während unsere Antwort damit Glaubwürdigkeit erhält, deutet sie auf ‚Bestände' (Konten?) in der Bank hin."[22] Dies hätte zu neuerlichen Überprüfungen und Rechtshilfeersuchen führen können. Deshalb hielt man es für sicherer, von Barauszahlung zu sprechen, womit neugierige Nachfragen ausgeschlossen waren.

Um die Summen mit den Daten endgültig in Übereinstimmung zu bringen, probierte man Verschiedenes aus. Im Entwurf fügte man weitere 14 Milliarden eingegangene Schatzanweisungen hinzu, wobei auch die Zahl der Überweisungen von elf auf zwölf stieg.

Man arbeitete rund um die Uhr. Doch eine Besprechung zwischen Dardozzi und Rechtsanwalt Grande Stevens am 12. Dezember 1993, der am Vortag eine Audienz bei Kardinalstaatssekretär Sodano vorausgegangen war, führte zu der Entscheidung, so wenig wie möglich preiszugeben. Dardozzi teilte dem Strafverteidiger mit, dass der Vatikan nach wie vor nicht bereit sei, Schatzanweisungen zu nennen, die in dem Rechtshilfeersuchen nicht aufgelistet waren. Warum sollte man der Staatsanwaltschaft zusätzliche Informationen geben, die neue Fronten eröffnen konnten? Grande Stevens drückte sich ganz unumwunden aus. Bei der Besprechung spielten edle Motive wie Transparenz keine Rolle. Die Entscheidung erschien zwingend, wie Dardozzi vermerkte:

Der Rechtsanwalt bestätigt mir, dass es notwendig ist, eine Anzahl von in dem Rechtshilfeersuchen nicht genannten Schatzanweisungen hinzuzufügen, um die fortlaufende Summe der Eingänge mit der Summe der Überweisungen in Übereinstimmung zu bringen: ohne Schatzanweisungen im Wert von 14.620 Millionen, die nicht in dem Rechtshilfeersuchen auftauchen, wäre im Juli 1991 die fortlaufende Summe der Eingänge bedeutend niedriger als die der Ausgänge.[23]

Deshalb musste man anders als in den bisherigen Entwürfen auch „die Liste der Überweisungen neu formulieren und die letzte Spalte (Empfänger) ändern, sodass sie noch eine weitere Überweisung (die in zeitlicher Reihenfolge die erste sein wird) enthält".[24] Man musste also eine weitere Auslandsüberweisung hinzufügen, die bis zuletzt geheim gehalten worden war.

Dabei handelte es sich um die Summe von 2.212.000 Dollar, die am 23. Januar 1991 vom Depot der „Stiftung Spellman" an die Trade Development Bank in Genf auf das Konto FF 2927 überwiesen worden war. In den Augen der Staatsanwaltschaft war diese Summe für christdemokratische Politiker in Rom wie Vittorio Sbardella und Giorgio Moschetti bestimmt, die Andreotti nahestanden. Im Juni 1994 sagte dann allerdings der Börsenmakler Giancarlo Rossi aus, er habe diese Gelder im Auftrag von Bisignani verwaltet, und entlastete damit die Politiker im Umkreis von Andreotti.[25] Zu diesem Punkt hatte Dardozzi in seinem Archiv einige kryptische Notizen hinterlassen: „Kleiner Vogel (von Grande 30/12/93) Teal onle Moschetti – Schwager von Sbardella", und außerdem: „Pioselli (!) (vgl. Gibellini) – Andreotti – Chicco".

Die Zahl der Überweisungen erhöhte sich somit von elf auf zwölf. Die Dokumente im Dardozzi-Archiv sprechen für sich. In dem ersten informellen Antwortschreiben an den vatikanischen Gerichtshof vom 9. Dezember wurden elf Überweisungen genannt. Zwei Tage später enthielt die gleiche Liste eine weitere Überweisung. Den von der Staatsanwaltschaft genannten Schatzanweisungen mussten Papiere im Wert von 14,6 Milliarden hinzugefügt werden, um eine plausible Antwort zu geben, auch wenn sie immer noch unglaublich viele Lücken und Unklarheiten aufwies. Die „4. Version" wurde sofort verworfen, weil es darin hieß: „Bisignani hat noch andere Wertpapiere derselben Art im Gesamtwert von 23,170 Milliarden vorgelegt." Dieser Entwurf landete im Papierkorb.

Die Mailänder Staatsanwälte wurden allmählich nervös, denn das Rechtshilfeersuchen war nach zwei Monaten immer noch nicht beantwortet. Di Pietro rief zwei Mal im Vatikan an und suchte jenseits seiner Tätigkeit als Ermittler ein Gespräch unter vier Augen. Am 11. Dezember teilte er dem IOR telefonisch mit, dass er nach Rom kommen werde. Aus den Aufzeichnungen Dardozzis geht hervor, dass Di Pietro „selbst die Antwort in Empfang nehmen" wollte.[26] Bei der erwähnten Besprechung vom 12. Dezember fragte Dardozzi deshalb bei Franzo Grande Stevens nach, der sich nicht wunderte: „Mailand braucht die Antwort dringend, weshalb man sie möglichst rasch übergeben sollte."[27]

Am 16. Dezember teilte Caloia seinerseits Sodano mit, Di Pietro habe „ein weiteres Mal Doktor Gibellini kontaktiert, und zwar angeblich durch die Vermittlung von Nachbarn und vor allem durch die (vielleicht schon länger bestehende!) Bekanntschaft zwischen den Ehefrauen. Der Staatsanwalt hat sich beklagt, dass er bisher noch nichts zu Gesicht bekommen hat. Es wurde vereinbart, sich zum Essen zu treffen." Gibellini wurde freilich sofort ausgebremst: Mit Di Pietro durfte er sich nicht treffen.

Die geheimen Schatzanweisungen

Am 13. Dezember wurde die Antwort auf das Rechtshilfeersuchen nach Mailand geschickt. Schließlich hatte man sich entschlossen, Angaben über die 88,9 Milliarden zu machen und weitere 14,6 Milliarden hinzuzufügen, um die Beträge in Übereinstimmung zu bringen. Verheimlicht wurden mindestens vier Wertpapiereingänge zwischen Januar und Oktober 1991 im Gesamtwert von 8,5 Milliarden, deren Erlöse auf die Konten „Spellman", „San Serafino" und „Jonas Foundation" eingezahlt worden waren.

Caloia antwortete den Staatsanwälten im Telegrammstil. In zwölf Zeilen fasste er zusammen, was verabredet war: Bisignani hatte alle Schatzanweisungen vorgelegt. Die Überprüfungen ergaben, dass das IOR außer den 88,9 Milliarden weitere Wertpapiere für 14,6 Milliarden angenommen hatte. Das Geld wurde durch zwölf Überweisungen auf Auslandskonten weitergeleitet. Dem Schreiben lag eine „bereinigte" Anlage bei, zwei Listen, die unvollständiger als die ursprünglichen Entwürfe waren. Nicht einmal die Namen jener, die die Bestechungsgelder ins Ausland überwiesen hatten, waren genannt.

Damit hatte sich der Vatikan meisterhaft aus der Affäre gezogen. Sein Verhalten wurde in der Presse als „vatikanische Glasnost" gelobt: „Zum ersten Mal arbeitet das IOR mit der italienischen Justiz zusammen", schrieb Gianluca Di Feo am 22. Dezember 1993 im „Corriere della Sera", „und händigt Dokumente aus, die die 93 Milliarden der Bestechungssumme im Fall Enimont betreffen. Das ist die ‚Bresche an der Porta Pia' ... ein unerwartetes Wunder." Kardinal Castillo Lara, der Präsident der Kardinalskommission zur Kontrolle des IOR, erhielt den Auftrag, Interviews zu geben. Darin äußerte er seine Befriedigung „über die Ernsthaftigkeit des Vorgehens und die große Transparenz. Wir haben rückhaltlos mit den italienischen Justizbehörden zusammengearbeitet". Natürlich schob er die ganze Verantwortung auf den Ferruzzi-Konzern ab.

Der Ferruzzi-Konzern? „Wir sind instrumentalisiert und ausgenutzt worden. Zurzeit sind wir Gegenstand einer Diffamierungskampagne."[28] Fast täglich stellte Castillo Lara das IOR als Opfer dar. Er behauptete, man habe nicht gewusst, dass die Gelder von Montedison stammten oder sogar Bestechungsgelder waren.[29] Man sei vielmehr davon ausgegangen, dass es sich dabei um das Privatvermögen des Ehepaars Sama handelte:

Die Vertreter des Ferruzzi-Konzerns ließen es so aussehen, als seien die Gelder für wohltätige Zwecke bestimmt, denn sie benutzten die Klausel des bankinternen Reglements, nach dem es genügt, wenn nur die Zinsen für karitative Zwecke bestimmt sind. Es gab innerhalb der Bank sicherlich Entgegenkommen, aber beim IOR betont man, dass man dem Ferruzzi-Konzern zwar mit der Anlage des Depots „entgegenkam", den endgültigen Verwendungszweck der ganzen Operation jedoch nicht ahnen konnte. Jedenfalls haben die Bankiers ihre Vorgesetzten rasch und umfassend informiert.[30]

Und de Bonis? Hatte er von der italienischen Justiz etwas zu befürchten? „Er hat kein Gesetz verletzt", erklärte Castillo Lara treuherzig, „ich bin sicher, dass er keinerlei Verdacht über die Verwendung dieser Gelder hegte. Außerdem war er zum damaligen Zeitpunkt mit einem Amt in einer zentralen Einrichtung des

Vatikans betraut und in Ausübung dieser Tätigkeit der Strafverfolgung durch einen ausländischen Staat entzogen."[31]

Die Botschaft war unmissverständlich. Falls es jemand vergessen haben sollte: Artikel 11 der Lateranverträge von 1929 garantiert allen Vertretern zentraler Einrichtungen des Heiligen Stuhls besondere Immunität. Marcinkus *docet.*

Klarheit schaffen

Hinter den Leoninischen Mauern mehrten sich jedoch die Stimmen, die Klarheit schaffen wollten, sei es aus Liebe zur Wahrheit, sei es aus Gründen interner Machtspiele. De Weck als Vizepräsident des IOR verlangte eine Klärung der Vorgänge. Unterstützt wurde er dabei von seinem Berater Theodor Pietzcker, Direktor der Deutschen Bank und einstmals Zögling von Hermann Joseph Abs. Am 23. Dezember sandte de Weck vertraulich einen Brandbrief an Caloia mit 18 höchst unangenehmen Fragen über die Enimont-Affäre und die Stiftungen des parallelen IOR: Wer wusste davon? Wer profitierte davon? Wie kamen diese Stiftungen zustande? Castillo Lara schlug ein internes Ermittlungsverfahren vor. Er wollte de Bonis, den ehemaligen Generaldirektor Bodio und die Amtsträger des IOR befragen lassen. Sodano konnte ihn freilich davon überzeugen, dass die Eröffnung eines internen Verfahrens unvorhersehbare Konsequenzen nach sich ziehen würde. Nicht zuletzt deshalb, weil die Zeitungen nach wie vor tagtäglich über den Vatikan schrieben. In der Zwischenzeit war nämlich wie durch ein Wunder jemand aufgetaucht, dem man die ganze Schuld in die Schuhe schieben konnte. Carlo Sama bezifferte die beim IOR eingegangene Summe, um die Bestechungsgelder für die Enimont zu waschen, auf neun Milliarden Lire. Bisignani hingegen, der drei Monate lang verschwunden war, gab nach seiner Rückkehr zu Protokoll: „Das Geld des Ferruzzi-Konzerns? Ich dachte, es waren Rücklagen, nicht Bestechungsgelder."

Es sollte noch weitere unerwartete Wendungen geben, und die Enimont-Geschichte verwandelte sich für den Heiligen Stuhl in einen Albtraum auf Raten. Die Finanzpolizei stieß in jenen Tagen über die 88,9 bereits inkriminierten Milliarden hinaus auf weitere drei Milliarden Schatzanweisungen aus dem Bestand des Bauunternehmers Bonifaci, die in der Vatikanbank „gewaschen" worden waren. Wieder mussten neue Rechnungen aufgestellt und mit denen, die gerade in der Antwort auf das Rechtshilfeersuchen genannt waren, verglichen werden. So konnten die Staatsanwälte inzwischen nachweisen, dass zwischen Januar 1991 und Ende März 1992 Wertpapiere im Gesamtwert von über 107,5 Milliarden Lire eingelöst worden waren.[32] Eine Reihe von Unstimmigkeiten ließen bei der Mailänder Staatsanwaltschaft den Verdacht aufkommen, dass die Antwort der Vatikanbank unvollständig war. Am 20. Dezember 1993 wandten sich die Staatsanwälte mit weiteren Anfragen an die Schweiz und Luxemburg, um ihre Informationen auf diesem Weg zu verifizieren. Dies wurde auch deshalb notwendig, weil mit der neuen Summe von 107,5 Milliarden an eingegangenen Schatzanweisungen die ausgegangenen zwölf Überweisungen von „nur" 93,7 Milliarden nicht mehr übereinstimmten. Ein Fehlbetrag von 13,8 Milliarden entstand.

An diesem Punkt wollten sowohl die Richter des Cusani-Prozesses, der in Mailand kurz vor dem Abschluss stand, als auch die Staatsanwaltschaft wissen, wohin dieses Geld geflossen war. Deshalb erreichten im Januar 1994 zwei neue Rechtshilfeersuchen den Vatikan. Giuseppe Tarantola, der Vorsitzende der Kammer, wo der Cusani-Prozess stattfand, fragte an, „ob der Gegenwert der Wertpapiere, die an ausländische Banken weitergeleitet und in der Anlage zur Antwort auf das Rechtshilfeersuchen aufgeführt sind, alle von Bisignani vorgelegten Wertpapiere umfasst oder nur die von der Mailänder Staatsanwaltschaft aufgeführten." Natürlich handelte es sich nur um die von der Staatsanwaltschaft aufgezählten Wertpapiere. Tarantola erhielt jedoch nie eine Antwort auf seine Frage.

Die neuen und noch folgenden Anfragen riefen in der katholischen Welt Unmut hervor. Überraschenderweise verlangte die Monatszeitschrift des katholischen San-Paolo-Verlags für die italienische Priesterschaft „Vita pastorale" Klarheit: „Jedes Mitglied des Volkes Gottes hat das Recht und die Pflicht", so ist in einem Leitartikel zu lesen, „die verschiedenen Aspekte der Affäre (um die Milliarden für Enimont) zu verstehen und Klarheit zu erhalten, wer wofür verantwortlich war, um, wie man zu sagen pflegt, jedem das Seine zu geben."

„Das ist eine Preisgabe auf Raten", empörte sich Rechtsanwalt Grande Stevens. Er fertigte einen ersten Entwurf der Antwort auf die neue staatsanwaltliche Anfrage an, „entsprechend dem vom Heiligen Stuhl zu Recht geäußerten Willen, sich der Suche nach der Wahrheit nicht entgegenzustellen, sondern an der Aufklärung mitzuwirken."[33] Grande Stevens konnte seine Erbitterung nicht mehr verbergen: „Ich will Dir nicht verhehlen, dass diese ratenweise Preisgabe von Informationen und Vorgängen dem Kreditinstitut nicht guttut. Es wäre sinnvoll, ein wirksames allgemeines Kontrollsystem einzurichten und zu verlangen, dass es auf alle Operationen der Vergangenheit ausgedehnt wird, die Verdacht erregen könnten."[34] Der Rechtsanwalt wollte mit diesen Worten ein neues klärendes Gespräch mit de Bonis anregen, damit dieser alle geheimen Operationen preisgab. Vergebens.

Eine Reorganisation der Bank genügte nicht, um das parallele IOR in allen Details sichtbar werden zu lassen. Obwohl der Umfang oder zumindest der Rahmen der „Schöpfung" des Prälaten seit März 1992 bekannt war, ergriff man erst im Winter 1993 erste Maßnahmen für eine umfassende Kontrolle der Aktivitäten der Bank, nachdem das Kreditinstitut als Ganzes auf Computertechnologie umgestellt worden war. Erst zu diesem Zeitpunkt wurde die „vollständige Reorganisation der internen Dienste eingeleitet, verbunden mit der Einrichtung eines internen Revisionsbüros."[35]

Im Januar 1994 richtete man eine Hauptkasse ein, die allein „für die Kontrolle der Quellen und der Verwendung der liquiden Mittel des Kreditinstituts" verantwortlich war, wie in dem dreiseitigen Dokument über die Neuorganisation vom 17. Dezember 1993 zu lesen ist. Durch eine einheitliche Kontrolle aller Finanztransaktionen des IOR wollte man ein neues Kapitel aufschlagen. Das neue Amt wurde Mario Clapis übertragen, der bereits die Wertpapierabteilung geleitet und während der schwierigen Enimont-Affäre die Linie des Präsidenten des IOR unterstützt hatte. Gleichzeitig mit der Neustrukturierung des Kreditinstituts wurden etwa ein Dutzend neuer Mitarbeiter eingestellt und Immobilien in der Gegend von Frascati und Rocca di Papa verkauft, die kostspielig und schwer zu verwalten waren. Clapis hatte eine heikle Aufgabe: Der Schatzmeister „setzt im Auftrag des Kreditinstituts und in enger Abstimmung mit der Wertpapierabteilung im Auftrag der Anleger alle finanziellen und monetären Instrumente ein, die der Erhaltung der Liquidität und den Interessen der Anleger am meisten dienen."[36] Der nächste Schritt sollte eine hochmoderne Verbindung mit den Börsenplätzen der ganzen Welt sein. Deshalb beantragte das IOR beim Governatorat die Errichtung einer Satellitenantenne mit einem Durchmesser von 85 Zentimetern. Sie wurde in niedriger Höhe und unsichtbar auf dem Balkon zum Innenhof des Majordomus angebracht. Clapis erhielt im Februar einen satellitengestützten, leistungsstarken Computer, der für 24 Millionen Lire im Halbjahr über den Dienst „Money Center for Windows" mit den Börsen AMEX, NYSE, NASDAQ, CEG, CBT, MATIF und sogar mit dem Mercantile Exchange Chicago verbunden war.

Auch an der Spitze der Bank vollzogen sich große Veränderungen. Der vatikanische Staatssekretär hatte noch nicht darüber entschieden, ob das Amt des IOR-Prälaten, das seit de Bonis' Abgang vakant war, neu besetzt werden sollte. Als einer der aussichtsreichsten Kandidaten galt Monsignor Dardozzi. Er kannte die Schwachpunkte der Bank genau und durfte einflussreiche Persönlichkeiten wie Franzo Grande Stevens, den Rechtsanwalt des Vatikans, zu seinen Unterstützern zählen. Dieser forderte Dardozzi mehrmals auf, seine Kandidatur für das Amt anzumelden. Am 12. Januar 1994 schrieb er ihm: „1) Nominierung eines wirklich integren Prälaten mit ausgewiesener Erfahrung (R.D.?). 2) Nominierung eines Rechtsanwalts als Sekretär des Aufsichtsrats und Rechtsberater des IOR". „Ich möchte Dich daran erinnern", schrieb Grande Stevens am 5. Februar 1994 in einem weiteren Brief an Dardozzi, „dass am besten Du das Amt des Prälaten übernimmst und man sich auf einen Namen für den Präsidenten des Revisionskollegiums einigen müsste." Wenn Dardozzi den vakanten Posten übernommen hätte, wäre er eine Stütze für die Erneuerungsbestrebungen Caloias gewesen. Aber der Plan scheiterte. Erste Indiskretionen in der Presse[37] hatten Gianfranco Piovano als Favoriten genannt, den Leiter der Verwaltung des Staatssekretariats. Für Dardozzi war es ein Schlag ins Gesicht, als er den Zeitungen Hinweise in diese Richtung entnehmen musste. Im Übrigen meinte er, es sei „leicht zu erraten, wer der Urheber und/oder der Einflüsterer ist und glaubt, jetzt sei der Zeitpunkt gekommen, mit offenen Karten zu ‚spielen'". Bereits am 28. Dezember 1993 hatte er „in Ergebenheit und respektvoller Zuneigung" an Sodano geschrieben:

Vielleicht hat er [Piovano] sich bereits einflussreiche Unterstützung auch beim Staatssekretariat gesichert. […] Der Prälat sollte nicht die Rolle eines Bankiers übernehmen, sondern eine vertrauenswürdige Persönlichkeit sein, die das Tätigkeitsfeld kennt und absolute Transparenz der Vorgänge innerhalb einer derart sensiblen Einrichtung garantieren kann, die leider immer ins Scheinwerferlicht gezerrt wird. Und dies auch zu Recht. Seit vielen Jahren. Das stillschweigende Einverständnis mit Vorgängen, die in der Bank verheerende Folgen zeitigten, hat zu den bekannten Skandalen geführt. Das Kreditinstitut zeigte sich in nicht unerheblichem

Ausmaß an Operationen beteiligt, die sich am Rande der Legalität oder sogar darüber hinaus bewegten und eine ernsthafte Gefährdung darstellten. Die Kandidatur, die im Geheimen betrieben wird, ist der Aufgabe nicht angemessen. Sie kann nur verworfen werden. Man braucht eine Person, einen Geistlichen mit Standfestigkeit, der diesem spezifischen *munus* [Amt] gerecht wird. Die Besetzung des Postens „des Prälaten des IOR" ist dringend geboten, denn im Falle einer Verzögerung wird diese sehr attraktive „Leerstelle schlecht" gefüllt werden.[38]

Der Druck auf Sodano übte die gewünschte Wirkung aus, sodass Piovano als Kandidat nicht zum Zuge kam. Die Ernennung des neuen Prälaten des IOR wurde ausgesetzt, und der Posten blieb viele Jahre vakant.[39] Generaldirektor Gibellini dagegen blieb zwar im Amt, hatte jedoch eigentlich so gut wie keine Befugnisse mehr. Caloia und Dardozzi stützten sich bei ihrer Säuberungsaktion auf Gibellinis Stellvertreter Lelio Scaletti.

Aus der Schweiz drohte neues Unheil. Carla Del Ponte, Staatsanwältin des Kantons Tessin, hatte durch einen Hinweis der Mailänder Kollegen das Konto „Charity Fund" beim Banco di Lugano in der gleichnamigen Schweizer Stadt beschlagnahmen lassen. Auf diesem Konto waren fast zwei Milliarden Lire eingegangen. Die Ermittler nahmen an, sie seien von einem Teil der Enimont-Bestechungsgelder abgezweigt worden, und brachten die Überweisung mit zwei verdächtigen Operationen im darauf folgenden Mai in Verbindung. Carla Del Ponte ging davon aus, dass es sich bei der Summe um die Provision des Ferruzzi-Konzerns für die vom IOR geleisteten Dienste handelte. Sie hoffte, auf diesem Wege zu erfahren, was die Vatikanbank an diesen ominösen Geschäften verdient hatte. Eine Summe von zwei Milliarden hätte genau jenen zwei Prozent entsprochen, die Castillo Lara als die übliche Provision für Wertpapiergeschäfte genannt hatte.[40] Doch die Schweizer Staatsanwältin verfügte nicht über jene Infor-

175

mationen, die der Heilige Stuhl besaß und die Dardozzi in einem Fax an Grande Stevens weitergab: „‚Charity Fund' ist ein Konto des IOR auf den Namen des Monsignore".[41] De Bonis hatte demnach eines der Schweizer Konten des Vatikans benutzt, über das Investitionen an den europäischen Börsen und Devisengeschäfte abgewickelt wurden, um die Gelder des Ferruzzi-Konzerns im Dreieck umzuleiten.

Carla Del Ponte konnte nicht ahnen, dass das, was sie entdeckt hatte, ganz einfach der Kompensation entsprach, wie sie für Geldwäsche typisch ist. Den Ermittlern fehlte die entscheidende Information, nämlich dass im Vatikan ein gleichlautender Betrag Bisignanis „Jonas Foundation" gutgeschrieben wurde, sobald die Summe zugunsten des IOR in der Schweiz angekommen war.

Vertreten durch die Rechtsanwälte Fabio Soldati und Franco Felder, verlangte das IOR die Freigabe des Kontos. Da die Kompensation zwischen der Schweiz und der Vatikanbank fehlte, erschien es unmöglich, dass als Schmiergeld verdächtigte Gelder, die im Mai über die Bank gelaufen waren, Teil des Betrags waren, der einen Monat zuvor beim Banco di Lugano eingegangen war. Die zeitliche Differenz und die Tatsache, dass der Vatikan bestätigte, der Kontoinhaber zu sein, überzeugten Carla Del Ponte, sodass sie die Aufhebung der Beschlagnahmung anordnete. Das war bedeutsam, denn wäre die von de Bonis durchgeführte Kompensation aufgedeckt worden, hätte sich das Verfahren den Staatsanwälten ganz anders dargestellt. Sie hätten sicher nach den Gründen für diese Rücküberweisungen zwischen Schweiz und Vatikan gefragt.

Milliardenschwere Provisionen

Im Vatikan musste man nun das Problem der zwei Rechtshilfeersuchen lösen. Unverzüglich wurden die Antworten auf beide Anfragen gleichzeitig vorbereitet, sodass die eingegangenen

Schatzanweisungen und Überweisungen mit den Barabhebungen Bisignanis übereinstimmten. Die Entwürfe waren bereits am 14. Februar 1994 fertig, aber man wartete noch ab. Es war denkbar, dass im Prozess gegen Cusani die These der Barabhebungen widerlegt wurde. So schickte Caloia am 17. Februar an Sodano „den Entwurf für eine mögliche Antwort an die Mailänder Staatsanwaltschaft, um sie zu bestätigen oder zu verwerfen, je nach dem, was sich heute im Prozess gegen Cusani ergibt". Der Finanzier, der als Einziger angeklagt war, verteidigte sich brillant. Dabei hielt er sich an die offizielle Version des Heiligen Stuhls: „Das IOR? Daran führte kein Weg vorbei." Cusani verlor seine gute Laune nicht und machte sogar Witze: „Das IOR? Diese Lösung schien von der Vorsehung geschickt. Wir hatten diese unzähligen Schatzanweisungen, die wir schnell zu Geld machen und ins Ausland transferieren mussten." Nach Darstellung Cusanis wusste die Vatikanbank von all dem nichts. Sie ahnte weder den Zweck noch die Hintergründe der Finanzgeschäfte. „De Bonis erklärte ich nur, dass diese Wertpapiere von Gardini stammten und ins Ausland transferiert werden mussten. Das IOR erschien uns wie eine Festung. Die Provisionen beliefen sich auf 7 Milliarden."[42]

In Wirklichkeit wurde die genaue Summe dem Gericht und der Öffentlichkeit nie bekannt: „In einer ersten Annäherung wage ich die Summe auf ungefähr 3 Milliarden zu beziffern", schrieb Caloia an Sodano, „da das Verbleibende ausschließlich für Einzelpersonen bestimmt war (‚Roma' und Bisignani)." Übersetzt heißt das: Nicht das IOR verdiente an den Finanzgeschäften, sondern de Bonis und Bisignani. Auch Bisignani hatte im Gerichtssaal die Vatikanbank in Schutz genommen: „Erlauben Sie mir, Dottor Di Pietro, etwas zu sagen, was ich als meine Gewissenspflicht empfinde. Abgesehen von meinem Status als Angeklagter bedrückt mich ernsthaft die Tatsache, dass ich – wenn auch unabsichtlich und vollkommen im guten Glauben – das IOR in eine derartige Angelegenheit hineingezogen habe.

Meine Aufgabe beschränkte sich darauf, ein Dutzend Mal die Pakete beim IOR abzuliefern. Auf den darin enthaltenen Zettelchen waren die anderen Konten verzeichnet." – „Und Andreotti?", warf Cusanis Anwalt ein. „Mit ihm verband mich eine lange Freundschaft", antwortete Bisignani, „die noch auf seine Beziehung zu meinem Vater zurückgeht. Innerhalb des Konzerns hatte er mit Garofano wegen Montedison zu tun. Er verfügte demnach über direktere Informationsquellen. Ich muss sagen, dass Andreotti Gardini unzweifelhaft ablehnend gegenüberstand."[43]

Dieser Verlauf des Prozesses gegen Cusani erlaubte es dem IOR, am 22. Februar 1994 den Mailänder Staatsanwälten in aller Ruhe auch die letzte Antwort zu übermitteln: Der verbleibende Betrag von insgesamt 14,6 Milliarden war von Bisignani in bar abgehoben worden.

Daraufhin wurde Bisignani am 8. März 1994 wegen Hehlerei erneut verhaftet, stritt aber alles ab: Über diese weiteren Beträge wisse er nichts. In Wirklichkeit sagte niemand die ganze Wahrheit: Bisignani hatte mehrmals hohe Summen in bar abgehoben, der Vatikan hatte mit seinem Prälaten milliardenschwere Provisionen verdient. Der Einzige, der diese Lügen nicht glaubte, war der Ermittlungsrichter Italo Ghitti, der in dieser stürmischen Zeit über die Anträge der betroffenen Parteien zu entscheiden hatte. Nach zehn Tagen hob er den Haftbefehl gegen Bisignani auf, weil dieser seiner Meinung nach die hohen Summen nicht in bar abgehoben haben konnte. „Der Vatikan ist nicht glaubwürdig", hielt der Richter fest. Ghitti forderte die Staatsanwälte auf, ein weiteres Rechtshilfeersuchen zu formulieren, mit dem sie die Namen der Amtsträger erfahren konnten, die die Überweisungen und die Einlösung beim IOR getätigt hatten. Auf diese Weise sollte die Wahrheit herausgefunden werden. Aber nichts geschah.

178

Nicht für wohltätige Zwecke

In dieser ganzen Geschichte wurde viel verschwiegen, übergangen und erlogen. Der Heilige Stuhl geriet derart in Schwierigkeiten, dass es nicht genügte, die Gefahr tiefer bohrender Ermittlungen durch die Staatsanwaltschaft abzuwehren, sondern dass auch die Fragen aus kirchlichen Kreisen zu beantworten waren. Deshalb wollte Castillo Lara als Präsident der Kardinalskommission endlich die Wahrheit wissen. Ob er dies aus Gerechtigkeitsliebe oder, wie in der Vergangenheit, aus rein praktischen Gründen tat, sei dahingestellt. Jedenfalls legte er am 23. Februar 1994 die bereits von Caloia formulierten Anfragen schriftlich nieder und verlangte ein Dossier über den Fall Ferruzzi. Die Kommission für die Aufsicht über das IOR, so schrieb Castillo Lara, „erwartet schnellstmöglich einen vollständigen und erschöpfenden Bericht über das Konto des Ferruzzi-Konzerns beim IOR: Wann wurde es eröffnet? Wer erlaubte die Eröffnung und mit welcher Rechtfertigung angesichts der Tatsache, dass der sogenannte ‚Fonds San Serafino' erst nach der Kontoeröffnung eingerichtet wurde und nachdem bereits Auslandsüberweisungen getätigt worden waren? Wer veranlasste die verschiedenen Operationen?" Castillo Lara wollte also alles wissen.

Dardozzis Reaktion war entwaffnend. Am 28. Februar 1994 schickte er um 8.30 Uhr ein Fax an Rechtsanwalt Grande Stevens mit dem Entwurf des Berichts über die Ferruzzi/Enimont-Affäre, um ihn den Kardinälen auszuhändigen. Die kurze Mitteilung auf dem Deckblatt lässt bereits die Intention erkennen: „Mein lieber Stevens, hier ein Entwurf. Darüber, was man sagen soll und was nicht, entscheidest am besten Du." Das mit Präsident Caloia erarbeitete Dokument gibt die zugrunde liegende Strategie wieder. Es beziffert jene Provisionen, die in dieser Angelegenheit an die Vatikanbank geflossen sind, auf 2.918.941.871 Lire, während „keine Hinweise darauf vorliegen, dass ein Teil der Summe für ‚wohltätige Zwecke' verwendet wurde":

In den Antworten auf die Rechtshilfeersuchen machte das Kreditinstitut weder genaue Angaben über die Anzahl noch über die Inhaber der Konten, auf denen Erlöse der Schatzanweisungen deponiert wurden. Damit sorgte die Bank dafür, dass die Namen der intern beteiligten Personen nicht hineingezogen wurden, das heißt, das Prozedere vom Erhalt der Schatzanweisungen bis zur Überweisung des Gegenwerts auf ausländische Banken wurde nicht beschrieben. Wir haben uns auf die Aussage beschränkt, dass Luigi Bisignani die Wertpapiere vorgelegt hat. An diesem Punkt halten wir es für opportun, die hochwürdigste Kommission über das Folgende zu informieren. Der Gegenwert der vorgelegten Schatzanweisungen wurde auf vier Konten des IOR gutgeschrieben:

Konto	Einzahlungen	Abhebung	Abschlusssaldo
– Jonas	24.872.000.000	25.314.000.000	
– Spellman	50.180.310.982	42.932.701.938	7.337.608.984
– F. San Serafino	46.646.000.000	45.663.000.000	1.424.276.608
Transitorische			
Konten	38.515.399.000	38.515.399.000	

Darüber hinaus müssen noch zwei weitere Konten auf den Namen Domenico Bonifaci genannt werden, die indirekt mit Enimont in Verbindung stehen.

– F. Gerini	35.636.000.000	35.634.000.000	1.448.000
Girokonto Nr.			
001317624	24.077.000.000	=	24.011.000.000

Die Kardinalskommission sollte über den Gewinn, den de Bonis erwirtschaftet hatte, und damit über einen der aus Sicht der katholischen Kirche heikelsten Punkte der Angelegenheit im Unklaren gelassen werden. In den Zeitungen und auch bei Gericht war immer wieder von zehn Milliarden die Rede. Das war die Summe, die de Bonis tatsächlich kassiert hatte: „Vier Milliarden über die auf den Namen ‚Roma' lautenden Konten", schrieb Dardozzi in einer undatierten privaten Notiz, „(3 plus 4 = 7, die von Cusani genannte Summe) und weitere 2,5 Milliarden zugunsten des ‚Charity Fund' (ebenfalls auf den Namen ‚Roma'), die dann (wieder auf Veranlassung von ‚Roma') weitergeleitet wurden. Deshalb 3 plus 4 plus 2,5 = 9,5, fast genau die Summe, die gerüchteweise verlautet."

Das IOR war auch bereit, de Bonis zu decken: „Wenn wir daran festhalten, die Namen von Angehörigen des Kreditinstituts nicht zu nennen", fuhr Dardozzi in seinem Schreiben fort, „dann nimmt das IOR die Summen auf sich, die über die zirka 3 Milliarden hinaus einbehalten wurden. Das würde notwendig, wenn die Mailänder Staatsanwaltschaft in einem neuerlichen Rechtshilfeersuchen den Umfang der einbehaltenen Summen aus den überprüften Operationen wissen will." Wie Caloia am 1. März 1994 an Sodano schrieb, wurden zuerst drei Entwürfe für die Listen erstellt: die vollständige Liste als Anlage A, eine kürzere als Anlage B und eine noch kürzere, die gegenüber der Version B nicht erklärt, warum man von zehn oder sieben Milliarden spricht.

Eminenz, in Erwartung Ihrer Bewertung übergebe ich Ihnen den Entwurf der Antwort (Anlage A) auf den Brief von Kardinal Castillo Lara. […] Dieser Entwurf ist das Ergebnis einer sehr präzisen Rekonstruktion der Abläufe und enthält Informationen, die als streng vertraulich zu betrachten sind, wie Rechtsanwalt F.G.S. [Franzo Grande Stevens] unterstreicht. Der heikle Inhalt hat mich nach reiflicher Überlegung dazu veranlasst, eine zweite Version mit weniger Details zu formulieren, die sich genauer an die mir von Kardinal Castillo Lara gestellten Fragen hält (Anlage B). Trotzdem musste ich jeweils auf das Problem der eventuell beim IOR verbliebenen Beträge eingehen, um die Summen richtigzustellen, die anderswo genannt werden. Es ist von 10 oder auch von 7 Milliarden die Rede, während die internen Daten [...] eine tatsächliche Provision von zirka 2 Milliarden 918 Millionen ausweisen. Die darüber hinausgehende Summe, von der gemunkelt wird, kann sich nur auf „Roma" beziehen. All dies vorausgeschickt, erbitte ich Ihren Rat, welches Dokument ich Kardinal Castillo Lara übergeben soll (ich habe mich verpflichtet, es am späten Vormittag des 2. März, also bis morgen, fertig zu haben). [...]

Das Dokument war streng vertraulich, weil daran abzulesen war, wie viel das IOR und de Bonis an der Enimont-Affäre verdient hatten. Deshalb gab Caloia an alle Kardinäle der Kommission die persönliche Empfehlung von Grande Stevens weiter, nichts zu veröffentlichen: „Der Inhalt der streng vertraulichen Notiz geht nur an die Eminenzen der Kardinalskommission, und jede Form der Indiskretion würde für den Heiligen Stuhl unabsehbaren Schaden anrichten. Dies vor allem deshalb, weil – für die Staatsanwaltschaft in Mailand bedeutungslose – Vorgehensweisen und Zahlen offengelegt werden, die bisher nicht weitergeleitet wurden. Sie wurden in dem Rechtshilfeersuchen auch nicht verlangt." Wie wichtig „Namen und Daten" waren, stand längst außer Zweifel: Mit den zusätzlichen Informationen hätten die Staatsanwälte endlich alle Schmiergeldzahlungen für die Zerschlagung der Enimont klären und deshalb neue Verfahren eröffnen können.

Nach dem Grundsatz „weniger ist mehr" entschied sich Sodano für die Weitergabe des Entwurfs mit den größten Lücken als Antwort an die Kardinalskommission. Somit verschwanden die Konten von Bonifaci und der Name de Bonis aus dem Bericht. Dardozzi bemerkt dazu in einem Fax an Grande Stevens fast humorvoll: „Diese Fassung ist weniger ausführlich, um niemanden ‚in Versuchung zu führen'". Die „Versuchung" hätte darin bestanden, die Wahrheit herauszufinden. Dieser Versuchung sollten die Kardinäle, die mit der Kontrolle über die Ak-

ISTITUTO
PER LE
OPERE DI RELIGIONE
—
IL PRESIDENTE

1 marzo 1994, CITTÀ DEL VATICANO

Eminenza Rev.ma,

Le rimetto, per ogni Sua più valida indicazione, la bozza di risposta alla Lettera
— Allegato A -
che il Cardinale Castillo Lara mi ha indi-
rizzato in data 23 febbraio 1994
Tale bozza, frutto di accurato lavoro rico-
struttivo, contiene informazione da consi-
derarsi estremamente riservate, come sotto-
linea l'Avvocato F. G. S.
La delicatezza dei contenuti mi ha indotto,
dopo ulteriori riflessioni, a formulare una
variante, meno ampia nell'informativa e
più aderente alle specifiche domande postemi
dal Card. Castillo Lara (Allegato B).
                              nell' Allegato B -
Ho dovuto pur sempre esplicitare il problema
delle somme eventualmente trattenute dallo IOR,
rendendo palesi i perché delle cifre che si fanno
altrove. Chi dice 10, chi dice 7: i dati
interni dicono che l'effettiva commissione,

ISTITUTO
PER LE
OPERE DI RELIGIONE

IL PRESIDENTE

CITTÀ DEL VATICANO

peraltro solo implicita perché derivante dalle differenze tra i
Cambi praticati dall'Istituto al momento di ogni singola operazione, ammonta a lire 2 miliardi e 918 milioni circa. Il di più, di cui si vocifera, va riferito a somme di cui può rispondere solo 'ROMA'.

Tutto ciò premesso, attendo da Lei un consiglio su quale documento inviare al Card Castillo Lara (mi sono impegnato a consegnarlo nella tarda mattinata di mercoledì 2 marzo, cioè domani):
- quello completo di cui all'allegato A
- quello ridotto di cui all'allegato B
- quello ancor più ridotto che, nella versione 3, tralascia di spiegare perché si parli di 10 o di 7 miliardi e riporta sola l'entità effettivamente percepita dall'Istituto (2.918.941.8+
- altro

In attesa di ogni Sua indicazione, Le porgo il mio più afferimato ossequio

Angelo Card SODANO
... Vaticano

Suo pulsatoria
(A. CALOIA)

Brief Angelo Caloias, Präsident des IOR, an Staatssekretär Angelo Sodano zur Strategie im Enimont-Skandal.

tivitäten des IOR beauftragt waren, auf keinen Fall ausgesetzt werden.

Am 17. März 1994 erhielten die Kardinäle das abschließende, von Caloia unterzeichnete Dossier zusammen mit den Wünschen für ein „fried- und freudvolles heiliges Osterfest". Einige Monate später ließ auch der Papst seine Zustimmung erkennen, wie aus einem emotionalen Schreiben des IOR-Präsidenten an Sodano hervorgeht:

Der Aufsichtsrat der Bank ist sehr erfreut und zutiefst bewegt über die Worte, die der Heilige Vater unseren Angelegenheiten gewidmet hat. Seine verständnisvollen und großzügigen Äußerungen haben wir als außerordentliche Ermutigung empfunden, uns noch mehr darum zu bemühen, der Kirche mit äußerster Hingabe und Transparenz zu dienen. Es ist unser aller Wunsch, den Heiligen Vater wissen zu lassen, wie groß unsere Freude darüber ist, dass er unsere Tätigkeit mit so großem Wohlwollen verfolgt.[44]

Wenige Tage zuvor hatte der Aufsichtsrat in einer Sitzung, die die Angelegenheit endgültig zum Abschluss bringen sollte, die wichtigsten Punkte benannt:

Wir können festhalten, dass Monsignor de Bonis der einzige Vertreter des IOR war, der Beziehungen zu Kreisen des Ferruzzi-Konzerns unterhielt, wie es seinem Stil entspricht. Natürlich wurden die verschiedenen Transaktionen von anderen Personen, die de Bonis beauftragt hatte, durchgeführt. In diesem Zusammenhang sollte man darauf hinweisen, dass die Angestellten auf allen Ebenen de Bonis stets als Schlüsselfigur und Verbindungsglied zwischen der alten und der neuen Führung betrachtet haben. Er war in seinem hohen Amt geblieben und überstand alle Wirren, die das Kreditinstitut erschütterten. Auch die neue Leitung unter Generaldirektor Dr. Bodio zeigte ihm gegenüber ehrerbietigen Respekt. Je nach Art der Transaktion, die mit den Betroffenen abgesprochen und von ihnen entschieden war, erteilte Monsignor de Bonis einem Angestellten, Kassierer oder Direktor die entsprechenden Aufträge. Bei den einzelnen Schritten ist es im Nachhinein unmöglich festzustellen, ob diese Personen persönlich mit Vertretern des Ferruzzi-Konzerns in Berührung kamen oder nicht. Einige von ihnen könnten in Anwesenheit von Monsignor de Bonis vereinzelt derartige Kontakte gehabt haben, unserer Ansicht nach aber nie allein.

Ein Milliardensegen für das Konto „Spellman"

Am 28. April 1994 wurde Sergio Cusani zu acht Jahren Gefängnis und einer Schadenersatzzahlung von 168 Milliarden verurteilt. Am 5. Juli 1994 begann der Prozess um die Enimont-Affäre, der von der gesamten italienischen Presse als „Prozess des Jahrhunderts" oder als der italienische „Nürnberger Prozess" bezeichnet wurde. Romeo Simi De Burgis, der Vorsitzende Richter, war von Staatsanwalt Di Pietro so begeistert, dass er ihn einen „Helden" nannte.[45] Aufgrund der Zeugenaussagen von Cusani, Sama und Bisignani waren als Politiker, die Schmiergelder kassiert hatten, angeklagt: Bettino Craxi, Arnaldo Forlani, Paolo Cirino Pomicino, Renato Altissimo, Umberto Bossi, Giorgio La Malfa und Claudio Martelli. Kein Geistlicher stand vor Gericht. Bisignani verlangte, dass de Bonis und alle Mitglieder der Kardinalskommission zur Aufsicht über das IOR, nämlich Castillo Lara, O'Connor, Casaroli und Martínez Somalo, als Zeugen gehört wurden. Doch die Richter gaben dem Verlangen nicht statt. Somit verzichteten sie endgültig auf die Möglichkeit, die Affäre wirklich auszuleuchten.

Als ob nichts geschehen wäre, stellte Bonifaci drei Tage später seine engen Verbindungen zum Vatikan unter Beweis. Er übergab dem neu ernannten Schatzmeister Mario Clapis für den stellvertretenden Direktor Scaletti „einige Auszüge aus den gegenwärtig in Mailand laufenden Vernehmungen", die seine Aussage im Cusani-Prozess enthielten. Mit dieser Gefälligkeit wollte der Bauunternehmer seine guten Beziehungen zum Vatikan pflegen. Vertrauen, Gefälligkeitsbeweise und Eigeninteressen waren zwischen de Bonis, Bonifaci und Castillo Lara aufs Engste miteinander verflochten. Sie reichten weit zurück und lassen sich kaum auseinanderhalten. Diese Beziehungen aber waren es, durch die de Bonis den geheimen Bereich der Bank und die vertraulichen Operationen bis zuletzt geheim halten konnte. Doch mittlerweile war das Netzwerk so gut wie zerstört. Caloia erhielt noch Ende Juli von Giovanni Battista Re sowie von den Kardinälen Casaroli und Martínez Somalo wärmste Unterstützung: „Alle haben mir geholfen. Sehr schön war auch das Gespräch mit Monsignor Stanisław [Dziwisz] in Castelgandolfo. Ich muss für diese unverdiente Unterstützung wirklich dankbar sein." Bei Sodano bedankte er sich für „ein Höchstmaß an Verständnis und wertvoller Ermutigung".[46]

Der Enimont-Prozess ging im Oktober 1995 mit der Verurteilung fast aller 32 Angeklagten zu Ende, darunter die Politiker Bettino Craxi, Renato Altissimo, Umberto Bossi, Arnaldo Forlani und die Firmenmanager Giuseppe Garofano und Carlo Sama. Der Vatikan gab nie auch nur eine Lira der auf den Konten des IOR gefundenen oder de Bonis zugeschriebenen Beträge zurück. Von den Schmiergeldern wurde nur ein bescheidener Anteil ausfindig gemacht.

Doch im Sommer 1997 kam Bonifaci auf Verlangen der Staatsanwälte von Perugia erneut in Untersuchungshaft. Im Rahmen der Ermittlungen gegen „schmutzige Richterroben" ging es darum, dass römische Richter durch Bestechung dazu gebracht werden sollten, den Enimont-Prozess von Mailand abzuziehen und andere Verfahren zu beeinflussen. Die umbrischen Ermittler warfen Bonifaci vor, den Staatsanwälten in Mailand eine Menge Lügen aufgetischt zu haben.

Bonifaci hat von Wertpapieren im Wert von insgesamt 243,1 Milliarden, die er mit dem Geld von Montedison erworben hatte, 82,7 Milliarden verschwiegen, sodass die Mailänder Finanzpolizei aufgrund seiner Angaben nur den Verbleib von Wertpapieren in Höhe von 160,4 Milliarden nachweisen konnte.[47]

Ein Teil dieser Wertpapiere lief über das IOR. Anfangs war die Summe noch ziemlich bescheiden: Den Vatikan erreichte ein neues Rechtshilfeersuchen, weil von 1990 bis 1991 im IOR Wertpapiere für zwei Milliarden Lire eingelöst worden waren, die der Steuerberater Sergio Melpignano an Bonifaci übergeben und die dieser an die wegen Bestechlichkeit angeklagten Richter weitergeleitet hatte. Die Staatsanwaltschaft wollte deshalb „die Identität jener Personen" erfahren, „die dem IOR den Auftrag gaben, die Coupons einzulösen", und „den Empfänger des Kapitals".[48] Außerdem sollte Caloia als Zeuge aussagen. Im Vatikan wurde alles innerhalb weniger Tage rekonstruiert. In einer Notiz vom 18. August 1997 ist zu lesen:

Am 25. Januar 1991 sind Wertpapiere im Nominalwert von 3,6 Milliarden über die Bank gelaufen. Ein Teil dieser Wertpapiere wurde dem „Spellman-Fonds" gutgeschrieben. Der oben genannte Buchungsbeleg lautet: „Von S.E. Msgr. Donato de Bonis vorgelegte Wertpapiere – Fond. Spellman", abgezeichnet von einem unserer Angestellten und von S.E. Msgr. de Bonis unterschrieben. Am 31. Januar wurden die oben genannten Wertpapiere an die damalige Banca Commerciale Italiana in Rom in unser Portfolio weitergeleitet.

Hier hatte also de Bonis erneut Schatzanweisungen, die laut Anklage von dem Bauunternehmer Bonifaci kamen, auf das Konto „Spellman" eingelöst. Am 16. September sollte der ehemalige Prälat des IOR noch einmal über die Angelegenheit Auskunft geben. De Bonis aber hielt sich bedeckt, konnte sich nicht erinnern oder wich aus. Im Archiv Dardozzis ist eine kurze, ziemlich kryptische Notiz ohne Unterschrift vom 16. September 1997 erhalten, in der alle möglichen Beteiligten nur mit Anfangsbuchstaben aufgezählt sind; für den Urheber der Geldwäsche das mysteriöse Kürzel „F/Sp":

Nach Begegnung mit d.b. lässt sich über die Angelegenheit Folgendes festhalten:
1) Keine Erinnerung an den oder die Namen derer, welche die in Rede stehenden Transaktionen über unsere Bank veranlasst haben.
2) D.B. ist als Urheber auszuschließen.
3) Auch L.B. ist höchstwahrscheinlich auszuschließen.
4) Sehr wahrscheinlich sind sie durch F/Sp vorgelegt worden.
5) Eine weitere Möglichkeit betrifft weitere Spender für die karitativen Einrichtungen von d.B., die zum damaligen Zeitpunkt bestanden.

Wer verbirgt sich hinter diesem Kürzel? Drei der Buchstabenkombinationen lassen sich erraten: „d.b." könnte für de Bonis stehen, „D.B." für Domenico Bonifaci und „L.B." für Luigi Bisignani. Die umbrischen Staatsanwälte warfen Bonifaci und seinem Steuerberater Melpignano kurz darauf vor, enorme Summen von Schwarzgeld beiseitegeschafft zu haben: „Ein Schwarzgeld-‚Fonds' von 445 Milliarden. Ein Teil davon (156 Milliarden) war in die Riesenbestechungssumme Enimont geflossen, wegen der die Staatsanwaltschaft Mailand ermittelt hatte. Weitere 153 Milliarden sind von dem Bauunternehmer und Verleger für seine eigenen Geschäfte verwendet worden. Weitere 136 Milliarden hingegen verteilten sich auf unzählige Rinnsale, die von den Staatsanwälten verfolgt wurden. Über diese drei Tranchen hinaus bleiben 22 Milliarden übrig, die sich in Luft aufgelöst haben."

In den folgenden Monaten nahmen die Transaktionen über die Vatikanbank an Umfang zu. Über diesen neuen Kapitalfluss wollten die Richter Aufklärung, und zwar über nicht weniger als 14,5 Milliarden in Schatzanweisungen, die Bonifaci über das IOR hatte laufen lassen. Im Oktober 1998 antwortete die Vatikanbank nach dem bewährten Schema: „Signor Bonifaci hat bei unserem Kreditinstitut zwei Mal Wertpapiere vorgelegt, einmal in Höhe von 4.000.000.000 und einmal in Höhe von 10.500.000.000, deren Gegenwert er in bar entgegengenommen hat." Kein weiterer Hinweis auf Manager oder Konten der Bank. Dennoch führte diese völlig unvorhergesehene erneute Anfrage zu anhaltenden Spannungen im Vatikan. De Bonis war sich wohl bewusst, dass sein Stern unaufhaltsam sank. Doch er war entschlossen, alle seine Wechsel einzulösen, selbst um den Preis des Bluffs.[49]

---

1 Schreiben des Kardinalstaatssekretärs Angelo Sodano an Kardinal Agostino Casaroli, Mitglied der Kardinalskommission zur Kontrolle des IOR. Sodano informierte Casaroli, dass das „Staatssekretariat dem Gericht des Staats der Vatikanstadt das erwähnte Rechtshilfeersuchen übermittelt hat, damit es die Anhörung der Verantwortlichen des Kreditinstituts veranlasst".

2 Aus dem Bericht im Archiv Dardozzi unter der Überschrift „Die Rekonstruktion der Vorgänge" vom Oktober 1993, der dem Staatssekretär übergeben wurde.

3 Ebd.

4 Ebd.

5 Brief von Angelo Caloia an Staatssekretär Angelo Sodano, 29. Oktober 1993.

6 Aus dem Bericht im Archiv Dardozzi unter der Überschrift „Die Rekonstruktion der Vorgänge" vom Oktober 1993, der dem Staatssekretär übergeben wurde.

7 Ebd.

8 Ebd.

9 Ebd.

10 Ebd.

11 Ebd.

12 Ebd.

13 Ebd.

14 Ebd.

15 An der Sitzung des Aufsichtsrats, der am 17. November 1993 ab 11 Uhr in einem Raum des römischen Poliklinikums Gemelli tagte, nahmen neben Caloia und de Weck die anderen Aufsichtsratsmitglieder teil, also Professor José Angel Sánchez Asiaín und Virgil Dechant, der Generaldirektor des IOR Andrea Gibellini, sein Stellvertreter Lelio Scaletti, Bürochef Pier Giorgio Tartaglia und Berater Vincenzo Perrone. Während der Sitzung bekräftigte „der Aufsichtsrat den Wunsch, in vollem Umfang mit den italienischen Behörden zusammenzuarbeiten, und lobte ausdrücklich das bisherige Verhalten der Behörden des Heiligen Stuhls. Bezüglich der Beziehung zur Presse beschloss der Rat, dass niemand berechtigt ist, mit Journalisten zu sprechen, weil dies den Würdenträgern des Vatikans vorbehalten bleibt."

16 Brief von Rechtsanwalt Franzo Grande Stevens an Angelo Caloia, 9. Dezember 1993.

17 Nicht adressierter Brief, der von Caloia mit folgender Bemerkung an Dardozzi weitergeleitet wurde: „Brief ohne Adresse, der zusammen mit der Fotokopie des Schreibens an Castillo für Emerito und Edoardo zu verwenden ist. Danke für alles!"

18 Fax mit den zwei Briefentwürfen des Anwalts an Angelo Caloia, gesandt von der Kanzlei Grande Stevens an Renato Dardozzi, 2. Dezember 1993.

19 Handschriftlicher Brief Dardozzis „an seine Eminenz Herrn Kardinal Angelo Sodano, 6. Dezember 1993", auf dem sogar die Zeit mit „18.30 Uhr" festgehalten ist.

20 „Sodano, alles ok, 20.00 Uhr", hält Dardozzi auf der Kopie des Schreibens fest, das er kurz vorher an Sodano geschickt hatte.

21 Notiz Dardozzis unter der Überschrift „Überlegungen", die zwar nicht datiert ist, aber um den 9. Dezember 1993 verfasst sein muss.

22 Maschinenschriftliche Notiz „Hypothesen für die Antwort an das Vatikangericht" mit handschriftlichen Korrekturen von Monsignor Dardozzi, ohne Datum; als „Anlage zwei Fassungen (A und B) der Antwort", wie sie den Staatsanwälten vorgelegt werden soll.

23 Maschinenschriftliche Notiz von Monsignor Dardozzi, die die Aufzeichnung eines Gesprächs mit Grande Stevens zu sein scheint und wohl jemandem vorgelegt werden sollte, da die „erste" und die „zweite" Frage hervorgehoben sind und daneben notiert ist: „vgl. gestrige Audienz, Samstag, 11. Dezember 1993".

24 Ebd.

25 Sbardella und Moschetti waren damals die einflussreichsten Persönlichkeiten der Democrazia Cristiana in Rom. Moschetti wurde nach dem Rücktritt von Claudio Vitalone zum Senator ernannt.

26 Handschriftliche Notiz vom 11. Dezember 1993 auf Briefpapier des „Ospedale pediatrico Bambino Gesù" unter der Überschrift „Fragen an Grande", die sich auf eine für den folgenden Tag verabredete Besprechung Dardozzis mit Grande Stevens bezogen. Unter 3.) steht: „Di Pietro hat die Signora wieder anger. und seinen Beruf [vielleicht ein Schreibfehler für „Besuch"] angekündigt. Er hat ihr aufgetragen, ihren Vorgesetzten diese Nachricht weiterzuleiten, und angekündigt, in Bälde nach Rom zu kommen, um bei dieser Gelegenheit selbst die Antwort in Empfang zu nehmen."

27 Vgl. Anm. 15.

28 Lucio Brunelli, „In verità vi dico: ci hanno imbrogliati", in „Epoca", 25. Januar 1994.

29 Lucio Brunelli, „Conto di nozze", in „Il Mondo", 3. Januar 1994.

30 Marco Politi, „La glasnost della Santa Sede", in „La Repubblica", 22. Dezember 1993.

31 L. Brunelli, a.a.O.

32 Enimont-Prozess, Begründung des Urteils der 5. Kammer des Landgerichts Mailand vom 27. Oktober 1995. Von den weiteren Instanzen im Wesentlichen bestätigt.

33 Fax von Rechtsanwalt Franzo Grande Stevens vom 19. Januar 1994 an Monsignor Dardozzi.

34 Ebd.

35 Aus dem Memorandum „für den Aufsichtsrat des IOR" vom 9. Dezember 1993.

36 Aus dem Memorandum über die Einführung einer „Hauptkasse" vom 17. Dezember 1993 im Archiv Dardozzi.

37 Der Artikel „C'è Piovano in pole position" von Lucio Brunelli, erschienen am 26. Dezember 1993 in der Zeitschrift „Il Mondo", löste die Reaktion Dardozzis aus.

38 „Vertrauliche und geheime Notiz", datiert „Dezember 1993", die Dardozzi dem handschriftlichen Brief vom 28. Dezember 1993 an Sodano beilegte.

39 Das Amt des Prälaten des IOR blieb bis 2006 vakant.

40 Lucio Brunelli, a.a.O.

41 Fax von Dardozzi an Grande Stevens, 18. Januar 1994.

42 Nicola Pini, „Il finanziere: così utilizzammo lo Ior per incassare quei Cct in Svizzera" in „Avvenire", 18. Februar 1994.

43 Andrea Pamparana, *Il processo Cusani, politici e faccendieri della Prima Repubblica*, Mondadori, Mailand, 1994.

44 Brief von Caloia an Sodano, 15. Juni 1994.

45 Nicola Pini, „Processone in aula. Molti vip alla sbarra per l'affare Enimont", in „Avvenire", 5. Juli 1994.

46 Brief von Caloia an Sodano, 28. Juli 1994.
47 Aus dem Antrag auf die Eröffnung des Hauptverfahrens gegen „Anna Maria Amoretti und andere", Staatsanwaltschaft Perugia, 5. Januar 1999.
48 Aus dem dreiseitigen Rechtshilfeersuchen der Staatsanwaltschaft Perugia vom 20. August 1997, unterzeichnet von Fausto Cardella, Silvia della Monica, Michele Renzo und Alessandro G. Cannevale.
49 Giuliano Gallo, „Enimont, l'atto di accusa finale", in „Corriere della Sera", 16. Dezember 1998.

Enimont.
Die Vertuschungsmanöver

Andreotti und die 4,5 Milliarden, von denen die Richter nichts wissen

Die Entscheidung, de Bonis auf irgendeine Weise zu „decken", motivierte den ehemaligen Prälaten des IOR dermaßen, dass er sich in der Bank wieder in den Vordergrund spielte, als wäre nichts geschehen. Er wandte sich an Generaldirektor Gibellini und drängte darauf, die blockierten Girokonten des parallelen IOR wieder freizugeben. Zu diesem Zweck übergab de Bonis dem Generaldirektor zwei unglaubliche eidesstattliche Erklärungen: „Der Kardinal hat mir geraten", schrieb de Bonis am 16. Mai 1994 mit Bezug auf Castillo Lara, „diese beiden eidesstattlichen Erklärungen abzugeben. Beraten Sie mich, wenn sie nicht ausreichend sind." Was de Bonis schrieb, liest sich jedoch eher wie eine Warnung. Der Bischof schwört schwarz auf weiß, dass „373 Millionen auf dem von mir eröffneten und verwalteten Konto der Stiftung Spellman ausschließlich mir gehören." Deshalb müsse man klären, wem das übrige Geld auf diesem Konto gehörte, da es einen Aktivsaldo von sieben Milliarden aufwies. Wenn de Bonis sich darauf beschränkte, die 373 Millionen und „71,5 Millionen Zinsen" für sich zu reklamieren, gab er zu verstehen, dass die übrigen 6,7 Milliarden nicht ihm gehörten, da er nicht der Inhaber des betreffenden Kontos war. Am 21. Juni 1994 ging Caloia der Frage in einem Brief an Sodano nach:

Die „Stiftung Kardinal Spellman" (die der ehemalige Prälat im Namen von Omissis verwaltete) verfügt über ungefähr

4,5 Milliarden aus Schatzanweisungen, deren Nummern allesamt in dem Rechtshilfeersuchen aus Mailand auftauchen. Die übrigen Wertpapiere sind höchstwahrscheinlich Tatbeständen zuzuordnen, die nichts mit der Person des Monsignore oder seinen Wertpapieren zu tun haben. [...]
Die Aufforderung ist objektiv gesehen riskant: Wenn „Roma" eidesstattlich erklärt, Eigentümer von – nur – 350 Millionen zu sein [gemeint sind die 373 Millionen, die de Bonis genannt hatte], dann ist damit impliziert, dass der Rest bis jetzt jemand anderem gehört hat und von ihm verwaltet worden ist. Andere (das heißt das IOR) tragen möglicherweise die Verantwortung für diese 4,5 Milliarden, die immer noch ins Visier der italienischen Staatsanwaltschaft geraten können.

Dieses brandgefährliche Geld lag immer noch auf dem Konto der „Stiftung Spellman". Mit der zweiten Erklärung bedankte sich de Bonis ganz offensichtlich und zeigte sich im eigenen Interesse äußerst großzügig. Er formulierte sein Testament um. Bei seinem Ableben sollte die verbleibende Summe nicht mehr an Andreotti gehen, wie er bei der Kontoeröffnung geschrieben hatte, sondern „alles dem IOR für seine hohen, in den Statuten vorgesehenen karitativen Ziele zur freien Verfügung stehen."
De Bonis bezeichnete sich außerdem als Inhaber des Kontos „Stiftung Mama de Bonis, Kampf gegen die Leukämie" und verlangte, dass ihm der Saldo von 313 Millionen gutgeschrieben werde. Doch auf dieses Konto waren Gelder des IOR und nicht des Bischofs geflossen.
Gibellini und Perrone beratschlagten miteinander, fürchteten sie doch, dass der von de Bonis zitierte „Kardinal" niemand anderer als Castillo Lara sei. Gleichzeitig aber übte de Bonis, der sich mit irdischen Schwächen gut auskannte, auf den gefügigen Direktor Druck aus. Er schenkte ihm die Möbel seines Büros, die

noch im IOR geblieben waren. Gibellini setzte dem keinen Widerstand entgegen, sondern dankte ergebenst für das Gemälde einer Weizengarbe von der Hand eines italienischen Malers, für einen Schrank aus libanesischem Olivenholz und sogar für eine kleine Etagere. Caloia, der darüber informiert wurde, war über dieses Verhalten entrüstet. Er setzte im Juni den Staatssekretär davon in Kenntnis:

Monsignor de Bonis hat die Bank immer noch nicht endgültig verlassen. Er übt erneut Druck auf den Generaldirektor aus, um Gelder auf Konten des IOR („Stiftung Card. Spellman" und andere, deren Inhaberschaft und Neutralität hinsichtlich der jüngsten Verfahren *sub judice** sind) überweisen zu können. Auf eine erste Weigerung meinerseits, Gelder abheben zu lassen, hat der ehemalige Prälat, offensichtlich auf Anregung von Kardinal Castillo Lara (so jedenfalls behauptet Dr. Gibellini), schriftliche Erklärungen verfasst. Ich habe meine Weigerung wiederholt und dabei nicht nur die Entscheidung des Aufsichtsrats geltend gemacht, der die betroffenen Konten eingefroren hat, sondern auch auf die noch nicht abgeschlossenen Verfahren hingewiesen. In diesem Zusammenhang ist es nicht ohne Bedeutung, dass ausgerechnet in den Tagen, in denen in diese Richtung Druck ausgeübt wurde, wertvolle Gegenstände aus dem IOR in die Wohnung des Generaldirektors gebracht wurden ... Es ist empörend, feststellen zu müssen, dass diese Gegenstände von jemandem angenommen wurden, der doch aus der Vergangenheit gelernt haben sollte, welche Schwierigkeiten und Konsequenzen gewisse Verhaltensweisen nach sich ziehen.

---

* vor Gericht anhängig

Am 30. Juni 1994 ging der Erbe von Marcinkus erneut zum Angriff über. Als ob nichts gewesen wäre, verlangte de Bonis den Verkauf von Schatzanweisungen aus einem seiner Depots im Wert von 120 Millionen. Außerdem wollte er seine Aktien der amerikanischen Bozzuto's Inc. in Empfang nehmen. Doch die Schatzanweisungen waren verdächtig. Auf das Wertpapierdepot 21012 des ehemaligen Prälaten des IOR waren Schatzanweisungen mit Nummern eingegangen, die denen aus dem Bestand der Enimont-Bestechungsgelder sehr ähnelten und auf dem Konto der „Stiftung Spellman" gelandet waren. Die entsprechenden Transaktionen wurden deshalb abgelehnt.

Der ehemalige Prälat des IOR de Bonis war auf den Präsidenten des IOR Caloia wütend. Doch der gab nicht nach, sondern erklärte Sodano die Sperrung der Konten ganz pragmatisch. Man könne de Bonis nicht erlauben, über „Spellman" oder andere Konten wie „Mama de Bonis" zu verfügen, „da dieses aus Gutschriften der Hinterlassenschaft des Ehepaars Tumedei (Rechtsanwalt Cesare Tumedei und seine Ehefrau Alina Casalis) gespeist wurde, aus Transaktionen (Vannucchini) und frommen Vermächtnissen, die dem IOR zustehen und nicht dem ehemaligen Prälaten, der vollkommen willkürlich Beträge auf die Konten hat fließen lassen, für die er zeichnungsberechtigt war."

Dass de Bonis persönlich und ohne Berechtigung in Konten des IOR eingriff, betraf nicht nur die Hinterlassenschaften von reichen Gläubigen, sondern auch die Erbschaften von Kardinälen: Gelder, aus denen sich die parallele Rechnungsführung des Prälaten aus Lukanien speiste. In jenen Wochen entdeckte man, dass de Bonis' Taschenspielertricks noch viel weiter gegangen waren. Die Rekordsumme stammte aus der Erbschaft des ehemaligen Präsidenten des IOR, Kardinal Alberto di Jorio, der bereits 1979 gestorben war.[1] Die Bank war als Universalerbin eingesetzt worden, hatte aber noch keinen Zugriff auf die Villen, Grundstücke, Wertpapiere und Depots des Verstorbenen. Nun widersetzten sich ehemalige Mitarbeiter von Marcinkus wie Luigi Mennini dem Willen Caloias und wollten das Vermögen weiterhin wie bisher allein verwalten. In dieser paradoxen Situation informierte die Leitung der Bank alle Mitglieder des Aufsichtsrats und sperrte die Konten:

Es ist uns zur Kenntnis gelangt, dass einige Konten, die sich auf das Erbe des verstorbenen Kardinals Alberto di Jorio beziehen, nach wie vor von einem der Testamentsvollstrecker geführt werden. Seine Eminenz der Kardinal hat ein vom 12.08.1953 datiertes Testament hinterlassen, in dem er das IOR als einzigen Erben benennt. In demselben Dokument benannte Seine Eminenz Dr. Pellegrino de Strobel (inzwischen verstorben) und Dr. Luigi Mennini als Testamentsvollstrecker. Das Testament ist begleitet von Angaben für die Testamentsvollstrecker über Vermächtnisse und andere Verfügungen nach dem Tod des Kardinals. Später hat Seine Eminenz durch handschriftliche Notizen den Inhalt der Angaben für die Testamentsvollstrecker beträchtlich erweitert und ihnen fast unbegrenzte Freiheit gegeben, einschließlich der Möglichkeit, „die formulierten Zielsetzungen im Geist von Großzügigkeit und Loyalität zu ändern." Durch ein auf den 14.11.1968 datiertes Schreiben hat Kardinal di Jorio den beiden erwähnten Testamentsvollstreckern noch Monsignor de Bonis beigesellt. In einer letzten handschriftlichen Notiz vom 31.07.1973 hat der verstorbene Kardinal seinen Testamentsvollstreckern weitergehende Instruktionen über die Schenkung seiner Villa in Montecrescenzio, seines Mobiliars, seines Parks und seiner Güter an Seine Heiligkeit Papst Paul VI. gegeben. [...] Soweit wir wissen, hat sich der „Rat" der Testamentsvollstrecker nie konstituiert. Dr. Mennini hat erst vor Kurzem (Februar 1994) seine Unterschrift bei uns hinterlegt, um zusammen mit Monsignor de Bonis über das Konto verfügen zu können. Während wir möglichst umfassende Informationen über das Konto einzuholen versuchen, hat der Präsident Anweisung gegeben, alle bisher bestehenden Konten und Depots auf den Namen des Kardinals einzufrieren und nur noch die Zahlungen laufender Verpflichtungen im Rahmen der von dem Kardinal gewünschten Aktivitäten zu gestatten.[2]

Angesichts dieser neuerlichen Vorwürfe schien der ehemalige Prälat des IOR die Kontrolle zu verlieren. Er griff zum Telefon, machte Andeutungen, drohte versteckt und offen, und zwar so heftig und so oft, dass sich Caloia am 23. Juni 1994 darüber beschwerte, er und seine engsten Mitarbeiter würden „zunehmend von Besuchen und Telefonaten der Person terrorisiert".

Rückenmarkstransplantation à la de Bonis

Da die Konten gesperrt waren und die Vertuschungsmanöver nicht mehr griffen, schien de Bonis diesmal tatsächlich ausgeschaltet zu sein. Dafür spricht ein bisher unbekannter Briefwechsel zwischen Caloia und dem ehemaligen Prälaten des IOR vom Sommer 1994. Darin kritisierte de Bonis die Entscheidung, die Konten einzufrieren. Er verlangte, dass ihm finanzielle Mittel zur Verfügung gestellt würden. Um seinem Wunsch Nachdruck zu verleihen, verwies er neben Anspielungen auf die Calvi-Affäre und den üblichen Schmeicheleien auf seine karitative Tätigkeit sowie den Kampf gegen die Leukämie bei Kindern:

Voller Bitterkeit muss ich Ihnen schreiben: Wenn ich dies nicht täte, würde ich mich der Sünde der Unterlassung schuldig machen. Die Haltung des Aufsichtsrats ist keine Bösartigkeit, sondern ein Fehler. Gegen Bösartigkeiten ist ein Priester gefeit. Gegen Fehler nicht! Wie ich in meiner eidesstattlichen Erklärung dargelegt habe, steht das Konto „Kampf gegen die Leukämie" in Erinnerung an Mama de Bonis in keiner Beziehung zum Fall Cusani und Konsorten. Es gibt keinen triftigen

Grund, das Konto zu sperren, auch im Hinblick auf das Gute, das mit diesem Geld getan worden ist, denn es hat unzähligen leukämiekranken Kindern das Leben gerettet. Seinerzeit habe ich dazu ein Gutachten von Prof. Mandelli vorgelegt. Der Aufsichtsrat beschlagnahmt Güter wie ein Gericht, obwohl er kein Gericht ist. *Ultra vires**. Ohne jede Anklage, ohne Möglichkeit der Berufung, ohne Beschwerde und ohne Ermittlungsbescheid. Dass mir sogar ein Vorschuss verweigert wird, kann man nur mit dem englischen Wort *discrimination* bezeichnen. Wie kann man einen derart abgesicherten Kredit verweigern (monatliche Überweisung meiner gesamten Rente durch das IOR, die auch zu einer kleinen Investition für die Bank wird)? Und einem Priester, der vierzig Jahre für die Bank gearbeitet und (auch in schwierigen Zeiten wie während der Calvi-Affäre) ohne jeden *activity's bonus* dafür gesorgt hat, dass Milliardensummen auf Hunderte von Depots geflossen sind, verweigert man einen Kredit. Dante** legt im „Paradies" dem heiligen Petrus folgende an einen *angelo* [Engel] gerichteten Worte in den Mund: „Wenn du irren musst, dann irre aus Güte." Ich wiederhole dieselben Worte einem Menschen gegenüber, der mit Vornamen Angelo [Caloia] heißt. Und wenn er diesen meinen Brief dem Aufsichtsrat vorliest, soll er ruhig sagen, dass ich hoffe, der große Vizepräsident werde meine Verteidigung übernehmen. Danke, Donato.

Caloia ging nicht in die Falle. Am 28. Juli 1994 antwortete er, ohne zurückzustecken:

Es wäre äußerst unklug, wenn ich mit diesem meinem Schreiben darauf eingehen wollte, was Sie seit Langem unermüdlich vortragen. In dieser Hinsicht genügt das, was ich bei ver-

---

* in Überschreitung seiner Befugnisse
** Hier irrt de Bonis; das verwendete Zitat stammt nicht von Dante.

schiedenen Gelegenheiten und gegenüber verschiedenen Personen, die Sie kontaktiert haben, schon gesagt habe. Es liegt nicht in meiner Macht, rückgängig zu machen, was der Aufsichtsrat in Betreff der Stiftungen und/oder Konten festgelegt hat, die zurzeit noch überprüft werden müssen. Auch ist hier von höherer Stelle nicht in anderem Sinne interveniert worden. Sie aber fordern mich mit dem Hinweis auf karitative Werke, die dringend Geld brauchen, in Ihrer bekannt vornehmen Art dazu auf, „einen kühnen Schritt zu wagen". Ich darf Sie daher bitten, mir derartige Situationen zu nennen. Wir werden alles Menschenmögliche tun, um den Verantwortlichen dieser Einrichtungen unter die Arme zu greifen, nicht ohne diese darüber in Kenntnis zu setzen, dass das, was letztlich dann geschieht, von Ihnen angeregt wurde. Ich wünsche Ihnen geruhsame Sommerferien und verbleibe mit ergebensten Grüßen

Seine Verärgerung konnte de Bonis nicht abreagieren, weil er inzwischen längst keinen Einfluss mehr auf die Schalthebel der Bank hatte. Am 2. August schrieb er ein letztes Mal an Vizedirektor Scaletti, indem er auf den Brief Caloias einging. Seine Worte klangen wie ein Abschiedsbrief:

Wirklich eine Tröstung Gottes in diesem meinem bitteren römischen Sommer, der von dem demütigenden Verhalten der Bank mir gegenüber vergiftet ist. Ich habe Dir schon immer gesagt, dass der Präsident ein echter Grandseigneur ist. Sein Brief ist höflich, aufmerksam und hat Stil. Ich halte die Entscheidung der „Aufklärung" über Stiftungen und Konten für absolut richtig und klug: Genau aus diesem Grund habe ich auf Anregung von Kardinal Castillo Lara an die Abfassung einer eidesstattlichen Erklärung gedacht. Hat der Aufsichtsrat sie nicht als „Aufklärung" akzeptiert? Ich kann warten. Vielleicht wird der Aufsichtsrat das noch bereuen. Er hat nur die persönlichen Konten nicht gesperrt, von denen es drei gibt:

a) ein Lire-Konto mit der Nummer 001.2.99765E, auf das die Pension eingeht. Im Augenblick müsste es einen Kontostand von 15 Millionen aufweisen.

b) ein Dollar-Konto 051.3.10054W mit einem Kontostand von zirka 9000 Dollar.

c) ein Depot 21012 mit Wertpapieren, die ich über den Credito Italiano von Ciocci erworben habe, im Gesamtwert von 120 Millionen (davon 60 von meiner Familie).

Frage: Warum gilt die Entscheidung des Aufsichtsrats für a und b, nicht aber für c?

Als ich zum Professor sagte, er solle „aus Güte irren", bezog ich mich auf die Entscheidung des Aufsichtsrats und wollte keineswegs, dass er „einen kühnen Schritt wagt", denn ich kenne seine absolute berufliche und moralische Korrektheit und wollte ihn zu nichts drängen. Ein Letztes: Im zweiten Teil des Briefes erklärt sich Caloia bereit, mir bei meinen karitativen Tätigkeiten unter die Arme zu greifen. Ich bitte Dich, ihm aufrichtig zu danken. Ich habe viele Freunde, die an mein karitatives Engagement glauben und mir alles geben. Jede Rückenmarkstransplantation kostet mehr als 100 Millionen. Ich habe das Geld immer auftreiben können. Meine alte Bank möchte ich um nichts bitten, doch mit demütiger und bewegter Befriedigung nehme ich das Versprechen des Präsidenten an und bitte ihn, bei der nächsten Personalauswahl Sig. Mauro Lorenzini zu berücksichtigen, den ich schon einen Monat bevor der Aufsichtsrat kam, als „Säuberer" eingestellt hatte, der aber dann von Bodio nicht übernommen wurde. Und ein Opfer des vietnamesischen Kommunismus, ein aus Vietnam geflohenes Mädchen, das ich bei den Suore Calasanziane untergebracht habe, wo ich die monatlichen Kosten, Bücher, Taschengeld usw. zahle. Die Obe-

203

rin Schwester Saveria und Schwester Filomena, die sie groß-
gezogen haben, berichten mir, sie sei ein Engel. Sie hat heuer
ihren Abschluss als Buchhalterin gemacht, kann aber nicht in
Italien arbeiten, weil sie nicht die italienische Staatsbürgerschaft besitzt. Berücksichtigt sie bei der nächsten Personal-
runde. Danke, Lelio, nimm Dir die verdiente Ruhepause,
denk ein bisschen mehr an Deine Gesundheit. In ein paar
Jahren wird sich niemand mehr Deiner Verdienste erinnern.
So ist es mir ergangen (erinnerst Du Dich an die Zeiten der
„Handschellen"?).
Mit Liebe und Hochachtung, Don Donato.

Wahrheit und untergründige Botschaften vermischen sich in diesen Worten des Prälaten des Malteserordens. Durchaus zu Recht
beanspruchte de Bonis Gelder und verwies auf seine karitative
Tätigkeit, denn viele kannten an dieser schillernden Persönlichkeit nur diese verdienstvolle Seite.

In den folgenden Jahren beschäftigte sich de Bonis aus-
schließlich mit dem Malteserorden, und seit 1999 war er in der
vornehmen Via Condotti auch Kaplan des Palazzo di Malta.
Unbeschadet überstand er nicht nur Galaveranstaltungen und
Feierlichkeiten, wie die für die Ankunft der Familie Grimaldi in
Rom, sondern auch weitere Skandale und böse Gerüchte, beispielsweise 1998, als ein Landsmann aus Lukanien namens
Filippo D'Agostino Kardinal Michele Giordano, einen engen
Freund und Studienkollegen von de Bonis, erfolglos verklagte. In
Palermo warf der ebenfalls aus Lukanien stammende Antonio
d'Andrea dem Prälaten vor, einen „parallelen Malteserorden"
ins Leben gerufen zu haben, mit dem er in den siebziger Jahren
das politische Leben in Italien kontrollierte. Die Staatsanwälte
Antonio Ingroia und Roberto Scarpinato nahmen diese Vor-
würfe in ihre umfangreichen Ermittlungen über „neue kriminelle
Systeme" auf, deren Akten in den Schränken der italienischen
Justiz liegen.

Abgelehnt dagegen wurde der Antrag der Verteidiger des Mafiabosses Salvatore Riina, de Bonis als Zeugen im Prozess Scopelliti in Reggio Calabria zu vernehmen. Im Herbst 2000 überraschte der Ex-Prälat seine Feinde noch einmal mit einem Besuch Papst Johannes Pauls II. bei seinen treuen Schäfchen, den Malteserrittern: „Herzlich begrüße ich Kardinal Pio Laghi", begann Johannes Paul II. seine Ansprache, „den Kardinalpatron des souveränen Ordens von Malta, der an der heutigen Begegnung hat teilnehmen wollen. Und mit ihm den lieben Bruder Monsignor Donato de Bonis, euren Prälaten." Diese protokollarische Höflichkeit war Balsam für diesen Mann, den die Last des Alters und der Krankheit niederdrückte und der längst die Unerschrockenheit der aggressiven neunziger Jahre hinter sich gelassen hatte.

De Bonis verschwand lautlos von der Bühne. Nachdem er in aller Stille in einer Kapelle des römischen Friedhofs Verano beerdigt worden war, erschienen in italienischen Zeitungen am 25. April 2001 neun Nachrufe zum „Tod Seiner Exzellenz Monsignor Donato de Bonis". Einer war von Paul Marcinkus und Pasquale Macchi, ein anderer von den Modeschöpferinnen Laura und Lavinia Biagiotti Cigna unterzeichnet. Als einziger Politiker nahm Gianni Letta öffentlich von de Bonis Abschied. Heute erinnert nur noch ein Flachrelief in der Kirche Sant'Antonio Abate in seiner Heimatstadt Pietragalla an den ehemaligen Prälaten des IOR. Es befindet sich rechts vom Eingang und ist aus Bronze. Schade, denn aus Gold hätte es ihm sicher besser gefallen.

Castillo Lara, der venezolanische Freund des Papstes

Die Trockenlegung des Sumpfes des parallelen IOR, die ausweichende Behandlung der Enimont-Affäre und das geräuschlose Verschwinden von de Bonis geben freilich keine Antwort auf die Frage nach den Garantien, den Vertuschungsmanövern und der Komplizenschaft, die die Entscheidungen der Verantwortlichen im Vatikan maßgebend beeinflusst hat. Von der Biografie de Bonis', seiner schillernden Persönlichkeit, seinen Beziehungen und einflussreichen Kunden war ausführlich die Rede und auch von den besonderen Zeitumständen. Doch ihn für den einsamen Strippenzieher zu halten, der als eine Art Alleinerbe von Marcinkus' Geheimnissen alles ohne Hilfe in Bewegung gesetzt hat, scheint zu kurz gegriffen.[3]

Der mächtigste Mann dieser Jahre war nicht Kardinal Angelini, der Päpstliche Rat für die Pastoral im Krankendienst, auch nicht Macchi, der einflussreiche Sekretär Papst Pauls VI., nicht der Amerikaner O'Connor und auch nicht Andreotti und Konsorten. De Bonis konnte auf das Wohlwollen seines direkten Vorgesetzten, Kardinal José Rosalio Castillo Lara, setzen. Der Präsident der Kardinalskommission zur Kontrolle des IOR spielte im Machtgefüge der Kurie eine entscheidende Rolle. Castillo Lara war einer der ganz wenigen, die die direkte Konfrontation mit Johannes Paul II. nicht scheuten, und zwar nicht nur, wenn es um sein Spezialgebiet, die Reform des kanonischen Rechts, ging. Bis heute kursiert im Vatikan ein Bonmot, wonach das Autokennzeichen des Vatikans „SCV" in Wirklichkeit heißt: „Se Castillo vuole", wenn Castillo will.[4]

Castillo Lara wurde am 4. September 1922 in Venezuela in der Region Aragua, einem der rückständigsten Teile des Landes, geboren. Sein Geburtsort San Casimiro (wie es der Zufall will, der Schutzheilige Polens) war damals ein 2000-Seelen-Dorf und ist heute eine Kleinstadt von 30.000 Einwohnern. Als Neffe des Erzbischofs von Caracas und Primas von Venezuela, Lucas Guillermo Castillo, trat er nach seiner Schulzeit in die Ordensgemeinschaft der Salesianer im kolumbianischen Bogotá ein. Mit 27 wurde er zum Priester geweiht und promovierte in kanonischem Recht an der Salesianer-Universität von Turin, wo er bis 1957 lehrte. Er kehrte nach Lateinamerika zurück und blieb dort, bis er 1975 von Paul VI. als Bischof nach Rom geholt wurde, um an der Neufassung des kanonischen Rechts mitzuarbeiten. Dieses monumentale Werk, an dem Hunderte Professoren beteiligt waren, kam 1983 zum Abschluss. Seither leitete Castillo Lara verschiedene Kommissionen, zuerst die Disziplinarkommission der Römischen Kurie, dann die Kommission für die Revision und die authentische Interpretation des Codex iuris canonici.

Als anerkannt charismatische Persönlichkeit gewann der Venezolaner das Vertrauen des Papstes und wurde zum hochangesehenen Sachverständigen für Fragen des kanonischen Rechts. Bischöfe und Kardinäle, die seinen Rat suchten, waren fasziniert von den gelehrten Analysen dieses wenig zuvorkommenden, aber hochgebildeten Südamerikaners. Nachdem Castillo Lara am 25. Mai 1985 Mitglied des Kardinalskollegiums geworden war, verdankte er den weiteren steilen Anstieg seiner Karriere vor allem Papst Johannes Paul II. Von 1989 an oblag ihm die Präfektur für die wirtschaftlichen Angelegenheiten des Apostolischen Stuhls. Als Präsident des IOR bildete er das geistliche Gegengewicht zu dem Laien Angelo Caloia. Innerhalb weniger Monate wurde er mit höchst einflussreichen Aufgaben betraut, die sein Ansehen enorm steigerten.

Wenn nicht als Einziger, so doch als einer der ganz wenigen Kardinäle in der Geschichte des Vatikans leitete er nicht nur die Vermögensverwaltung des Heiligen Stuhls (APSA) und das Governatorat des Vatikanstaats, also praktisch die zentrale Staatsverwaltung, sondern auch die Kardinalskommission zur Kontrolle des IOR. Damit war er zugleich Schatzminister, Minister für die Aufgaben der öffentlichen Hand und Gouverneur. Von ihm wurden die wichtigsten Bauvorhaben des Vatikans für das Heilige Jahr 2000 angestoßen. In dieser Zeit leitete der renommierte Architekt de Bonis in der Beletage der Pro Fide an der Piazza di Spagna die Sitzungen mit der Baugesellschaft Impregilo (damals zur Fiat-Gruppe gehörig). Durch die schalldichten Türen dieser abgeschirmten Büros drang nichts von dem nach draußen, was dort verhandelt wurde. Dieser Architekt de Bonis mit den pechschwarzen Haaren und der spitzen Zunge behauptete, ein Neffe des Prälaten Donato de Bonis zu sein.

Jenseits des Tibers ließ Castillo Lara eindrucksvolle Bauwerke wie die Casa di Santa Maria errichten, die 1996 die Kardinäle während des Konklaves beherbergte, außerdem die Erweiterung der Museumseingänge und den Parkplatz unter dem Platz vor dem alten Bahnhof der Vatikanbahn.

In diesen Jahren vertiefte Castillo Lara seine Interessen und pflegte seine Freundschaften, beginnend mit dem umstrittenen, aus den Abruzzen stammenden Bauunternehmer Domenico Bonifaci. Er war von seinem Heimatort Tagliacozzo aufgebrochen, um ein Imperium aus Verlagen, Bauunternehmen und Finanzholdings aufzubauen. Bonifaci war es, der in der Enimont-Affäre Gardini die Schatzanweisungen für die Schmiergeldzahlungen zur Verfügung stellte. Der Eigentümer der Zeitung „Il Tempo", der in den neunziger Jahren wegen Bestechung mehrmals verhaftet wurde, war in der Hauptstadt einer der Baulöwen, deren Reichtum in den siebziger Jahren in dem Maß zunahm, in dem die *Urbs* von gesichtslosen Mietskasernen bis zur Unkenntlichkeit verschandelt wurde. Dank de Bonis und der verschiedenen in dem parallelen IOR eröffneten Konten hatte Bonifaci direkten Zugang zum Vatikan. Nach den Statuten und Zielsetzungen der Vatikanbank hätten freilich nur Körperschaften, religiöse Einrichtungen und Angehörige des Heiligen Stuhls zu den Kunden des Kreditinstituts zählen dürfen. Doch Castillo Lara hat dies stets heruntergespielt, ja sogar mit einer gewissen Dreistigkeit bestritten, dass Unternehmer Kunden des IOR sein könnten.[5]

Die Konten des Bauunternehmers Bonifaci

Doch seit 1991, als Caloia Präsident und Castillo Lara Vorsitzender der Kardinalskommission war, begann Bonifaci unter eigenem Namen Geschäfte über die Bank abzuwickeln. Der Trick war ganz einfach, denn Artikel 2 des Statuts der Bank sieht vor, dass das IOR auch Vermögenswerte akzeptieren kann, die „zumindest teilweise oder in Zukunft für Werke der Religion" bestimmt sind. Entweder wurde ein Testament beigefügt, in dem Verfügungen für die Kirche enthalten waren, oder es wurde ein bestimmter Prozentsatz der Zinsen vereinbart, was immer noch vorteilhafter war als die 30 Prozent Zinsabschlagssteuer, die der italienische Staat verlangte. Für Bonifaci wurde dieser Prozentsatz auf zehn Prozent für Barguthaben und auf sieben Prozent für Wertpapiere festgelegt. Dadurch sparte er eine Menge Geld. Bonifaci konnte zu diesen Bedingungen ein Wertpapierdepot eröffnen, auf das er italienische Staatsanleihen im Wert von zehn Milliarden anlegte. Die Transaktionen wurden anstandslos vom damaligen Direktor Bodio persönlich veranlasst. Er gab seine Zustimmung, obwohl Bonifaci keinerlei Berechtigung für den Zugang zur Vatikanbank hatte. Innerhalb weniger Monate deponierte er weitere Schatzanweisungen in Höhe von 10,5 Milliarden. Bonifaci konnte mehrere von ihm verwaltete Konten eröffnen, die er auch auf seine Frau Clorinda Checchia eintragen ließ.[6] Wie jeder Priester, der beim IOR ein Girokonto unterhielt, hinterlegte der Bauunternehmer seine testamentarischen Verfügungen in einem verschlossenen Umschlag bei der Bank. „Ich verfüge, dass alle Guthaben, die zum Zeitpunkt meines Todes bestehen, an meine Ehefrau Clorinda und meine Töchter Diletta, Federica und Flaminia übergehen."

Bonifaci wurde ein wahrhaft ungewöhnlicher Zinssatz von 11,75 Prozent auf Festgeld gewährt. Diese Vorzugsbehandlung zwang die frommen Bankiers, ein weiteres, ganz neues Konto zu eröffnen. Die Zinsen lagen um ganze vier Punkte höher als die ohnehin schon großzügigen acht Prozent, die die Bank Nonnen, Priestern, religiösen Körperschaften und Kirchen für ihre verdienstvolle karitative Tätigkeit gewährte. Die Wirkung ließ nicht auf sich warten: Die 20,5 Milliarden auf dem Konto wuchsen in kürzester Zeit auf 24 Milliarden an. Warum erhielt Bonifaci eine solche Vorzugsbehandlung? Aus den Papieren des Dardozzi-Archivs ergibt sich, dass Bonifaci die Konten für Transaktionen verwendete, die nicht immer ganz sauber waren. Dem Depot

001-3-17624 wurden 35,6 Milliarden gutgeschrieben, wovon die eine Hälfte aus Schatzanweisungen der Enimont-Schmiergelder stammte. Davon sind vier Milliarden nicht in der Liste der Staatsanwaltschaft enthalten. Das Guthaben des anderen Kontos 001-6-02660-Y des Bauunternehmers Bonifaci belief sich dagegen auf 24 Milliarden.

Als das Rechtshilfeersuchen der Mailänder Staatsanwaltschaft zum Fall Enimont den Vatikan in die Ermittlungen einbezog, zögerte Bonifaci keinen Augenblick. Er stürzte sofort in die Kurie und wiederholte hier, was er gerade vor den Staatsanwälten ausgesagt hatte, um die Kardinäle vorzuwarnen. Außerdem unterbreitete er einen seltsamen Vorschlag, der in einer Notiz einem – vom stellvertretenden Generaldirektor Scaletti unterzeichneten – Bericht an Caloia und Dardozzi über die Transaktionen des Baulöwen beigefügt war:

Bonifaci hat zwei Listen von Wertpapieren erstellt, die erste mit einen Nominalwert von etwa 110 Milliarden und die zweite mit einen Nominalwert von ungefähr 60 Milliarden und den Wertpapieren, die für die bekannte Operation, das Enimont-Schmiergeld, in Höhe von insgesamt 140 Milliarden verwendet wurden. Die erste Liste ist bereits im Besitz der italienischen Ermittler. Sie enthält viele Wertpapiere, die auf bekannten Konten (Serafino, Louis, Bonifaci) zu finden sind. Die Finanzpolizei hat aufgrund dieser Liste und durch Hinweise von Banken angeblich bereits Wertpapiere für zirka 30/40 Milliarden bis zu uns zurückverfolgt. Die zweite Liste wird Bonifaci den Mailänder Ermittlern am Dienstag, dem 12. Oktober übergeben. Er wäre bereit, einige Wertpapiere von der Liste zu nehmen, die über unsere Bank gelaufen sind. Wir haben ihm aber keinen Hinweis in diese Richtung gegeben. Letztere Liste bestätigt jedenfalls die Spur Serafino, Louis und außerdem Spellman. Bonifaci versichert, dass seine Rolle bei dem Immobiliengeschäft mit Mailand für ihn keine strafrechtlichen Konsequenzen haben wird. Er habe Immobilien für zirka 1000 Milliarden verkauft und für die Vermittlung aus seinem Privatvermögen schwarz 140 Milliarden als Provision gezahlt, also nicht gegen Gesellschaftsrecht verstoßen. Bei der Vielzahl der Obligationen hat er, so räumt er ein, manchmal eigene nicht von denen der Operation genau unterschieden. Doch er versichert, der Gegenseite alle geschuldeten 140 Milliarden ausgehändigt zu haben, ohne sich selbst etwas anzueignen. Zehn Wertpapiere im Wert von 10 Milliarden, die als zu der Mailänder Operation gehörig gekennzeichnet sind, wurden von ihm in seinem Depot verwahrt. Dieses Detail ist den Ermittlern noch nicht bekannt, und er wird versuchen, es bis zuletzt geheim zu halten ... Er wirkte angespannt und verängstigt. Weitere Informationen, die uns betreffen könnten, wird er uns zukommen lassen, sobald er etwas erfährt.

Es bestand auch die Gefahr, dass die Guthaben auf seinen Konten bekannt wurden. Für diesen Fall hatte sich Bonifaci bereits eine Verteidigungsstrategie zurechtgelegt, wie die wahrscheinlich von Clapis verfasste Notiz im Folgenden erläutert:

Falls sein Guthaben (etwa 24 Milliarden) bei unserer Bank bekannt werden sollte, wird er sich damit verteidigen, die Stiftung eingerichtet zu haben, um sich den Kardinal gewogen zu machen, mit dem er über das römische Immobilienprojekt (Acquafredda) verhandelte.

Das ins Auge gefasste Alibi führt uns an einen anderen Knotenpunkt im Geflecht der Kungeleien jener Jahre, an denen neben Bonifaci ebenfalls Castillo Lara in seiner Funktion als hoher Würdenträger des Heiligen Stuhls beteiligt war. Unmittelbar nach der Enimont-Affäre und auf dem Höhepunkt der „Mani pulite"-Ermittlungen realisierte Bonifaci ein riesiges Bauprojekt in der

Hauptstadt. Der Grundbesitz der Kirche hatte ihn schon immer gereizt, besonders die Baugrundstücke vor den Toren der Stadt, die wie geschaffen waren für Parzellierung und Spekulation. Zuerst führte de Bonis den Unternehmer in der Bank ein und verschaffte ihm dann ein Entree bei Castillo Lara, der als Leiter der APSA den Besitz der katholischen Kirche verwaltete und den vermögenden Kunden schätzte. Bonifaci begann auf diese Weise mit Castillo Lara über den Kauf von Grundstücken zu verhandeln. Insbesondere hatte er es auf das alte Landgut Acquafredda abgesehen, das sich zwischen Via Aurelia und dem Autobahnring im Agro romano über 140 Hektar erstreckt.

Im Juni 1992 bot Bonifaci dem Venezolaner als Vorschuss nicht weniger als 120 Milliarden, teils in bar, teils in Form von Wohnungen, die im Bau waren. Castillo Lara biss an. Angeblich bot der Bauunternehmer das Doppelte des damaligen Marktpreises. Der Kardinal verlangte jedoch ein schriftliches Gebot. Am 18. Juni 1992 schien das Geschäft fast perfekt: Der Bauunternehmer legte dem Kardinal eine Vereinbarung vor, in der die Zahlungsmodalitäten festgehalten waren: „10 Milliarden bei Unterzeichnung der Verpflichtungserklärung, 10 nach Vertragsabschluss, 80 in zwei Halbjahresraten und die letzten 20 in Form von zweiunddreißig Appartements, die im römischen Stadtteil Valcannuta gebaut werden. Ich versichere Ihnen an dieser Stelle, dafür Sorge zu tragen, dass bei der nächsten Besprechung, wenn der Ablauf der ganzen Operation festgelegt wird, der Alternativvorschlag auf den Tisch kommt, weshalb unsere Mitarbeiter auf der Basis der Vorschläge Ihres Prof. Tremonti ja bereits in Kontakt sind."

Um die Ernsthaftigkeit seiner Absichten unter Beweis zu stellen, legte Bonifaci einen direkt auf den Präsidenten der vatikanischen Vermögensverwaltung ausgestellten Scheck des Banco di Santo Spirito über zehn Milliarden bei. „Ich erlaube mir festzuhalten", fuhr er klugerweise fort, „dass der beigefügte Scheck zurückerstattet werden müsste, falls der Vertrag nicht zustande kommt ... Diese Feststellung folgt nur den Verhandlungsgepflogenheiten und sollte nicht als Zeichen mangelnden Vertrauens interpretiert werden." In Wirklichkeit waren im Vatikan nicht alle mit dem Geschäft einverstanden, und der Staatssekretär stellte sich quer. Castillo Lara versuchte sich durchzusetzen, aber schließlich platzte das Geschäft.[7] Und der Scheck? Bonifaci verlangte das Geld zurück. Der Vatikan spielte auf Zeit und lehnte dann ab. Niemand wusste mehr etwas von dem Scheck. Wo war das Geld hingekommen? Bonifaci zitierte die Kirche vor Gericht und vertraute sich den langsamen Mühlen der italienischen Justiz an.

Wie alle Kunden von de Bonis, gefiel auch der Bauunternehmer Bonifaci Caloia nicht. Der Präsident machte seine Angestellten auf dessen seltsame Transaktionen aufmerksam. Und bereits im Mai 1992, als Bonifaci Wertpapiere in Höhe von 13 Milliarden beim Schalter vorlegte, wurde Caloia darüber informiert. Die Summe war zu hoch, um sie einfach anzunehmen. Deshalb verweigerte man die Annahme und gab die Schatzanweisungen zurück. Bonifaci ließ jedoch nicht locker. Er erbat eine Audienz bei de Bonis, um sich zu beschweren, aber der Prälat verfügte nicht mehr über so viel Macht wie zuvor. Vergebens versuchte er, dem Bauunternehmer zu helfen, der seinerseits weiter Druck machte. Als im August 1992 die italienische Lira abgewertet wurde, sollte das IOR alle seine in Lire notierten Wertpapiere für insgesamt 20,5 Milliarden verkaufen und den Ertrag in Dollar und Deutscher Mark anlegen. Leider hatte er keine ausreichende Vollmacht dafür. Deshalb stoppte man den Umtausch. Bonifaci wurde als Kunde des IOR allmählich eine Belastung.

Interne Kontrollen wurden eingeleitet, wie Scaletti und Mario Clapis in einem vertraulichen Bericht vom 29. Oktober 1993 schrieben:

Da ein Konto auf eine natürliche Person ohne jede Beziehung zum Heiligen Stuhl eingetragen ist, fragten wir uns, wer der Kontoinhaber ist und was ihn veranlasst hatte, unsere Bank in Anspruch zu nehmen. Die Unterlagen über die Kontoeröffnung verwiesen auf die „Fondazione Marchese Gerini", eine Körperschaft, die gerade damals wegen einer Auszahlung von rund 8 Milliarden durch das IOR Anlass zur Besorgnis gab, weil die Erben des Marchese nach Zeitungsberichten dagegen geklagt haben. Da die Transaktion von S.E. Monsignor de Bonis getätigt worden war, fragten wir diesen, ob er Signor Bonifaci kenne. Monsignor de Bonis erklärte, er habe ihn zum IOR gebracht, denn als begüterter Mann könne er mit seinen Einlagen ein Absicherungspolster schaffen, falls es mit der Transaktion Gerini Probleme geben sollte.

Als im Juni 1991 Angelo Sodano das Staatssekretariat von Agostino Casaroli übernahm und wegen der Enimont-Schmiergelder ermittelt wurde, als das Geschäft mit Bonifaci platzte und einige Mitglieder im Rat der Stiftung „Centesimus annus" aus dem Umkreis von Castillo Lara Probleme mit der Justiz bekamen, begann der Stern des ehemals mächtigsten Kardinals der Vatikanstadt zu sinken. Vor allem Caloia, der in ihm einen engen Verbündeten von de Bonis sah, glaubte, er sei von Marcinkus beeinflusst, und zog die Korrektheit seiner Tätigkeit in dieser heiß umkämpften Angelegenheit in Zweifel. In seinen regelmäßigen Briefen an Staatssekretär Sodano äußerte er sich fast täglich überaus kritisch. Einige Passagen des Schreibens vom 27. Juli 1993, in dem Caloia de Bonis erneut mit seinem Decknamen „Roma" bezeichnet, zeigen das zur Genüge:

Erlauben Sie mir, meinen Eindruck wiederzugeben, dass Kardinal Castillo Lara gegen diesen Zustand grundsätzlich nichts einzuwenden hat, auch wenn er das nur aus Zweckmäßigkeitsgründen tut. Insbesondere möchte ich darauf hinweisen, wie sehr der Kardinal (auf Veranlassung von Msgr. Marcinkus und durch Msgr. „Roma", für den dies alles nicht aus Gerechtigkeitsgründen, sondern ... aus karitativen Erwägungen zu geschehen habe!) darauf gedrängt hat, Signorina Margonda „zurückzugewinnen" (die vom IOR bereits eine Rente bezieht und sehr großzügig in einer Wohnung untergebracht ist, deren Miete das IOR festsetzt). Bezeichnender noch sind die seltsamen Beziehungen zwischen dem zur Genüge bekannten Signor Pioselli, Dr. Gibellini und Kardinal Castillo Lara. Sie haben sogar die Versicherungsgesellschaft SAI und vor allem ihren Inhaber, Dipl.-Ing. Ligresti, in den Vatikan eingeführt!!! Hier zeigt sich wiederum die Gefährlichkeit bestimmter Initiativen, die sich, auch wenn sie an sich positiv sind, in einen Bumerang verwandeln können, wenn sie innerhalb des Vatikans aufrechterhalten und durch Personen, die dem IOR angehören, gefördert werden.

Eine erste Irritation löste Gibellini, Generaldirektor des IOR sowie Protegé des Kardinals, aus, der im Januar ins IOR gekommen war und sofort zu de Bonis' „Gefangenem" wurde. Der Manager verlangte eine 380 Quadratmeter große Wohnung in der Via della Conciliazione unmittelbar außerhalb der vatikanischen Mauern, die der Kurie gehörte. Bevor er einziehen konnte, musste sie für 600 Millionen Lire renoviert werden, um seinen Ansprüchen an Luxus und Komfort zu genügen. Die Kosten sollte der Heilige Stuhl tragen. Der Aufsichtsrat unter Vorsitz von Caloia widersetzte sich diesem Ansinnen. Man hielt es nämlich für unangemessen, einem Angestellten Repräsentationsräume auf Kosten des Vatikans zur Verfügung zu stellen. Besser sollten „Führungspersönlichkeiten des Heiligen Stuhls oder Botschaften" dort untergebracht werden, wie Caloia in seinem Briefwechsel mit Sodano bemerkte. Daraufhin beschwerte sich Gibellini beim Präfekten für die wirtschaftlichen Angelegenheiten des Heiligen Stuhls. Dieser suchte seinen Ziehsohn zufriedenzustellen, musste aber feststellen, dass er nicht mehr viel Handlungsspielraum hatte, und hielt sich zurück.

Caloias Misstrauen wuchs, als sich die Lage im Oktober 1993 dadurch zuspitzte, dass der Vatikan in aller Öffentlichkeit in die

Enimont-Affäre hineingezogen wurde. Am 14. Oktober 1993 wurde eine Sitzung anberaumt, um die weitere Strategie festzulegen. An der Zusammenkunft nahmen außer dem Aufsichtsrat unter Vorsitz von Caloia die Kardinäle O'Connor, der ehemalige Staatssekretär Casaroli, der vatikanische „Innenminister" Martínez Somalo und auch Castillo Lara teil. Angesichts der offenkundigen Gefahr, dass die Lage völlig außer Kontrolle geriet, waren alle Teilnehmer über die Haltung Castillo Laras schockiert: „Mit einer Mischung aus Überheblichkeit und Unduldsamkeit", berichtete Caloia an Sodano, „versuchte er abzulenken und dauernd zu unterbrechen. Er wollte verhindern, dass seine Kardinalskollegen einen tieferen Einblick gewinnen, und tat alles, um die Sitzung so schnell wie möglich zu beenden."

Die Besprechung war entscheidend, denn man behandelte das Thema der „Stiftungen, die für die Anfragen dieser Tage die größte Rolle spielen ... Groß war die Besorgnis wegen des Aufsehens, das dadurch erregt werden konnte. Nur Kardinal Castillo Lara schien die Sache herunterspielen zu wollen und schweifte so sehr ab, dass die Geduld der Sitzungsteilnehmer ziemlich strapaziert wurde." Caloia konnte sich dieses Verhalten nicht anders erklären als mit der Beziehung, die der Kardinal aufgrund seiner Immobiliengeschäfte zu Bonifaci unterhielt. Am 19. Oktober 1993 verlangte er, dass Sodano als „höchste Autorität" einschritt:

Gemäß der alten Weisheit, „wer Schlechtes denkt, begeht zwar eine Sünde, trifft den Nagel aber oft auf den Kopf", will ich eine zumindest teilweise Deutung der Dinge hinzufügen. Der Vorsitzende der Kardinalskommission scheint einzig und allein damit beschäftigt zu sein, den Vorgaben von Signor Bonifaci zu folgen, dem Bauunternehmer, mit dem er gut bekannt ist und enge Geschäftsbeziehungen unterhielt, die schließlich gescheitert sind und wahrscheinlich sehr viel umfangreicher waren, als das an sich schon riesige Projekt Acquafredda vermuten lässt. Er ist auffallend darum bemüht, möglichst früh alles zu wissen und zu beeinflussen, was die erwähnte „Persönlichkeit" betrifft. Darüber hinaus machen die Überheblichkeit, mit der er meine Darlegungen gegenüber den Eminenzen behandelt hat, und sein Versuch, die Vorgänge auf seine Weise zu erklären (auch durch neue Interviews und sogar dadurch, dass er unvorsichtige Leute wie Gibellini bei ausländischen Behörden Erkundigungen einholen ließ), die Gefahr deutlich, dass er sich einer Angelegenheit bemächtigen will, die ganz andere Anforderungen stellt, nämlich Augenmaß und Klugheit.

Das Portfolio des Papstes

Der gute Draht, den Castillo Lara zum Heiligen Vater besaß, hinderte den Kardinalstaatssekretär freilich daran, die von Caloia beanstandeten Vorgänge weiterzuleiten. Nicht einmal der unmäßigen Neubewertung der Miete, die die vatikanische Vermögensverwaltung Castillo Laras von der Bank verlangte, setzte er Widerstand entgegen: Von den eher symbolischen 65.000 Lire im Jahre 1943[8] war sie bis Februar 1994 auf zwei Milliarden jährlich gestiegen.

Entscheidend war vielmehr, dass Castillo Lara direkte Anweisungen von Johannes Paul II. empfing und dessen finanzielle Entscheidungen persönlich ausführte. Er war praktisch der persönliche Finanzberater des Papstes, verwaltete dessen Portfolio, schützte und beanspruchte dessen Rechte. Dies galt beispielsweise für die Schweizer Stiftung Surava, eine Wohltätigkeitseinrichtung, die Anfang 1990 über ein Vermögen von 52 Millionen Schweizer Franken verfügte. Die Stiftung gehörte dem römischen Marchese Alessandro Gerini, der bei seinem Tod sein gesamtes Vermögen für wohltätige Zwecke zur Verfügung gestellt hatte. Hier muss vorausgeschickt werden, dass sich Castillo Lara unmittelbar nach dem Tod des Marchese dafür eingesetzt hatte, dass die Surava aus der Erbmasse herausgelöst und unmittelbar dem Papst zur Verfügung gestellt wurde. Nach der Testamentseröffnung flog Castillo Lara nach Zürich, um die Verwalter der Stiftung und ihren Leiter Wiederkehr zu treffen. Sein Ziel war, die Stiftung auf das Portfolio des Papstes zu übertragen. Castillo Lara erklärte, in der Schweiz „in ein handschriftliches Dokument des verstorbenen Marchese Gerini vom 21. Dezember 1988 Einblick gehabt" zu haben, „das den Willen zum Ausdruck brachte, den Papst als zweiten Begünstigten der ‚Stiftung Surava' einzusetzen, an den deshalb das besagte Vermögen nach seinem Tod übergehen sollte."[9] Auch aus persönlichen Gesprächen mit Gerini folgerte Castillo Lara, „dass es der eindeutige Wille des Verstorbenen war, das noch in der Schweiz vorhandene Vermögen der Surava dem Heiligen Vater zur freien Verfügung zu überantworten", als dessen Vertreter der Venezolaner auftrat. Diesen „eindeutigen Willen" durfte man natürlich auf keinen Fall missachten.

Ebenfalls auf Veranlassung des Papstes stand Castillo Lara in der Bank Erzbischöfen und Kardinälen in allen Finanz- und Überweisungsfragen zur Seite. Am 15. Februar 1994 half er auf Weisung des Papstes zum Beispiel dem Metropoliten von Riga, Erzbischof Jānis Pujats, im IOR bei einem wichtigen Bankgeschäft. Er übergab an den Manager Perrone „die Dispositionen in dieser Angelegenheit" und schickte einen Tag später an Caloia eine „Kopie des Briefes des Staatssekretariats dazu" und außerdem eine Karte, auf der er sich dafür bedankte, „wie schnell und effizient diese Anweisung des Heiligen Vaters ausgeführt wurde."[10]

Diese finanzielle Transaktion war ein Ergebnis des Papstbesuchs in Lettland wenige Monate zuvor. Der Heilige Vater hatte dabei auch die wichtigste Stätte der dortigen Marienverehrung, den Wallfahrtsort Aglona, besucht. Die Reise nach Lettland und in die beiden anderen baltischen Staaten Litauen und Estland diente dem Ziel, in den Ländern des Ostblocks die durch die politischen Verfolgungen geschwächte Kirche zu stärken. Die persönliche Geschichte des jetzigen Kardinals Pujats hatte großen

218

Eindruck auf Johannes Paul II. gemacht. 1984 war Pujats von den Moskauer Machthabern gezwungen worden, sein Amt als Generalvikar der Erzdiözese Riga niederzulegen und nurmehr als einfacher Gemeindeseelsorger zu arbeiten. Als Lettland 1991 seine staatliche Unabhängigkeit erhielt, wurde er zum Erzbischof ernannt und am 21. Februar 1998 von Johannes Paul II. zum Mitglied des Konsistoriums in pectore* bestimmt. Wie viel der Erzbischof für sein Wirken kassiert hat, ist nicht bekannt und spielt hier keine wesentliche Rolle. Bezeichnend ist die Transaktion aber dafür, dass politische Interessen auf höchster Ebene die Vorsicht der Kardinäle sehr wohl rechtfertigten. Die Handlungsfreiheit Castillo Laras durfte nicht in Frage gestellt werden.

Caloia versuchte den Staatssekretär zu drängen, Stellung zu beziehen. Sodano aber agierte äußerst vorsichtig. So überzeugte er den Kardinal beispielsweise davon, darauf zu verzichten, sich von Johannes Paul II. die Veröffentlichung einer Schrift über das IOR bewilligen zu lassen, „um den in Umlauf befindlichen Gerüchten entgegenzutreten. Eine derartige Veröffentlichung sollte einen längeren Zeitraum und auch die peinlichen Vorgänge der Vergangenheit umfassen."[11] Auch in diesem Fall wäre man Gefahr gelaufen, neue Fronten zu eröffnen. Die Publikation kam nie zustande. Um die gleiche Zeit ließ Castillo Lara de Bonis endgültig fallen. Er forderte ausgerechnet Caloia auf, ihn sich „definitiv vom Hals zu schaffen",[12] wie er sich ausdrückte.

Nach kanonischem Recht enden kirchliche Ämter mit Erreichung des 75. Lebensjahres. Das „kanonische" Alter verlangt somit, dass der Würdenträger – meist nach einer gewissen Verlängerung – sein Amt niederlegt. Castillo Lara dagegen wurde unmittelbar nach Erreichen des 75. Lebensjahrs durch Kardinal Edmund Szoka ersetzt, den polnischen Kardinal von Detroit, der dem Papst und seinem Sekretär Stanisław Dziwisz nahestand. 1997 legte Castillo Lara somit alle Ämter im Vatikan nieder. Er kehrte nach

---

* unter Geheimhaltung

50-jähriger Abwesenheit nach Venezuela zurück, wo er tagtäglich
gegen Präsident Hugo Chávez zu Felde zog und den Zeitungen erklärte: „Er ist ein paranoider Diktator. Die Paranoia lässt ihn jeden Sinn für die Realität verlieren."[13] Am 16. Oktober 2007 um
7.40 Uhr starb er in einer Klinik in Caracas, in die er wegen Atem-
beschwerden am 19. September eingeliefert worden war.

In einem Beileidstelegramm an den Erzbischof von Caracas,
Kardinal Jorge Liberato Urosa Savino, gab Benedikt XVI. seiner
Trauer über den Tod dieses „eifrigen Hirten" Ausdruck, „der der
Kirche mit großer Nächstenliebe gedient hat. Er hat seine große
Hingabe an die Sache des Evangeliums und seine tiefe Liebe zur
Kirche unter Beweis gestellt" und starb nach einer „mit großem
Gleichmut ertragenen Krankheit". Am 30. Tag nach seinem Tod
standen weiße Lilien auf dem Altar. Der gegenwärtige Staatssekretär Tarcisio Bertone, der ebenfalls der Ordensgemeinschaft
der Salesianer angehört, fand in seiner Predigt Worte uneinge-
schränkter Hochachtung: „Das irdische Leben von Kardinal Castillo Lara war von Weisheit geprägt, und er hat dank seiner juristischen Studien, aber auch dank der Vorbildlichkeit seines Lebens
viele dazu gebracht, Gerechtigkeit zu üben, aus der Einsicht heraus, dass für den Christen Gerechtigkeit und Nächstenliebe nicht
zu trennen sind, ‚weil der Mensch über die Gerechtigkeit hinaus
immer Liebe braucht und brauchen wird', wie Benedikt XVI.
sagt."[14]

Fioranis Geld an Castillo Lara

In den neunziger Jahren war die Situation viel schwieriger, als die
vatikanischen Geistlichen heute zum Ausdruck bringen, wenn sie
an die einflussreichen Persönlichkeiten von damals erinnern. Es
ging nicht nur um das parallele IOR, um die Enimont-Schmiergelder und die geheimen Finanztransaktionen der Kardinäle, durch
die sich für das Staatssekretariat und deshalb auch für Dardozzi

ständig neue Probleme auftaten. Damit nicht genug, wurden auch verdächtige Aufkäufe von Bankanteilen ruchbar wie der, über den der katholische Bankier Gianpiero Fiorani im Sommer 2007, wenige Monate vor Castillo Laras Tod, vor den Mailänder Staatsanwälten aussagte: „Als ich die Cassa Lombarda kaufte, habe ich Castillo Lara, dem Verantwortlichen für die Finanzen, zum ersten Mal Schwarzgeld gegeben. Er wollte 30 Milliarden Lire möglichst auf ein ausländisches Konto, nicht auf ein Konto des Vatikans."

Die Geschichte spielte sich Mitte der neunziger Jahre ab, als Castillo Lara auf dem Höhepunkt seiner Kirchenkarriere stand. Die Banca Popolare di Lodi leitete Angelo Mazza,[15] ein pragmatischer Bankier und Mann schneller Entscheidungen. In dessen Schatten begann Fioranis Karriere, bis er die finanziell schwer angeschlagene Bank übernahm. Es war Fiorani, der die Übernahme von 30 Prozent der Aktien an der Cassa Lombarda einfädelte. Das Kreditinstitut der Familie Trabaldo Togna reizte die Banca Popolare di Lodi, weil die Übernahme eine rasche Expansion in der ganzen Lombardei erlaubte. „Beim Kauf der Cassa Lombarda", gab Fiorani zu Protokoll, „gehörte ein Anteil dem Vatikan, der APSA", also der Zentralbank der katholischen Kirche. Um die Transaktion zu verschleiern, wurden Zwischenkäufe eingeschaltet: „Der Anteil war auf eine Gesellschaft bei der Banca della Svizzera Italiana (BSI) in Lugano eingetragen. Die BSI verkaufte diesen Anteil dann, und die Kirchen verkauften an Trabaldo Togna und dann an uns." Parallel dazu flossen die Geldströme zwischen der Schweiz und Italien hin und her. Ein Teil landete schließlich auf einem Auslandskonto der BSI. „Wir haben einen viel zu niedrigen Wert angegeben", erklärte Castillo Lara laut Zeugenaussage von Fiorani, „und zahlen zu viel für den Wertzuwachs. Deshalb transferieren wir die Summe von einem Auslandskonto auf ein anderes." Fiorani gab dies an Mazza weiter, der die Zahlung autorisierte. Man benutzte unübliche Kanäle, um die Bedürfnisse der Kirche zu befriedigen. Eine Banküberweisung ging auf einem Konto bei der BSI ein. „Weil es bei dieser Bank", so Fiorani, „drei Konten des Vatikans gab, auf denen, ich glaube nicht zu übertreiben, zwischen 2 und 3 Milliarden Euro lagen."

---

1 Bei der Beerdigung am 6. September 1979 attestierte Johannes Paul II. dem Kardinal in seiner Predigt besondere Tugenden: „Sein ganzes langes Leben stand er im Dienst des Herrn und der Kirche. Insbesondere widmete er sich vornehmlich dem Apostolischen Stuhl, für den er seine besten Kräfte einsetzte. Wir schulden ihm besonderen Dank, und dieser Dankesschuld wollen wir heute im Angesicht des Herrn öffentlich nachkommen. Das ganze irdische Dasein des Verstorbenen lässt sich in folgenden drei Charakteristika zusammenfassen: Er war ein guter Priester, ein fleißiger Verwalter und ein großzügiger Wohltäter. Für das Erste stehen seine vielfältigen Aktivitäten im geistlichen Amt seit seinen ersten Priesterjahren; für das Zweite mehrere Jahrzehnte im Dienste seiner römischen Diözese und des Heiligen Stuhls; für das Dritte sein umfangreiches soziales, kulturelles und kirchliches Engagement. Diese guten Eigenschaften und guten Werke wird der Herr so zu schätzen wissen, wie er in einem Gleichnis den guten und treuen Diener lobte, der die ihm überantworteten Talente nicht für sich selbst behielt, sondern fruchtbringend einsetzte und seinem Herrn vervielfältigt zurückerstattete. Der Lohn für einen so dauerhaften, treuen und fruchtbaren Dienst kann für ihn nur von Gott selbst kommen, und wir sind hier, um ihn, den großen und selig machenden Herrn, darum zu bitten."

2 Aus dem „Memorandum für den Aufsichtsrat" vom 18. Februar 1994, unterzeichnet „V.P.", das heißt mit den Initialen von Vincenzo Perrone, dem Berater des IOR und Vertrauten Caloias. In dem Dokument heißt es weiter: „Es ist tatsächlich nicht einfach, sich in der Vielzahl von Papieren, Notizen, Willenserklärungen und Hinweisen zurechtzufinden, aber es ist doch auch wahr, dass der Kardinal eindeutig das vom 12.08.1953 datierte erste Testament als sein einziges und grundlegendes Testament betrachtete. Diese Tatsache wird daran deutlich, dass bei jeder Erwähnung eines Testaments auf das von 1953 verwiesen wird. Solche Hinweise finden sich auch in den oben erwähnten letzten Dokumenten (31.07.1973). Zu der angeblichen Vollmacht für den ‚Rat' der Testamentsvollstrecker, die Bestimmungen des Testaments zu ändern, ist zu sagen: Nach den Grundsätzen des italienischen Zivilgesetzbuchs wäre eine solche Annahme nichtig, und genau so würde sie von jedem anderen *common law* behandelt. Auf jeden Fall muss man festhalten, dass der Spielraum, der den Testamentsvollstreckern von dem verstorbenen Kar-

dinal eingeräumt wurde, sehr viel geringer ist, als es erscheinen mag, da sich seine Worte auf den ‚Geist von Großzügigkeit und Loyalität‘ bei der – gemeinsamen – Entscheidung über die Hinterlassenschaft bezogen. Das IOR hat den Besitz des Erbes nie angetreten, weder was den Barbestand betrifft, noch die Anleihen und Obligationen, noch die Immobilien. Die Testamentsvollstrecker haben – soweit wir wissen – nie gemeinsam agiert. Wir können festhalten, dass bisher nur einer der benannten Testamentsvollstrecker (Monsignor de Bonis) über die Erbschaft verfügt hat. Nach den Grundsätzen des *common law* und des italienischen Zivilgesetzbuchs (Art. 709.1) hat (haben) der (die) Vollstrecker zumindest am Ende jeden Jahres, wenn sich die Tätigkeit über mehr als ein Jahr erstreckt, einen Abschlussbericht über seine (ihre) Tätigkeit vorzulegen.“

3 Es hätte genügt, die am 1. April 1992 vom Aufsichtsrat des IOR unter Vorsitz von Caloia gefällte Entscheidung zur Anwendung zu bringen, um de Bonis auszuschalten und die „Bank innerhalb der Bank“ aufzulösen. In dieser Entscheidung wurde der Grundsatz festgehalten, dass „keine Einzelperson, die mit dem IOR in irgendeiner Weise verbunden ist, sei es als noch aktiver oder schon pensionierter Angestellter, als Manager, Buchprüfer, Prälat oder Aufsichtsratmitglied, über Konten oder Depots verfügen darf, die ihm nicht persönlich gehören.“ Der beunruhigende Bericht der geheimen Kommission, der dem Papst im Sommer 1992 zugegangen war, hätte ausreichen müssen, um diesem System ein Ende zu setzen, das sich jeder Kontrolle entzog und erst im Oktober 1993, als die italienische Staatsanwaltschaft sich damit befasste, ins Wanken geriet. De Bonis genoss offensichtlich höchste Protektion.

4 Marco Politi, „Roma al papa? No grazie“, in „La Repubblica“, 22. August 1993; und Riccardo Orizio, „Nella dealing room vaticana“, in „Corriere della Sera“, 20. Juli 1998.

5 Am 25. Januar 1994 antwortete Kardinal Castillo Lara in einem Interview mit der Zeitschrift „Epoca“ auf die Frage: „Haben Unternehmer wie Agnelli, Berlusconi und De Benedetti je Geld im IOR angelegt?“, ganz unschuldig: „Nein, davon weiß ich nichts.“

6 Bonifaci eröffnete vor allem drei Konten: Am 11. Juli 1991 wird die Eröffnung des Wertpapierdepots Nr. 91003 von den Managern Carlini und Bodio autorisiert, die am 21. November auch die Eröffnung des Girokontos Nr. 001-3-17624 erlauben. Am 12. August 1992 wird ein weiteres Depot angelegt (Nr. 001-6-02660-Y), „um einen besonderen Zinssatz zu ermöglichen“, wie es auf der Karteikarte des Archivs heißt.

7 1997 stoppt die Region alle Baumaßnahmen und erklärt die 249 Hektar zwischen Via Aurelia, Via Boccea und dem Autobahnring zum geschützten Gebiet.

8 Protokoll des Aufsichtsrats des IOR vom 20. Januar 1994.

9 Brief von Kardinal Castillo Lara an den römischen Rechtsanwalt Alberto Gallo, 9. Oktober 1990.

10 Handschriftliches Dankesschreiben von Castillo Lara auf Briefpapier der Päpstlichen Kommission für den Staat der Vatikanstadt an Caloia, 16. Februar 1994.

11 Brief Caloias an Sodano, 17. Februar 1994.

12 Brief Caloias an Sodano, 21. Juni 1994.

13 Interview von Gianfranca Giansoldati mit Castillo Lara in „Il Messaggero", 29. Juli 2007.

14 Bertone zitierte die Worte Benedikts aus der Enzyklika *Deus caritas est* (Abschnitt 29) und erklärte sich selbst zum Schüler Castillo Laras: „Die Erinnerung an ihn lässt uns an seinen starken und leidenschaftlichen Charakter denken, wenn es um Fragen der Gerechtigkeit ging, vor allem, wenn es galt, die Kirche zu verteidigen, aber nicht weniger muss sie uns – wie ich vorher schon sagte – zum Nachdenken bringen über den Menschen des Glaubens, der Spiritualität, des Gebets und der Sohnesliebe für die verehrte Heilige Jungfrau als Helferin im Sinne der Salesianer, denen er angehörte. Fahren wir also fort im Gebet mit dem gleichen Glauben und der gleichen Leidenschaft für Christus und die Kirche wie die Bekenner, die uns vorausgegangen sind und zu denen wir ohne Zweifel auch unseren Bruder Kardinal Rosalio Castillo Lara zählen. Sein Charakter, seine Einfachheit, sein Umgang mit den Menschen und sein Eifer in der Seelsorge waren Ausdruck innerer Gelassenheit. Ich habe eine lebendige Erinnerung an den Kreis von Professoren und Schülern, der sich um ihn gebildet hatte und zu dem auch ich gehörte. In dieser Runde, die sich in regelmäßigen Abständen zum Gebet und zum Gespräch traf, erwuchs aus dem Nachdenken über die Kirche und dem Dank an Gott die erneuerte Berufung des Salesianertums, Hoffnung und nie nachlassendes Engagement für die Kirche als Ganzes."

15 Nach Mazzas Tod 1997 wurde Fiorani zum zweiten Generaldirektor ernannt und war von 1999 bis 2005 Verwaltungsratsvorsitzender.

Betrug und Erpressung in den heiligen Hallen

„Der Baulöwe Gottes" und die syrische Erpressung

In den neunziger Jahren war der Krisenstab von Bank und Staatssekretariat, den Monsignor Dardozzi leitete, nicht nur damit beschäftigt, die geheimen Aktivitäten des parallelen IOR zu untersuchen und den heiklen Umgang mit der italienischen Staatsanwaltschaft in den Griff zu bekommen. Er musste sich auch mit den Gespenstern der Vergangenheit, also mit den Nachwirkungen des Skandals um den Banco Ambrosiano, auseinandersetzen.

Das Archiv Dardozzis enthält nicht nur Akten über die zahlreichen Vorgänge in den USA, der Schweiz und Italien, die die Staatsanwaltschaft dazu veranlassten, am Bronzeportal des Vatikans anzuklopfen. Bei Durchsicht der Tausende von Schriftstücken des Archivs wird deutlich, dass die Geschichte des Zusammenbruchs der Bank von Roberto Calvi noch längst nicht zu Ende war. Die Justiz hatte die Täter und deren Verantwortung zwar geklärt, aber vieles lag noch im Dunkeln, viele Geheimnisse blieben ungelöst. Es schien sogar möglich, dass ein Teil der aus den Kassen des Banco Ambrosiano verschwundenen Gelder immer noch auf südamerikanischen Konten lag, die bisher nicht aufgespürt werden konnten. Deshalb nahm der Krisenstab Dardozzis in jeder Hinsicht alle Anzeichen ernst, die die Unüberwindbarkeit der Leoninischen Mauern in Gefahr zu bringen drohten. So tauchte eines Tages ein geheimnisvoller Syrer auf, der die Kardinäle des Heiligen Stuhls in große Besorgnis versetzte. Mit unglaublichem Geschick, Bluff, Kaltblütigkeit und Sitzfleisch gelang

225

es Dardozzi in diesem Spiel zu verhindern, dass der Syrer die Kirche im wahrsten Sinne des Wortes erpresste. Alles begann eines Morgens Ende 1995.

Der Termin war für den 28. November 1995 um 9 Uhr im eleganten Palazzo der Sparkasse Cariplo (heute Banca Intesa Sanpaolo) in der römischen Via Quattro Fontane 161 nahe der Piazza Repubblica vereinbart. Monsignor Dardozzi war wie immer pünktlich. Er war sehr früh aufgestanden, hatte seine Gebete verrichtet, ein leichtes Frühstück zu sich genommen und die italienische und britische Tagespresse studiert. Im Palazzo begab sich Dardozzi in den im zweiten Stock gelegenen Sitzungssaal. Auf ihn warteten bereits Lelio Scaletti, der auf Betreiben von Kardinal Casaroli und Caloia neu ernannte Generaldirektor des IOR, und Professor Felice Martinelli, der diskrete Steuerberater der katholischen Finanzwelt Mailands, Berater des Bankiers Giovanni Bazoli und vor allem einer der drei Insolvenzverwalter von Roberto Calvis Banco Ambrosiano.[1] Die drei Gesprächsteilnehmer kannten und schätzten sich seit Langem. Gegenüber ihrem Gast hegten sie dagegen ein gewisses Misstrauen.

Kurz darauf ließ sich Rechtsanwalt Alberto Pappalardo aus Ligurien melden. Mit energischen Schritten durchmaß er den holzgetäfelten Raum. Nachdem er Platz genommen hatte, ging er ohne Umschweife zu einem zweistündigen Monolog über. Pappalardo stammte aus Loano nahe Savona und unterhielt ein auf Zivilrecht spezialisiertes Anwaltsbüro in der Via Ippolito d'Aste in Genua und eines in Rotterdam. Politisch stand er der liberalen Partei nahe und war Freund und Berater verschiedener Politiker dieser Partei. Pappalardo war aber nicht gekommen, um über Politik zu diskutieren. Vielmehr ging es um eine komplizierte Geschichte von Testamenten und Geld, die im Vatikan immer mehr als eine Erpressung empfunden wurde.

Im Streit um das 1500 Milliarden Lire schwere Erbe des Marchese Alessandro Gerini nahm Pappalardo seit Januar 1994 die Interessen der Salesianer Don Boscos gegen die Neffen des

Marchese wahr. Gerini, der wegen seiner Fähigkeit, Geschäfte mit Wohltätigkeit zu vermischen, den Beinamen „Baulöwe Gottes" trug, hatte immer Beziehungen zu der Gemeinschaft Don Boscos unterhalten. In den fünfziger Jahren hatte er den Salesianern eine Kirche geschenkt und dann in der Gegend der Via Tuscolana, die von der Kommune gratis erschlossen wurde, mit geringem Kostenaufwand einen gewaltigen Wohnkomplex hochgezogen. Bevor er 1990 unverheiratet und kinderlos starb, setzte er die 1963 gegründete, von den Salesianern verwaltete kirchliche Stiftung „Institut Marchesi Teresa, Gerino und Lippo Gerini" für Kinder und Jugendliche als Universalerben ein. Der letzte Wille Gerinis hatte die enterbten Verwandten so empört, dass sie juristisch dagegen vorgingen. Die vier Neffen des Marchese hatten bereits gezeigt, dass sie nicht locker lassen wollten. Zuerst verklagten sie erfolglos Alberto Gallo und Alberto d'Orazio, die Leiter der Stiftung, wegen Ausbeutung hilfloser Personen. Dann übergaben sie der Staatsanwaltschaft ein geheimes Tagebuch ihres Onkels. Darin war feinsäuberlich verzeichnet, mit wie viel Geld er die Politiker und ihre Helfershelfer bestochen hatte, um in der italienischen Hauptstadt Immobilien verkaufen und Häuser bauen zu können.[2] Auch die Stiftungsleitung wurde in diesem Tagebuch genannt, das zu den Ermittlungen über die sogenannten „goldenen Palazzi" und ihren abgekarteten Verkauf an den Staat führte.

Die Neffen gingen gegen jedes Dokument, gegen jede Verfügung vor, um zu verhindern, dass der Besitz ihres Onkels der von den Salesianern verwalteten Stiftung übergeben werde. Das Erbe umfasste 750 Hektar Grundstücke in unmittelbarer Stadtnähe, die in Kürze als Baugrundstücke ausgewiesen werden sollten. Dazu kamen Wohnungen, Geschäfte und einige großartige Landgüter im Umland der Hauptstadt, ferner Bankeinlagen, wertvolle Möbel, Bilder und Schmuck im Wert von mindestens 201 Milliarden Lire.[3] Der Gesamtwert des Vermögens bezifferte sich auf 1500 Milliarden, auch wenn der tatsächliche Wert nie genau ermittelt werden konnte. Der „Baulöwe Gottes" hatte nämlich einen Teil auf die Namen von Treuhändern und Strohmännern eingetragen und in einem Netz von Scheinfirmen gut versteckt.[4]

In diesem Rahmen stellte Rechtsanwalt Pappalardo seinen Gesprächspartnern einen mysteriösen Ausländer namens Silvera vor. Wer er war und was er wollte, lässt sich aus einer detaillierten Notiz über das Gespräch in Dardozzis Archiv ablesen:

Der syrische Geschäftsmann Silvera hat den vier Neffen Gerinis die Rechte an der Erbschaft abgekauft. [...] Rechtsanwalt Pappalardo führt aus, dass man möglichst schnell einen Kompromiss mit den Erben finden müsse, denn wenn die Erbschaft eingetragen werde, lägen viele für die Kirchenbehörden gefährliche und kompromittierende Informationen „offen". Rechtsanwalt Pappalardo hat Kardinal Castillo Lara einen Vorschlag unterbreitet. Msgr. Giovanni Lajolo ist über die ganze Sache unterrichtet.

Pappalardo nannte Namen, die nicht ohne Wirkung bleiben konnten: den allmächtigen Castillo Lara, der im Vatikan nur eine Stufe unter Kardinalstaatssekretär Sodano stand. Lajolo war damals als Sekretär der von Castillo Lara geleiteten APSA, der Vermögensverwaltung des Heiligen Stuhls, einer von dessen engsten und aktivsten Mitarbeitern. In den folgenden Jahren erhielt er unter Papst Benedikt XVI. noch mehr Macht, als er 2007 zum Kardinal ernannt wurde.[5] Dardozzi und Scaletti aber blieben ruhig, während ihr Misstrauen wuchs. Vor allem wollten sie herausbekommen, ob Pappalardo und der rätselhafte Silvera nur blufften und welche Absichten dahintersteckten. Die Ausführungen Pappalardos ließen freilich erkennen, dass der syrische Geschäftsmann nur allzu gut die Geheimnisse des Heiligen Stuhls kannte. Er wusste auch darüber Bescheid, wie er an die verborgenen Schätze des Gerini-Erbes herankommen konnte, hinter dem alle her waren. Letzterer Punkt wird aus dem Bericht überdeutlich:

Signor Silvera ist unterrichtet und besitzt Unterlagen über viele Dinge, über Liegenschaften in Argentinien und Brasilien, in Montevideo, Kanada und Afrika, die nicht registriert zu sein scheinen. Auf Konten bei der Bank von Montevideo liegt ein nicht genau zu beziffernder Betrag in Dollar und Wertpapieren. Rechtsanwalt Pappalardo drängt darauf, mit Giannina Gerini wegen Montevideo in Kontakt zu treten (und gibt zu verstehen, dass nur er dazu in der Lage ist), weil Giannina von den vier Erben am intelligentesten ist und das größte Entgegenkommen zeigt. Außerdem ist sie am besten informiert, auch über die verborgenen Seiten des Gerini-Vermögens. Wenn man mit den Gerini-Erben zu einem Kompromiss gelangen könnte, würden viele der Gefahren beseitigt, die der Stiftung und somit auch den Salesianern wegen der möglichen „Streitsache" zwischen der Stiftung und den Erben drohen (die Rechte an der Erbschaft hat der syrische Geschäftsmann Silvera mit einem gewissen Abschlag erworben).

Vorsichtig drängten Dardozzi und Scaletti Pappalardo dazu, zu erklären, was es mit den „brisanten Informationen" auf sich hatte, die den Orden und damit die Kirche gefährden könnten. Der Rechtsanwalt erhöhte ohne Zögern die Dosis und eröffnete damit neue Szenarien:

Die Stiftung, die sich zehn Jahre lang nicht an ihre Statuten gehalten hat, wurde für den Kapitaltransfer von Italien ins Ausland benutzt (in Analogie zum IOR in den Zeiten von Sindona und Calvi?). Man gewinnt den Eindruck, dass es damals Verbindungen zum IOR und zu den unter seiner Schirmherrschaft stehenden Gesellschaften gab (und immer noch gibt?). Das IOR hat teuer bezahlt (und leider auch der Heilige Stuhl).[6]

Allein der Gedanke, dass die „Stiftung Gerini" für geheime Finanztransaktionen missbraucht worden war, um unter dem Deckmantel der Wohltätigkeit Kapital aus Italien ins Ausland zu schaffen, beunruhigte die Gesprächspartner Pappalardos aufs Höchste. Scaletti, Dardozzi und Martinelli verabschiedeten den Rechtsanwalt, um Zeit zu gewinnen, und begannen, der Sache auf den Grund zu gehen. Sie mussten den Schachzügen der Gerini-Erben zuvorkommen und verstehen, welche Rolle der Rechtsanwalt spielte, welches Vermögen in Montevideo versteckt war und was Silvera im Schilde führte. Bei all dem musste absolute Diskretion gewahrt werden. Dardozzi führte eine Reihe von Telefongesprächen.

Der Italoamerikaner und seine Beziehungen zum Weißen Haus

Dardozzi war alarmiert und wollte wissen, wer dieser Rechtsanwalt Pappalardo eigentlich war. Dazu ließ er die Telefonnummern überprüfen, die dieser hinterlassen hatte. Das Ergebnis war überraschend, denn die Nummern gehörten der italienischen Abgeordnetenkammer. Damit schien die Geschichte noch komplizierter zu werden. Sollte es wahr sein, dass Pappalardo Zugang zu einem Telefon des Parlaments hatte? „Er gehört nicht zu den Angestellten des Abgeordnetenhauses", ist in einer Notiz aus dem Archiv Dardozzis zu lesen. „Sein Name findet sich nicht unter denjenigen, die in den Parteibüros oder für einzelne Abgeordnete arbeiten." Wie war das zu verstehen? „Na ja, er ging oft ins Parlament", erinnert sich Marina, die Witwe des 2002 verstorbenen Rechtsanwalts, heute. „Er arbeitete für einige Abgeordnete, aber über seine Tätigkeit erzählte er mir nichts." Die Durchwahl, die Pappalardo angegeben hatte, war, zumindest damals,[7] eine durchaus besondere Nummer, denn in einer weiteren Notiz hielt Dardozzi fest: „Die Telefonnummer 06/67602147 ist das Telefon von Signora Giovanna Marinelli im Büro von Irene Pivetti, der Präsidentin der Abgeordnetenkammer."

Dass der Vatikan erpresst werden sollte, geht aus dem hervor, was Dardozzi Anfang Dezember aufzeichnete: „Carnevale hat Caloia kontaktiert, um über die ‚Stiftung Gerini' und Silvera zu sprechen. Silvera bietet an, die Sache mit 100 Milliarden ein für alle Mal beizulegen. Das ist Erpressung!" Am 6. Dezember 1995 trafen Scaletti und Dardozzi den Rechtsanwalt ein zweites Mal. Angesichts der zu behandelnden Themen sollte das Treffen nicht im Vatikan oder seiner Umgebung stattfinden. Deshalb war der Termin um 10.30 Uhr in der Bar des Plaza Hotels in der römischen Via del Corso angesetzt. Dardozzi erschien im Anzug, um unter den Geschäftsleuten und Gästen des Hotels nicht aufzufallen. Die Begegnung dauerte nicht lange. Pappalardo bestätigte, dass er Informationen über Besitztitel in Südamerika habe. Darüber hinaus deutete er ein persönliches Interesse an dem Fall an: Die Salesianer hätten ihm nie sein Honorar dafür bezahlt, dass er vom Innenministerium die Freigabe der Erbschaft für die Stiftung durchgesetzt hatte.[8]

Zurück im Vatikan, traf sich Dardozzi um 16 Uhr mit Kardinal Achille Silvestrini, dem Präfekten der Kongregation für die orientalischen Kirchen. Die streng vertrauliche Besprechung dauerte nur eine halbe Stunde. Unmittelbar danach rief Dardozzi Franzo Grande Stevens an, den Vertrauensanwalt der Bank, um mit ihm einen Ausweg aus dieser gefährlichen Pattsituation zu finden. Der Skandal um den Banco Ambrosiano warf immer noch seine Schatten, daher nahm die Kurie diese Angelegenheit überaus ernst. Dardozzi beriet sich mit den höchsten Stellen und traf sich mit Kardinalstaatssekretär Sodano, der unter anderem in der Vergangenheit die diplomatische Vertretung in Uruguay innegehabt hatte. Um Informationen über mögliche, bisher nicht aufgedeckte Vermögenswerte in Montevideo zu bekommen, kontaktierte Dardozzi alle, die darüber etwas hätten wissen können, als Ersten Rechtsanwalt Spreafico, den zweiten Insolvenzverwalter des Banco Ambrosiano. Viele Politiker und Kardinäle drängten in jenen Wochen die höchsten Kreise der Kurie und des IOR dazu, das Ansinnen Pappalardos sehr ernst zu nehmen. Ein Beispiel dafür ist die Rolle von Kardinal Pio Laghi, der von Johannes Paul II. 1991 zum Kardinal ernannt und seit 1993 Patronus* des Malteserordens war. Eine Aufzeichnung Dardozzis berichtet davon, dass auch Laghi einzugreifen versuchte und neben seiner Bekanntschaft mit Pappalardo sogar mögliche andere Kontaktpersonen nannte.[9] Daraus wird wiederum ersichtlich, dass Dardozzi die Schaltstelle für Informationen und Entscheidungen in dieser heiklen Angelegenheit war.

Nach wochenlangen Überlegungen, Beratungen und Recherchen kam Dardozzi zu der Überzeugung, dass es sich bei der Geschichte um eine Falle handelte. Es war gefährlich, nach irgendwelchen verborgenen Schätzen zu suchen. Wären Vermögenswerte zum Vorschein gekommen, die in irgendeiner Weise mit der Pleite des Banco Ambrosiano und der Beteiligung des IOR in Verbindung zu bringen waren, hätte das 1984 mit dem italienischen Staat geschlossene Abkommen zur Beilegung des Skandals um die Bank von Roberto Calvi neu diskutiert werden müssen. Damit wären Dinge wieder ans Licht gezerrt worden, die besser ein für alle Mal begraben blieben.

Im Übrigen war nicht zum ersten Mal von geheimen Schätzen in einer Bank von Montevideo die Rede. Schon die parlamentarische Untersuchungskommission hatte seinerzeit darüber gerätselt. 1992 hatte sich der italoamerikanische Rechtsanwalt Fred M. Dellorfano aus Boston an Dardozzi gewandt und sich als Abgesandter eines gewissen „Luigi Gelli" ausgewiesen, Sohn des Geschäftsmanns und Vorsitzenden der Geheimloge P2, Licio Gelli. Dieser Dellorfano hatte, so geht aus einem Brief Dardozzis an Sodano hervor, „von Luigi Gelli den Auftrag erhalten, sich im Vatikan einen Diplomatenpass abzuholen, den ihm dieser Luigi Gelli zugesichert hatte."[10] Dellorfano nannte Dardozzi auch die Na-

---

* Der Cardinalis Patronus ist der päpstliche Vertreter beim Orden. Zu seinen Aufgaben gehört die Pflege der Beziehungen zum Heiligen Stuhl.

men von Kontaktpersonen, um an das Vermögen in Montevideo zu kommen. In erster Linie sollte er in den USA Frank Onorati, einen New Yorker Freund Sindonas, und William Rogers in Washington treffen. Rogers war in den siebziger Jahren unter Nixon Staatssekretär gewesen. „Onorati gave papers", behauptete Dellorfano in einem zweideutigen Schreiben, das er Dardozzi übergab, „to Rogers after Sindona died (1986). Letters from Rogers to Onorati, Aug. 1, 1986 – May 6, 1988". Dellorfano war also der Meinung, dass aus Briefen zwischen Onorati und Rogers nützliche Hinweise über den Verbleib des Geldes in Uruguay hervorgehen konnten. Um mehr zu erfahren, sollte man sich an einen gewissen Nicholas Senn bei der Union de Banques Suisses wenden.[11] Das konnte aber nicht genügen. Zum damaligen Zeitpunkt nahm Dardozzi zu diesen Hinweisen, die sich entweder als eine wertvolle Spur oder bloß als ein neuer Versuch erweisen konnten, Staub aufzuwirbeln, zu erpressen oder falsche Fährten zu legen, nicht Stellung. Deshalb übergab er die Aufzeichnungen dem damaligen Kardinalstaatssekretär Casaroli – seitdem war davon nicht mehr die Rede.

Dardozzi war jedoch der Meinung, dass nur Sodano und dessen einziger Vorgesetzter, der Papst, über das weitere Vorgehen entscheiden konnten. Am 19. Februar 1996 schickte er einen ausführlichen Bericht und seinen Vorschlag dazu an den Kardinalstaatssekretär: „Die wiederholte Erwähnung von Montevideo legt den Gedanken nahe, dass an dieser ‚Angelegenheit' etwas Wahres dran sei, aber man sollte, wenn ich meine Meinung dazu äußern darf, dem nicht nachgehen. Man würde das Abkommen IOR/Italien in Frage stellen […]."[12]

Caloia war im Wesentlichen damit einverstanden, lieber nichts zu riskieren, was unabsehbare Folgen hätte nach sich ziehen können. Deshalb brachen die Kontakte mit Pappalardo ab. Die Salesianer waren auch nicht bereit, die verlangten 35 Milliarden für seine Vermittlertätigkeit zu zahlen. Der Rechtsanwalt versuchte es über andere Kanäle, stieß jedoch überall auf verschlos-

233

sene Türen. Er bekam keine Lira. Pappalardo ließ dennoch den Mut nicht sinken und schaltete im Winter 1997 die Anwaltskammer von Savona ein. Die Salesianer wurden von Nanni Russo vertreten, Senator des Mitte-Links-Bündnisses Ulivo und Bruder des ehemaligen christdemokratischen Ministers Carlo Russo. Die Kollegen der Kammer gaben Pappalardo recht, setzten das ihm zustehende Honorar aber auf „nur" 26 Milliarden herab.

In den Medien sickerte nichts über die „Spur nach Montevideo" durch. Vielmehr war ausschließlich von dem Streit zwischen den Erben des Marchese und der Stiftung die Rede. Die Geschichte des Tresors in Uruguay, in dem ein Teil von Calvis Vermögen lagerte, geriet in Vergessenheit. Zumindest bis zum heutigen Tag.

Die Entscheidung Dardozzis und Caloias erwies sich als richtig, weil beide seit Langem das komplexe „Problem Gerini" und die Frage der Beziehungen des IOR zu der Stiftung untersucht hatten. Als erstes Alarmsignal erwies sich ein Kredit des IOR an die Stiftung über 16,3 Milliarden Lire Anfang der neunziger Jahre. Als Sicherheit genügte das Vermögen, das die Stiftung irgendwann aus dem Erbe Gerinis erhalten sollte. Es gab also keine weiteren Unterlagen oder ein Protokoll der Entscheidung über den Antrag. Auf das Konto 90970 der „Stiftung Gerini" wurden am 31. Juli 1990 ein Kredit von 2,3 Milliarden zu einem Zinssatz von 14 Prozent sowie im Dezember weitere 14 Milliarden zu einem Zinssatz von 12 Prozent gutgeschrieben. Obwohl keinerlei Unterlagen darüber existieren, lässt sich die Tatsache, dass es sich dabei um einen recht „zweifelhaften Kredit" handelte, daran ablesen, was unmittelbar danach geschah. Weil der Betrag ohne die dafür üblichen Sicherheiten genehmigt worden war, hatte das IOR enorme Schwierigkeiten, das Geld wieder einzutreiben. Die Vatikanbank entwarf dafür einen Plan, der dem Aufsichtsrat vorgelegt wurde.[13]

Die Milliarden des Lumen Christi

Wie jede andere Bank kann es auch das IOR mit mehr oder weniger zwielichtigen Kunden zu tun bekommen, allerdings mit einem Unterschied: Fast alle Kunden des IOR tragen ein geistliches Gewand. Ein fast surreales Beispiel dafür war die bisher unbekannte Geschichte von Domenico Izzi, einem italienischen Priester, der die argentinische Staatsbürgerschaft annahm und Gründer der Bewegung Lumen Christi wurde, die sich an den Prinzipien des Zweiten Vatikanischen Konzils* orientierte. Vielleicht zum ersten Mal in der Geschichte der Vatikanbank erhielt ein einfacher Priester Kredite über insgesamt 6,1 Millionen Dollar, um extravagante Projekte zu finanzieren und dann spurlos zu verschwinden.

Izzi wurde 1943 in dem kleinen Nest Terranova di Pollino in der Provinz Potenza geboren, 1974 zum Priester geweiht und ging dann nach Argentinien. 1991 wurde er beim IOR vorstellig und legte Dokumente vor, die ihn als „Gründer und Obersten der Bewegung Lumen Christi" in Südamerika auswiesen. Noch heute wird Izzi im Vatikan als brillanter Priester geschätzt, der durch seine Redegewandtheit alle für sich gewinnen und überzeugen konnte. Und so gewährte man ihm das Geld, um „Exporte von viehwirtschaftlichen Produkten aus Argentinien, eine Hubschrauberverbindung zum Flughafen von Buenos Aires und die Einrichtung einer landesweiten Lotterie" zu finanzieren.[14]

Dass derartige Aktivitäten weder der Wohltätigkeit dienen, noch Aufgaben eines Priesters sind, ist kaum erwähnenswert. Aber Izzi bestand darauf. Er wollte mit den Einkünften aus der wenig glaubwürdigen Lotterie und der Vermietung von Hubschraubern im zivilen Luftverkehr „die Kosten für die Tätigkeit

---

* Das Zweite Vatikanische Konzil (Vaticanum II, 11. Oktober 1962 bis 8. Dezember 1965) wurde von Papst Johannes XXIII. einberufen mit dem Auftrag zu pastoraler und ökumenischer Erneuerung.

der Bewegung Lumen Christi zur Verbreitung des Glaubens" in Argentinien, Uruguay und auch in Italien decken. Um das Wort Gottes zu verbreiten, hatte die Bewegung bereits am 17. Oktober 1990 das *nihil obstat** der Kongregation für die Institute geweihten Lebens und für die Gesellschaften apostolischen Lebens erhalten. Der Kredit wurde vom damaligen Direktor Andrea Gibellini gewährt und innerhalb von 24 Stunden ausgezahlt. In zwei Raten von 12 und 24 Monaten sollte er getilgt werden, also jeweils im Juni 1992 und 1993. Zu diesen Terminen ging keine Lira in der Vatikanbank ein. Auf die ersten Mahnungen folgte keine Reaktion. Um Zeit zu gewinnen, stellte Lumen Christi als Sicherheit 76 Prozent des Immobilienunternehmens Orprela Fin GmbH, dem zwei Wohnungen in Rom gehörten, zur Verfügung. Deshalb war man im Vatikan zunächst beruhigt. Aber nur für wenige Stunden. Denn es zeigte sich, dass die Wohnungen mit Hypotheken belastet und die fälligen Raten nicht bezahlt waren. Damit war also nichts gewonnen.

Bei der Jagd nach dem Mann beziehungsweise den Schulden wandte sich Caloia auch an den Apostolischen Nuntius in Argentinien Ubaldo Calabresi, „ohne jedoch nützliche und beruhigende Nachrichten oder Informationen zu erhalten". Mit Zinsen belief sich die Schuld am 30. Juni 1995 auf 8.242.000 Dollar. Im IOR war man pessimistisch und fürchtete, diese beträchtliche Summe nie wiederzusehen.[15]

Caloia aber gab nicht auf. Im September 1995 rief er Izzi persönlich an und forderte ihn zur Zahlung der Schulden auf. Mit ausgesuchter Höflichkeit versicherte der Priester „seinen festen Willen, die Schulden sofort zu tilgen",[16] aber alles war nur ein Bluff. Ende November 1995 informierte Caloia offiziell den Vorsitzenden der argentinischen Bischofskonferenz und Erzbischof von Buenos Aires, Kardinal Antonio Quarracino, über die Angelegenheit und teilte ihm die Höhe der Kreditschuld Izzis mit. Die

---

*   wörtlich: „es steht nichts entgegen"

Antwort der Führungsgremien der Bischofskonferenz war freilich deprimierend, denn in dem Brief des Generalsekretärs vom 18. Dezember 1995 ist zu lesen:

> Sowohl der Kardinal als auch die Herren Bischöfe des Ständigen Rats der argentinischen Bischöfe fragen sich insbesondere, wie es möglich war, ohne Sicherheiten oder zumindest Kenntnis seiner Mission einem Priester eine derart hohe Geldsumme zu leihen. Der Kardinal schlägt vor, geeignete Nachforschungen über anderes Vermögen anzustellen, das der Priester möglicherweise besitzt.

Angesichts dieser Antwort zögerte Caloia nicht mehr. Er informierte die Kardinalskommission unter Vorsitz von Castillo Lara, Izzi selbst, Calabresi und Kardinal Quarracino, dass er gezwungen sei, „die notwendigen juristischen und verwaltungsrechtlichen Schritte beim vatikanischen Gerichtshof zu unternehmen, um die Gelder einzutreiben, auf die die Weltkirche angesichts ihrer dringenden und weitreichenden Bedürfnisse nicht verzichten kann." Auch daraufhin geschah nichts. Absolutes Schweigen.[17]

Ende März 1996 begann Rechtsanwalt Carlo Tricerri, der *promotor iustitiae* des Heiligen Stuhls, also eine Art Staatsanwalt, mit seinen Ermittlungen.

Tricerris Aufgabe war nicht leicht: Wie sich der Rechtsanwalt, der nach den Ereignissen vom 6. Mai 1998 in Pension ging, heute erinnert,[18] bezog er sogar „das vatikanische Gendarmeriekorps ein, das die römische Wohnung Izzis durchsuchte, um irgendeine Spur oder einen Hinweis auf die unfassbaren Operationen in Südamerika zu finden. An einem bestimmten Punkt war eine Transaktion mit einer argentinischen Bank im Gespräch, aber ich glaube nicht, dass das IOR das Angebot annahm. Soweit ich weiß, erhielt die Vatikanbank das Geld nie zurück. Auch hat Izzi das mir zustehende Honorar nie gezahlt." Die Schuld belief sich schließlich auf 8.700.000 Dollar.

Ein paar Jahre lang verlor sich die Spur Izzis gänzlich. Einige behaupten, er sei nach Argentinien zurückgekehrt, andere, er wolle lieber nicht auffindbar sein. In Wirklichkeit nahm er im Jahr 2000, nachdem er die Geschäfte mit Hubschraubern und der Lotterie hinter sich gelassen hatte, immer noch mit Lumen Christi an der Vorbereitung des Heiligen Jahres teil und schuf ein Zentrum für philosophische und theologische Studien für südamerikanische Studenten in Rom. Zu Beginn des neuen Jahrtausends kehrte er in seine Heimatregion Basilicata zurück. Dort gründete er mit einigen Diakonen die selbstverwaltete Gemeinschaft Casa del Conte, eine Art Agriturismo in einem Bauernhof nahe der Wallfahrtskirche Santa Maria Regina d'Anglona bei Tursi. Der Bischof von Tursi-Lagonegro, Francescantonio Nolé, weihte im März 2003 in der Kathedrale Santissima Annunziata in Tursi drei junge Absolventen der Gregorianischen Universität von Rom zu Priestern, die Izzi kennengelernt und in seine Projekte einbezogen hatte. Im Jahr darauf erhielt er den Preis „Italia nel mondo" (Italien in der Welt). Die Auseinandersetzung um die Schulden beim IOR? Schnee von gestern.

Der heilige Franz von Assisi und der Jahrhundertbetrug

Nicht nur die Gewährung von Krediten ohne Sicherheiten, der Streit um Erbschaften und Schmiergelder, sondern auch handfester Betrug geht auf das Konto von Vertretern des Vatikans, die dazu echte oder angebliche „Stiftungen" missbrauchten. Das trifft ohne Zweifel auf jenen Skandal zu, der 1999 ruchbar wurde, als der skrupellose, 1954 geborene Finanzier Martin Frankel aus den USA nach Rom geflohen war. Die amerikanischen Justizbehörden warfen ihm vor, die Kassen von sieben Versicherungsgesellschaften um 450 Milliarden Lire (215 Millionen Dollar) erleichtert zu haben. Diese privaten Gesellschaften hatte er zuerst aufgekauft, bis zum Bankrott ausgeplündert und so einen Schaden von

1500 Milliarden Lire angerichtet. Jahrelang konnte sich Frankel der amerikanischen Justiz entziehen. Als die Geschichte auf den Titelseiten der Zeitungen auftauchte, kam er mit einem Privatflugzeug in Rom an. In seinem Gepäck führte er einen Koffer voller Banknoten, neun Pässe und 547 Diamanten mit sich. Obwohl weltweit nach ihm gefahndet wurde, war Frankel bis Anfang 2001 spurlos verschwunden. Dann wurde er aufgrund eines Hinweises von Interpol und des Bundesamts für Verfassungsschutz in Deutschland gefasst und an die USA ausgeliefert. Der Schaden, den der Bankrotteur angerichtet hatte, nahm immer gewaltigere Ausmaße an. Die amerikanischen Medien sprachen von Anfang an von einer Verwicklung des Heiligen Stuhls, auch wenn die Informationen zunächst nur sehr vage waren.

Nach den Ermittlungen der Staatsanwaltschaft hatte Frankel mithilfe eines Monsignore Beziehungen zum Vatikan vorgetäuscht, die für seinen Jahrhundertbetrug unerlässlich waren. Er gründete vor allem die „St. Francis of Assisi Foundation", die im Mittelpunkt des Finanzskandals stand. Die Körperschaft diente angeblich der Unterstützung von Armen. In Wirklichkeit aber war sie das Werkzeug, um die Kontrolle über die Versicherungsgesellschaften zu erlangen, ohne selbst in Erscheinung zu treten. Bei diesen Übernahmen spielte ein im Vatikan bestens bekannter Geistlicher namens Emilio Colagiovanni eine entscheidende Rolle. Durch dessen Hilfe gewann Frankel die Glaubwürdigkeit, um die Gesellschaften ohne allzu große Schwierigkeiten in die Hand zu bekommen.

Freundlich und überzeugend behauptete Colagiovanni, das Kapital für die „St. Francis of Assisi Foundation" stamme aus den Tresoren des Vatikans und von soliden katholischen Verbänden, die mit den Dividenden aus diesen Investitionen die Armen unterstützen wollten. Er versicherte, die Stiftung verfüge über beträchtliche Reserven von insgesamt 2000 Milliarden Lire. All diese Behauptungen sollten sich im Nachhinein als falsch erweisen. Sie waren jedoch der beste Einstieg für eine Finanztransak-

239

tion, die vom Heiligen Stuhl und der katholischen Welt getragen zu sein schien.

Colagiovannis Glaubwürdigkeit stand außer Frage. Er war 1920 in Molisano di Baranello geboren, 1944 zum Priester geweiht worden und hatte bis 1994 wichtige Aufgaben als Mitglied der Sacra Rota, des vatikanischen Gerichtshofs, wahrgenommen. Der Monsignore, der die renommierte rechtswissenschaftliche Zeitschrift des Heiligen Stuhls, den „Monitor ecclesiasticus", leitete und von jedermann als ein höchst einflussreicher Jurist der Kurie betrachtet wurde, war über jeden Verdacht erhaben. Jedenfalls bis zum August 2001: Da wurde der 81-Jährige in Cleveland verhaftet und wegen Betrugs und Geldwäsche im Fall Frankel angeklagt.

Zunächst beteuerte Colagiovanni seine Unschuld und bestritt, je etwas Unrechtes getan zu haben. Vielmehr behauptete er, selbst Opfer der Betrügereien des amerikanischen Geschäftsmanns gewesen zu sein. Dann aber änderte er im Gefängnis von Hartford, Connecticut, seine Haltung. Er zahlte klaglos die auf eine Milliarde Lire festgesetzte Kaution und wurde unter Auflagen freigelassen. Er durfte nicht reisen und konnte auch nicht fliehen, denn als erster Geistlicher musste er zur Überwachung ein elektronisches Armband tragen. Wegen Geldwäsche drohten ihm eine Höchststrafe von 20 Jahren Haft und weitere 5 Jahre wegen Betrugs.

Frankels Betrügereien gingen auf die neunziger Jahre zurück, als das Finanzgebaren des Vatikans noch äußerst „locker" war, zu Zeiten der tollkühnen Transaktionen von de Bonis und seinem okkulten IOR und der mit erstaunlicher Leichtigkeit erteilten Kredite ohne Sicherheitsgarantien. In den USA erwarb Frankel in Greenwich eine luxuriöse Villa mit Park, in der er sein Hauptquartier einrichtete. In diesem Haus in den Wäldern von Connecticut, das mit Parabolantennen und Satellitentelefonen gespickt war, plante er die Übernahme verschiedener an der Wall Street gelisteter Unternehmen. Nach den Ermittlungen der Staatsanwälte gelang es ihm innerhalb kurzer Zeit, die Kontrolle über sieben Versicherungsgesellschaften in den ganzen USA zu erwerben und unter ebenso vielen verschiedenen Namen auf deren Kapital zuzugreifen. Obwohl er keine Lizenz als Börsenmakler besaß, war es ihm gelungen, diese sieben Gesellschaften – drei in Mississippi, eine in Arkansas, eine in Tennessee, eine in Oklahoma und eine in Missouri – dazu zu überreden, ihr Kapital seiner Investitionsgesellschaft Liberty National Security anzuvertrauen. Einen Teil des Kapitals investierte er an der Wall Street, ohne dabei besonderes Geschick oder Glück zu haben. Den Großteil brachte er freilich einfach heimlich auf die Seite oder verprasste ihn mit Frauen und einem luxuriösen Leben.

Der Vorwand der Wohltätigkeit

Unter dem Vorwand, einige Milliarden an wohltätige Einrichtungen spenden zu wollen, trat Frankel mit Thomas Bolan in Kontakt, einem ehemaligen Berater von Ronald Reagan und einem der Rechtsanwälte, die in den achtziger Jahren Michele Sindona verteidigt hatten. Bolan unterhielt seit jeher beste Beziehungen zum Vatikan. Er half dem Finanzjongleur, im Steuerparadies der British Virgin Islands die „St. Francis of Assisi Foundation" zu gründen. Der Plan sah vor, die beiden Geistlichen Emilio Colagiovanni und Pater Peter Jacobs, einen liberalen Priester aus New York, mit der Leitung der Stiftung zu betrauen. Unter dem Vorwand karitativer Aufgaben diente sie einzig und allein dem geheimen Zweck, Geld auf die Seite zu schaffen.

Nach einer detaillierten Recherche der Zeitschrift „L'Espresso" vom Oktober 2002 trat Frankel über Bolan und Jacobs mit Colagiovanni in Verbindung. Gegen das Angebot von 40.000 Dollar bar auf die Hand und das Versprechen, weitere 5 Millionen der Zeitschrift und Stiftung „Monitor ecclesiasticus" zu spenden, willigte Colagiovanni ein: Von den 55 Millionen, die Frankel zugesagt hatte, durfte der Heilige Stuhl 5 behalten, während er die anderen 50 für den Ankauf der Versicherungsgesellschaften verwendete. Colagiovanni fuhr mit Bolan nach Rom, um das Vorhaben Erzbischof Francesco Salerno vorzustellen. Dieser war damals Sekretär der Präfektur für die wirtschaftlichen Angelegenheiten des Heiligen Stuhls, die die Kontrolle über die päpstlichen Finanzen ausübte. Salerno stimmte dem Vorhaben zunächst zu, machte aber nach einem Gespräch mit dem in dieser Sache eher skeptischen Sodano einen Rückzieher. Bolan und Colagiovanni versuchten es deshalb mit Monsignor Gianfranco Piovano, dem Verantwortlichen für den Peterspfennig, der während der Enimont-Affäre im IOR als Nachfolger von de Bonis im Gespräch gewesen war. Piovano aber reagierte ebenso ablehnend wie die anderen vatikanischen Würdenträger. Daraufhin stellte Colagiovanni seine eigene Stiftung „Monitor ecclesiasticus" zur Verfügung und informierte darüber Piovano, Salerno und Kardinal Giovanni Battista Re, den damaligen stellvertretenden Leiter des Staatssekretariats. Jacobs informierte auch Pio Laghi, den ehemaligen Apostolischen Nuntius in den USA.[19] Schließlich stellte das IOR Frankel ein von Direktor Scaletti unterzeichnetes Schreiben aus, in dem die Bank ihre guten Beziehungen zu der Stiftung „Monitor ecclesiasticus" bestätigte.

Colagiovanni stellte sich ohne jeden Zweifel für die skrupellosen Geschäfte Frankels zur Verfügung: Er lieferte die notwendigen Garantien, um große Beträge auf die Karibischen Inseln schaffen zu können. Unklar bleibt nach wie vor, inwieweit Konten des IOR benutzt wurden, um das Betrugskapital aus den USA herauszubringen. Die „New York Times"[20] berichtete, „die ‚St. Francis of Assisi Foundation' habe Zugriff auf ein Konto des IOR gehabt, das normalerweise für Ausländer *off limits* [tabu] war". Die Zeitung ließ damit durchblicken, es habe direkte Kontakte zu den Bankiers des Vatikans gegeben. Colagiovanni unterzeichnete die eidesstattlichen Erklärungen, mit denen er bestätigte, dass die Stiftung Frankels durch das IOR finanziell abgesichert sei. Dadurch erhielt Frankel die Kredite, um die amerikanischen Behörden zu betrügen. Und nicht nur das. Colagiovanni soll Frankel auch bestätigt haben, dass die Stiftung im direkten Auftrag der Kurie operiere.

In Wirklichkeit ist kein Vertreter des Vatikans für Frankels Geschäfte verantwortlich zu machen, es sei denn, man wirft ihnen vor, das ungewöhnliche Finanzgebaren einiger seiner geistlichen Herren nicht ausreichend kontrolliert zu haben. Deren außergewöhnliche Aktivitäten fügten der katholischen Kirche in den Vereinigten Staaten einen gewaltigen Imageschaden zu. Sodano entschloss sich deshalb im Juli 1999 zu einer Gegenmaßnahme, um den Schaden zu begrenzen und sich von der Sache zu distanzieren. Der Sprecher des Vatikans Navarro-Valls erklärte, dass weder die Stiftung „Monitor ecclesiasticus" noch die „St. Francis of Assisi Foundation" „juristische Personen des Vatikans sind und auch nicht im Verzeichnis der juristischen Personen des Vatikans stehen". Wenn man diese Erklärung heute liest, kommt einem der Gedanke, dass diese „juristischen Personen" genau denjenigen ähneln, die damals von dem parallelen IOR für die Enimont-Schmiergelder benutzt wurden. Denn auch die „St. Francis of Assisi Foundation" war eine fiktive Stiftung und wurde ebenfalls als Werkzeug für den illegalen Kapitaltransfer eingesetzt.

Navarro-Valls jedenfalls distanzierte sich entschieden von Colagiovanni und auch von Reverend Jacobs.[21]

Nach dieser Lesart hatte Colagiovanni also vollkommen eigenständig agiert und gelogen, als er den Vertretern des Staats Connecticut gegenüber erklärte, die Stiftung „Monitor ecclesiasticus" habe einen Betrag von einer Milliarde Dollar vom Vatikan zur Verfügung gestellt bekommen, den er dann auf das Konto von Frankels „St. Francis of Assisi Foundation" überwiesen habe. Frankel habe die Stiftung dazu benutzt, die Versicherungsgesellschaften zu kaufen, mit dem Versprechen, die Gewinne für wohltätige Zwecke zu verwenden.

Die Geschichte hatte im Mai 2002 ein Nachspiel, als Frankel sich vor dem Federal Court (Bundesgerichtshof) in 24 Anklagepunkten, darunter Betrug und Steuerhinterziehung, schuldig bekannte. Ihm drohten eine Strafe von 150 Jahren Gefängnis und eine Geldstrafe von 6,5 Millionen Dollar. Frankel hoffte auf einen Straferlass, denn die Anklage zielte vor allem darauf ab, einen Teil der 200 Millionen Dollar einzutreiben, die den Kassen der fünf Staaten entgangen waren. Colagiovanni hingegen erklärte sich vor dem New Haven Federal Court in Connecticut der Steuerhinterziehung und Geldwäsche schuldig. Er gestand, Frankel bei seinen Geschäften dadurch geholfen zu haben, dass er wahrheitswidrig versichert hatte, das Geld von Frankels Stiftung stamme aus seiner eigenen Stiftung. Im September 2004 wurde Colagiovanni zu einer Geldstrafe von 15.000 Dollar und fünf Jahren Haft auf Bewährung verurteilt. Drei Monate später wurde Frankel zu 16 Jahren und 6 Monaten Haft verurteilt.

Der Vatikan steht in den USA vor Gericht

Vor dem Gericht in Jackson, Mississippi, wurde dem Heiligen Stuhl in der Anklageschrift vom Mai 2002 vorgeworfen, „als Privatperson und nicht als Staat gehandelt und weltliche, nicht religiöse Geschäfte betrieben" zu haben.[22] Die Anklage bezifferte die Schadenersatzsumme, die vom Vatikan zu verlangen sei, auf mindestens 208 Millionen Dollar.

Im Jahr 2002 strengten fünf amerikanische Staaten ein Schadenersatzverfahren an. Sie warfen dem Vatikan vor, in den Versicherungsbetrug verwickelt gewesen zu sein, der sie 200 Millionen Dollar gekostet hatte. Im Kern ging es darum, dass Frankel die katholische Kirche für seinen Betrug benutzt hatte, indem er dem Vatikan 55 Millionen Dollar durch seine „St. Francis of Assisi Foundation" überwies und sie als Spende für wohltätige

Zwecke deklarierte. Unter Beihilfe Colagiovannis, der ihn in der Kurie eingeführt hatte, habe Frankel zwischen 1990 und 1999 verschiedene Betrugsdelikte, darunter die Gründung von Scheinfirmen, begangen.

Laut Anklage des Gerichts von Mississippi, wie sie vom „Wall Street Journal" wiedergegeben wurde, hatte der Vatikan durch seine Unterstützung Frankels beim Kauf der Versicherungsunternehmen geschäftliche Aktivitäten in den USA entwickelt, die nicht mit seinem Wirken als Religionsgemeinschaft vereinbar seien. Im Mai 2002 wies der Vatikan in seiner Verteidigungsschrift die Vorwürfe zurück. Zum Zeitpunkt der Tat sei Colagiovanni bereits im Ruhestand gewesen, habe keinerlei Funktion beim Heiligen Stuhl ausgeübt und deshalb als italienischer Privatmann gehandelt, während Jacobs 1983 *a divinis** entbunden worden sei. Im Übrigen habe der Vatikan von den Stiftungen weder Geld bekommen noch ihnen Geld gegeben; zu diesem Punkt wurden dem Gerichtshof alle Unterlagen zur Verfügung gestellt. Recherchen dagegen belegen,[23] dass Colagiovanni zur Tatzeit 1999 noch Prälat der Römischen Kurie war, Mitglied des Kollegiums der Auditoren der Sacra Rota, Konsultor in zwei vatikanischen Kongregationen und Mitglied der Sonderkommission für die Behandlung der Fälle von Nichtigkeit der heiligen Ordination und der Entbindung von den Verpflichtungen des Diakonats und Priesteramtes und außerdem Dozent für juristische Ethik bei der Sacra Rota.

Die Richter gaben jedoch im März 2006 dem Heiligen Stuhl recht, der demnach keinerlei Verantwortung für das Handeln eines einzelnen Geistlichen trug. Der Versuch des damaligen Mississippi Commissioner of Insurance, George Dale, den Heiligen Stuhl der Mittäterschaft anzuklagen, scheiterte. Die seit Anfang 2008 gezahlte Entschädigung kam allein aus dem Besitz von Frankel,

---

* Das bedeutet, Jacobs blieb Geistlicher, durfte aber fortan das Priesteramt nicht mehr ausüben.

der sogar seine Diamantensammlung über eBay versteigern musste. Die Kirche kam heil davon, aber zum ersten Mal drohte dem Vatikan ein Prozess wegen der Taten einzelner seiner Diener.

1 Die anderen beiden waren Lanfranco Gerini und Franco Spreafico. Martinelli, Dozent und Mitglied des Verwaltungsrats der Università Cattolica in Mailand, neben Caloia im Verwaltungsrat der Opera Don Gnocchi und der Cattolica Assicurazioni, war einer der Letzten, die Rechtsanwalt Giorgio Ambrosoli lebend gesehen haben. Einige Jahre zuvor war Martinelli als Berater des Staatsanwalts bei den Ermittlungen zur Bank Sindonas tätig gewesen. Die Banca d'Italia hatte damals bereits Rechtsanwalt Giorgio Ambrosoli, der im Juli 1979 ermordet wurde, als Insolvenzverwalter für die Banca Privata Italiana nominiert. „An dem Abend, an dem er ermordet wurde, hatte ich mich mit Ambrosoli getroffen, um über die Ergebnisse der Ermittlungen zu sprechen", sagte Martinelli. „Wir haben bis zum Abendessen gearbeitet. Dann kam das tragische Ende. Davon habe ich graue Haare bekommen." Fabio Sottocornola, „Il professore commercialiste tra Bach e bilanci", in „Il Mondo", 26. Mai 2006.

2 Das Tagebuch führte zu den Ermittlungen der römischen Staatsanwaltschaft und des damaligen Colonello der Finanzpolizei Niccolò Pollari über die sogenannten „goldenen Palazzi". Über diesen Fall stürzte die Stadtverwaltung unter Carraro. Zu den Angeklagten gehörte auch Claudio Merolli, der Unterstaatssekretär im Finanzministerium in der siebten Regierung Andreotti war und diesem sehr nahe stand. Ihm wurde eine Notiz vom 13. Februar 1990 zum Verhängnis, in der ihn der Marchese als Empfänger einer Bestechungssumme für den Verkauf von Häusern Gerinis im EUR-Viertel an das Finanzministerium im Wert von 171 Milliarden Lire bezeichnete. Merolli verlangte neun Prozent und erhielt die letzte Rate der Summe nach dem Tod des Marchese aus der „Fondazione Gerini" im Juli 1991.

3 Das Dekret des Innenministeriums vom 10. Mai 1994 autorisierte die Stiftung zur Annahme der Erbschaft: „Nach dem Inventar des Notars Pietro La Monica, das am 23. Juli 1990 geöffnet und am 8. November 1990 geschlossen wurde, gehören zu dem Erbe Mobilien (Möbel, Einrichtungsgegenstände, Bilder und verschiedene Gegenstände, Kunstgegenstände, Wertpapiere, Bankdepots, landwirtschaftliche Maschinen und Begleitfahrzeuge sowie Beteiligungen an verschiedenen Gesellschaften) in einem Gesamtwert von 201.660.324.568 Lire, außerdem Immobilien in folgenden Gemeinden: in Rom Grundstücke und Gebäude in den Stadtbezirken Caffarella, Roma Vecchia, Acquasanta,

246

Olivetaccio, Torre Spaccata, Cecchignola, Falcognane, Pietralata, Quartaccio
di Ponte Galeria, Fiumicino, Vannina (Ponte Mammolo), Monte Olivario
(oder Monte Tondo); zwei Wohnungen und zwei Geschäfte in der Via Gregorio VII; ein Appartement in der Via Ciro Menotti; ein Gehöft in der Via Por-
tuense; zwei Tennisplätze in der Via Ciamarra. In Velletri (Rom): ein Grundstück im Ortsteil Faiola. In Umbertide (Perugia): Grundstücke im Ortsteil
Collemari. Die genannten Immobilien sind von vereidigten Gutachtern am
3. Oktober 1990 beschrieben worden [...] und auf einen Gesamtwert von
220.036.650.000 Lire beziffert worden." Bei dieser Angabe handelte es sich
nicht um den Marktwert, der sich nach verschiedenen Schätzungen auf bis zu
2000 Milliarden belief. Die sehr vorsichtige Schätzung des UTE (Ufficio
Tecnico Edile) von 1993 kam auf mögliche Einnahmen von 800 Milliarden.

4 In „L'ultima beffa del costruttore di Dio, muore e lascia 1500 miliardi" in
„La Repubblica" vom 24. Juni 1990 beschreibt Pierangelo Maurizio den
Baulöwen Gerini folgendermaßen: „Don Alessandro Gerini, einer der
reichsten Männer Italiens, in zwei Legislaturperioden Senator der Democrazia Cristiana, ist wenige Tage vor seinem dreiundneunzigsten Geburts-
tag gestorben und hinterlässt eine riesiges Vermögen. Wie groß es ist, lässt
sich schwer sagen. Nach verschiedenen Schätzungen bewegt sich die
Summe zwischen 1300 und 1500 Milliarden, aber diese Angaben sind natürlich ungenau. Eine Untersuchung des Nationalen Forschungsrats CNR
hat ergeben, dass Gerini 927 Hektar Grund vor allem in Rom besitzt. Aber
das Imperium, das Don Alessandro geschaffen hat, umfasste finanzielle Beteiligungen wie an der Firma Brioschi und an Dutzenden Gesellschaften,
zum Teil unter fremdem Namen. Hinzu kommen die Grundstücke in dem
künftigen Geschäftszentrum Servizio direzionale orientale mit vier Millionen Kubikmeter umbautem Raum sowie der Grund und Boden, der nach
langen juristischen Auseinandersetzungen bereits Baugrund ist oder bald
sein wird und deshalb einen enormen Wertzuwachs aufweist. Es wird Jahre
dauern, bis ein vollständiges Inventar erstellt ist. [...] Gerini war nur einen
Meter sechzig groß, hager und trug einen weißen Kinnbart. Er kaufte beispielsweise in den fünfziger Jahren 170 Hektar Grund, wo wenig später die
Neubauviertel von Cinecittà, Quadraro usw. entstanden, und vermehrte
mit diesen geschickten Operationen sein Vermögen beträchtlich. Er hatte
eineinhalb Milliarden bezahlt und verkaufte das Gelände ein Jahr später
für 27 Milliarden. Trotz seines unermesslichen Reichtums fuhr er einen Fiat
1500, den er erst, als er schon auseinanderfiel, durch einen Citroën Visa ersetzte. Seine Hemdkragen und Ärmelaufschläge waren nicht selten abge-
nutzt, und Radiotelefone oder dicke Autos waren für ihn einfach eine Be-
leidigung. Der Kirche dagegen hat er Dutzende Milliarden für wohltätige

Zwecke gespendet: Zuletzt finanzierte er die Einrichtung von acht Pfarreien in römischen Vorstädten."

5 Lajolo wurde einige Tage später Apostolischer Nuntius in Deutschland und im Lauf der Jahre zu einem der engsten Berater von Benedikt XVI. 2006 ernannte ihn der Papst zum Präsidenten des Governatorats und der Päpstlichen Kommission für die Vatikanstadt; am 24. November 2007 wurde er Kardinal des Konsistoriums.

6 Vgl. die Zusammenfassung der Sitzung im Archiv Dardozzi. Das nicht unterzeichnete Dokument stammt wahrscheinlich von ihm selbst oder vielleicht von Scaletti.

7 Die Durchwahl gehört heute zu dem Büro, das im Abgeordnetenhaus den ehemaligen Parlamentariern zur Verfügung steht.

8 Das Amt war ihm am 15. Januar 1994 direkt vom Rector maior, Egidio Viganò, dem höchsten Würdenträger der Salesianer und direkten Nachfolger von Don Bosco, übertragen worden. Vier Monate später gab das Innenministerium die Erbschaft frei.

9 Vgl. die Notiz aus dem Archiv Dardozzi: „Bei Kard. Laghi, Prof. Sergio Scotti Camuzzi [Ordinarius der Università Cattolica und u. a. 1996 Mitglied der Commissione Federconsorzi], RA Pappalardo (Sig.ra Dini), RA Favino [Berater des Vatikans im Fall Gerini], Sig.ra Giovanna – Silvera". Einer anderen Notiz vom 2. Februar 1996 ist zu entnehmen, dass der Kardinal in dieser Angelegenheit dem Leiter des IOR noch einmal Prof. Scotti Camuzzi empfahl, der darüber an Dardozzi berichtete. Nach einer umstrittenen Amtszeit als Nuntius während der Militärdiktatur in Argentinien, wo er wegen seiner Unterstützung für die Generäle und seiner Freundschaft zu einigen von ihnen, wie etwa Admiral Emilio Massera, heftig kritisiert wurde, gehörte Laghi zum engeren Kreis um Papst Johannes Paul II. Nachdem er als apostolischer Gesandter in Washington in Zusammenarbeit mit den amerikanischen Stellen bei der finanziellen Hilfe für die Solidarność-Bewegung in Polen eine wichtige Rolle gespielt hatte, wurde er zum Kardinal ernannt.

10 Den Taufnamen von Gellis Sohn gibt Monsignor Dardozzi fälschlicherweise mit Luigi an, wahrscheinlich, weil die Entdeckung der Freimaurerloge P2 schon lange zurücklag: Licio Gelli hatte drei Kinder namens Maurizio, Raffaello und Maria Grazia.

11 Tatsächlich ergaben Recherchen, dass damals in der UBS ein Mann gleichen Namens die Privatkundenabteilung leitete, der später nach London wechselte.

12 Das Dokument fährt fort: „Die ‚Stiftung Gerini' soll die Schritte unternehmen, die sie für richtig hält. Ein möglicher Geldbetrag in einer Bank in Montevideo soll in Erwartung besserer Zeiten dort verbleiben, das heißt wenn es

möglich sein sollte, auf korrekte Weise zu agieren und einen Teil der Summe von der Bank wiederzubekommen, auf wessen Namen der Betrag auch immer eingetragen sein mag. Mit hoher Wahrscheinlichkeit lässt sich nicht ausschließen – oder besser gesagt, es ist so gut wie sicher –, dass die Gelder zu dem gehören, was der Vatikan letztendlich über die Banca d'Italia den Gläubigerbanken überwies, denen das IOR die (ebenso berühmten) „Patronagebriefe" geschickt hatte. All dies wurde mit dem Abkommen Italien/SCV und der Überweisung des Gegenwerts von ungefähr 475 Milliarden Lire in Dollar durch den Vatikan abgeschlossen, vgl. das Protokoll der Audienz des Heiligen Vaters in Castelgandolfo am 29. August 1983, bei der der Heilige Vater dem Kardinalstaatssekretär dieses Mandat erteilte. Eine vertrauliche Kopie dieses Protokolls habe ich Prof. Caloia übergeben. Unter diesen Umständen habe ich Prof. Caloia den verhaltenen Rat gegeben, sich aus der Angelegenheit, mit der das IOR keine inhaltliche und auch keine formale Verbindung hat, ,herauszuhalten'." Das Dokument geht sehr ins Detail und berichtet über alle Sitzungen und Recherchen: „Seit einigen Wochen wird diskutiert, welche Beziehungen das IOR zu der kirchlichen Stiftung ,Institut Marchesi Teresa, Gerino und Lippo Gerini', der Universalerbin des Vermögens des verstorbenen Marchese Gerini, hat. Ein Rechtsanwalt versucht, das IOR dazu zu bringen, sich für die Begleichung eines ihm zustehenden Honorars zu verwenden, das die Stiftung bisher nicht gezahlt hat, und außerdem eine Summe zu vereinbaren, um die Auseinandersetzungen mit den anderen Erben (den Nichten und Neffen) Gerinis ,beizulegen'. Er (der Rechtsanwalt) deutet auch an, dass in Montevideo (in einer Bank) ein großer Betrag (an den aber nicht heranzukommen ist) liegt, der mit Personen aus dem ehemaligen Banco Ambrosiano und mit Gerini in Verbindung zu bringen ist. Deshalb wendet sich der Rechtsanwalt vielleicht ans IOR. Auch ich bin, sicher auf Anregung von Kreisen des ehemaligen Banco Ambrosiano, von demselben Rechtsanwalt gedrängt worden, mich dafür einzusetzen und im IOR darüber zu sprechen. Natürlich habe ich abgelehnt, habe aber Prof. Caloia informiert, der im Übrigen von anderer Seite in ähnlicher Weise bedrängt worden ist. [...] Der Hinweis auf Montevideo ist nicht neu. Ich habe bereits in den Jahren der Kommission (80/82) davon sprechen hören, und dann 1992 von einem Rechtsanwalt aus den USA. [...] Darüber hatte ich den Kardinalstaatssekretär informiert (Casaroli). Ich habe nicht erfahren, was daraus geworden ist. Aber ich denke, dass weiter nichts geschah. [...] Der wiederholte Hinweis auf Montevideo lässt den Verdacht aufkommen, dass etwas Wahres daran ist, aber nach meiner unmaßgeblichen Meinung sollte man nichts unternehmen. Man liefe Gefahr, den Vertrag zwischen IOR und Italien neu diskutieren zu müssen."

13 Im Protokoll der Sitzung vom 26. September 1995 heißt es: „Es sieht so aus, dass man über die folgenden Vorschläge Einigung erzielen kann: Zahlung einer Summe von 6,5 Milliarden Lire in bar bis Ende Oktober und von einer weiteren, kleineren Summe (2,5 Milliarden), wenn alle die Stiftung betreffenden Fragen geregelt sind."

14 Vertrauliches Schreiben der Bank vom 27. März 1996 an den vatikanischen Gerichtshof.

15 In einem Schreiben des IOR vom 3. August 1995 ist zu lesen: „Unser oben genannter Schuldner verweigert sich unseren vorwiegend fernmündlichen Zahlungsaufforderungen in Wirklichkeit nicht und schickt uns auch immer wieder Faxe, um zu beweisen, wie sehr er sich bemüht, die Summe aufzutreiben. Wir konnten aber nichts Konkretes erreichen und unsere ohnehin längst gesunkene Hoffnung, die geliehene Summe wiederzubekommen, ist völlig geschwunden. Im Bezug auf den geistlichen Stand des oben Genannten und der von ihm gegründeten Wohltätigkeitseinrichtung, für die er anscheinend die notwendige Erlaubnis erhalten hat, über die wir aber sehr wenig wissen, erscheint es uns schwierig, auf direktem Weg, aber auch höchst unwahrscheinlich, auf juristischem Weg an das Geld zu kommen."

16 Protokoll der Sitzung des Aufsichtsrats des IOR vom 26. September 1995.

17 „Nichts als Schweigen aufseiten von Pater Izzi. Der böse Wille des Geistlichen lässt sich aber aus kleinen Episoden ablesen. Zum Beispiel hat er versucht, einen Scheck über zehn Millionen auf ein Konto der BNL [Banca Nazionale del Lavoro] einzulösen, von dem wir wussten, dass es längst aufgelöst war." Aus einem Brief von Caloia an Sodano, 1. Februar 1996.

18 Gespräch mit dem Autor am 3. Januar 2009. An jenem Abend spielte sich hinter den Leoninischen Mauern eine Tragödie ab. Der Kommandant der Schweizergarde Alois Estermann, seine Frau Gladys Meza Romero und der Vizekorporal Cedric Tornay starben durch Schussverletzungen. Nach der offiziellen Version tötete Letzterer das Paar aus beruflicher Kränkung und nahm sich dann selbst das Leben. Diese These ist in zahlreichen Texten und Rekonstruktionen bezweifelt worden, angefangen von John Follain in *City of Secrets*, HarperCollins, New York, 2003.

19 Der Kardinal unterstützte die Operation und erhielt eine Spende von 100.000 Dollar für ein Krankenhaus. Laghi schrieb einen Dankesbrief an Frankel, aber Jacobs verlangte, den Brief so zu formulieren, dass die neu gegründete „St. Francis of Assisi Foundation" ins rechte Licht gesetzt wurde. Laghi ging problemlos darauf ein. Er war nicht der Einzige, der Geschenke erhielt; auch Monsignor Giovanni d'Ercole wurde für seinen Orden Don Orione bedacht, ebenso Erzbischof Alberto Tricarico, der Apostolische Nuntius für die Beziehungen zur ehemaligen UdSSR.

20 Es handelt sich um verschiedene Artikel, die im Juni 1999 in der amerikanischen Zeitung erschienen.

21 In der vom damaligen Vatikansprecher Joaquín Navarro-Valls am 1. Juli 1993 veröffentlichten Note heißt es: „Der Heilige Stuhl steht in keiner Beziehung zu Reverend Jacobs und hat weder von der Stiftung ‚Monitor ecclesiasticus' noch von der ‚St. Francis of Assisi Foundation', die kein Konto beim IOR besitzt, Geld erhalten und diesen Stiftungen auch nichts zur Verfügung gestellt. Monsignor Colagiovanni ist Präsident der Stiftung ‚Monitor ecclesiasticus', die in der Erzdiözese Neapel 1967 gegründet wurde und seitdem stets außerhalb des Vatikans gehandelt hat, zu dem sie nicht gehört."

22 Verantwortlich gemacht wurden Re, Laghi und Agostino Cacciavillan, der ehemalige Nuntius in den USA und zum damaligen Zeitpunkt Leiter der vatikanischen Vermögensverwaltung. Auch Erzbischof Salerno, Monsignor d'Ercole und die Manager des IOR, Scaletti und Antonio Chiminello, wurden genannt.

23 So die Darstellung von Adista, dem Verlag für Nachrichten über die kirchliche Welt, auf seiner Website.

Die Gelder des Papstes und das IOR nach de Bonis

Der Geheimfonds des Papstes

Nach dem von Johannes Paul II. eingeführten Neuen Grundgesetz des Vatikanstaats besitzt der Papst „als Oberhaupt des Vatikanstaats die Fülle der gesetzgebenden, ausführenden und richterlichen Gewalt."[1] Folglich besitzt er die uneingeschränkte Verfügungsgewalt über Vermögen und Pfarreien. Von Sankt Peter bis zum letzten entlegenen Bergkloster untersteht alles seiner Kontrolle. Der Heilige Vater regiert damit ein Reich, das weit über die Grenzen der Vatikanstadt hinausgeht. Es hat mehr als vier Millionen enge Mitarbeiter mit operativen Aufgaben, darunter Bischöfe (4500), Priester (405.000), Mönche und Nonnen (865.000), ständige Diakone (26.000), Laienmissionare (mehr als 80.000) und 2,5 Millionen Katecheten.[2]

Dabei ging man bisher immer davon aus, dass es sich bei dieser Theokratie nur formal um eine absolute Wahlmonarchie handelt. Dem Papst wurde nicht die Funktion eines Monarchen zugeschrieben, sondern die eines geistlichen Führers von einer Milliarde Katholiken rund um den Globus (mehr als 17 Prozent der Weltbevölkerung). Ein Oberhaupt, das sich um so profane Dinge wie Geld und Finanzgeschäfte gar nicht kümmert. Tatsächlich aber verfolgte Johannes Paul II. sehr genau, was sich da abspielte und im Staatssekretariat, seiner wichtigsten Behörde, für Unruhe sorgte. Er war in alles eingeweiht und wusste auch von den Überprüfungen, die schließlich die Geheimkonten des IOR ans Licht brachten. Dies belegen die Berichte zur Enimont-Schmiergeldaffäre und zum parallelen IOR, die Caloia in den neunziger Jahren

253

an den päpstlichen Sekretär Dziwisz schickte. Zu allen wichtigen Fällen wurden dem Papst vertrauliche Dossiers vorgelegt, er bestimmte die Handlungsstrategien des Staatssekretariats. Außerdem verfügte er persönlich über enorme Geldsummen, mit denen die polnische Gewerkschaft Solidarność unterstützt wurde. Diese Gelder stammten aus der Privatschatulle des Heiligen Vaters. Sie standen ausschließlich ihm zur Verfügung und tauchten somit auch nicht in den offiziellen Bilanzen auf, die der Heilige Stuhl jedes Jahr veröffentlicht.

Dieser Privatfonds des Papstes zählt zu den vielen Geheimnissen der katholischen Kirche. Es ist allgemein bekannt, dass der Papst persönlich über Gelder für gute Werke und wohltätige Zwecke verfügt. Über Herkunft und Umfang dieser Beträge lässt sich allerdings nur spekulieren. Es gibt weder Belege für ihre Verwendung noch Hinweise auf ihren Ursprung und ihre Verbuchung. Der Grund dafür liegt in dem verkrampften Verhältnis der Kirche zum Geld, das sich in vielen ihrer Handlungs- und Verhaltensweisen spiegelt: Der Vatikan möchte nicht preisgeben, woher seine Gelder stammen und wohin sie gehen, und auch bei der Frage nach seinem Firmenimperium, das in den verschiedensten Bereichen aktiv ist, vom religiösen Tourismus bis zur Kranken- und Altenpflege, gibt er sich zugeknöpft. Weder legt er seine Konten offen, noch ist er bereit, für einzelne Rechnungsposten und einzelne Diözesen anzugeben, wie viel Geld über Spenden, Vermächtnisse und Nachlässe für wohltätige Zwecke in seine Kassen fließt.

Daher veröffentlicht der Vatikan bei seiner traditionellen Pressekonferenz im Frühjahr lediglich die Bilanzen von sieben Verwaltungen des Heiligen Stuhls.[3] Andere, weitaus interessantere Dokumente werden unter Verschluss gehalten. Statt einer Gesamtbilanz gliedert die Kirche ihre wirtschaftlichen Aktivitäten nach Diözesen und Bischofskonferenzen auf und gibt nur die Teilbilanzen einiger Dikasterien* des Vatikanstaats bekannt.

---

* Ämter der Römischen Kurie

254

Also nur halbe Informationen, lückenhafte Angaben. Detailliert werden die Einnahmen aus der Vatikandruckerei und die Erlöse aus dem Verkauf der Museumstickets aufgeschlüsselt, über die Gewinne der eigenen Bank jedoch dringt nichts nach außen. Akribisch genau werden die Kosten für das Papier der Sonderbriefmarken beziffert; aber wie viele Papiere mit Wasserzeichen in den Tresoren der Bank liegen, die „nicht der öffentlichen Verwaltung des Vatikanstaats, sondern unmittelbar dem Papst unterstellt ist", erfährt man nicht.[4] „Wir unterstehen direkt dem Heiligen Vater", erklärte Caloia 1998, „dem wir die jährlichen Gewinne ausschütten."[5]

Bei der Präsentation der konsolidierten Jahresbilanz fehlen viele, allzu viele Posten. Die wichtigen Sparten – das Governatorat, also die Verwaltung der Vatikanstadt; das IOR; sämtliche Unternehmen im Besitz der Kirche, die im religiösen Tourismus, in der Immobilienbranche und auf dem Finanzsektor weltweit operieren – bleiben außen vor. Ein Bilanzbuch der katholischen Kirche wiese viele leere Seiten auf. Neben dem Privatfonds des Papstes fehlen auch die Soll- und Habenstände der Pfarreien und Ordensinstitute.

Da der Vatikan neben Brunei der einzige Staat der Welt ist, dessen Parlament vom Herrscher ernannt wird, lassen sich keine Vergleiche ziehen. Doch was würde wohl passieren, wenn die italienische Regierung ihren Bürgern den Staatshaushalt vorenthalten und verschweigen würde, was der Quirinalspalast und die Regierungsgebäude kosten? Oder wenn sie es verabsäumen würde, die Bilanzen der Eni, der Finmeccanica und anderer wichtiger Unternehmen mit staatlicher Beteiligung offenzulegen? Was in Italien von der Politik verlangt wird, wird von den kirchlichen Behörden nur erhofft. Und das, obwohl die katholische Kirche nach neuesten Berechnungen des Mathematikers Piergiorgio Odifreddi den italienischen Staat jährlich neun Milliarden Euro kostet.[6] Aber weshalb werden manche Bilanzen verschwiegen, und welche genau? Auch auf diese Frage gibt

Dardozzis eindrucksvolles Archiv eine Antwort. Seine Dokumente werfen ein Schlaglicht auf die geheime Buchführung des Heiligen Stuhls und machen die Bilanzen und das Stillschweigen, das sie umgibt, verständlicher. Gehen wir also zurück in das Jahr 1993, dessen Bilanz Mitte Juni 1994 den Journalisten vorgestellt wurde.

Ein großer Presseauflauf, die Zahlen wurden feierlich bekannt gegeben. Plötzlich herrschte ein Klima des Optimismus und der Auskunftsbereitschaft, welches zu den eher kleinlauten Stellungnahmen bezüglich der Machenschaften und Intrigen, wie sie bisher beschrieben wurden, nicht recht passen wollte. Besonders eine Nachricht brachte die Bilanz des Heiligen Stuhls weltweit auf die Titelseiten der Zeitungen und in die Fernsehnachrichten: Nach langen Jahren der Krise hatte der Vatikan kein Defizit mehr. Erstmals nach 23 Jahren „schreibt der Papst keine roten Zahlen mehr". In der Tat, ein „Wunder, die Kirche ist im Plus", titelten zwei große italienische Tageszeitungen.[7] Der Überschuss betrug 2,4 Milliarden Lire. Ein gesunder Haushalt. In den sieben Verwaltungsbereichen, die in der Bilanz ausgewiesen waren, standen sich Ausgaben in Höhe von 263,4 Milliarden Lire und Einnahmen in Höhe von 265,8 Milliarden gegenüber. Der Immobiliensektor mit einem Plus von 90,4 Milliarden und die Wertpapierverwaltung mit 21,8 Milliarden waren besonders erfolgreich. Nicht zu vergessen seien die 5,8 Milliarden des Governatorats, mahnten die Zeitungen, sowie der Peterspfennig. Das ist eine Kollekte, die weltweit jeweils am 29. Juni, dem Fest der Apostel Petrus und Paulus, abgehalten wird und im Jahr 1993 94,4 Milliarden Lire einbrachte. Zu dem Überschuss von 2,4 Milliarden mussten also die 5,8 Milliarden des Governatorats addiert werden.

Diese positive Bilanz geht auf eine umsichtige Haushaltspolitik zurück, die Castillo Lara und Edmund Casimir Szoka, der frühere Erzbischof von Detroit und damalige Präsident der Präfektur für die wirtschaftlichen Angelegenheiten des Heiligen Stuhls (praktisch der vatikanische Finanzminister), durchgesetzt hatten. Ein frischer Wind, wenn man bedenkt, dass noch im Jahr 1991 der Haushalt mit einem Defizit von 100,7 Milliarden Lire abgeschlossen wurde.

Der Geschäftsbericht wies jedoch einige Lücken auf – keine Spur einer gesonderten Bilanz des Governatorats ebenso wenig wie des IOR. Wenn Caloia die Verwaltung der Bank grundlegend umgestaltet hatte, warum wurden dann nicht auch diese Bilanzen veröffentlicht? „Das IOR ist nicht Teil des Heiligen Stuhls", antwortete ein pikierter Kardinal Szoka den neugierigen Journalisten, „obwohl es im Vatikan beheimatet ist. Im IOR sind nicht nur die Gelder religiöser Orden angelegt, sondern auch außerkirchliche Vermögenswerte, die eigene Bilanzen haben."[8] Eine Aussage, die in klarem Widerspruch zu dem steht, was bis dahin gesagt wurde. Das IOR ist nämlich durchaus „Teil" der Kirche. Es wurde von Papst Pius XII. am 27. Juni 1942 gegründet. Laut Konkordat sind die Mitarbeiter des IOR Angestellte einer zentralen Körperschaft des Vatikans. Nur deshalb hatte sich Marcinkus Jahre zuvor nach dem Crash der Ambrosiano-Bank einer Festnahme entziehen können. Doch was geschieht mit den Gewinnen der Bank, wenn sie nicht in den Tresoren des Apostolischen Palastes verbleiben? Die Wahrheit ist einfach: Die beträchtlichen Gewinne des IOR fließen dem Papst zu, der über diese Gelder persönlich und unmittelbar verfügen kann. In jenem Jahr 1993 also waren die Gewinne außergewöhnlich hoch, vielleicht mussten sie daher geheim bleiben.

In Dardozzis Archiv befindet sich ein Schreiben, das Angelo Caloia am 16. März 1994, drei Monate vor Bekanntgabe der Jahresbilanz, in seiner Eigenschaft als Bankpräsident direkt an Johannes Paul II. richtete. Darin teilte er ihm mit, welche enormen Vermögenswerte das IOR ihm zur Verfügung stellte:

Heiliger Vater,

ich betrachte es als meine Pflicht, Eure Heiligkeit direkt von der Summe in Kenntnis zu setzen, die das IOR Eurer Heiligkeit zur Verfügung stellen kann. Es sind 72,5 Milliarden italienische Lire, die nach Rückstellung von mehr als 170 Milliarden für Risiken unterschiedlicher Art übrig bleiben. Die Summe, die Eurer Heiligkeit zur Verfügung steht, ergibt sich aus der exakten Differenz zwischen der Gesamtheit der Renditen und Erlöse (496.902.373.094 italienische Lire) und der Gesamtheit der Ausgaben und Verluste (424.401.030.709 italienische Lire). Diese Summe ist das Ergebnis einer umfassenden und transparenten Neuordnung der Abläufe und Verwaltungsstrukturen, die seit nunmehr fast fünf Jahren in Kraft ist. Im Namen des Aufsichtsrats möchte ich unsere ergebenste und ehrfurchtsvolle Hochachtung mit der Bitte um den Segen für unsere Arbeit verbinden, einen Segen, um den ich in einer Audienz zu bitten wage, deren Zeitpunkt Eure Heiligkeit selbst bestimmen mögen.

Rechnet man die 72,5 Milliarden Lire des IOR zu den 94,4 Milliarden aus den Spenden des Peterspfennigs hinzu, dann konnte Johannes Paul II. im Jahr 1994 über eine Privatschatulle von 166,9 Milliarden Lire (121,3 Millionen Euro) für wohltätige Zwecke und gute Werke verfügen. Im Laufe der Jahre kamen noch die Gelder der Stiftung „Centesimus annus pro pontifice" dazu, die von katholischen Unternehmern aufgebracht wurden. Eine ansehnliche Summe, die sehr viel größer ist als die sogenannte „Wohltätigkeit des Papstes". Es handelt sich dabei um anonyme Vermächtnisse und Zuwendungen, die Körperschaften und Verbände, Persönlichkeiten und Privatpersonen im Rahmen von Audienzen dem Heiligen Vater zur Verwendung nach eigenem Gutdünken zukommen lassen und welche von allen Einkünften wohl nur hinter den Spendensummen des Peterspfennigs zurückbleiben.

ISTITUTO
PER LE
OPERE DI RELIGIONE

IL PRESIDENTE

16 marzo 1994   CITTÀ DEL VATICANO

Beatissimo Padre,

sento il dovere di mettere Direttamente al corrente Vostra Santità dell'importo che l'Istituto per le Opere di Religione è in grado di mettere a disposizione della Santità Vostra. L'importo è pari a 72,5 miliardi di lire italiane, resultante dopo l'accantonamento di oltre 170 miliardi a fronte di rischi di varia natura. La somma a disposizione di Vostra Santità rappresenta l'esatta differenza fra il totale di rendite e ricavi (pari a 496.902.373.094 lire italiane) ed il totale di spese e perdite (pari a 424.401.030.709 lire italiane).

Tale resultato è il frutto di un ampio e trasparente lavoro di riordino procedurale ed amministrativo condotto per quasi cinque anni di attività.

ISTITUTO
PER LE
OPERE DI RELIGIONE
—
IL PRESIDENTE

CITTÀ DEL VATICANO

A nome del Consiglio di Sorrintendenza desidero presentare i più devoti e filiale ossequi, chiedendo la benedizione di Vostra Santità sul nostro lavoro, benedizione che oserei chiedere in un'udienza di cui Ella potrà stabilire i tempi ed i momenti.

Suo dev. mo ed obbl. mo

(A. CALOIA)

S.S. Giovanni Paolo II
Città del Vaticano

Brief Angelo Caloias, Präsident des IOR, an Papst Johannes Paul II. über die 72,5 Milliarden, die das IOR dem Papst zur Verfügung stellte.

Würde diese Summe in die Gesamtbilanz des Vatikans aufgenommen, wäre das Plus insgesamt noch sehr viel höher. So aber blieb es eine sensible Information, die Caloia Papst Johannes Paul II. direkt übermittelte. Wofür diese Gelder ausgegeben wurden, die dem päpstlichen Portfolio zugeschlagen wurden, obwohl sie doch mit den Einlagen der Gemeinschaft der Gläubigen erwirtschaftet wurden, erfährt nur ein sehr kleiner Kreis von Kardinälen. Ein Teil der Peterspfenniggelder und der Gewinne des IOR fließt in karitative Projekte in aller Welt. Das geschieht zum einen über den päpstlichen Rat „Cor Unum", der mit den Geldern aus wohltätigen Stiftungen lobenswerte Hilfsprojekte in Entwicklungsländern durchführt, zum anderen über das Päpstliche Almosenamt,[9] dem jährlich 1,5 Millionen Euro zur Verfügung gestellt werden.

In Wahrheit sah die Sache also etwas anders aus. Die 72,5 Milliarden Lire wurden „Seiner Heiligkeit zur Verfügung" gestellt, wie der Bankier dem Papst mitteilte. Sie stammten aus einer Bank, die international tätig war – eine Folge der finanziellen Umstrukturierung des IOR, die 1989 mit dem Eintritt Caloias in den Vatikan begonnen hatte. Seither waren die Erträge kontinuierlich gestiegen. 1989 betrug die dem Papst zur Verfügung stehende Gesamtsumme „nur" 20 Milliarden.[10] Das IOR ist also für den Papst eine sichere Einnahmequelle. Selbst 1992, als die Bank rote Zahlen schrieb, konnte Johannes Paul II. über 60,7 Milliarden Lire verfügen.[11]

In den nachfolgenden Jahren stieg diese Summe noch weiter. Für das Jahr 1994 weisen die Dokumente aus Dardozzis Archiv einen Nettogewinn von 75 Milliarden Lire aus, für 1995 sogar 78,3 Milliarden Lire. Im Februar 1996 schrieb Caloia an Sodano, die Bank könne „der Kardinalskommission die Summe von 78,3 Milliarden zur Verfügung stellen, bei einem Bruttogewinn von 231 Milliarden".[12] Darüber hinaus erhielt jeder Kardinal „eine Summe von 50 Millionen für gute Werke", wie Caloia Kardinal Sodano mitteilte. Diese Zuwendungen erfolgten als „Anerkennung der Tätigkeit der Kardinäle" in der Kommission, deren Aufgabe es war, die Tätigkeit der Bank zu kontrollieren.[13] Im Parlament heißt das ganz profan Sitzungsgeld.

Ein IOR mit Einlagen in Höhe von fünf Milliarden Euro

Doch wie sah das IOR nach Marcinkus und de Bonis aus? Die Bank hatte inzwischen in jeder Hinsicht beachtliche Dimensionen erreicht. Nach einer offiziellen, allerdings streng geheimen internen Prüfung im Frühjahr 1996,[14] bei der erstmals eine Bestandsaufnahme der im Institut verwalteten Vermögenswerte durchgeführt wurde, gab es 1388 Depots, sowohl in Lire als auch in ausländischer Währung. 729 Kunden hatten im IOR 957 Milliarden Lire angelegt, 659 Depots enthielten in Dollar notierte Vermögen im Wert von 1194 Milliarden Lire, insgesamt also 2151 Milliarden Lire (1555 Milliarden Euro). Eine betuchte Kundschaft: Ein Drittel der Depots enthielt mehr als eine Milliarde Lire.[15] Um diese Klienten kümmerten sich 97 Bankmitarbeiter, die ihrerseits gut bezahlt wurden, wie im Übrigen alle weltlichen Mitarbeiter des Heiligen Stuhls. Bei den „Bankangestellten" beläuft sich die automatische Gehaltserhöhung auf fünf Prozent pro Jahr, in den anderen Verwaltungsbereichen sind es sogar sechs Prozent, da das IOR „nicht als Teil der vatikanischen Verwaltung betrachtet wird".[16]

Caloias Bemühungen zeigten also Wirkung. Am 31. Dezember 1995 belief sich das Eigenkapital der Bank auf 948 Milliarden Lire, die Einlagen der Kunden auf 4678 Milliarden Lire (drei Milliarden Euro). Die Gelder lagen auf Girokonten von Diözesen, religiösen Einrichtungen und Ordensinstituten sowie auf Privatkonten, zum Beispiel der Democrazia Cristiana. Diese bisher unbekannte offizielle Angabe wird durch eine vorsichtige Schätzung aus dem Jahr 2008 bestätigt, die von Einlagen im Wert von mindestens fünf Milliarden Euro ausgeht.[17] Im Aufsichtsrat war man begeistert. Das IOR glich einer Geschäftsbank: „Die Gewinne aus dem Devisen- und Wertpapiergeschäft übertrafen die Budgeterwartungen um 40 Prozent."[18] Und: „Der Zuwachs ist hauptsächlich auf eine Transaktion zurückzuführen, bei der Wertpapiere

(Geldmarktpapiere und Anleihen) in der letzten Novemberwoche veräußert und der Erlös von 193,1 Millionen Dollar kurzfristig angelegt wurde; die Zinsen waren am 1. und 3. November 1993 fällig; an diesen Tagen wurden Anleihen desselben Typs im Gegenwert von 191,8 Millionen Dollar gekauft."[19]

1994 senkte Caloia die üppigen Zinsen für Girokonten von 8 auf 6,3 Prozent und erhöhte den Zinssatz für Festgeld auf 7 Prozent. Aber die Kundschaft beschwerte sich nicht. Nicht nur, weil absolute Diskretion einfach nicht mit Geld aufzuwiegen war, sondern auch, weil sie mit größter Zuvorkommenheit behandelt wurde. Zudem waren diese Zinssätze immer noch höher als bei anderen Banken. Und man darf nicht vergessen, dass die Gewinne im Vatikan Nettoerträge sind, für die keine Steuern bezahlt werden müssen.

Am 11. März 1994 übergaben die Prüfer Marco H. Rochat und Jacqueline Consoli von Revisuisse Price Waterhouse den Mitgliedern des Aufsichtsrats ihren Abschlussbericht zum finanziellen Gesundheitszustand des IOR: ein 25-seitiges Dokument, top secret. Der Bericht war eine echte Fundgrube. Endlich existierten konkrete Zahlen und man erfuhr etwas über die Größe dieses geheimnisvollsten Kreditinstituts der Welt. Die Papstbank schüttete Zinsen in Höhe von 230 Milliarden Lire an ihre Kunden aus. Ein erfolgreiches Jahr auch deshalb, weil „die Zinssätze stark gesenkt wurden und der Wert unseres Portfolios gestiegen ist", wie Caloia in einem Brief vom 15. März 1994 an Sodano unterstrich. Aus dem Bericht der Prüfer geht hervor, dass das Institut über einen echten „Staatsschatz" verfügte. In seinen Tresoren lagerten 1617 Kilogramm Goldbarren, Anleihen im Wert von 2666 Milliarden Lire (1,9 Milliarden Euro) sowie Aktien im Wert von 91 Milliarden Lire, die im Vatikan und auf Girokonten in 141 Banken weltweit angelegt waren. Außerdem hielt das IOR Anteile an bekannten Unternehmen wie beispielsweise dem Banco Ambrosiano Veneto (der späteren Banca Intesa), aber auch an weniger bekannten Kapitalgesellschaften wie den Gestioni finanziarie e patrimo-

263

niali S.p.A. und der Fiduciary Investment Company, New Jersey, im Umfang von 17,9 Milliarden. Als gesund galt auch der Anteil des Immobilienbesitzes im Wert von 30 Milliarden Lire.

Im Gegensatz zu dem, was gewisse, nicht sehr objektive Quellen immer wieder verlauten, vergibt das IOR wie jede andere Bank Darlehen in alle Welt und hat Außenstände. Und wie jede andere Bank verhandelt auch das IOR über die größten Schuldenposten, um diese wieder hereinzuholen und die Rückstände auszugleichen. Nicht nur Top-Kunden und „Freunde von Freunden", sondern auch Karmelitermönche oder die Suore Infermiere dell'Addolorata, ein in der Krankenpflege tätiger Frauenorden, klopfen in finanzieller Bedrängnis hilfesuchend an das Bronzeportal. Wenn auch in begrenztem Umfang, gewährte die Papstbank am 6. November 1995 Kredite in Höhe von 118,5 Milliarden Lire (78,3 Millionen Euro), von denen 27,7 Prozent als „ungesicherte Darlehen" eingestuft wurden, deren Rückzahlung ungewiss war.

Umfangreichere Darlehen wurden dem Aufsichtsrat zur Prüfung vorgelegt. Dessen Protokolle der Jahre 1994, 1995 und 1996 zeigen, dass die Finanzprobleme der Frauenorden und Klöster vom skrupellosen Geschäftsgebaren einiger Prälaten Lichtjahre entfernt waren. Da beantragte beispielsweise das Generalat der Unbeschuhten Karmeliter in Rom einen Kredit von zwei Milliarden Lire „zu einem kalkulatorischen Zinssatz von 11,75 Prozent".[20] Oder man stockte die Kreditlinie der Kongregation der Suore Infermiere dell'Addolorata in Como um zehn Milliarden auf. In diesem Fall wurde das Darlehen nicht in italienischer Währung ausbezahlt. Vereinbart wurde vielmehr eine flexible „Zahlung in Schweizer Franken unter Berücksichtigung potenzieller Erträge aus Vermögenswerten in der Schweiz, auch aufgrund gewisser Wechselkursschwankungen."[21] Und dann noch „die Kreditlinie der Dominikanerinnen der heiligen Rosa von Lima aus Finalborgo (Savona), die von 4 auf 6 Milliarden Lire erhöht wurde. Der zusätzliche Kredit mit einem variablen Jahreszins von 11 Prozent sollte in jährlichen Raten nicht unter 1,3 Milliarden zurückbezahlt werden."[22]

Anders verfuhr man im Fall der US-amerikanischen Dominican Sisters of Divine Providence mit ihrem Kloster in Piscataway, New Jersey. Zur Ablösung der Schulden in Höhe von 420.481,76 Dollar akzeptierte man großzügig eine Zahlung von „nur" 350.000 Dollar, „sobald das Kloster eine seiner Immobilien verkauft hat". In anderen Fällen nahm man es dagegen sehr genau. Beispielsweise bei einem Kredit über 3.373.005 Dollar, den die Sociedade Campineira de Educação e Instrução in Campinas, Brasilien, 1981 aufgenommen hatte. Obwohl das Unternehmen bereits das gesamte Darlehen zurückbezahlt hatte und nur noch die Zinsen zu begleichen waren, war man 1994 nicht bereit, den Kredit zu tilgen. In anderen Fällen rückte die Bank keinen Pfennig heraus, wie beispielsweise 1996, als die „Fondazione Ma.So.Gi.Ba" mit Sitz in der Provinz Macerata mehrfach vergeblich um ein Darlehen bat.

Es gab Nonnen, die für den Kauf einer Immobilie einen Kredit[23] aufnahmen, wie die Ancelle francescane del Buon pastore (Schwestern vom Guten Hirten) in Rom.[24] Sie erhielten ein Darlehen in Höhe von vier Milliarden Lire für den Kauf eines Hauses in der Via Gregorio VII „zur Nutzung als Gästehaus für Pilger im Heiligen Jahr 2000".[25] Allerdings wurde der Kredit mit einem Jahreszins von 11,25 Prozent nur deshalb bewilligt, weil die Ancelle sehr vermögend waren.[26] Laut Akten des IOR erzielten die Ordensschwestern, die sich auf den heiligen Franziskus berufen, einen Jahresumsatz wie ein gesundes mittelständisches Unternehmen.

Wie jede andere Bank gewährt das IOR nicht nur Darlehen, sondern übernimmt auch Bürgschaften. Ganz normale Bankgeschäfte eben, wenn auch in Anbetracht des Kundenkreises bisweilen etwas speziell. Solche Bürgschaften konnten auch an Hilfsprojekte in Entwicklungsländern gebunden sein. So gewährte Andrea Gibellini, Generaldirektor des IOR, der Nichtregierungsorganisation CICS (Centro Internazionale di Cooperazione allo Sviluppo)[27] eine Bürgschaft in Höhe von einer Milliarde Lire für drei Verträge mit der Europäischen Union im Rahmen von Hilfsprojekten in Angola. Das IOR bürgte für die Gelder, die die Organisation von der Banca Nazionale del Lavoro erhielt, und konnte dafür selbst wieder auf interessierte Kunden der eigenen Bank zurückgreifen, in diesem Fall die italienische Südprovinz der Herz-Jesu-Priester in Neapel.[28]

Das IOR besaß auch Immobilien[29] im Wert von 17 Milliarden Lire. Eine virtuelle Summe, bei der lediglich „75 Prozent des Marktwerts von 1983" berücksichtigt wurden. Der Grund dafür klingt paradox: Nicht einmal die Bank selbst war in der Lage, den Prüfern alle Liegenschaften zu benennen. Sie mussten sich an das Katasteramt von Rom wenden, und selbst dort erwiesen sich die Recherchen als durchaus schwierig.[30]

Auch die Rechtsabteilung des IOR hat alle Hände voll zu tun. Im Unterschied zu anderen Banken betreut sie nicht nur Angelegenheiten und Streitfälle bei Krediten oder aus dem Gesellschafts- und Arbeitsrecht. Die Anwälte des IOR sind auch auf Erbrecht spezialisiert. Die Papstbank hat nämlich sicherzustellen, dass alle in den Testamenten genannten Vermögenswerte, die kirchlichen Einrichtungen vermacht werden, auch tatsächlich in den Tresoren des Vatikans landen. Gelegentlich muss sie auch zurückrudern, wie im Fall der Erbschaft der Adelsfamilie Gutkowski und der „Fondazione Bonino" aus Caltanissetta.[31] Schenkungen anzunehmen ist hingegen unproblematisch. Selbstverständlich sind nicht nur Gelder willkommen, sondern auch Kunstwerke und antike Möbel. So öffnete das IOR seine Tresorräume der frommen Katholikin Cristina Grosso, die dem Vatikan „drei Kunstwerke aus der Renaissance schenkte, ein Wohnzimmer im Louis-quinze-Stil, bestehend aus Sofa und sechs Sesseln und Stühlen, sowie einen Perserteppich von höchster Qualität".[32] Es handelte sich um wertvolle Gemälde: „Eine Kreuzigung, der Schule von Antwerpen zugeschrieben, der Maler könnte Frans Francken (1542–1616) sein, flämisch", schreibt Giuliano Briganti in seinem Gutachten;[33] „ein

266

kreuztragender Christus und ein Gemälde mit der Jungfrau Maria (Mater purissima oder ein Andachtsbild). Die drei Kunstwerke, das Wohnzimmer und der Teppich sind in hervorragendem Zustand und haben einen Wert von nicht weniger als 2 Milliarden Lire".[34]

Und falls eines Tages jemand in das Innerste des Vatikans eindringen würde, um einen spektakulären Raub oder Diebstahl zu begehen? Man mag diese Vorstellung belächeln und sagen, ein solcher Coup könne doch gewiss nur einem fiktiven Meisterdieb wie Arsène Lupin gelingen. Denn wer könnte schon auf die Idee verfallen, neun Meter dicke Mauern anzubohren? Doch genau diese Befürchtung hegten die Führung der Bank und die Bewohner des Apostolischen Palastes. In den neunziger Jahren war dieses Thema sogar Gegenstand einer Aufsichtsratssitzung:

Die Verlagerung des Instituts ins Innere des Vatikans mit einem einzigen Zugang vom Hof Sixtus' V. bietet ausreichend Sicherheit. Der Eingang wird im Übrigen rund um die Uhr bewacht, auch an Sonn- und Feiertagen. Das Sicherheitspersonal besitzt einen Schlüssel und hat somit notfalls Zugang zum Institut. Was die Überwachung von außen betrifft, so ist das Institut durch die Schweizergarde und das Sicherheitspersonal auf den Straßen, die zum Hof Sixtus' V. führen, gegen Einbruch und Diebstahl ausreichend geschützt. Sind die Schalter der Bank geöffnet, verfügen die zwölf Kassierer über Banknoten im Wert von rund einer Milliarde Lire. Der Chefkassierer beaufsichtigt den Schichtwechsel der Kassierer und hat einen Tresorraum für die Geldscheine, Schecks und Coupons zur Verfügung. Dieser Raum kann Vermögenswerte in Höhe der maximal von der Versicherung gedeckten Summe aufnehmen. Der begrenzte Platz und die Durchgänge im Kassenbereich erhöhen das Risiko für die Kassierer. Doch über den Appell an die Ehrlichkeit jedes Einzelnen hinaus ist andererseits das Institut verpflichtet, seine Mitarbeiter zu schützen, insbesondere die Kassierer, die für die Geldbestände, über die sie verfügen können, Verantwortung tragen.[35]

Im Vatikan galt jetzt das Motto: „Vertrauen ist gut, Misstrauen ist besser". Und so ordnete Caloia eine umfassende Sanierung aller Abteilungen an. Die Generaldirektion der technischen Dienste des Governatorats präsentierte eine Rechnung in Höhe von fast zehn Milliarden Lire für die entsprechenden Umbaukosten, „ohne Möbel, Spezialbedarf, Klimaanlagen und gepanzerte Türen".[36] Der Eingang am Hof Sixtus' V. wurde für „eine bestimmte Kategorie von Personen" reserviert, „denen ein hochqualifizierter Service zugedacht ist", während die Normalsterblichen den Haupteingang „im Erdgeschoss, auf der nordöstlichen Seite des Turms, direkt gegenüber den Quartieren der Schweizergarde"[37] benutzen sollten. Die Einteilung der Kunden war der letzte offenkundige Schritt einer Finanzstrategie, die das IOR zu einer Privatbank auf globalem Niveau umgestalten sollte. Tatsächlich gab es im Institut seit 1996 Bestrebungen, „die Dienstleistungen des IOR auf die gesamte Kirche auszudehnen (Diözesen und Bischöfe in der ganzen Welt). [...] Die Mitglieder des Aufsichtsrats liefern Vorschläge, die von der Verschickung des Jahresberichts an die Diözesen in aller Welt über die Möglichkeit, höhere Renditen in Aussicht zu stellen, bis hin zu Strategien zur Sicherung höchster Servicequalität reichen."[38]

Der Traum von einer Weltbank

Man träumte tatsächlich davon, eine Weltbank für die einzige Theokratie auf diesem Planeten zu schaffen. Caloia ermunterte seine Getreuen, dafür „den Weg zu ebnen: eine Sonderabteilung einzurichten, die die Umsetzung dieses Vorhabens verfolgt; eine Bestandsaufnahme aller potenziell an den Dienstleistungen des

IOR interessierten Einrichtungen anzufertigen; Unterlagen und Fragebögen vorzubereiten, um sie den Bischofskonferenzen vorzulegen, und eine Liste mit allen Serviceleistungen des IOR zu erstellen".[39]

Eine solche Bank ist einzigartig und absolut konkurrenzlos. Ihre Diskretion, die üppigen Zinsen und die Unzugänglichkeit der Konten werden nicht nur von den weltlichen Kunden geschätzt, sondern auch von Ordensgemeinschaften und Kongregationen, Nonnen und Mönchen, die sich zwar einem Leben in Armut verschrieben haben, ihre Finanzen aber dennoch eifersüchtig hüten. In den Pfarreien und Kongregationen ist es wie in einer Familie: Man respektiert einander, will sich aber nicht in die Karten schauen lassen.

Vor diesem Hintergrund fand am 17. Januar 1996 ein Lehrgang für 120 Ökonominnen der USMI (Unione Superiore Maggiori d'Italia) statt. In der mächtigen Vereinigung der höheren Ordensoberinnen Italiens sind mehr als 600 Frauenorden mit über 10.000 Gemeinschaften und 90.000 Schwestern in ganz Italien zusammengeschlossen. Nach den Vorträgen Caloias und des IOR-Generaldirektors Scaletti wurde das Mikrofon an die Zuhörerinnen übergeben. Sie wussten sehr genau, was das IOR war, und bestürmten den Präsidenten mit besorgten Fragen. Die Schwestern forderten präzise Garantien ein. Im IOR dürfe „sich nicht die Befürchtung bewahrheiten, dass sich Personen einmischen, die aus anderen Banken kommen". Caloia versuchte zu beschwichtigen. „Der Präsident trat den Bedenken der religiösen Orden entgegen, das Bankgeheimnis könne verletzt werden und die Anonymität nicht länger gewahrt bleiben." Aber das genügte den Schwestern nicht. „Die Versammlung betonte weiterhin, das IOR sei eine atypische, ganz besondere und einzigartige Einrichtung und brauche deshalb Mitarbeiter aus den eigenen Reihen und keine Externen. Daher wurde der Wunsch bekräftigt, in Zukunft möge das IOR seine Mitarbeiter aus dem Institut selbst rekrutieren."[40] Dies war weniger eine Bitte als ein Befehl. Generaldirektor Scaletti nahm

269

sich der Befürchtungen der Schwestern an. Er erbat einen Tagungsbericht und leitete die Forderungen der Oberinnen an Dziwisz weiter, den Privatsekretär Johannes Pauls II.

Das IOR sollte eine international tätige Bank werden, ohne seinen besonderen Charakter zu verlieren: für alle Eventualitäten gewappnet, unter Wahrung äußerster Diskretion. Wie beispielsweise am 6. November 1995, als bei einer Aufsichtsratssitzung im Festungsturm der Bank nach dreistündiger Diskussion plötzlich Staatssekretär Angelo Sodano auftauchte, begleitet von seinem engen Mitarbeiter Timothy Broglio. Die versammelten Bankiers (vom Chef der Union de Banques Suisses Philippe de Weck bis zu José Angel Sánchez Asiaín und Theodor Pietzcker) bekundeten ihre Ehrerbietung und schickten die anwesenden Manager hinaus. Dann wurde mehr als eine Stunde lang „über einige heikle Themen gesprochen", heißt es im Protokoll des Aufsichtsrats.

Die Finanzaffären des Trios Marcinkus, Sindona und Calvi und später auch der Enimont-Skandal hatten im IOR deutliche Spuren hinterlassen. Diskretion war zur Obsession geworden, die Angst vor unvorhersehbaren Imageschäden zum Albtraum. Die Presse wollte man unbedingt auf Abstand halten. Dies belegen interne Dokumente aus den Jahren 1995 und 1996, in denen eindringlich gefordert wird, möglichst unauffällig zu agieren. Prospekte und Anschauungsmaterial über die Arbeitsweise der Bank wurden verworfen, Broschüren zurückgezogen, mit denen man das Image der Papstbank hatte aufpolieren wollen. Jede Initiative wurde als „unnötige Propaganda" gebrandmarkt oder als „vollkommen überflüssige Offenlegung dessen, was im Wesentlichen und mit Bedacht bereits in den Statuten niedergelegt ist. Es gilt, sich auf die alte Strategie des Instituts zurückzubesinnen, ,hinter den Kulissen' zu operieren, ohne die Aufmerksamkeit der Presse zu wecken, und sei es indirekt und unabsichtlich."[41] Dabei war die Kernaussage immer gleich: Die Bank folgt „in ihren Operationen und Geschäftsvorgängen zwar banküblichen Methoden, ,meidet' dabei jedoch riskante Bereiche, die sich zu anderen Zeiten für das ‚Image‘ und auch in wirtschaftlicher Hinsicht bedauerlicherweise als nachteilig erwiesen haben. Inzwischen ist der ‚Image‘-Schaden (seinerzeit zu Recht ausführlich kritisiert) behoben."[42]

Das IOR als Ableger der Cariplo

Wie das Archiv Dardozzi belegt, verfolgte Caloia in jenen Jahren den Plan, die Beteiligungen an anderen Banken auszuweiten, um den Einfluss des IOR auf den italienischen Bankensektor zu stärken. Bereits Ende 1992 plante er einen ersten Schritt in diese Richtung. Im Zuge einer beträchtlichen Investition sollte die Beteiligung des IOR am Banco Ambrosiano Veneto (kurz: Ambroveneto) erhöht werden, um dem Aktionärssyndikat beizutreten und die Kommandobrücke zu besteigen. Diesen Schritt verhinderten jedoch Monsignor Dardozzi „nahestehende Kreise", vielleicht das Opus Dei, und insbesondere Professor Giovanni Bazoli persönlich, der Neugründer des Banco Ambrosiano, der beinhart argumentierte. Seinem Diktum schloss sich der Steuerberater Felice Martinelli an, um Caloia einen Strich durch die Rechnung zu machen:[43]

Professor B.s Begründungen sind theoretisch einleuchtend und akzeptabel. Das IOR wäre mit der angestrebten Operation kein Gesellschafter im eigentlichen Wortsinn und im Kontrollsyndikat fehl am Platz; es hat keine „Mission", um eine eigene Politik oder Führungsstrategie voranzutreiben, und müsste sich Entscheidungen fügen, die anderswo getroffen werden. [...] Das IOR wäre damit ein passiver, wenngleich wichtiger Partner, den man leicht instrumentalisieren könnte. Und der Presse böte man Gelegenheit, alte Kritikpunkte wiederaufzugreifen. [...] Das IOR ist keine Bank, sondern ein treuhänderisches Finanzinstitut, das in Italien und in der ganzen Welt Investitionen tätigen kann; unter den derzeitigen Bedingungen könnte die geplante Operation als der Versuch interpretiert werden, verlorenes Terrain wiederzugewinnen. Eines Tages, wenn sich das öffentliche Image des Instituts grundlegend gewandelt hat, könnte eine solche Operation vielleicht machbar sein, allerdings nur im Rahmen einer gut durchdachten, umfassenden Strategie. Zum jetzigen Zeitpunkt könnte es als persönliche Unterstützung des Bankiers Prof. B. betrachtet werden oder als der starrsinnige Wunsch, wieder mitzumischen. Im Interesse des IOR und uns nahestehender Kreise würde ich diese Operation derzeit nicht empfehlen; ich würde bessere Zeiten abwarten. [...]

Hintergrund dieser Auseinandersetzung war das große Tauziehen um eine Neuordnung des katholischen Bankensektors in Italien, welches 1997 mit dem Zusammenschluss der lombardischen Sparkasse Cariplo (Cassa di Risparmio delle Province Lombarde) und dem Ambroveneto endete. Und es ging um die Führungsposten der Sparkassen. Sie gehörten traditionell zum Einflussbereich katholischer Kreise, die der inzwischen zerfallenen Democrazia Cristiana nahestanden.[44] So gab der katholische Bankier Roberto Mazzotta im Januar 1996 offiziell seinen Rücktritt als Präsident der Cariplo-Stiftung* bekannt.

Als Mazzotta wegen Bestechlichkeit im Zusammenhang mit Immobiliengeschäften der Cariplo zu vier Jahren Haft verurteilt wurde, zog er die Konsequenzen. Er trat zurück, obwohl er, wie das Kassationsgericht allerdings erst 2001 feststellte, unschuldig war. Daraufhin setzten der Vatikan und die Mailänder Kurie alles daran, für Mazzottas Nachfolge einen der Kirche „genehmen" Kandidaten zu lancieren – auch im Hinblick auf die Umstrukturierung des Ambroveneto und die Privatisierung der Cariplo mit

---

* Die milliardenschwere Sparkassenstiftung, die gemeinnützige Projekte in der Lombardei fördert, war kontrollierender Aktionär der Cariplo-Bank.

einem Börsengang, der zum Jahresende erwartet wurde. Mit Mazzotta wurde jedoch ein wichtiger Stein aus dem katholischen Finanzgefüge herausgelöst, was Monsignor Dardozzi in seinen Notizen sofort zum Anlass nahm, dieses Finanzgefüge völlig neu zu entwerfen. Mazzottas Posten also war neu zu besetzen; vakant war auch die Generaldirektion der Cariplo, nachdem Angelo Roncareggi im Dezember 1995 gegangen war. Jetzt begann ein typisch katholisches Risikospiel, bei dem der Vatikan mitmischte, wenn auch ohne offizielle Berechtigung, um die Führungsposten bei Mediocredito, Cariplo und Ambroveneto neu zu vergeben. Monsignor Dardozzi, Sodanos Berater, bemerkte, wie Caloia bereits vor Ungeduld zitterte: „Er hat große Lust, in die Stiftung zurückzukehren; der Aufsichtsrat will ihn nicht."[45]

Dardozzi agierte auf zwei Ebenen. Zum einen leitete er Konsultationen in die Wege. In seinem Notizheft hielt er fest, welche maßgeblichen Leute er anzurufen gedachte: Pontiggia, Bazoli, Testori, Monsignor Erminio de Scalzi und Giovanni Battista Re. Insbesondere aber auch den äußerst diskreten Giuseppe Camadini, Präsident des Versicherungsunternehmens Cattolica Assicurazioni und „Treuhänder von tausend religiösen Instituten, die Aktionäre der Banca Lombarda sind". Der Bankier Camadini galt als absolut verschwiegen, von der Presse war er sogar als der Widersacher Bazolis im Streit um die Führung der „weißen Finanz" dargestellt worden. Pietrangelo Buttafuoco beschrieb ihn mit den Worten: „Er tritt nicht in Erscheinung, er taucht nirgendwo auf, vielleicht existiert er ja gar nicht mehr. Beim Gehen wirft er nicht einmal einen Schatten."[46]

Zum anderen besprach sich Dardozzi wegen des konkreten Vorgehens mit „Don Luigi Testori". Es könnte sich um Monsignor Testori handeln, den damaligen Sekretär Kardinal Carlo Maria Martinis. „Es werden weitere Kandidaten gebraucht", teilte er ihm mit, als bekannt wurde, dass mit dem Ausscheiden Giovanni Malvezzis „zum 30. April 1996" auch die Generaldirektion des Mediocredito neu zu besetzen war.[47] Aus Mailand kamen beruhi-

273

gende Antworten. Bei der Neubesetzung von Mazzottas Posten werde Kardinal „Martini dafür sorgen, dass sich Don Luigi für die interne Lösung Ottorino Beltrami ‚einsetzt'", der seit 1992 Präsident und schon beim lombardischen Unternehmerverband Assolombarda die Nummer eins war. Dies war das Spiel, das Dardozzi wirklich interessierte, da er sich offenbar nicht länger mit der Besetzung des Postens des Generaldirektors bei der Cariplo abgeben wollte. Tatsächlich hielt er sich aus den Verhandlungen zwischen den verschiedenen Strömungen der ehemaligen Democrazia Cristiana heraus – Verhandlungen, die der damalige Mailänder Bürgermeister Marco Formentini in Mailand führte. Mitte Februar 1996 ging der Posten des Generaldirektors der Cariplo an Carlo Salvatori, der nach dem Zusammenschluss von Banco Ambrosiano und Banca cattolica del Veneto Geschäftsführer des neu entstandenen Ambroveneto gewesen war.

Für den scharfsichtigen Beobachter Dardozzi war diese Ernennung der Anlass, Caloias Pläne genauer unter die Lupe zu nehmen. Ihm war schnell klar, dass dieses Postengeschachere auch Auswirkungen auf das IOR haben würde. Dardozzi beschloss daher, auch diesmal seinen wichtigsten Ansprechpartner, Staatssekretär Angelo Sodano, zu informieren:

Aus vertraulichen und glaubwürdigen Quellen in Mailand ist zu erfahren, dass Dr. Angelo Roncareggi, Generaldirektor der Cariplo, der für den Posten des Generaldirektors des Mediocredito Lombardo vorgesehen war, von Teilen des Cariplo-Vorstands abgelehnt wurde und seine Kandidatur damit gescheitert ist. Er wird also in den nächsten Tagen in den Ruhestand gehen. Dieser Umstand kommt Prof. Caloia sehr gelegen, der schon immer vorhatte, anstelle von Scaletti einen Manager der Cariplo und persönlichen Freund in die Generaldirektion des IOR zu berufen. Erst kürzlich teilte er Scaletti mit, er müsse spätestens im März 1997 seinen Posten räumen. Diese Informationen, die mich ohne mein Zutun erreichten, lassen den Verdacht aufkommen, dass er das IOR damit zu einer Art Filiale der Cariplo machen möchte, einem Klüngel ..., der völlig unkontrolliert operieren könnte, und dies hoffentlich nicht willkürlich tut. [...] Inhalt, Tragweite und Objektivität der Informationen machen die unverzügliche Kenntnisnahme Eurer Eminenz Staatssekretär erforderlich.[48]

Diese höchst aufschlussreichen Äußerungen zeigen, wie im Apostolischen Palast taktiert und intrigiert wurde. Sie belegen aber auch die heiklen und komplizierten Verflechtungen mit der italienischen Bankenwelt. Man wollte in unzulässiger Weise die Besetzung wichtiger Posten in Kreditinstituten beeinflussen, wie hier im Fall der Cariplo (seit jeher eine Domäne der katholischen, „weißen" Finanz), obwohl der Vatikan gar nicht zu ihren Aktionären zählte. Gleichzeitig wollte man jegliche Einflussnahme auf die Aktivitäten des Heiligen Stuhls verhindern. Laien, auch wenn sie dem Vatikan nahestanden, sollten nicht mitbestimmen. Dardozzis Briefentwurf an Sodano zeigt dies in aller Deutlichkeit. Man möchte lenken, ohne selbst gelenkt zu werden. Und man möchte die Personalentscheidungen der italienischen Banken beeinflussen. Tatsächlich wurde Beltrami im März 1996 wunschgemäß zum Präsidenten der Cariplo-Stiftung gewählt; gleichzeitig jedoch befürchtete man, Caloia könnte Roncareggi, den bisherigen Generaldirektor der Cariplo, ins IOR holen.

Es gab noch ein anderes, grundsätzliches Problem, das Dardozzi bei jeder Gelegenheit zur Sprache brachte: „Die Kunden des IOR, in ihrer Gesamtheit Ordensleute oder religiöse Institutionen, entscheiden sich für das IOR und nicht für irgendeine andere Bank, wenn und insoweit das IOR ihrem Wunsch nach absoluter Diskretion entsprechen kann." Dies war mit Sicherheit ein schlagendes Argument. Niemand, nicht einmal der einflussreiche Caloia, konnte Scaletti verdrängen. Er blieb weitere elf Jahre im Amt, bis zum Juni 2007, als er im ehrwürdigen

Alter von 80 Jahren seinem Vize Paolo Cipriani Platz machte. Wenn es um die Konten von Geistlichen, Mönchen und Nonnen ging, war äußerste Diskretion geboten. Verschwiegenheit war oberstes Gebot, damit dem gläubigen Volk keine Gerüchte, nicht einmal boshafte Bemerkungen über die Finanzmanöver zu Ohren kamen, mit denen die erfolgreiche Holding des Vatikans operierte.

Die erfolgreiche Holding des Vatikans

Tatsächlich gilt es, eine ganze Galaxie finanzieller und unternehmerischer Aktivitäten in den unterschiedlichsten Branchen – vom Gesundheitswesen bis zum Tourismus, von der Immobilienverwaltung bis zu Bankgeschäften – nach außen abzuschirmen. Gleichzeitig müssen aber auch Vermögenswerte geschützt und bewahrt werden, die mit den Jahren immer weiter gewachsen sind. Deren Wachstum innerhalb eines Zeitraums von zehn Jahren verdeutlicht die „konsolidierte Bilanz des Heiligen Stuhls für das Jahr 2007",[49] die der Vatikan im Sommer 2008 an 194 Kardinäle, 4800 Bischöfe und die Bischofskonferenzen in der ganzen Welt verteilte. Eine Kopie des Dokuments wurde der katholischen Wochenzeitung „The Tablet" zugespielt. Welche Vermögenswerte besitzt der Vatikan? Das Dossier weist einen regelrechten Staatsschatz in Höhe von 1,4 Milliarden Euro aus, eine Tonne Goldbarren im Wert von 19 Millionen Euro, die auf die neunziger Jahre zurückgeht, außerdem Immobilienvermögen und Obligationen sowie die tückischen Anleihen. Diese Angaben stammen aus dem Rechenschaftsbericht, verfasst von Erzbischof Velasio De Paolis, dem Präsidenten der Präfektur für die wirtschaftlichen Angelegenheiten des Heiligen Stuhls. Nach drei erfolgreichen Jahren mit einem Plus von 15,2 Millionen Euro schloss die Bilanz des Jahres 2008 mit einem Defizit. Gewiss, es handelt sich nur um eine Teilbilanz der Vatikan AG mit ihren

weit verzweigten Interessen in der ganzen Welt: „Die Ergebnisse des ersten Quartals dieses Jahres", schrieben die geistlichen
Ökonomen der Präfektur, „sind beunruhigend und geben keinen Anlass zu Optimismus." Die Reserven sind beträchtlich:
340,6 Millionen Euro in bar und fast 520 Millionen in Wertpapieren und Aktien, dazu Goldreserven und Einnahmen aus Im-
mobilienbesitz. Dennoch sieht man keinen Grund zum Optimismus. Dem Haushaltsbericht zufolge besitzt die katholische
Kirche in England, Frankreich und der Schweiz Immobilien und
Grundstücke im Wert von 424 Millionen Euro. Diese Summe
kann man aber getrost um die Hälfte erhöhen, wenn man die
Wertentwicklung auf den Immobilienmärkten berücksichtigt.
Propaganda Fide zum Beispiel, die Kongregation für die Evangelisierung der Völker, besitzt Immobilien und Grundstücke im
Wert von rund 53 Millionen Euro, fast alle davon in Italien. Aus
dieser Quelle sprudelten im Jahr 2007 rund 56 Millionen Euro
in Form von Vermietung und Verpachtung sowie weitere
950.000 Euro als Einkünfte aus landwirtschaftlichen Betrieben.[50]

Nachdem die Talsohle der neunziger Jahre durchschritten
war, ging es aufgrund des Engagements auf den Aktienmärkten
mit den vatikanischen Finanzen bis Juni 2005 steil nach oben.
Mit dem Tod Papst Johannes Pauls II. verloren alle Amtsleiter der
Römischen Kurie ihre Stelle. Nach den Begräbnisfeierlichkeiten
und einem Enklave, die die kirchlichen Kassen mit sieben Millionen Euro belasteten, folgte die Wahl Benedikts XVI.[51] Aus Altersgründen schieden nach und nach so bedeutende Persönlichkeiten
wie Angelo Sodano aus, der am 22. Juni 2006 von Tarcisio Bertone als Kardinalstaatssekretär abgelöst wurde. Bertone ist heute
zugleich Vorsitzender der Kardinalskommission zur Kontrolle
des IOR, der einstigen Kommandozentrale des Venezolaners Castillo Lara. Ratzinger leitete eine behutsame Säuberung unter den
Mitarbeitern des IOR ein, die in der Ära des polnischen Papstes
die vatikanischen Finanzen verwalteten. In seiner „Einführung in
das Christentum" schrieb Ratzinger:

Die wirklich Glaubenden messen dem Kampf um die Reorganisation kirchlicher Formen kein allzu großes Gewicht bei. Sie leben von dem, was die Kirche immer ist. Und wenn man wissen will, was Kirche eigentlich sei, muss man zu ihnen gehen. Denn die Kirche ist am meisten nicht dort, wo organisiert, reformiert, regiert wird, sondern in denen, die einfach glauben und in ihr das Geschenk des Glaubens empfangen, das ihnen zum Leben wird. [...] Das will nicht sagen, dass man immer alles beim Alten lassen und es so ertragen muss, wie es nun einmal ist. Das Ertragen kann auch ein höchst aktiver Vorgang sein [...].[52]

Nun kamen die „Ratzi-Banker",[53] Kleriker und Laien, die seit dem Aufstieg Benedikts XVI. auf den Stuhl Petri die Finanzen des Vatikans in aller Stille lenken. Es gab Veränderungen in allen fünf Abteilungen mit wirtschaftlichen Aufgaben: in der Vermögensverwaltung des Heiligen Stuhls (APSA), im Governatorat des Vatikanstaats, in der Präfektur für die wirtschaftlichen Angelegenheiten, in der Kongregation für die Evangelisierung der Völker, wo die Fäden aller Missionen der katholischen Kirche zusammenlaufen, und schließlich auch im IOR Caloias, der sich 20 Jahre lang an der Spitze der Papstbank behauptete: Caloia war der Einzige, der trotz der negativen Beurteilung, die Sodano vor der Übergabe des Staatssekretariats an seinen Nachfolger dem Heiligen Vater auf den Schreibtisch legte,[54] erst 2009 einer Entlassung zuvorkam und seinen Rücktritt einreichte. Sein Nachfolger wurde Professor Ettore Gotti Tedeschi, seit 1993 Italien-Chef des spanischen Banco Santander.

Sodano punktete jedoch zunächst mit der Wiedereinführung der Funktion des „Prälaten" in die Führung der Bank und schleuste auf diese Weise seinen vertrauensvollen Sekretär, Monsignor Piero Pioppo, ins IOR. Pioppo wurde im Juli 2006 zum Prälaten der Vatikanbank berufen, ein Posten, der seit dem Ausscheiden von de Bonis 1994 vakant war. Im September 2006 legte

Sodano sein Amt als vatikanischer Staatssekretär nieder. Sein Nachfolger Tarcisio Bertone schaffte im Januar 2010 die Funktion des „Prälaten des IOR" ganz ab.

1 Im Ergänzungsband der *Acta Apostolicae Sedis*, in dem die Gesetze des Vatikanstaats veröffentlicht werden, erschien am 26. November 2000 der Text eines neuen Grundgesetzes des Vatikanstaats. Es ersetzte das vorhergehende, erstmals von Papst Pius XI. im Jahr 1929 erlassene und trat am 22. Februar 2001 in Kraft.

2 Paolo Forcellini, „San Pietro Holding", in „L'Espresso", 21. April 2005.

3 Die konsolidierte Bilanz verzeichnet die Einnahmen und Ausgaben von lediglich sieben Verwaltungsbereichen: APSA (Vermögensverwaltung des Heiligen Stuhls), Kongregation für die Evangelisierung der Völker (Propaganda Fide), Apostolische Kammer (die in Zeiten einer Sedisvakanz Bedeutung erhält), Radio Vatikan, „L'Osservatore Romano", vatikanische Verlagsbuchhandlung und Druckerei. Das Governatorat legt seit 1994 eine gesonderte Bilanz vor.

4 Riccardo Orizio, „Nella dealing room vaticana", in „Corriere della Sera", 20. Juli 1998.

5 Ebd.

6 Vgl. *Perché non possiamo essere cristiani (e meno che mai cattolici)*, Longanesi, Mailand, 2007: „Zu der einen Milliarde Euro entsprechend den 8 Promille, die von den Steuerzahlern aufgebracht werden, kommt pro Jahr eine gleich große Summe, die allein der Staat (nicht mitgerechnet Regionen, Provinzen und Kommunen) für unterschiedliche Bereiche ausgibt. Im Jahr 2004 beispielsweise wurden bezahlt:
– 478 Millionen Euro für die Gehälter der Religionslehrer
– 258 Millionen zur Finanzierung katholischer Schulen
– 44 Millionen für die fünf katholischen Universitäten
– 25 Millionen für die Wasserversorgung der Vatikanstadt
– 20 Millionen für die Universität Campus Biomedico des Opus Dei
– 19 Millionen für die Aufnahme der Religionslehrer in den Stellenplan
– 18 Millionen für die Beihilfen für Schüler katholischer Schulen
– 9 Millionen für die Sozialversicherung der Angestellten des Vatikans und ihrer Angehörigen
– 9 Millionen für die Sanierung religiöser Gebäude
– 8 Millionen für die Gehälter der Militärkapläne
– 7 Millionen für den Altersvorsorge des Klerus

- 5 Millionen für das Krankenhaus von Padre Pio in San Giovanni Rotondo
- 2,5 Millionen für die Finanzierung kirchlicher Jugendzentren
- 2 Millionen für den Bau von Gotteshäusern etc.

Rechnet man einen Großteil jener eineinhalb Milliarden der öffentlichen Finanzierung des Gesundheitssektors hinzu, in dem auch katholische Einrichtungen tätig sind, kommt man leicht auf mindestens 3 Milliarden Euro pro Jahr. Aber das ist noch längst nicht alles, denn hinzugerechnet werden müssen auch die Einnahmen, die dem Staat durch die vielfältigen Steuerbefreiungen der Kirche entgehen, insgesamt mehr als 6 Milliarden Euro."

7   Benny Lai in „Il Giornale" und Marco Politi in „La Repubblica", beide am 18. Juni 1994.

8   Fabio Negro, „In attivo il bilancio del Vaticano", in „Il Tempo", 18. Juni 1994.

9   Zu den Aufgaben des Päpstlichen Almosenamts erklärte der Almosengeber Seiner Heiligkeit, Erzbischof Félix del Blanco Prieto, in einem Interview mit Nicola Gori am 29. Dezember 2007 im „Osservatore Romano": „Tagtäglich versenden wir hundert Briefe mit Bargeld oder Schecks. Jahr für Jahr geben wir rund 1.000.000 Euro an Einzelpersonen und weitere 400.000 Euro an Hilfsorganisationen, kleinere Wohltätigkeitsprojekte und bedürftige Klausurklöster, insgesamt mehr als 10.000 Zahlungsposten. In unserem Büro stellen wir rund 122.000 Pergamente [für Segensdiplome] pro Jahr aus, um Anfragen zu erfüllen, die uns per Brief, per Fax oder persönlich erreichen; 180.000 weitere Pergamente werden an Einrichtungen verschickt, die vertraglich mit uns verbunden sind."

10 Brief des Schweizer Bankiers Philippe de Weck, Mitglied des IOR-Aufsichtsrats, an Angelo Caloia am 23. Mai 1996.

11 Diese Summe wird in dem Bericht der Prüfer Marco H. Rochat und Jacqueline Consoli zur Bilanz vom 31. Dezember 1993 genannt.

12 Protokoll der Aufsichtsratssitzung des IOR vom 24. Januar 1996 und Brief Angelo Caloias an Staatssekretär Angelo Sodano vom 1. Februar 1996.

13 Brief Caloias an Sodano vom 15. März 1994.

14 Der Bericht des IOR „Il servizio di gestione dei patrimoni" („Leistungsbericht der Vermögensverwaltung"), der sich gleichfalls in Dardozzis Archiv befindet, trägt das Datum des 4. Juni 1996.

15 Der Bericht verzeichnet 218 Depots mit jeweils mehr als einer Milliarde Lire und einem Gesamtwert von 733 Milliarden, durchschnittlich also 3,3 Milliarden Lire pro Depot, sowie 229 Dollarkonten mit jeweils mehr als einer Milliarde Lire und einem Gesamtwert von 984 Milliarden, durchschnittlich also 4,3 Milliarden Lire pro Depot.

16 Protokoll der Aufsichtsratssitzung des IOR vom 26. September 1995.

17 Curzio Maltese, *Scheinheilige Geschäfte. Die Finanzen des Vatikans*, Kunstmann, München 2009, S. 105.

18 Protokoll der Aufsichtsratssitzung des IOR vom 17. November 1993.

19 Ebd.

20 Protokoll der Aufsichtsratssitzung des IOR vom 20. Januar 1994.

21 Ebd.

22 Protokoll der Aufsichtsratssitzung des IOR vom 25. Juli 1995.

23 Protokoll der Aufsichtsratssitzung des IOR vom 20. Januar 1994.

24 Mit Sitz in der Via di Vallelunga 10.

25 Protokoll der Aufsichtsratssitzung des IOR vom 6. November 1995.

26 „Die Kongregation besitzt Immobilien im Wert von 45 Milliarden Lire und hat eine Ertragskraft von 14 Milliarden Lire jährlich; obwohl die laufenden Ausgaben mehr oder weniger genauso hoch sind, wird der Kredit planmäßig zurückbezahlt, und zwar mit den Einkünften aus dem Altenpflegeheim der Kreditnehmer in der Via Cornelia 8 in Rom, dessen Einnahmen nach der Sanierung gestiegen sind", heißt es im Protokoll der Aufsichtsratssitzung des IOR vom 6. November 1995.

27 Mit Sitz in Rom, Via Crescenzio 82.

28 Die Bürgschaft wurde auf Antrag von Pater Giacomo Casolino gewährt, damals Superior der italienischen Südprovinz der Kongregation, heute Pfarrer in der römischen Gemeinde Ascensione di Nostro Signore Gesù Cristo. Bereits im Mai 1994 hatte Casolino dem IOR schriftlich Sicherheiten von bis zu einer halben Milliarde angeboten, „zur Gewährung einer Sicherungsbürgschaft zugunsten der Organisation CICS für Hilfsprojekte" beziehungsweise den Vertrag der EU/Angola Cuando Cubango Nr. 92-7-5071/10. Am 16. Juni erhielt die Banca Nazionale del Lavoro, Filiale Rom-Mitte, eine Bürgschaft des IOR in Höhe von einer Milliarde für drei Hilfsprojekte in Angola (Menongue, Moxico und eben Cuando Cubango).

29 Hierzu zählten acht Immobilien in Rom: Via delle Traspontine 21, Via Casetta Mattei 439, Via dei Massimi 91, Via Boezio 21, Via Roberto Bricchetti 5, Via dell'Ara di Conso 9, Via delle Medaglie d'Oro 285 und Via Macchia dello Sterparo.

30 „Es ist uns nicht gelungen, zum Nachweis der Liegenschaften des Instituts neuere Auszüge aus dem Grundbuchamt Rom zu erhalten, da die Dateien des Grundbuchamts offenkundig nicht auf dem neuesten Stand sind", heißt es in dem Bericht.

31 „Dabei ging es um Immobilien im Zusammenhang mit einem Testament, dessen Ungültigkeit der Gutkowski-Erbe im Verlauf des Verfahrens beweisen konnte, da eine spätere testamentarische Verfügung zu seinen Gunsten existierte. Nach einer Prüfung der Rechtslage verzichtete das Institut auf sämt-

liche Ansprüche, und damit ist der Rechtsstreit abgeschlossen", heißt es im Protokoll der Aufsichtsratssitzung des IOR vom 17. November 1993.

32 Protokoll der Aufsichtsratssitzung des IOR vom 20. Januar 1994.

33 Damals ein anerkannter Kunstexperte und Ordinarius für Kunstgeschichte an der Universität Rom.

34 Protokoll der Aufsichtsratssitzung des IOR vom 20. Januar 1994.

35 Protokoll der Aufsichtsratssitzung des IOR vom 17. November 1993.

36 Protokoll der Aufsichtsratssitzung des IOR vom 26. September 1995.

37 Protokoll der Aufsichtsratssitzung des IOR vom 17. November 1993.

38 Protokoll der Aufsichtsratssitzung des IOR vom 6. November 1995.

39 Ebd.

40 Bericht der Vereinigung der höheren Ordensoberinnen Italiens USMI vom 22. Januar 1996.

41 Anmerkung zu dem (noch im Entwurf befindlichen) Heft mit dem Titel „Istituto per le opere di religione", Juni 1996.

42 Anmerkung zu „Istituto per le opere di religione", Mai 1996.

43 Fax vom 15. Oktober 1992 von Prof. Martinelli an Dardozzi, enthalten in einer Mappe mit der Beschriftung „IOR/Bazoli Martinelli/15.X.92 IOR: Treuhandanstalt, keine Bank, ‚nicht empfehlenswerte Operation‘".

44 Sergio Rizzo, „Bossi fa la prima mossa", in „Il Mondo", 7./14. Februar 1994.

45 Gemeint ist die Fondazione Cariplo, die Cariplo-Stiftung: handschriftliche Aufzeichnung Monsignor Dardozzis vom 31. Januar 1996.

46 Sergio Bocconi, „Camadini, banchiere tra Tovini e Paolo VI", in „Corriere della Sera", 13. November 2006.

47 Notizen Monsignor Dardozzis zum Wechsel bei der Cariplo.

48 Brief an „Seine Eminenz, Herrn Kardinal Angelo Sodano, Staatssekretär. Vertrauliche Information, nur zu seinen Händen."

49 Orazio La Rocca, „I conti della Vaticano S.p.A., un bilancio rosso cardinale", in „La Repubblica", 3. November 2008.

50 Ebd.; der Artikel fährt fort: „Ein weiterer wichtiger Abschnitt auf der Einnahmenseite sind die jährlichen Beiträge, die von den Bischofskonferenzen der ganzen Welt und den religiösen Orden gemäß Can. 1271 des Codex iuris canonici für den Unterhalt der Kurie nach Rom geschickt werden. Im Jahr 2007 waren dies rund 90 Millionen Euro, fast genauso viel wie im Jahr 2006. ‚Ausgaben, Personal, Verluste‘: Der größte Kostenfaktor, das zeigt die konsolidierte Bilanz 2007, waren die Gehälter für die Bediensteten des Vatikans und der Apostolischen Nuntiaturen (der Botschaften des Papstes) sowie die Medien (Radio Vatikan, ‚Osservatore Romano‘ und der vatikanische Fernsehsender CTV). Bis Ende 2007 betrug die Zahl der Angestellten und Pensionsbe-

rechtigten (Laien und Geistliche gemeinsam) 2748 beziehungsweise 466 Personen. Im Vatikan sind zumeist weltliche Mitarbeiter tätig (1212 Männer und 425 Frauen), Priester (778) und Ordensleute (243 Mönche und 90 Schwestern), die insgesamt mit 77 Millionen Euro in Form von Löhnen und Gehältern und mehr als 100 Millionen Euro in Form von Pensionen, Krankenversicherung und weiteren Leistungen zu Buche schlugen. Der Unterhalt der zwanzig Kardinäle, die in der Römischen Kurie tätig sind (Gehälter, Steuern, Sekretariatskosten), schlug im Jahr 2007 mit 3 Millionen Euro zu Buche. Ein Großteil der Angestellten (insgesamt 1974 Personen bis Ende 2007) arbeitet in den Behörden der ‚Zentralregierung' des Heiligen Stuhls, angefangen mit dem Staatssekretariat unter Leitung von Kardinal Tarcisio Bertone bis hin zu den vatikanischen Kongregationen (Ministerien) und päpstlichen Räten. Allein die Kongregation Propaganda Fide, die traditionell finanzielle und rechtliche Autonomie genießt, zählt rund 160 Mitarbeiter. Für diese Einrichtungen, zu denen in dem Bericht auch die Mitarbeiter der Diözese Rom sowie bestimmter Einrichtungen zur Ausbildung des Klerus gerechnet werden, wurden im vergangenen Jahr 29,7 Millionen Euro aufgewendet. Die vier medialen Einrichtungen (Radio Vatikan, die Tageszeitung ‚Osservatore Romano', das Centro Televisivo Vaticano CTV und die vatikanische Verlagsbuchhandlung) haben zusammen 600 Mitarbeiter, 367 von ihnen sind bei Radio Vatikan beschäftigt. Für die Mitarbeiter von Radio Vatikan wurden im Jahr 2007 24,3 Millionen Euro aufgewendet, rund eine halbe Million mehr als im Jahr 2006. Allesamt ‚Passiva', da der Papstsender weder Einnahmen durch Werbung noch durch Gebühren erzielt. Ein reines Verlustgeschäft ist auch der ‚Osservatore Romano', der im Jahr 2007 4,8 Millionen Euro minus schrieb. Der Fernsehsender des Vatikans (CTV) und die vatikanische Verlagsbuchhandlung dagegen erzielten im vergangenen Jahr eine positive Bilanz. Für die hundertneunzig Apostolischen Nuntiaturen und die siebzehn päpstlichen Vertretungen bei internationalen Organisationen (UN, EU) wurden im Jahr 2007 20,1 Millionen Euro ausgegeben. Der ‚Peterspfennig': Der Peterspfennig, die Kollekte am 29. Juni, dem Fest der Apostel Petrus und Paulus, die der Papst für ‚den Liebesdienst an den Bedürftigen' von den katholischen Kirchen weltweit erhält, ist ein eigenes Kapitel. Hierbei handelt es sich um ‚Aktiva', die in den offiziellen Bilanzen des Heiligen Stuhls nirgends auftauchen und ausschließlich dem Papst persönlich zur Verfügung stehen. Deshalb erscheinen diese Gelder auch nicht in der konsolidierten Bilanz 2007, die von der Wochenzeitung ‚The Tablet' veröffentlicht wurde. Laut den offiziellen Zahlen des Vatikans wurden im Jahr 2007 für den Peterspfennig 79.840.000 US-Dollar gespendet, das ist ein Rückgang gegenüber 2006, als 101.900.000 US-Dollar eingingen, bis dato das erfolgreichste Jahr der Ära Ratzinger."

51 Bruno Bartoloni, „Sette millioni per funerale e Conclave. Chiude in attivo il bilancio del Vaticano", in „Corriere della Sera", 13. Juli 2006.

52 Joseph Ratzinger, *Einführung in das Christentum. Vorlesungen über das Apostolische Glaubensbekenntnis*, Deutscher Taschenbuch Verlag, München, 3. Auflage 1977, S. 254 f.

53 Diesen Ausdruck prägte die Wochenzeitschrift „Milano Finanza" in „I segreti dei Ratzi-banker", 26. April 2008.

54 Franco Bechis, „Scontro sulla banca santa", in „ItaliaOggi", 8. September 2006.

Zweiter Teil

Die andere Recherche.
Die „Große Partei der Mitte"
und das Geld der Mafia

Und so ist die Kirche für viele heute zum Haupthindernis
des Glaubens geworden. Sie vermögen nur noch das
menschliche Machtstreben [...] in ihr zu sehen.
Joseph Ratzinger, 1968

Soweit das Geheimarchiv des Monsignor Dardozzi. Nun zu einem anderen Fall, bei dessen Recherchen ich mich auf neue, bisher unveröffentlichte Aussagen stützen konnte. Dabei geht es um politische Intrigen und Finanztricks, um Girokonten von Politikern und Mafiosi. Um Geld, das eigentlich den Mafiabossen Totò Riina und Bernardo Provenzano gehörte, dann aber für den Aufbau einer neuen Partei der Mitte bereitgestellt wurde, die nach dem Zusammenbruch der Democrazia Cristiana als neue Partnerin der katholischen Kirche dienen sollte.

Der Staatsstreich der Kardinäle

Die Kirche für alle, alle für die Kirche

Mit dem Wahlsieg im April 1996 begann für den Ulivo, das Mitte-Links-Bündnis unter Führung von Romano Prodi, eine erfolgreiche Zeit, die in den Jahren 1997/98 ihren Höhepunkt erreichte. Die Mitte-Rechts-Parteien, die sich unter Führung Silvio Berlusconis zum Wahlbündnis Polo delle Libertà zusammengeschlossen hatten, waren zerstritten, Berlusconis Position geschwächt. Dennoch war die allgemeine Lage keineswegs einfach. Durch die Einführung des Euros auf den Währungsmärkten Anfang 1999 und den neuen Wind der Zweiten Republik wurde der erhoffte Aufschwung eher gebremst. Auch die „Testversuche" zum Zwei-Parteien-System kamen nur schleppend voran, da die moderate Wählerschaft heftig umkämpft war und von zahllosen Gruppierungen umworben wurde. Tatsächlich wurde die „Mitte" zum Schnittpunkt stark zersplitterter politischer Initiativen, die alle mit der erklärten Absicht antraten, nun die unwürdigen Zwistigkeiten unter christdemokratischen Brüdern zu beenden und die Kräfte zu sammeln, um die katholische Vorherrschaft wiederherzustellen.

Nach dem unrühmlichen Ende in den Jahren 1992/93, als sich aufgrund von massiven staatsanwaltschaftlichen Ermittlungen die Verhaftungen häuften und man angesichts der drohenden Prozesslawine die Segel streichen musste, sollte die katholische Welt nun also auf die Bühne der italienischen Politik zurückkehren. Dieser Wunsch kam sowohl aus der Wählerschaft wie auch von den ehemaligen christdemokratischen Akteuren: „Als Berlusconi 1994 mit seiner neu gegründeten Partei Forza Italia zur Wahl antrat", so der frühere Minister Beppe Pisanu, „kandidierten einige ehemalige Christdemokraten wie Pierferdinando Casini, Clemente Mastella und meine Wenigkeit auf seiner Liste mit der Absicht, eine gemeinsame Fraktion im Parlament zu bilden. Als wir Katholiken dann aber überraschend mehr als zwanzig Sitze gewannen und plötzlich eine eigene Fraktion bilden konnten, gab es eine kontroverse Diskussion: Während Francesco D'Onofrio, Mastella und Casini für eine eigene Fraktion votierten, sprach ich mich dafür aus, bei Forza Italia zu bleiben, weil ich in dieser Partei die einzig nennenswerte Kraft zur Vertretung der gemäßigten Wählerschaft sah. Denn das Kapitel Democrazia Cristiana galt damals allgemein für endgültig abgeschlossen. Außerdem zeichnete sich ein Trend zum Zwei-Parteien-System ab, nicht nur nach Einschätzung politischer Beobachter, sondern auch im Wählerverhalten. [...] Das katholische Wählerpotenzial war im Begriff, sich zu säkularisieren und für das eine oder andere Lager zu entscheiden."[1]

Aber nicht alle dachten so wie Pisanu. Wenig begeistert von Berlusconis „Einstieg in die Politik" waren vor allem jene katholischen Gruppen, die niemals freiwillig auf die Democrazia Cristiana verzichtet hätten, weil nur sie allein ihren Vorstellungen Stimme und Gewicht verleihen konnte. In erster Linie ihren Wertvorstellungen, bisweilen aber auch ihren Geschäftsinteressen. „Da man in katholischen Kreisen anderer Meinung war als ich", so Pisanu weiter, „entschied man sich bald für die Gründung der UDC [Unione dei Democratici cristiani e di Centro], um möglichst schnell den vakanten Platz in der politischen Mitte zu besetzen. Ich hatte jedoch den Eindruck, dass es in Wirklichkeit gar keine festgefügte politische Mitte gab, sondern nur eine große unentschiedene Wählergruppe, die beide Lager für sich gewinnen wollten. Im Gegensatz zu Marco Follini, der dafür Jahre später die Bezeichnung „terra di mezzo" [Mittelfeld, mit launigen Anklängen an Tolkiens „Mittelerde"] prägte, war es aus meiner Sicht nichts anderes als ein Schlachtfeld."

288

Unaufhaltsam löste sich in diesen Jahren alles auf, was eine Partei, die 50 Jahre lang unumstritten an der Macht war, an sozialen Beziehungen und Machtpositionen aufgebaut hatte. Der damit einhergehende Machtverlust war ebenso unvermeidlich wie die später zahlreich erfolgten Neugründungen, von Gerardo Biancos PPI (Partito Popolare Italiano) auf der Linken über das CCD (Centro Cristiano Democratico) und die CDU (Cristiani Democratici Uniti) der „Cousins" Pierferdinando Casini und Rocco Buttiglione in der Mitte bis zur rechten UDR (Unione Democratica per la Repubblica) eines Francesco Cossiga im Jahr 1998. So strichen die Galionsfiguren der alten Democrazia Cristiana langsam die Segel, lösten dabei manchen Erdrutsch aus und sorgten damit im Parteienbündnis Polo delle Libertà, vor allem jedoch bei der Forza Italia, für Aufruhr. Es entstanden zahllose Gruppen und Grüppchen, die durchweg katholische Werte für sich reklamierten, sich als wahre Erben der Democrazia Cristiana aufspielten und deshalb überall mitreden wollten. Auch untereinander war man sich selten einig. Mal herrschten Meinungsverschiedenheiten, mal grundlegende Differenzen, was im Zweifelsfall nur dazu beitrug, die Probleme zu vergrößern, mit denen sich die neuen, moderaten politischen Kräfte wie Forza Italia nach der Wahlniederlage 1996 konfrontiert sahen.

Unter den eingefleischten Christdemokraten bildete Roberto Formigoni eine Ausnahme, denn er scheute sich nicht, der neu gegründeten Partei Forza Italia beizutreten, wo es kunterbunt zuging. In ihr sammelten sich laizistisch, katholisch, reformistisch und liberal Gesinnte, außerdem hatte die Partei noch mit dem Problem zu kämpfen, dass ihr Vorsitzender und seine engsten Mitarbeiter, von Cesare Previti bis Marcello Dell'Utri, unter Anklage standen. Im Unterschied zu Formigoni rieben sich viele schon schadenfroh die Hände und freuten sich auf Berlusconis politisches Begräbnis, und zwar sowohl in als auch außerhalb der rechten Mitte. Denn in den Augen der „Berufspolitiker" war der Unternehmer Berlusconi nichts anderes als ein „Eindringling". Daher rechneten viele damit, dass diese Übergangsphase rasch enden würde und man dann wieder zu den alten Verhältnissen und gewohnten Machtspielchen zurückkehren könnte.

Unterdessen hielten Casini und Buttiglione an ihrem Plan zur Gründung einer einheitlichen Partei fest, die über die Erfahrung mit dem Mitte-Rechts-Wahlbündnis Polo delle Libertà hinausgehen sollte.[2] Die unterschiedlichen Positionen wurden deutlich, als Cossiga kategorisch erklärte: „Wir müssen eine Partei der Mitte aufbauen, die sich klar abgrenzt; nach links vom Allesfresser Ulivo und nach rechts vom schwammigen Polo delle Libertà."[3] Und Buttiglione versicherte: „Wir werden nicht die fünfte Kolonne der Linken spielen, da können Sie ganz beruhigt sein. Wir befürchten nur, dass sich in Italien ein System mit anderthalb Lagern herausbildet: das linke Lager, das sich organisiert und gewinnt, und das rechte, das sich auch organisiert, aber verliert". Casini schließlich erklärte Berlusconi politisch für tot: „Er wird keine Sonne mehr sein, sondern nur noch ein Satellit unter vielen". Mit einem Wort: Die Zeit des Polo delle Libertà ist abgelaufen, die Parteiführer haben versagt, gehet hin in Frieden. Folglich war es an der Zeit, Platz zu machen für diejenigen, die die „richtigen" Wurzeln hatten, sich also weder postkommunistischen noch postfaschistischen Ideologien verpflichtet fühlten.

Kurz gesagt, es bestand die Absicht, eine „Große Partei der Mitte" aufzubauen. An diesem Plan hielten beide Gruppierungen lange fest und gaben ihn erst zwischen 1994 und 1998 auf. Das „Grande Centro" sollte alle Katholiken unter einer Fahne zusammenführen und vor allem in der Lage sein, von Wahl zu Wahl der jeweils bevorzugten Koalition eine Mehrheit zu verschaffen – mit der Perspektive der Wiedereinführung des Verhältniswahlrechts, um die Initiative abzusichern. Dabei sah der Plan je nach Lage und Urheber verschiedene Varianten vor. In der rechten Mitte gab es beispielsweise die Vorstellung, man könne Berlusconi in eine tödliche Umarmung mit den Katholiken treiben, das Steuer Richtung Mitte herumwerfen und so die neofaschistisch inspirierte Alleanza Nazionale isolieren. In der linken Mitte, genauer gesagt im Partito Popolare Italiano, wurde unverhohlen über die Notwendigkeit diskutiert, auf die Forza Italia zuzugehen, um sich von den kommunistischen Bündnispartnern abzugrenzen. Umgekehrt war in beiden Lagern die Einschätzung weit verbreitet, die ganze Sache könne bestenfalls ergänzenden Charakter haben und stelle keinesfalls eine Alternative zu den traditionellen Bündnispartnern dar.

Berlusconi blieben diese Überlegungen natürlich nicht verborgen. Er nahm den Dissens wahr und witterte eine Verschwörung. Darauf reagierte er in seiner bekannten Art: „Es wird behauptet, ich sei krank und würde bald aus dieser Welt scheiden, aber ich habe keinerlei Absicht, den Astronauten zu spielen. Ich werde euch noch lange erhalten bleiben und trage mich keineswegs mit der Absicht, mich aus der Politik zurückzuziehen". Gianfranco Fini von der Alleanza Nazionale sprang Berlusconi zur Seite und polemisierte gegen „die Totengräber, die Klageweiber, all jene, die am Krankenlager des Polo [delle Libertà] sitzen und nur auf seinen Tod warten". Dann schlug er noch schärfere Töne an: „Der gefährlichste Gegner? Das sind die ewigen Reformbestrebungen bei den Christdemokraten; aber die sollten es sich zehn Mal überlegen, ob sie den Polo [delle Libertà] platzen lassen".[4]

Diesmal tat sich die katholische Kirche, die in der Außenpolitik stets so geschlossen auftrat, schwer mit einer einheitlichen Linie in der sogenannten Innenpolitik. Zwar wollte man die Gelegenheit nutzen, um den bereits enormen Einfluss weiter auszubauen, immerhin standen Themen wie Schule, das Gesetz Nr. 194 zur Abtreibung und die künstliche Befruchtung auf der Tagesordnung; aber damals war es nicht leicht, alle Veränderungen und Feinheiten genau im Auge zu behalten, denn die beiden traditionellen Wählerblöcke existierten nicht mehr. Darüber hinaus hatten die Korruptionsermittlungen beim unnachgiebigen Flügel des

Vatikans zu einer Verhärtung der Positionen geführt. Dort bezog man eindeutig Stellung gegen die „alte" Politik, da sie mit den Prinzipien des Glaubens nicht vereinbar sei. Denn die Democrazia Cristiana habe sich nicht an die christlichen Moralvorstellungen gehalten; ihre Taten seien mit einem „christlichen Zeugnis" unvereinbar, so Kardinal Camillo Ruini, Vorsitzender der italienischen Bischofskonferenz, im Jahr 1995. Ruini ging davon aus, dass eine einheitliche politische Partei der Katholiken der Geschichte angehörte. Er forderte Priester und Bischöfe auf, sich für keine politische Partei auszusprechen. Das blieb so, bis Johannes Paul II. auf der Kirchenkonferenz 1995 in Palermo eine Mahnung an alle richtete:

> Die Kirche soll und will sich nicht durch die Entscheidung für ein politisches Lager oder eine Partei einmischen [...] das bedeutet aber nicht, dass Katholiken in einer kulturellen Diaspora leben; sie sollen jede Idee oder Weltanschauung auf ihre Vereinbarkeit mit dem Glauben prüfen und nicht leichtfertig politischen oder sozialen Kräften folgen, die den Prinzipien der kirchlichen Soziallehre widersprechen oder diese nicht ausreichend beachten.

Dieser Appell kam eigentlich verfrüht: In jenen Jahren erklärte Ruini, dass „die Politik unweigerlich die Religion und vor allem den christlichen Glauben tangiert". Folglich konnten Politik und Politiker der Kirche nicht gleichgültig sein. Unterschwellig arbeitete Ruini zu dieser Zeit daran, die katholisch orientierten Parteien zusammenzuführen, und für die Presse[5] war es kein Geheimnis, wie die Sympathien der katholischen Würdenträger verteilt waren. Der rechten Mitte zuzuordnen waren demnach (bei aller gebotenen Vorsicht): Staatssekretär Angelo Sodano,[6] Giovanni Battista Re, der Sizilianer Salvatore Pappalardo[7] und Silvio Oddi, ebenso das Opus Dei und die Bewegung Comunione e Liberazione.

Als eher Prodi nahestehend oder jedenfalls offen für die Forderungen des Partito Popolare Italiano, einer christdemokratischen Nachfolgepartei, galt dagegen eine andere Gruppe von Kardinälen, darunter Ruini, der Mailänder Erzbischof Carlo Maria Martini, der emeritierte Erzbischof von Ravenna Ersilio Tonini sowie Bischof Luigi Bettazzi, Exponent der christlichen Friedensbewegung und anderer Bewegungen und Vereinigungen wie der Azione cattolica, der Jesuiten, der Jugendorganisation ACLI und Pax Christi.

Den Pionieren einer „Großen Partei der Mitte" fehlte es nicht an Enthusiasmus. Bei den Regionalwahlen im Molise gelang es dem Partito Popolare (PPI), CCD, CDU, Nuova Democrazia Cristiana und Rinnovamento Italiano (Italienische Erneuerung) im Februar 1998, das Blatt zu wenden. Sie gewannen 16 von 30 Stimmen, entmachteten die alte Regionalregierung und stellten die erste christdemokratische Regierung der Zweiten Republik. Daraufhin wurden die PPI-Mitglieder als „Verräter" aus ihrer Partei ausgeschlossen, weil sie sich eigenmächtig für ein Mitte-Bündnis ausgesprochen hatten. Dabei arbeitete man im Partito Popolare bereits seit dem Frühjahr darauf hin, beim nächsten Parteitag die Formierung einer „Großen Partei der Mitte" offiziell bekannt zu geben: „Maccanico wird dabei sein und wohl auch Dini. Marini drängt darauf, auch Di Pietro einzubeziehen", so der damalige stellvertretende Vorsitzende Enrico Letta, „und ich glaube, auch Mastella könnte ein gewisses Interesse an diesem Treffen haben."

Der Parteivorsitzende Franco Marini setzte sich mit Cossiga in Verbindung, um mit ihm bereits für die bevorstehenden Regionalwahlen im Friaul über ein entsprechendes Wahlbündnis zu verhandeln: eine „Generalprobe" für die „Große Partei der Mitte". Natürlich träumte keiner der beiden von einer Wiedergeburt der alten Democrazia Cristiana, aber der Wunsch nach einem gemeinsamen christlichen Haus war überwältigend. Und er war ansteckend.

Zur gleichen Zeit, also im Frühjahr 1998, begann man bei der Staatsanwaltschaft Rom mit ersten Ermittlungen in einer Sache, die Unerhörtes befürchten ließ. Es bestand nämlich der Verdacht, dass für diese „Große Partei der Mitte" enorme Schwarzgeldsummen bereitstanden, die vermutlich im Ausland gebunkert und dort gewaschen werden sollten. Im Vatikan wisse man davon und sei nicht abgeneigt. Der erfahrene Staatsanwalt Giancarlo Capaldo, der die Ermittlungen bis 2005 leitete, befolgte zwei einfache Regeln: Umsicht und Diskretion. Er führte die Akte nach dem sogenannten „Modell 45", wonach zwar eine allgemeine Untersuchung eingeleitet wird, ohne jedoch konkrete Verdächtige zu nennen. Und nicht nur das. Um jede politische Auswirkung zu vermeiden, schirmte er die Ermittlungsarbeit hermetisch ab und verpflichtete auch seine Mitarbeiter zu absoluter Geheimhaltung. Schließlich konnte man sich leicht ausmalen, was passieren würde, wenn etwas davon nach außen drang. Zum ersten Mal wurde von einer Staatsanwaltschaft überprüft, ob der Vatikan bei der Gründung einer politischen Partei seine Finger im Spiel oder sogar Regie geführt hatte: ein unerhörter Fall von Einmischung in die inneren Angelegenheiten der italienischen Politik. Mehr noch: Zu allem Überfluss sollte dabei Geld im Spiel sein, das aus illegalen Quellen stammte.

Sieben Jahre lang ermittelte Capaldo in aller Stille, um Beweise für den mutmaßlichen Zusammenhang zwischen illegalen Geldern aus Bankschließfächern im Ausland und der Plattform der neuen Democrazia Cristiana zu finden. Doch wenn ein derartiger Plan jemals existiert hat, so wurde er mit Sicherheit bald aufgegeben. Denn es wurde nichts strafrechtlich Relevantes gefunden, nichts, was für eine Anklage ausgereicht hätte. Daher beantragte Capaldo 2005 die Einstellung des Verfahrens. Die Akten landeten auf dem Dachboden.

Fast drei Jahre lang krähte kein Hahn danach. Als 2000 in „La Voce della Campania" ein einschlägiger Artikel von Rita Pennarola erschien, hätte die Presse den Braten fast gerochen,

294

doch das Thema wurde bald wieder fallen gelassen.[8] Trotzdem ist die Geschichte, auch wenn sie strafrechtlich nichts hergibt, so spannend, dass es sich lohnt, sich eingehend damit zu beschäftigen. Aufschlussreich sind dabei gerade die Widersprüche, die Verflechtungen mit der Vergangenheit, die spezifischen Ungereimtheiten. Aber auch die ersten, unsicheren Schritte, die Unmenge von Ermittlungen, die mysteriösen Vorfälle, die zahlreichen, mehr als unwahrscheinlichen Zufälle, um die sich die Ermittlungen drehten. Und nicht zuletzt die Bedenken, die Capaldo heute nach langem Schweigen äußert. Die damals gewonnenen Erkenntnisse bildeten den Nährboden für weitere Ermittlungen, von denen manche bis heute andauern, obwohl nie darüber gesprochen wurde.

Codename Operation „Sofia"

Um es gleich vorweg zu sagen: Der Codename „Sofia" stammt aus belastenden Aussagen sogenannter vertraulicher Quellen, wie sie von der Finanzpolizei „unterhalten" wurden. Darin ähnelt die Geschichte zahlreichen anderen Ermittlungen, wie sie in jenen Jahren für Italien typisch waren.

Die vertraulichen Quellen wurden im April 1998 von Mitarbeitern des geheimen Zentrums der Finanzpolizei in Genua angezapft. Diese Militärangehörigen bildeten das Rückgrat der sogenannten „Centri I", die in getarnten Büros und Wohnungen in allen größeren Städten der Region untergebracht waren.[9] Räumlich von den Kasernen getrennt und direkt der Spionageabteilung des Generalkommandos unterstellt, lebten sie in einer Art operativem Untergrund. Sie hatten rein gar nichts zu tun mit der klassischen Finanzpolizei, die Bilanzen prüft und vor den Geschäften kontrolliert, ob man einen Kassenzettel hat. Vielmehr handelte es sich um echte Geheimagenten, die eigenständig Informationen beschafften und diese dann am 16. September 1998 ihren Vorgesetzten in

der Zentralstelle „Informationskoordination und Sicherheit"
übermittelten, die Oberst Giancostabile Salato leitete. Diese Stelle
bildete das Herz der II. Abteilung der Finanzpolizei, die im Corso
XXI Aprile in Rom residierte. Sie war praktisch der Geheimdienst
der Finanzpolizei.[10]

Vom 2. April bis Anfang September 1998 organisierte die
Finanzpolizei zahlreiche konspirative Treffen mit ihren V-Leuten
an der ligurischen Riviera. Mit Interesse lauschten die Militärs
den Berichten über ein ausgefeiltes Geldwäschesystem zu politischen Zwecken. Da uns die Identität dieser Informanten nicht
bekannt ist, wollen wir sie der Einfachheit halber Alpha und
Beta nennen. Ihre Namen unterliegen, wie bei polizeilichen Ermittlungen üblich, der Geheimhaltung. Doch nach Erkenntnissen der Staatsanwaltschaft von Rom und Lagonegro, die anfänglich an den Ermittlungen beteiligt war, erfolgte die Informations-
übergabe auf relativ einfache Art und Weise: Die Hauptquelle
Alpha, ein ausländischer Staatsbürger, der zwischen Deutschland und Monte Carlo im Finanzwesen tätig war, übergab Daten
und Berichte an einen Mittelsmann. Dann reichte dieser die Informationen an das „Centro I" der Finanzpolizei in Genua weiter. Dadurch wurde die ursprüngliche Quelle geschützt. Bei Beta
hingegen, der später dazukam, die Informationen von Alpha
bestätigte und weitere Einzelheiten übermittelte, lief der Kontakt
direkt.

Auch wenn wir ihre Namen nicht kennen, so wurden ihre
Informationen doch als besonders zuverlässig eingeschätzt, wie
in den Berichten der Ermittler ausdrücklich betont wurde.[11]
Monatelang trugen die Finanzpolizisten Informationen zusammen. Über das Generalkommando holten sie sich Unterstützung
bei Interpol sowie bei der spanischen und der britischen Botschaft, überprüften Telefonanschlüsse und schossen Fotos, um
dann am 30. September 1998 in einem als „geheim" klassifi-
zierten Bericht höchst beunruhigt eine echte Spionagestory
niederzulegen:

Im Zuge eigenständiger Maßnahmen zur Informationsbeschaffung gingen von bezahlten Informanten Hinweise ein, wonach namhafte Politiker die Gründung einer „Großen Partei der Mitte" planen, was von namhaften Vertretern des Vatikans bestätigt wurde. Für die Finanzierung dieses sogenannten „POLO" sollen Antonio Matarrese und Pierluigi Bersani verantwortlich sein. Insbesondere Matarrese soll über einen Betrag von 670 Milliarden Lire auf diversen in- und ausländischen Bankkonten verfügen. Dabei soll es sich um „Schwarzgeld" handeln, das von verschiedenen Firmen eingezahlt wurde und angeblich aus staatlichen Fördermitteln zur Sanierung von Sportstätten für die Fußballweltmeisterschaft 1990 stammt oder aus anderen, nicht weiter spezifizierten Aktivitäten.[12]

Da keine konkrete Anzeige vorlag, ließ Capaldo die Rubrik für Beschuldigte frei und trug dort keinen Namen ein. Aber was hatte Matarrese, Präsident des italienischen Fußballverbands Federcalcio, Ex-Abgeordneter der Democrazia Cristiana und ein großer Verehrer Giulio Andreottis, mit irgendwelchen geheimen Finanztransaktionen und dem damaligen Linksdemokraten Bersani zu tun? Matarrese gehörte zu den Großen im italienischen Fußball, war sozusagen der „Big Boss". Als Präsident der Lega Calcio (1982 bis 1987), dann der Federcalcio (bis 1996)[13] saß er im Organisationskomitee der Weltmeisterschaft 1990 und engagierte sich zugleich für die Democrazia Cristiana.

Nachdem er seit 1976 fünf Legislaturperioden lang als Abgeordneter im Parlament gesessen hatte, wurde er 1992 zum engagierten Befürworter und Vorkämpfer der „Großen Partei der Mitte", für die sich die Finanzermittler so brennend interessierten. Dieses Engagement dauerte bis 2003, als von den hochfliegenden politischen Plänen nicht mehr viel übrig war und er in der Provinz Bari zum Vorsitzenden der UDC (Unione dei Democratici cristiani e di Centro) gewählt wurde.[14] Aber das reichte nun wirklich nicht, um ihm irgendetwas anzuhängen.

Und völlig aus der Luft gegriffen war die Beteiligung des damaligen Linksdemokraten Pierluigi Bersani aus Bettola in der Provinz Piacenza, der unter Prodi Industrieminister wurde, nachdem er von Juli 1993 bis Mai 1996 Präsident der Region Emilia Romagna gewesen war. Was sollte ein Vertreter der Democratici di Sinistra, der „Linksdemokraten", mit der „Großen Mitte" zu tun haben? Doch die beiden waren nicht die einzigen Politiker, die in dem Geheimbericht vorkamen. Erwähnt wurde auch Rechtsanwalt Raffaele Della Valle, erster Fraktionsvorsitzender von Forza Italia im Abgeordnetenhaus, der sich später aus der Politik zurückzog, um wieder seinem Beruf nachzugehen. Heute sagt Della Valle, er sei damals ausgestiegen, bestätigt jedoch, dass der Heilige Stuhl versuchte, Einfluss zu nehmen: „Tatsächlich wurden bei uns, den sogenannten ‚Tauben' von Forza Italia, mutmaßliche Emissäre des Vatikans vorstellig, die uns Avancen machten und Kontakte zu Bischöfen und Kardinälen vermitteln wollten. Sogar Staatspräsident Oscar Luigi Scalfaro mischte kräftig mit".[15] Pisanu dagegen hängt die Sache tiefer: „Es gab keine externen Drahtzieher, weder in der katholischen Kirche noch in der Vatikanhierarchie, die auf die Gründung einer ‚Großen Partei der Mitte' drängten. Das war vielmehr ein gemeinsames Bedürfnis aller moderaten Italiener. In der Kirchenhierarchie hat es immer unterschiedliche Schwerpunkte gegeben, das hat einfach mit den unterschiedlichen Erfahrungen und Einstellungen zu tun".[16]

Aber wo ist nun die Verbindung zwischen Matarrese, Bersani und Della Valle? „Bei ein paar Namen", so Capaldo, „hatte man den Eindruck, dass sie absichtlich eingeworfen wurden, um Verwirrung zu stiften und die ganze Sache unglaubwürdig zu machen."[17] Mehr will der Staatsanwalt nicht sagen. Doch der Hinweis ist ziemlich deutlich: Wahrscheinlich wurden diese wohlklingenden Namen absichtlich eingestreut, um die Neugier der Ermittler zu wecken, während sich die eigentlich verblüffenden Zusammenhänge und Verbindungen erst bei den Akteuren der zweiten Ebene ergaben.

Im zweiten Teil ging der Bericht mehr ins Detail. Danach war das System zur Rückführung des Kapitals relativ einfach: Man wollte das IOR und willige ausländische Banken nutzen, um die Gelder nach Italien zurückzuschleusen. Dabei sollte der Löwenanteil (75 Prozent) an das Projekt einer „Großen Partei der Mitte" gehen, während der Rest unter Vermittlern, Banken und Handlangern aufgeteilt werden sollte. Benannt wurden folglich all jene, die „bei der Durchführung des Plans, die vorhandenen Beträge in Schweizer Franken und andere Währungen umzutauschen", die eigentliche Drecksarbeit machen sollten.

Die Sache mit Kardinal Giordano

Insgesamt kursierten acht Namen. Am häufigsten erwähnt wurden Monsignor Mario Fornasari von der Stiftung „Populorum Progressio",[18] Monsignor Giuseppe Monti von der Internationalen Vereinigung des katholischen Apostolats und Kardinal Michele Giordano.

Schon wenige Wochen später bekam Giordano zum ersten Mal Scherereien mit der Justiz. Im Februar 1998 erstatteten ein Geschäftsmann und ein Versicherungsunternehmer aus der Provinz Potenza Anzeige wegen Wucherei gegen den Bruder des Kardinals, Mario Lucio Giordano, und einen Bankangestellten. Bei der nachfolgenden Untersuchung der Vorwürfe stießen die Ermittler dann auf seinen wesentlich bekannteren Bruder Michele Giordano, Erzbischof von Neapel.[19] Aufgrund der Ermittlungen gegen einen Kardinal wegen Wucherei kam es zu einer heftigen Auseinandersetzung zwischen dem Vatikan und den Justizbehörden. Denn zum ersten Mal nahm eine Staatsanwaltschaft rigoros die Geschäfte des Heiligen Stuhls unter die Lupe. Die Angelegenheit zog sich bis 2005 hin und endete schließlich mit der vollständigen Entlastung Michele Giordanos. Der Heilige Stuhl bemängelte, dass die Benachrichtigung über die Eröffnung eines Ermittlungsverfahrens gegen Giordano wegen Unterstützung einer kriminellen Vereinigung im August 1998 zugestellt wurde, mitten in der Sommerpause, als auch im Vatikan niemand arbeitete. Der Pressesprecher Navarro-Valls monierte außerdem: „Es darf nicht vergessen werden, dass es sich damals um einen Bruch des Konkordats handelte, weil die zuständige Kirchenbehörde nicht rechtzeitig über die Eröffnung eines Verfahrens gegen den Kardinal unterrichtet wurde". Heute bestätigt Michelangelo Russo, der frühere Staatsanwalt von Lagonegro, der damals die Ermittlungen leitete,[20] dass die Sache für alle Beteiligten äußerst heikel war: „Die Ermittlungen gestalteten sich äußerst schwierig, weil beiden Seiten daran gelegen war, einen Konflikt zwischen zwei Staaten zu verhindern. Deshalb war es für uns eine Gratwanderung zwischen diplomatischen Rücksichten und Ermittlungserfordernissen. Erschwerend kam hinzu, dass der andere Staat ja nicht irgendein Staat war, sondern der Vatikan, den jeder Italiener aus historischen Gründen respektiert".[21]

Zu denken geben gewisse Überschneidungen und Parallelen zwischen diesem Fall und dem Fall „Sofia". So wird zum Beispiel in einem Funkspruch der Finanzpolizei Neapel vom Mai 1999 unter „den beteiligten Personen" auch ein „gewisser nicht genauer bezeichneter Dr. Scaletti [erwähnt], Direktor des IOR, Vatikanstadt, gegen den wegen Vergehen gemäß Artikel 646, 61 und 110 Strafgesetzbuch ermittelt wird",[22] also wegen Unterschlagung. Folglich tauchten die Vatikanbank und ihr Direktor in den Ermittlungsakten auf. Aber das ist noch nicht alles. In den Akten der Staatsanwaltschaft Neapel ist auch von einer verdächtigen Finanzoperation über sieben Milliarden die Rede. Sie fand genau zu dem Zeitpunkt statt, als Giordano, zumindest laut Ermittlungsakte zu „Sofia", „die erste Überweisung von 5 Milliarden Lire vornahm". Daran schließt sich die Vermutung an, dass „die Organisation" vorab praktisch getestet hat, ob die für die Rückführung vorgesehenen Finanzkanäle auch reibungslos funktionierten:

Angeblich soll im Januar 1998 die erste Überweisung in Höhe von 5 Milliarden Lire (italienische Lire gegen Schweizer Franken) erfolgt sein, und zwar über die Banca di Roma, die als Vermittlerin zwischen der UBS [Union de Banques Suisses] Genf und dem Ambroveneto aufgetreten sein soll. Im Einzelnen soll die UBS die Banca di Roma gebeten haben, für Einlagen beim Ambroveneto zu garantieren, um einen direkten Kontakt zwischen den beiden Instituten zu vermeiden. Vor Ausführung der Überweisung sollen Vertreter beider Seiten das tatsächliche Vorhandensein des Kapitals geprüft und bestätigt haben.

Unmittelbar nach „dieser Transaktion zu Testzwecken soll Monsignor Monti die Leitung der Operationen übernommen haben".[23]

In dem Bericht wurde der Name Monti ausdrücklich mit der Internationalen Vereinigung des katholischen Apostolats (AIAC) mit Sitz in Rom, Via della Consulta 52, in Verbindung gebracht. Diese Vereinigung war schon früher durch zwielichtige Geschäftspraktiken aufgefallen und in einschlägige Skandale verwickelt.

Die Geister der Vergangenheit

Sobald im Rahmen der Operation „Sofia" die AIAC auftaucht, wird man unweigerlich an die Skandale der achtziger Jahre erinnert. Bei vielen Ermittlungen der letzten 30 Jahre spielte die AIAC eine entscheidende Rolle. Kein Wunder, wenn man sich ihre Geschichte ansieht. Diese Vereinigung wurde im August 1972 in Rom gegründet, als ihr künftiger Präsident, der damals 37-jährige Mario Foligni aus Frascati, bei dem römischen Notar Franco Maria Gargiullo die Gründungsurkunde unterschrieb. Damals war Foligni noch völlig unbekannt. Dank seiner Kontakte zu Umberto Ortolani, Licio Gelli und einigen Bischöfen des

Heiligen Stuhls schaffte es dieser Geschäftemacher im Verlauf weniger Jahre auf die Titelseiten der Zeitungen. Auch er – und damit haben wir die erste Gemeinsamkeit zur Operation „Sofia" – wollte eine neue Democrazia Cristiana gründen oder vielmehr die Neue Volkspartei als „Alternative" zur DC.

General Gianadelio Meletti vom Geheimdienst SID wurde nach eigener Aussage vom damaligen Verteidigungsminister Giulio Andreotti beauftragt, seine Agenten auf Foligni anzusetzen.[24] Sie sollten herausfinden, was dieser gegen die Democrazia Cristiana im Schilde führte. Die Ergebnisse dieser Überwachung wurden in einem Dossier gesammelt, das später unter der Abkürzung Mi.Fo.Biali (mit den Initialen von Miceli, Foligni und Libia [Libyen]) bekannt wurde. Es enthält die Abhörprotokolle von Gesprächen aus Folignis Arbeitszimmer, bei denen es noch um ganz andere Intrigen ging. Um die Person Foligni besser zu beschreiben, wollen wir aus dem Urteil des Appellationsgerichts Perugia im Mordfall des Journalisten Mino Pecorelli zitieren:

Unter der Abkürzung Mi.Fo.Biali versteht man ein Dossier des SID aus den Jahren 1974/75 über Foligni, den Gründer der Neuen Volkspartei, der damit die Democrazia Cristiana bekämpfen wollte, die er für degeneriert hielt, weil sie sich von ihren ursprünglichen Werten abgekehrt habe. In die Ermittlungen wurde auch die Finanzpolizei eingeschaltet, außerdem wurden Gespräche und Telefonate abgehört. [...] Als das Dossier in die Hände von Mino Pecorelli gelangte, veröffentlichte er daraus umfangreiche Auszüge. Dabei betonte er, das Dossier belege nicht nur die politischen Aktivitäten Marco Folignis und seiner Neuen Volkspartei, sondern enthalte auch Beweise für Korruption und illegalen Devisenexport seitens hochrangiger Mitarbeiter der Finanzpolizei sowie für den illegalen Ölhandel mit Libyen, an dem nicht nur Foligni beteiligt war, sondern auch der Bruder des maltesischen Premierministers Don Mintoff, italienische Ölmagnaten, hohe Prälaten und sogar der Kommandant Raffaele Giudice.[25]

Im Übrigen war die AIAC zu dieser Zeit ein exklusiver Club, der von zahlreichen hochstehenden Persönlichkeiten frequentiert wurde, die bald darauf in Skandale verwickelt waren: „Foligni und General Giudice", so gab Monsignor Annibale Ilari im Prozess um den „Ölskandal" zu Protokoll, „waren mit mir gemeinsam in der Internationalen Vereinigung des katholischen Apostolats". Foligni reagierte auf die Beschuldigung mit der Beschwerde, er sei „instrumentalisiert und später geopfert worden".[26] Er bestätigte aber zugleich, er habe auch „bei Monsignor Fiorenzo Angelini, der schon immer enge Beziehungen zu Andreotti unterhalten hat", um finanzielle und sonstige Unterstützung für seine Neue Volkspartei nachgesucht, also bei dem Mann, der später „Seine Heilsamkeit" wurde. Dabei erwiesen sich Folignis Aktivitäten eher als betrügerisch denn als politisch: Um seine Partei zu lancieren, stellte er ungedeckte Schecks aus und wurde 1981 zu zehn Monaten Haft verurteilt,[27] weil er einem blauäugigen Buchhalter aus Matera eine brillante Karriere in der Neuen Volkspartei versprochen und dafür 150 Millionen Lire kassiert hatte. Zu seiner Strafakte gehörte auch eine Anklage wegen Korruption im Ölskandal. Außerdem wurde er beschuldigt, sich als Präsident der AIAC ausgegeben und dabei Hunderte Millionen verschleudert zu haben.

An der kriminellen Energie Signor Folignis hat sich bis heute nichts geändert. 1997 ging in Ancona der Prozess um den Zusammenbruch der Banca Vallesina zu Ende, den Paolo Gubinelli von der Staatsanwaltschaft der Region Marken angestrengt hatte. In Wahrheit hatte das Finanzinstitut nie das Licht der Welt erblickt. Unter dem Vorwand, man brauche ein Startkapital, hatte ein Gründungskomitee zwischen 1993 und 1994 bei 600 Sparern etliche Milliarden eingesammelt. Giuseppe Curzi, Ex-

Direktor der neu gegründeten Bank, hatte sich den Schwindel ausgedacht. Dabei konnte er mit zwei bewährten Komplizen rechnen: Mario Foligni und Don Giuseppe Aquilanti, Jahrgang 1936, aus Staffolo in den Marken, und, welch ein Zufall, gesetzlicher Vertreter der allgegenwärtigen Internationalen Vereinigung des katholischen Apostolats, die samt ihrem Gründer die juristischen Stürme der achtziger Jahre unbeschadet überstanden hatte. Foligni sollte die Urteilsverkündung im Dezember 1987 nicht mehr erleben. Er starb wenige Monate, bevor Don Aquilanti wegen Unterschlagung zu einer Gefängnisstrafe von einem Jahr und fünf Monaten verurteilt wurde. Und schließlich tauchte der Name Aquilanti in dem Bericht der Finanzpolizei über die Operation „Sofia" wieder auf.

Doch das Schlimmste, die Haftstrafe nämlich, stand ihm noch bevor: Denn im Dezember 2003 landete Don Aquilanti, damals Pfarrer in Trastevere, endgültig hinter schwedischen Gardinen. Diesmal wurde er wegen Beteiligung an einer kriminellen Vereinigung verurteilt, die einen schwunghaften Handel mit gefälschten Staatsanleihen betrieben hatte. Nach Angaben des Staatsanwalts Nicola Mezzina von der Staatsanwaltschaft Verbania im Piemont belief sich die Betrugssumme auf 15 Millionen Euro. Die Ermittlungen hatten bereits 2001 begonnen, als die ersten Fälle von gefälschten Wertpapieren – italienische Staatsanleihen mit mehrjähriger Laufzeit und Sparbriefe des Crédit Agricole in Paris – aktenkundig wurden. Bald deckten die Carabinieri bei ihren Nachforschungen ein weitverzweigtes Netzwerk auf, das von Rom über Mailand bis nach Sondrio und Verbania reichte. Bei einer Razzia wurden elf Verdächtige festgenommen und 6000 französische Wertpapiere im Wert von zehn Millionen Euro, 90 festverzinsliche Staatsanleihen im Wert von weiteren 450 Millionen Euro sowie brasilianische Cruzeiros im Wert von 29 Millionen Euro beschlagnahmt. Der Trick war einfach: Die gefälschten Papiere wurden als Sicherheit hinterlegt, um Finanzierungen, Kredite und Bargeld zu bekommen. Um das jeweilige Opfer zu überreden, trat der fleißige Don Aquilanti auf den Plan. Er bürgte für die angebotenen Titel, natürlich auf Briefpapier der Internationalen Vereinigung des katholischen Apostolats. In den Unterlagen der Staatsanwaltschaft heißt es dazu: „Monsignor Aquilanti trat als Vertreter der Vereinigung auf, die nie von der Kurie anerkannt wurde, und warb um Spenden für humanitäre Zwecke. In Wahrheit jedoch verfolgte er nur die Ziele seiner eigenen Gruppe."

Bald stellte sich heraus, dass Aquilanti auf der ganzen Welt aktiv war. Andere, gegen die gleichfalls ermittelt wurde, betraute er mit weiteren nennenswerten Vorhaben, die nicht nur mithilfe der Stiftung in Italien abgewickelt werden sollten, sondern auch mit ihrem amerikanischen Ableger, der „De Christifidelium Apostolatu Ut Omnes Unum Sint Foundation" mit Sitz in Cheyenne, USA. Als er in seiner Pfarrkirche San Crisogono in Rom verhaftet wurde, fielen seine Schäfchen aus allen Wolken und schrieben ihn augenblicklich ab: „Wir kannten ihn kaum. Er las die 9-Uhr-Messe, dann verschwand er wieder." 2006 wurde er im Schnellverfahren zu drei Jahren Haft verurteilt.

Noch heute ist Aquilanti sich nicht zu schade, seine politisch-„moralische" Pflicht zu erfüllen. Auf seine Art natürlich. Mit Vorliebe gedenkt er der Selbstmorde aus der Zeit von Tangentopoli. Don Aquilanti ist zur Stelle, sobald irgendwo zum Gedenken an die Opfer der Schmiergeldskandale, die damals in den Selbstmord getrieben wurden, eine Marmorstele errichtet wird. Er besteigt das Rednerpult und predigt aus vollem Herzen: „Lasst uns gemeinsam für jenen verlorenen Gemeinschaftssinn eintreten. Begraben sind diese Gerechten, die zwar durch menschliches Recht, nicht jedoch von Gott bestraft wurden". Dann kehrt er rasch zu weltlichen Dingen zurück. Immerhin ist er Vorsitzender der Ethikkommission der Neuen Volkspartei, einem Abziehbild jener von Mario Foligno gegründeten Partei aus den achtziger

Jahren. Einen Karrieresprung hat er auch noch gemacht, denn inzwischen ist er zum Verantwortlichen des ethisch-religiösen Rats der Alleanza Democratica aufgestiegen.

Bei der Alleanza Democratica handelt es sich um eine Minipartei unter Führung von Giancarlo Travagin, die sich von einem anderen Atom der Mitte, nämlich der Rinascita della Democrazia Cristiana, abgespalten hat. Allesamt Atolle der „Großen Mitte", die den früheren Christdemokraten auch weiterhin am Herzen liegt. Und noch ein letzter Zufall: Als Weggefährte in der Führung der Alleanza Democratica und damit dem „Programmatischen Vordenkerkomitee" der Partei angehörend, tauchte plötzlich der unverwüstliche Gianmario Ferramonti wieder auf. Er stand im Zentrum der unter dem Namen „Phoney Money" bekannt gewordenen Ermittlungen, die in den neunziger Jahren in Aosta begannen, dann nach Rom verlegt und schließlich eingestellt wurden. Gegenstand der Ermittlungen? Zwei Schwerpunkte: Verdacht auf Gründung einer neuen Geheimorganisation, um die Parlamentswahlen 1994 zu beeinflussen, und Handel mit gefälschten Wertpapieren. Alles reiner Zufall natürlich, wie immer in Italien.[28]

Die Stiftung „Populorum Progressio" wurde im Februar 1992 von Papst Johannes Paul II. aus Anlass des 500-jährigen Jubiläums der Evangelisierung Lateinamerikas gegründet. Nach dem Kirchenrecht ist sie eine juristische Person mit Sitz im Vatikanstaat. Unter Bezugnahme auf eine ähnliche Stiftung, die sein Vorgänger Papst Paul VI. 1969, zwei Jahre nach seiner Sozialenzyklika, gegründet hatte, errichtete der Heilige Vater diese Stiftung „zur Förderung einer umfassenden Entwicklung der Not leidenden einheimischen Bevölkerung und der Landarbeiter Lateinamerikas, eine Geste der solidarischen Nächstenliebe der Kirche für die Bedürftigen und eine Fortführung der Initiative meines erhabenen Vorgängers." Im Rahmen der Stiftung wurden jedes Jahr etwa 200 Hilfsprojekte für mittellose

Campesinos bewilligt, mit einem Volumen von insgesamt 1,8 Millionen Dollar.

Heute leitet Fornasari die Stiftung „Progressio et Pax", die im September 1999, ein Jahr nach den Berichten über die Operation „Sofia", gegründet wurde. „Progressio et Pax" engagiert sich „für eine Kultur der Solidarität",[29] fördert soziale Projekte und die internationale Zusammenarbeit und wurde bald vom Innenministerium als gemeinnützig anerkannt. Die Stiftung unterhält Beziehungen zu NGOs und Organisationen für internationale Zusammenarbeit wie Cooperazione Italiana Nord Sud (CINS) unter Leitung von Rocco Borgia. Als Borgia die Leitung übernahm, wurden Projekte im Sudan, in Kamerun und Somalia ins Leben gerufen, die im gesundheits-, bildungs- und sozialpolitischen Bereich tätig sind. Auf der Website heißt es: „Die Stiftung hat ihre Aktivitäten in zwei Bereiche aufgeteilt: einen gewinnorientierten und einen Non-Profit-Bereich, mit dem Ziel, die Überschüsse aus dem ersten Bereich für die Finanzierung von Projekten der internationalen Zusammenarbeit zu verwenden." Im Jahr 2002 rief Borgia mit dem Istituto Nuova Africa-America, einer weiteren Gründung Fornasaris, ein Projekt für Mitarbeiter von Krankenhäusern und Altersheimen in Argentinien ins Leben.

Bisweilen gehen Solidarität und Geschäft Hand in Hand. So entstand im Rahmen der Stiftung „Progressio et Pax" durch ein spezielles Protokoll eine Finanzholding, die Fin Social S.p.A. mit Sitz in der Via Veneto in Rom, die ihrerseits Beteiligungen an der Immobilienfirma Raf Srl und an Link video hält. Auf der Website www.finsocial.com heißt es dazu: „Gerade aus der Kombination der laizistisch-unternehmerischen Einstellung eines Borgia und der katholischen eines Monsignor Fornasari entstand 1999 die Stiftung „Progressio et Pax".[30]

Staatspräsident Scalfaro muss informiert werden

Ende des Sommers 1998, als die Ermittlungen zu „Sofia" auf Hochtouren liefen, waren diese Zusammenhänge noch nicht bekannt. In mühevoller Kleinarbeit sammelten die Ermittler Beweise, werteten die Angaben ihrer V-Leute aus und setzten so Stück für Stück das Puzzle zusammen. Auf jeden Fall hielten die Beamten der Finanzpolizei und auch einige Staatsanwälte die Aussagen ihrer V-Leute für so zuverlässig, dass sie sich zu einem beispiellosen Vorgehen hinreißen ließen.

Kaum war der Bericht über die Operation „Sofia" an die Staatsanwaltschaft Rom überstellt, überschlugen sich die Ereignisse. Als die Staatsanwaltschaft Lagonegro davon erfuhr, forderte sie sofort eine Kopie der Unterlagen an. Logisch, schließlich ermittelten sie gegen Kardinal Giordano, und vielleicht fand sich ja in den Unterlagen ein interessanter Hinweis. Als die Beamten in Neapel und in Lagonegro die Akte gelesen hatten, erstarrten sie zur Salzsäule: Die Transaktion des Kardinals belief sich auf fünf Milliarden Lire – das stimmte genau mit ihren eigenen Ermittlungen überein. Daraufhin traf sich Michelangelo Russo, Leitender Oberstaatsanwalt von Lagonegro, mit Oberst Luigi Mamone, dem Leiter des Regionalkommandos der Steuerpolizei, der die Ermittlungen koordinierte, und beauftragte ihn mit einer äußerst heiklen Mission.

Was dann geschah, war beispiellos. Eine gute Zusammenfassung der unglaublichen Ereignisse liefert eine vertrauliche Aktennotiz, die der damalige Chef der Finanzpolizei, Rolando Mosca Moschini, heute militärischer Berater von Staatspräsident Giorgio Napolitano, anfertigen ließ:

Am 4. Oktober 1998 vereinbarte der Leiter der Steuerpolizei Neapel telefonisch einen Termin beim Generalkommandanten, um im Auftrag von Staatsanwalt Dr. Russo aus Lagonegro eine delikate, vertrauliche Mission auszuführen. Das

Gespräch mit dem Generalkommandanten fand am 4. Oktober 1998 in der Wohnung des Generalstabschefs statt.[31] Bei dieser Gelegenheit legte Oberst Mamone dem Generalkommandanten einen kurzen Bericht über die mutmaßlichen Pläne zum Aufbau einer „Großen Partei der Mitte" vor. Treibende Kraft seien namhafte Politiker im Einverständnis mit Kirchenvertretern; um die Finanzierung eines solchen „Polo" kümmerten sich unter anderem Antonio Matarrese und Pierluigi Bersani. Oberst Mamone erklärte, er komme im Auftrag von Dr. Russo, der ihn nach Absprache mit Franco Roberti[32] von der nationalen Antimafia-Staatsanwaltschaft geschickt habe, damit der Generalkommandant einen direkten Kontakt zum Staatspräsidenten herstelle, nach Unterrichtung des Antimafia-Staatsanwalts Dr. Vigna.[33]

Folglich hielten die beiden Staatsanwälte die Quelle Alpha für so zuverlässig, dass sie sofort den Staatspräsidenten informieren wollten. Um die Lage besser einschätzen zu können, soll daran erinnert werden, dass Staatspräsident Scalfaro in dieser turbulenten Zeit schon einmal von Staatsanwälten kontaktiert wurde. Im November 1994 nämlich, als Francesco Saverio Borrelli ihm mitteilte, dass man in Kürze ein Ermittlungsverfahren gegen den damaligen Ministerpräsidenten Silvio Berlusconi eröffnen würde. Damals griff der Staatsanwalt zum Hörer, um über einen Vorgang zu informieren, der in der Folge entscheidend zum Sturz der Regierung beitrug. Diesmal jedoch verlangten die Staatsanwälte eine Audienz, um dem Staatspräsidenten über potenzielle Manöver zur Gründung einer neuen Partei zu berichten, an denen Geschäftemacher und Angehörige des Vatikans beteiligt waren. Eigentlich kaum zu glauben, gäbe es da nicht die Unterlagen.

Die Generäle Mosca Moschini, ein eher vorsichtiger Zeitgenosse und ein ausgezeichneter Kenner der politischen Machtverhältnisse, und Giovanni Mariella, scharfsichtig und schlagfertig,

309

hörten Mamone aufmerksam zu. Dann ruderte der Generalkommandant mit Bedacht zurück:

Aufgrund der Ausführungen forderte der Generalkommandant Oberst Mamone auf, den Anweisungen des Staatsanwalts Folge zu leisten und Dr. Vigna von der Notwendigkeit eines Gesprächs mit dem Staatspräsidenten in Kenntnis zu setzen, der ein solches dann selbst arrangieren könnte. Der Generalkommandant informierte Vigna telefonisch über die Angelegenheit, der zusicherte, Mamone am nächsten Tag zu empfangen. Soweit bekannt, war Vigna nicht der Ansicht, dass ein direktes Gespräch mit dem Staatsoberhaupt erforderlich sei.

Tatsächlich setzte Vigna dem Eifer der Kollegen aus Lagonegro ein Ende: Die Akten wurden den Justizbehörden in Rom überstellt, die ein Verfahren eröffneten und somit alle Unterlagen der Geheimhaltung unterstellten. Damit war eine Information der politischen Instanzen ausgeschlossen. Dennoch war Mosca Moschini der Überzeugung, es mit einer außergewöhnlichen Sache zu tun zu haben. Am nächsten Tag, dem 5. Oktober 1998, traf er sich mit dem damaligen Finanzminister Vincenzo Visco und informierte ihn über die Hintergründe der Operation „Sofia", wie aus den Berichten des Generalkommandos der Finanzpolizei hervorgeht. Ein ziemlich gewagter Schritt, da in den Ermittlungsakten auch der Name Bersani auftauchte, ebenfalls Minister in der Regierung Prodi. Nicht bekannt ist jedoch, ob Visco auch den Ministerpräsidenten informierte.

Für Staatsanwälte und Ermittler begann damit ein Kampf gegen die Zeit. Da sie unbedingt herausfinden mussten, ob der Plan kurz vor der Durchführung stand, intensivierten sie die Ermittlungen und vollzogen einen Qualitätssprung. Entscheidend war schließlich ein Spitzengespräch zwischen Generalstabschef Mariella und Staatsanwalt Russo. Dabei wurde beschlossen, dass die Finanzpolizei Genua ihre Erkenntnisse aus der Arbeit mit den V-Leuten der Staatsanwaltschaft Lagonegro zur Verfügung stellen sollte, um der Sache auf den Grund zu gehen. Und so geschah es: Am 8. und 9. Oktober 1998 wurden die Ermittler vernommen und bestätigten das bereits zu Protokoll Gegebene. Ihr zuverlässigster Informant deckte den Plan „Sofia" auf. Aber das war noch nicht alles. Auch der Informant selbst wurde erneut vernommen und bestätigte alle früheren Aussagen. Allerdings machte er dabei eine Präzisierung, die eigentlich fast marginal erschien: Den ersten Testlauf habe ein „gewisser Monsignor Giordani" vorgenommen, „nicht Kardinal Giordano, wie zunächst behauptet". Das ändere jedoch nichts an „dem Interesse des Letzteren an weiteren Operationen".

„Sofia", eine konzertierte Aktion von Christdemokraten und Kardinälen

Diese Machenschaften, dieser mögliche direkte politische und finanzielle Eingriff des Vatikans in die inneren Angelegenheiten der italienischen Republik, sollten nie hinreichend aufgeklärt werden. Pisanu beispielsweise bezweifelt, dass es Initiativen dieser Art gegeben hat: „Über politische Einflussnahme und gezielte Proselytenmacherei seitens der katholischen Kirchenhierarchie wird viel geredet. Bei politischen Neulingen in Rom sind Kontakte zum Vatikan sogar eine Art ‚Statussymbol‘: Es gibt unzählige Fälle, in denen damit geprahlt wird. Doch in Wirklichkeit ist es so: Wenn die Kirche etwas zu sagen hat, dann sagt sie es klar und deutlich und an passender Stelle".[34] Eher beunruhigend sind dagegen die Thesen von Giancarlo Capaldo. Als Staatsanwalt in Rom koordinierte er damals die Ermittlungen und kommt heute, zehn Jahre später, zu ganz anderen Ergebnissen:

Sind Sie der Meinung, dass die Informationen der V-Leute überhaupt irgendeine konkrete Grundlage hatten?

Man muss bedenken, dass die politische Lage damals ziemlich unübersichtlich war. Nach dem Zusammenbruch der Ersten Republik wusste niemand so recht, wie es weitergehen sollte. Überall wurden Pläne geschmiedet, um das entstandene Machtvakuum zu nutzen. Auf diese vielfältigen Vorhaben unterschiedlicher politischer Gruppen beziehen sich die Angaben. Juristisch gesehen, gab es für die Operation „Sofia", also den Versuch, eine sogenannte „Große Partei der Mitte" aufzubauen, die dann die Macht übernehmen sollte, jedoch nie ausreichende Beweise. Zahlreiche Indizien deuten jedoch darauf hin, dass eine solche Operation möglicherweise tatsächlich stattgefunden hat. Beunruhigend war aber vor allem die Tatsache, dass manches davon geeignet gewesen wäre, einem undemokratischen Umgang mit der Macht Vorschub zu leisten.

Worauf beziehen Sie sich da im Einzelnen?

Ich beziehe mich insbesondere auf Informationen über eine große Menge Schwarzgeld, das bereitgestellt werden sollte, um jene unter Druck zu setzen, die – in dieser Phase der Unordnung oder jedenfalls ungeklärter institutioneller Fragen – vor schwerwiegenden politischen Entscheidungen standen. Möglicherweise haben diese Indiskretionen dann dazu geführt, dass das Unternehmen scheiterte.

Welches Interesse hatte der Vatikan nach Aussage der Quellen an diesem Projekt?

Die „Große Partei der Mitte" sollte den Platz der Democrazia Cristiana einnehmen. Deshalb hatte der Vatikan natürlich ein unmittelbares Interesse daran. Später wurde dieses Interesse durch andere politische Lösungen befriedigt. Auf jeden Fall haben sich aus den anfänglichen Absprachen weitere wirtschaftlich erfolgreiche Initiativen ergeben, die über das rein Politische der Operation „Sofia" hinausgingen.

Welche Ermittlungen wurden von Ihnen durchgeführt?

Darauf kann ich nicht antworten, auch um die Quellen zu schützen. Ich kann nur so viel sagen, dass die Berichte der V-Leute ebenso viel Wahres wie frei Erfundenes enthielten. Schließlich wurden die an der Operation Beteiligten aus ganz unterschiedlichen Motiven angeheuert: Es gibt Grund zu der Annahme, dass damit andere Ziele – beispielsweise ganz persönliche Interessen der V-Leute – vertuscht werden sollten, dass man beispielsweise gewisse Leute beschuldigte, um ihnen gezielt zu schaden. Tatsächlich bestand die größte Schwierigkeit darin, eine selbstverschuldete Manipulation von Beweismitteln zu verhindern. Ein klassisches Problem aller Ermittlungen, bei denen die Wirklichkeit dauernd korrigiert wird.

Verspüren Sie immer noch einen bitteren Nachgeschmack, weil Sie das Verfahren einstellen mussten?

Nein. Das Verfahren wurde eingestellt, weil die Ermittlungen keine hinreichenden Ergebnisse brachten. Natürlich bleibt ein bitterer Beigeschmack, weil es uns nicht gelungen ist, die subtilen Mechanismen der Politik voll zu durchschauen, die das Alltagsleben bestimmt und jeden Tag das Leben eines Landes radikal verändern könnte. Noch heute, Jahre später, gibt es zwei diametral entgegengesetzte Lesarten der Vorfälle, die so verschieden sind, dass sie sich schon fast wieder ergänzen: Entweder ging es bei den Ermittlungen um tatsächliche politische Initiativen, die man nur durchsickern ließ, um sie auf subtile Weise zu boykottieren. Oder aber es ging um Persönlichkeiten der Ersten Republik, die durch das neue politische Instrument einer „Großen Partei der Mitte" ihre Machtposition erhalten wollten. In beiden Fällen haben die Ermittlungen jene Kräfte gestreift, die der italienischen Politik eine andere Richtung hätten geben können. Das ist, glaube ich, auch der Grund, warum diese Geschichte heute noch von Interesse ist.

---

1 Interview mit dem Autor vom 6. Februar 2009. Giuseppe Pisanu war 20 Jahre lang, von 1972 bis 1992, Abgeordneter der Democrazia Cristiana und bekleidete unter Bettino Craxi, Arnaldo Forlani, Giovanni Spadolini und Amintore Fanfani verschiedene Regierungsämter. 1994 trat er der Forza Italia bei und wurde über deren Liste im gleichen Jahr ins Parlament gewählt. 2001 wurde er Minister für die Umsetzung des Regierungsprogramms; im Juli 2002 übernahm er von Claudio Scajola das Innenministerium, das er bis 2006 leitete. Bei den Parlamentswahlen 2008 wurde er über den Spitzenplatz der sardischen Liste zum Senator gewählt, seit dem 11. November 2008 ist er Präsident der Antimafia-Kommission.

2 Symbolisch vollzogen wurde der Bruch bei der Veranstaltung für eine „Rekonstruktion der Mitte", die vom CCD, dem Centro Cristiano Democratico, anlässlich des vierten Jahrestags der Gründung dieser Partei im Januar 1998 im Teatro Eliseo in Rom organisiert wurde.

3 Weiter erklärte Cossiga: „Eine neue ‚Reformpartei der Mitte' stellt eine natürliche Alternative zur demokratischen Linken dar und kann deshalb in der fortgeschrittenen Demokratie kein organisches Bündnis mit der Rechten eingehen. Dennoch sind mit einer demokratischen Rechten dieselben politischen und Wahlbündnisse möglich, die Ciampi mit der Rifondazione Comunista eingeht".

4 Interview mit der Wochenzeitung „Lo Stato", 21. Januar 1998.

5 Marco Tosatti, „Vescovi e preti non schieratevi", in „La Stampa", 28. März 1995.

6 Sodano blieb bis zum Tod Johannes Pauls II. am 2. April 2005 Staatssekretär. Nur drei Wochen später wurde er von dessen Nachfolger Benedikt XVI. im Amt bestätigt und zugleich als dessen Nachfolger zum Dekan des Kardinalskollegiums gewählt. Im Juni 2006 nahm Benedikt XVI. sein Rücktrittsgesuch aus Altersgründen an. Am 15. September 2006 trat Kardinal Tarcisio Bertone seine Nachfolge an.

7 Salvatore Pappalardo (1918–2006), Erzbischof von Palermo, von Paul VI. im Konsistorium am 5. März 1973 zum Kardinal ernannt, trat aus Altersgründen am 4. April 1996 von seinem Amt als Erzbischof zurück. In seiner Eigenschaft als stellvertretender Vorsitzender der italienischen Bischofskonferenz nahm er an den Konklaven zur Wahl von Johannes Paul I. und Johannes

Paul II. teil. Pappalardo wurde in der Kathedrale von Palermo beigesetzt, die Feierlichkeiten leitete Kardinal Sodano in seiner Eigenschaft als Sonderbeauftragter Benedikts XVI.

8   In dieser Phase drang so gut wie nichts nach außen. Erst Ende Dezember 2000 erschienen in „Il Giornale" zwei Artikel des Autors über das Thema, in denen die Ermittlungen nur zum Teil erwähnt wurden.

9   In den folgenden Jahren wurden die „Centri I" (Zentren zur Informationsbeschaffung) bei einer gezielten Reform der Finanzpolizei verkleinert. Vorausgegangen waren im Sommer 2001 gewisse Unregelmäßigkeiten, die unter anderem in der Lombardei zur Ablösung von Offizieren geführt hatten. Um eine bessere Kontrolle zu ermöglichen, wurden vor allem die getarnten Büros abgeschafft, die dort tätigen peripheren Einheiten zurückverlagert und erneut dem Regionalkommando unterstellt. Diese Geheimagenten unterstehen praktisch nun wieder direkt dem Regionalkommando. Diese Reform wurde von einer Arbeitsgruppe unter Vorsitz von General Cosimo Sasso beschlossen. Er leitete damals den Nachrichtendienst und ist heute als rechte Hand des Präfekten Gianni De Gennaro in der DIS (Abteilung für sicherheitsrelevante Informationen) tätig, die die italienischen Geheimdienste koordiniert.

10   Damals stand die II. Abteilung unter dem Kommando von Emilio Spaziante, der damals noch Oberst war und heute Armeegeneral ist. Nach dieser Geschichte wechselte er zum SISDE, dem zivilen italienischen Nachrichtendienst.

11   In ihren Berichten müssen die Geheimagenten Angaben machen zur Erstellung einer einheitlichen Beurteilung der Zuverlässigkeit ihrer Informanten, und zwar nach den drei Kriterien „Information", „Quelle" und „Beurteilung". In der Kategorie „Beurteilung" werden sowohl die Zuverlässigkeit des Informanten als auch die Qualität seiner Informationen bewertet. In diesem Fall wurden beide Quellen als „oft zuverlässig" eingeschätzt beziehungsweise der Gruppe „B" zugerechnet. Zur „Beurteilung" der Informanten wird eine vierstufige Rangfolge der Glaubwürdigkeit verwendet: Am geringsten ist die Glaubwürdigkeit bei „D" für Fälle, in denen „eine Beurteilung nicht möglich ist". „C" bedeutet „nicht zuverlässig", und „A" „vollkommen zuverlässig". In unserem Fall wurden die Quellen als „oft zuverlässig" eingestuft. Die Wichtigkeit ihrer Enthüllungen wurde auch durch die Qualität ihrer Informationen bestätigt, denn es handelte sich um Informationen der Klasse 2, das heißt „von der Quelle direkt beobachtet"; also weder um die am wenigsten wertvolle Kategorie „gehört und bestätigt" noch um die unzuverlässige „gehört und nicht bestätigt".

12   In dem Bericht heißt es weiter: „Dieser Betrag soll aus 100.000-Lire-Scheinen bestehen, die in geheimen Schließfächern bei folgenden Banken deponiert sind:

- Credit Suisse Bern
- UBS (Union de Banques Suisses) und Credit Suisse Genf
- Kreditinstitut in der Gemeinde Nyon, einer zollfreien Zone bei Genf, Sitz der FIFA; [auch die UEFA hat dort ihren Sitz]; dort soll der größte Betrag liegen
- Credito Agrario Bresciano, Filiale Triest, wo 40 Milliarden Lire zum Umtausch in US-Dollar bereitliegen sollen, die aus Osteuropa stammen
- Banca Popolare di Milano, Zweigstelle in der Nähe des Hotel Executive
- Ca.ri.plo Mailand

Ambroveneto Mailand, wo in drei Schließfächern mehr als 20 Milliarden Lire liegen sollen. Aus diesem Bestand sollen fünf Proben (der ersten Serie mit der Unterschrift des Gouverneurs der Banca d'Italia, Ciampi) entnommen worden sein, um bei der UBS prüfen zu lassen, ob die Scheine zu einer Serie gehörten, die von der Banca d'Italia aus dem Verkehr gezogen wurde, also offiziell nicht mehr gültig war, aber bei der Banca d'Italia noch eingetauscht werden konnten."

13 Aber auch der FIFA (bis 2002) und der UEFA (zehn Jahre lang).

14 Matarrese entstammte einer bekannten Familie aus Apulien. Ihre Geschichte nahm fast legendenhafte Züge an, wenn man auf seinen Vater, den „padre padrone" von Bari, zu sprechen kam: Der aus Andria stammende Salvatore Matarrese hatte als Maurer angefangen und sich dann zum Chef einer Baufirma von beträchtlicher Größe hochgearbeitet. Er hatte fünf Söhne, die alle eine brillante Karriere hinlegten, darunter Giuseppe Matarrese, ein ziemlich resoluter Typ, der es sogar zum Bischof von Frascati brachte und Johannes Paul II. mit den Worten empfangen haben soll: „Herzlich willkommen in meinem Haus, Heiliger Vater". Offenbar war der Papst von dieser Begrüßung nicht gerade begeistert. „Bei ihm würde ich nie beichten", gestand sein Bruder einmal, „er ist zu streng; er würde mir glatt die Absolution verweigern".

15 Gespräch mit dem Autor vom 19. Januar 2009.

16 Vgl. Fußnote 1.

17 Interview mit dem Autor vom 14. Januar 2009.

18 Die Stiftung wurde nach der bekannten und heftig umstrittenen gleichnamigen Sozialenzyklika „Populorum Progressio" benannt, die Papst Paul VI. am 26. März 1967 zum Thema Armut und Entwicklung der Völker erließ. Darin wird ein „Humanismus im Vollsinn des Wortes" gefordert, „eine umfassende Entwicklung des ganzen Menschen und der ganzen Menschheit", auch durch die Gründung eines „Weltfonds" für die Völker in den Entwicklungsländern.

19 Zwei Mal wurden die Amtsräume im Bischofspalast von Neapel durchsucht, was zu heftigen Auseinandersetzungen führte, die sogar bis in den Vatikan reichten.

20 Nach den Ermittlungen gegen den Kardinal ging der zum demokratischen Flügel der Richter und Staatsanwälte gehörende Russo als Oberstaatsanwalt ans Landgericht Salerno, danach als Richter an das Appellationsgericht Rom. Heute ist er als Berater für die Rechtsabteilung des Umweltministeriums tätig.

21 Gespräch mit dem Autor vom 30. Januar 2009.

22 Funkspruch, Protokoll Nr. 24467 vom 18. Mai 1999, mit dem Betreff: „bezüglich der Ermittlungen wegen organisierter Kriminalität, Bilanzfälschung, Steuerhinterziehung, Unterschlagung und Geldwäsche", den Oberst Luigi Mamone, Leiter des Regionalbüros Neapel, an das Generalkommando schickte.

23 „Demnach soll Monti geplant haben, 270 Milliarden Lire (aus den Depots des IOR) über die UBS in ausländische Währungen umzutauschen. [...] Allerdings hätten die Verhandlungen darüber gerade erst begonnen, sodass die Details noch nicht feststehen. Auf jeden Fall sei geplant gewesen, die ganze Aktion durch einen ‚Überbringer' auf einen Schlag durchzuführen. Zwar konnte nicht geklärt werden, wie die Aktion im Einzelnen vonstatten gehen sollte, aber vermutlich hätte sie über eine fingierte Spende an die genannten wohltätigen Stiftungen laufen sollen, die ihre Finanzen nicht offenlegen müssen, oder über vorgeschobene Einkäufe eigens dafür gegründeter Firmen mit Sitz in Italien oder dem Ausland."

24 Durchgeführt wurde die Telefonüberwachung von Maresciallo Augusto Ciferri, der am 12. Oktober 1979 bei einem mysteriösen Autounfall vor den Toren Roms tödlich verunglückte, sieben Monate nach der Ermordung des Journalisten Mino Pecorelli im März 1979, der als Erster Auszüge aus dem Dossier Mi.Fo.Biali in der Zeitschrift „Op" veröffentlichte.

25 Im November 2002 wurde unter anderem Andreotti zu einer Haftstrafe von 20 Jahren verurteilt; doch im Oktober 2003 hob das Kassationsgericht das Urteil auf und sprach ihn frei.

26 Interview mit Marco Foligni, in „L'Espresso", 21. Juni 1981.

27 Strafe erlassen.

28 Ein weiteres Verbindungsglied zwischen Vergangenheit und Zukunft ist ein Skandal, der wieder einmal unseren alten Bekannten Foligni betrifft und von David A. Yallop in seinem Buch *Im Namen Gottes? Der mysteriöse Tod des 33-Tage-Papstes Johannes Pauls I.* brillant rekonstruiert wurde. 1971 ermittelten William Lynch, Leiter der Abteilung für organisiertes Verbrechen und Korruption beim amerikanischen Justizministerium, und William Aronwald, Stellvertretender Leiter einer Sonderkommission der New Yorker Polizei, wegen eines Riesenbetrugs mit gefälschten amerikanischen Wertpapieren, die von Experten der amerikanischen Mafia hergestellt worden waren.

Das Vorhaben war einfallsreich: Das erste Aktienpaket im Wert von 14,5 Millionen Dollar sollte als Anzahlung dienen für weitere Pakete im Gesamtnennwert von 950 Millionen Dollar, so die Ermittler. Alles deute darauf hin, so Lynch, dass Marcinkus der Auftraggeber sei, weil er das Kapital brauche, um gemeinsam mit seinem Freund Sindona das italienische Großunternehmen Bastogi aufzukaufen. Ein gutes Geschäft: 950 Millionen Dollar in gefälschten Wertpapieren, für die man lediglich 635 Millionen echte Dollar bezahlen müsse.

Um sich selbst zu entlasten, kooperierte Foligni damals mit den Justizbehörden und sagte den amerikanischen Ermittlern, dass „Marcinkus als Sicherheit die Hinterlegung einer ‚Kostprobe' der Wertpapiere zum Wert von eineinhalb Millionen bei der Zürcher Handelsbank verlangt hatte. Auf diese Weise hatte, so Foligni, Marcinkus sicherstellen wollen, dass die Papiere als echt durchgehen würden. Ende Juli 1971 deponierte Foligni die ‚Kostprobe' vereinbarungsgemäß. Er benannte den vatikanischen Geistlichen Monsignor Mario Fornasari als Verfügungsberechtigten", so Yallop. Die „Kostprobe" wurde akzeptiert, niemand bemerkte, dass die Wertpapiere gefälscht waren. Doch die Freude währte nicht lange. Wenig später flog der Schwindel auf, und in den USA kam es zu zahlreichen Festnahmen. Schon wieder Fornasari, oder besser gesagt einer von drei Geistlichen, die uns heute in den Ermittlungsakten zum Fall „Sofia" erneut begegnen. Einer von denen, die laut Ermittlungsakte „gemeinsam mit den Stiftungen und Monti zehn Prozent" der Gewinne erhalten sollten. Der unberechenbare Foligni, der in den siebziger Jahren selbst beim Aufbau einer neuen, alternativen DC aktiv war, wird so, obwohl in den Ermittlungsakten nicht namentlich erwähnt, überraschend zum Verbindungsglied zwischen Monsignor Monti von der AIAC und Fornasari. Fornasari, Jahrgang 1923, geboren in Salvaterra in der Provinz Reggio Emilia, früher Vizerektor des bischöflichen Seminars Piacenza, ist heute als Anwalt an der Sacra Rota, dem Appellationsgericht der römisch-katholischen Weltkirche, tätig. Als Latinist beschäftigte er sich mit antiken Texten und hat zahlreiche einschlägige Fachbücher veröffentlicht. Nachdem er sein Studium des kanonischen Rechts an der Päpstlichen Lateranuniversität mit einem Examen *magna cum laude* abgeschlossen hatte, war er lange Jahre Kommissar der Kongregation für die Sakramentenordnung beim Heiligen Stuhl. Schließlich wurde er zum Direktor des Dokumentationszentrums für das Studium und die Veröffentlichung von kirchlichen Quellentexten in Italien berufen. Damit scheint klar, dass die von Foligni geschilderte Angelegenheit wohl nur eine Episode war.

29 Vgl. die Website www.progressioetpax.org
30 Ohne die Immobiliengeschäfte mit sozialem Hintergrund zu vernachlässigen. Wie im Jahr 2000 beispielsweise, als das Istituto di Santa Maria in Aquiro

der Stiftung für die nächsten 30 Jahre die Verwaltung eines Gebäudes in der Provinz Ancona übertrug, das zu altersgerechten Wohnungen umgebaut werden sollte. Daraufhin gründete Fornasari mit einigen Privatpersonen die Firma BFB Srl, die das Gebäude umbaute und sich um die Belegung mit hilfsbedürftigen Alten kümmerte. Bei Fin Social hingegen ist satzungsgemäß ein bestimmter Anteil der Gewinne für humanitäre Zwecke vorgesehen. Zugleich jedoch befinden sich nur 10 Prozent der Aktien im Besitz der Stiftung, während 55 Prozent der Finchlane Ltd. Stando, einer Finanzgesellschaft nach irischem Recht, gehören. Nach Auskunft der Website der Fin Social „ist die Finchlane Ltd eine Holding, die auf Immobiliensektor sowie in den Bereichen Medien & Kommunikation sowie Öffentliche Angelegenheiten tätig ist. Finchlane Ltd (eingetragen ins Handelsregister von Dublin am 23. Januar 2008 mit Sitz in Richmond Hill Rathmines 22 in Dublin) ist im Besitz einer Reihe von Anteilseignern, die als Minderheitseigner die Strategien und Ziele der Firma teilen". Bei allen italienischen Firmen ist Borgia selbst Anteilseigner, bei der Fin Social S.p.A. gehören ihm 25 Prozent der Anteile.

31 Chef des Generalstabs der Finanzpolizei war damals General Giovanni Mariella.

32 Seit 2009 ist Roberti Leitender Staatsanwalt in Salerno.

33 Der dreiseitige Bericht trägt die Protokollnummer 17490 vom 9. Januar 2001 und den Eingangsstempel „Büro des Generalkommandos".

34 Interview des Autors mit Pisanu vom 14. Januar 2009.

Das IOR und die Gelder für Provenzano

Mannoias Giftpfeile

„Ich hatte von Stefano Bontate und anderen Ehrenmännern aus meiner Familie gehört, dass Pippo Calò, Salvatore Riina, Francesco Madonia und andere aus dem Corleone-Clan über Licio Gelli, der sich um die Geldgeschäfte kümmerte, Geld in Rom angelegt hatten, und zwar in der ‚Vatikanbank'. Darüber sprach ich mit Bontate und Salvatore Federico, den ‚Managern' unserer Familie. Also Bontate und Inzerillo hatten Sindona [als Finanzverwalter], die anderen Gelli ...“[1] Diese schwerwiegende Beschuldigung aus dem Mund des Kronzeugen Francesco Saverio Mannoia, auch „der Chemiker" genannt, weil er ungeheure Mengen Heroin raffinieren konnte, ist bis heute unbeachtet geblieben. Erhoben wurde diese Anschuldigung, als der Forza-Italia-Abgeordnete Marcello Dell'Utri Mitte der neunziger Jahre wegen Mafiazugehörigkeit vor Gericht stand und Mannoia per Videokonferenz aus New York als Zeuge gehört wurde. Allerdings konnte diese Behauptung nie bewiesen werden, sodass die sizilianischen Staatsanwälte bei der Bekämpfung der organisierten Kriminalität keinen nennenswerten Schritt vorankamen.

Gleichwohl hat Mannoia, der anfänglich zum engsten Kreis von Bontate gehörte und später dann zu Riinas Corleone-Clan wechselte, mit einem anderen Schuss aus der Hinterhand den Zusammenhang hergestellt: „Als der Papst [Johannes Paul II.] nach Sizilien kam und die Mafiosi exkommunizierte, waren die Bosse vor allem deshalb beleidigt, weil sie ihr Geld doch beim Vatikan deponierten. Daraus erwuchs der Plan, zwei Bomben vor zwei römischen Kirchen hochgehen zu lassen."[2] Tatsächlich nahm Papst Johannes Paul II. bei seinem Besuch in Sizilien im Mai 1993 kein Blatt vor den Mund. Er verurteilte die Mafia, indem er grundlegende Fragen der Moral ansprach, die er wenig später in seiner Enzyklika „Veritatis splendor" noch vertiefte.

Bis auf den heutigen Tag steht Mannoias Behauptung im Raum. Obwohl die italienische Justiz in der wechselvollen Geschichte der Kronzeugenregelung selten einen zuverlässigeren Mitarbeiter hatte als Mannoia,[3] war es anscheinend doch schwer zu beweisen, dass die Mafia in den achtziger Jahren tatsächlich versucht haben soll, die katholische Kirche und den Papst mit seiner Antimafia-Botschaft einzuschüchtern. Dasselbe gilt auch für die eindrucksvolle Behauptung, Gelli habe die „Drogengelder" der Mafia zum Zweck undurchsichtiger Spekulationen in die Tresore des IOR geschleust. Das ist zwar nicht verkehrt, betrifft aber nur die Oberfläche. Denn um die Sache wirklich zu verstehen, muss man weit in die Vergangenheit zurückgehen.

In der Sache waren Mannoias Aussagen eigentlich nicht neu, denn genau dasselbe hatte Staatsanwalt Borsellino kurz vor seinem Tod schon von dem Mafia-Aussteiger Vincenzo Calcara aus Trapani zu hören bekommen. Calcara berichtete von Vorfällen, die er selbst miterlebt hatte und die erst kürzlich wieder aufgegriffen wurden. Calcara bestätigte beim Verhör durch die römischen Staatsanwälte Maria Monteleone und Luca Tescaroli: „Die Geschichte von den Mafia-Milliarden, die dem Kardinal Marcinkus übergeben wurden, habe ich schon Dr. Borsellino erzählt. Damals habe ich Calvi nicht erwähnt, weil ich Angst hatte, um mich und um ihn. Schon damals wollte Dr. Borsellino das zu Protokoll nehmen, aber dazu kam es dann nicht mehr, weil er von der Mafia ermordet wurde. Und später, als ich nach dem Blutbad erneut vernommen wurde, sagte ich wieder nichts von Calvi, weil ich so große Angst hatte, schließlich hatten sie gerade Falcone und Borsellino ermordet. Damals erzählte ich nur von der Sache mit den

322

10 Milliarden, die ich im Auftrag von Francesco Messina Denaro[4] zum Kardinal nach Rom brachte". Später forderte Calcara den reuigen Mafioso Giovanni Brusca, der Denaro nahestand, öffentlich auf, zur Aufklärung der Wahrheit beizutragen: „Warum hat Brusca zu diesem Thema kein Wort gesagt? Er hatte eine enge Beziehung zu Ciccio und Matteo Messina Denaro, und deshalb kennt er viele Geheimnisse, über die er nicht reden will oder nicht reden kann".[5] Aber offenbar ist Brusca der Aufforderung nicht gefolgt.

Als die Ermittler mit der Überprüfung der Aussagen von Mannoia und Calcara nicht recht weiterkamen, ließen sie den Hinweis bald fallen, weil sie anderes für dringender hielten. Tatsächlich war man in Palermo und in Italien in diesen Jahren mit der Hinterlassenschaft der im Sommer 1992 ermordeten Staatsanwälte Falcone und Borsellino beschäftigt. Das Land erlebte eine Zeit der Zivilcourage, der Unsicherheit und Widersprüche; es war die „Zeit der *pentiti*", der reuigen Mafia-Aussteiger, die zu Kronzeugen der Justiz wurden, und der „politischen Prozesse" gegen namhafte Angeklagte, die sich wegen ihrer Zusammenarbeit mit der Mafia verantworten mussten, Führungskräfte der Ersten Republik wie Giulio Andreotti und Calogero Mannino. Die Ermittlungen des Pools um Giancarlo Caselli und die Debatten darüber haben das Land gespalten und einen doppelten, widersprüchlichen Effekt ausgelöst. Einerseits setzte sich eine Neubewertung des „Klientelismus", der Kompromisse und der Affinität zwischen Politik und Kriminalität in Süditalien durch, mit einem beträchtlichen, aber auch fragwürdigen weltweiten Medienecho. Andreotti küsst den Mafiaboss Totò Riina: Dieses Bild ist inzwischen zu einer Ikone jener Zeit geworden, die das Land gespalten hat. Andererseits waren die juristischen Erfolge mehr als bescheiden. Die Prozesse endeten so häufig mit einem Freispruch, dass eine Reform der Ermittlungsverfahren und des bisweilen fahrlässigen Umgangs mit den Kronzeugen unvermeidlich wurde. Deshalb verschärfte man die Kronzeugenregelung durch ein neues Gesetz, das von Giovanni Maria Flick und Giorgio Napolitano entworfen wurde und 2001 in Kraft trat.

Das ist auch der Grund, warum Polizei und Justiz im Süden wie im Norden (Stichwort Schmiergeldskandal) skeptisch reagieren, wenn es um Spuren geht, die in den Vatikan führen. Entscheidend ist dabei, dass effektive Ermittlungsarbeit objektiv kaum möglich ist, da es der Vatikan meisterhaft versteht, sich abzuschotten. Auf Rechtshilfeersuchen reagiert man dort gewöhnlich mit einem Veto, mit Schweigen oder nichtssagenden Antworten und torpediert so jede solide Beweiserhebung. Außerdem sind Ermittlungen gegen den Vatikan nicht gerade populär. Wer sich darauf einlässt, riskiert einen Sturm der Entrüstung und muss mit schweren Anfeindungen rechnen.

Dennoch kommen mit den Jahren auch diese Verstrickungen ans Licht; nach und nach, wenn auch unerträglich langsam, wie bei allen Mysterien der italienischen Geschichte, lichten sich die Nebel. Allmählich entsteht ein Gesamtbild. Es wird deutlich, wie einzelne Vorfälle zusammenhängen, auch wenn sie im Detail noch nicht aufgeklärt sind. Wie beispielsweise die Ermordung des Bankiers Roberto Calvi, der am 18. Juni 1982 erhängt unter der Blackfriars Bridge in London aufgefunden wurde, oder die Entführung der jungen Römerin Emanuela Orlandi, Tochter eines Vatikanangestellten, die am 22. Juni 1983 spurlos verschwand.

Auch die neuesten Erkenntnisse im immer noch ungeklärten Mordfall Calvi passen dazu und scheinen die These von Calvis Sohn Carlo zu bestätigen: „Die Entführung von Emanuela Orlandi war eine Warnung an den Vatikan, über bestimmte heikle Angelegenheiten, in die Banken, Mafia und politische Parteien verwickelt waren, Stillschweigen zu bewahren. Auf immer werden diese dunklen Machenschaften untrennbar mit unserer Geschichte, dem Tod meines Vaters und dem Zusammenbruch des Banco Ambrosiano verbunden bleiben".[6] Allerdings ist ein Grundproblem bis heute ungelöst, nämlich die Frage, ob Calvi wirklich Gelder der sizilianischen Cosa Nostra veruntreut hatte und deshalb umgebracht wurde. „Dass die Mafia Geldforderungen an Calvi stellte", so der Richter Otello Lupacchini, „ist in mehreren Prozessen deutlich geworden. Tatsache ist auch, dass Paul VI. noch in seiner Mailänder Zeit den Kontakt zwischen Sindona, Calvi und Gelli hergestellt hat. Doch dass die Mafia Calvi ermorden ließ, weil er ihr 2000 Milliarden Lire schuldete, ist eher unwahrscheinlich. Denn erfahrungsgemäß sorgt die Mafia zuerst dafür, dass sie ihr Geld zurückbekommt, und begleicht dann erst alte Rechnungen. So war es beispielsweise im Fall von Domenico Balducci, dem Finanzverwalter von Pippo Calò. Balducci schuldete den Clans 650 Millionen. Zuerst holte sich Calò sein Geld zurück, dann wurde Balducci umgebracht. Viel plausibler ist dagegen die Vermutung, dass Calvi im Auftrag eines Dritten ermordet wurde, der sich zuvor bereit erklärt hatte, Calvis Schulden bei der Mafia zu übernehmen".[7]

Zu ähnlichen Ergebnissen kommt auch Staatsanwalt Tescaroli, der im Prozess um den Anschlag von Capaci (bei dem Falcone getötet wurde) nach dem Calvi-Ambrosiano-Prozess die Anklage vertrat: „Als Calvi den Posten von Michele Sindona übernahm, geriet er unweigerlich zwischen die Fronten, denn intern wurde damals in der Cosa Nostra, nach dem sogenannten letzten Mafiakrieg, weiterhin erbittert um die Macht gekämpft. Wenn Calvi wirklich ausgepackt hätte, wäre herausgekommen, woher das Geld des Banco Ambrosiano stammte, nämlich von der Mafia, und wohin es floss, nämlich an die Solidarność und an die totalitären Regime in Südamerika, die Calvi in einigen Briefen ausdrücklich erwähnt. Diese Geldtransfers gehörten zu einer großangelegten Strategie, mit der der Vatikan in den sowjetischen Einflussbereich vordringen und den kommunistischen Vormarsch in Lateinamerika stoppen wollte. Die Cosa Nostra, und insbesondere Calò, konnten nicht zulassen, dass diese illegalen Aktivitäten, bei denen Mafiageld in bestimmte Richtungen gelenkt wurde, und die Geldwäsche durch den Banco Ambrosiano den Ermittlungsbehörden bekannt würden."[8]

Deshalb sind bisher unbekannte Fakten von Interesse, die in Anknüpfung an die Aussagen der ersten Kronzeugen weitere Belege dafür erbringen, dass die Vatikanbank nicht nur bei Polit-, Schmiergeld- und Unterweltskandalen eine Schlüsselrolle spielte, sondern auch für Angehörige der Mafia. Denn in manchen Fällen fungierte das IOR wie eine Waschanlage für schmutziges Geld. Wie ein ganz spezieller Geldautomat für die riskantesten Geschäfte. Wie eine sichere Anlaufstelle für alle, die Milliarden in Offshore-Steuerparadiese verschieben wollten. Folglich geht es bei diesem Thema nicht bloß um Geschäftemacher und politische Schmiergeldempfänger, sondern auch um große und kleine Mafiabosse. Nicht nur um die Machenschaften von Sindona und Marcinkus oder das parallele IOR eines de Bonis, wie es in den neunziger Jahren existierte, sondern auch um ein wahres Dickicht aus Protektionen für namenlose Krawattenträger, das bis vor ein paar Jahren prosperierte. Trotz aller Reformen, trotz aller Kontrollmechanismen, die von den Behörden des Heiligen Stuhls eingeführt wurden.

Diese neuen Erkenntnisse beruhen auf Angaben, die Massimo Ciancimino bei mehreren Treffen mit dem Autor zwischen Dezember 2007 und Januar 2009 gemacht hat. Massimo ist der jüngste von vier Söhnen des früheren christdemokratischen Bürgermeisters von Palermo, Vito Ciancimino. Zusammen mit Salvo Lima war Ciancimino lange Andreottis Mann in Sizilien und vertrat die Interessen der Corleonesen in Palermo. Als Sohn eines Friseurs geboren, schloss Ciancimino 1943 eine Ausbildung zum Buchhalter ab, ging dann sofort in die Politik und war von 1959 bis 1964, also in der Zeit des „Sacco di Palermo", des Ausverkaufs der Stadt an die Spekulanten der Mafia, Stadtrat für öffentliche Arbeiten in Palermo. In diesem Zeitraum wurden derart viele Baugenehmigungen an Bauunternehmer aus Corleone erteilt, dass die Gemeinde den ehemaligen Bürgermeister kurz vor seinem Tod wegen Spekulationsgeschäften auf 150 Millionen Euro Schadenersatz verklagte.

Aufgrund der Aussagen von Tommaso Buscetta wurde Ciancimino als erster italienischer Politiker wegen Zusammenarbeit mit der Mafia verurteilt. Bereits 1984 war Ciancimino verhaftet worden, weil Buscetta ihn als „Mitglied" des Corleone-Clans identifiziert hatte. 2001 wurde er wegen Begünstigung und Unterstützung einer kriminellen Vereinigung zu einer Haftstrafe von 13 Jahren verurteilt. Zwei Jahre später starb Ciancimino in seiner Wohnung in Rom.

Provenzanos Geld geht an das IOR

Nachdem er schon einmal wegen Geldwäsche (von Geldern seines Vaters) vor Gericht stand und in erster Instanz zu fünf Jahren und acht Monaten Haft verurteilt wurde, hat Massimo Ciancimino, der Sohn, heute seine Strategie geändert. Er hat sich entschlossen, reinen Tisch zu machen, und kooperiert nun umfassend mit der Staatsanwaltschaft Caltanissetta. Schon als junger Mann wich Massimo seinem Vater nicht von der Seite und war praktisch dessen rechte Hand. Wenn Don Vito eine wichtige Verabredung hatte, war sein Sohn mit von der Partie. So wurde er in alle vertraulichen Geschäfte eingeweiht. Zu Hause empfing er einen endlosen Besucherstrom, Bittsteller, die seinen Vater ersuchten, dies und jenes für sie zu regeln oder dem Freund des Freundes eine Arbeitsstelle zu besorgen. Darunter befanden sich auch mächtige Freunde. Wie der mysteriöse Ingenieur Loverde, der ohne Vorankündigung erschien und bis tief in die Nacht blieb. Erst Jahre später, als er zufällig Fotos in einer Zeitschrift sah, begriff Massimo Ciancimino, dass es sich bei diesem Besucher um den Mafiaboss Bernardo Provenzano handelte, der seit 1963 im Untergrund lebte und erst 2006 nach 43 Jahren gefasst wurde, in denen er mit den berühmten Notizzettelchen, *pizzini*, die Fäden zog.

Die Staatsanwaltschaft lud Massimo Ciancimino vor, als er in einem Interview mit dem Autor die Beziehungen zwischen seinem Vater und Provenzano offengelegt hatte.[9]

Ich war siebzehn, als mir der Verdacht kam, dass der Mann, der regelmäßig in unsere Wohnung im Zentrum von Palermo kam, um sich mit meinem Vater zu treffen, Provenzano war. [...] Provenzano ließ sich Ingenieur Loverde nennen. Eines Tages, als ich in der Zeitschrift „Epoca" blätterte, stieß ich zufällig auf einen Steckbrief des damals bereits untergetauchten Provenzano und erkannte darin sofort Loverde wieder, den einzigen Besucher, den mein Vater zu jeder Tageszeit, auch ohne Termin, empfing. Manchmal sogar im Schlafanzug. Dann verschwanden die beiden im Schlafzimmer und diskutierten manchmal stundenlang. Mein Vater war ein Nachtmensch und schlief oft am Tage. Da ich lernen musste, war ich oft zu Hause und bediente für ihn das Telefon.[10]

Heute nimmt Massimo Ciancimino keine Rücksichten mehr. Er beschuldigt Unternehmer, Staatsanwälte, Amtsträger und sogar den Vorsitzenden des Obersten Rats der Richter und Staatsanwälte, Nicola Mancino. Er wurde bereits 15 Mal vernommen, stets an geheim gehaltenen Orten. Doch die Staatsanwälte sind vorsichtig. Sowohl Sergio Lari von der Staatsanwaltschaft Caltanissetta als auch Antonio Ingroia von der Staatsanwaltschaft Palermo haben zahllose Überprüfungen angeordnet, um die Anklage abzusichern. Sie führen Ciancimino nicht als Kronzeugen, sondern laden ihn als einfachen Zeugen vor Gericht. Unter strenger Geheimhaltung arbeiten sie an der Rekonstruktion der geschilderten Vorfälle und finden zunehmend Beweise dafür, dass seine Angaben stimmen. Dabei geht es um zwei Hauptthemen: das Dreieck Geschäfte-Mafia-Politik, das seit jeher das Leben auf der Insel bestimmte, und die umfassenden Einflussmöglichkeiten der Mafia, die durch ihre Gewährsleute in den Institutionen sogar die Polizeiermittlungen steuerte. Nur ein typisches Beispiel: Der berühmte „Papello" aus dem Jahr 1992, in dem die Mafia Forderungen an den Staat formulierte,[11] um dafür im Gegenzug Totò Riina auszuliefern, der dann im Januar 1993 tatsächlich verhaftet wurde. Weil Ciancimino jr. diese Verhandlungen führte, rächten sich Riina und andere Bosse wie Leoluca Bagarella, indem sie ihm mit dem Tod drohten. Dazu Brusca: „Riina hat einen echten Hass auf Massimo Ciancimino, und meines Erachtens wird er bald eine unliebsame Überraschung erleben."[12]

Wesentlich interessanter sind jedoch Massimo Cianciminos Aussagen über die Geschäftsbeziehungen, die sein Vater in den siebziger und achtziger Jahren mit dem Vatikan unterhielt, um die Mafia in Palermo mit Geld zu versorgen. Und zwar über das IOR. Mit Girokonten und Schließfächern, die auf den Namen von Strohmännern liefen, willigen Prälaten, Adligen und Rittern des Heiligen Grabes:

Welche Geschäftsbeziehungen unterhielt Ihr Vater mit dem Vatikan?

Das waren keine komplizierten Bankgeschäfte. Über Freundschaften, die mein Vater und seine politische Strömung im IOR unterhielten, wurden zwei Schließfächer in der Papstbank eröffnet. Anfänglich liefen beide auf Graf Romolo Vaselli,[13] später wurde eines von einem anderen Strohmann übernommen, einem Prälaten aus dem Vatikan, damit mein Vater immer direkten Zugriff hatte. Außerdem gab es weitere Konten beim IOR, über die man diskrete Zahlungen laufen lassen konnte. Sie dienten dazu, die berühmten „Provisionen" zu bezahlen, Beträge, die bei der Vergabe von öffentlichen Aufträgen für die Instandhaltung von Straßen und Kanalisation in Palermo fällig wurden und die seinerzeit von Graf Arturo Cassina, Ritter des Heiligen Grabes, verwaltet wurden.

Auf welchen Namen liefen die Konten?

Mein Vater hatte am liebsten Bargeld. Er wollte die Beträge kontrollieren, die Banknoten zählen und sofort darüber verfügen können. Die Konten hingegen ließ er sowohl von Cassina wie von Vaselli führen, dem Unternehmer, der in den siebziger Jahren die Müllabfuhr von Palermo kontrollierte.

Das Geld lag also in bar in den Schließfächern des IOR? Oder wurde es wieder investiert?

Es gab verschiedene Schritte. Alle Transaktionen zugunsten meines Vaters liefen über die Konten und Schließfächer beim IOR. Dann, nach einem Treffen mit den leitenden Bankangestellten, wurde das Geld nach Genf gebracht, von dem Abgeordneten Giovanni Matta oder der guten Seele Roberto Parisi, früher Präsident des Fußballclubs Palermo calcio, der für die Instandhaltung der Straßenbeleuchtung in Palermo zuständig war.[14] Für meinen Vater war es ein Albtraum, wenn sein Geld in Italien blieb. Er transferierte es lieber ins Ausland.

Waren die Bankgebühren hoch?

Nein, im Gegenteil. Die Auslandsüberweisungen des IOR waren wesentlich preisgünstiger als andere Kanäle, wie beispielsweise die klassischen „Schmuggler".[15] Alle Transaktionen erfolgten vollkommen vertraulich, und alles für einen geringen Obolus.

Was meinen Sie mit „Provisionen"?

Mein Vater erzählte mir, dass die Kosten für die Instandhaltung von Straßen und Kanalisation zu seiner Zeit auf einen Betrag aufgebläht wurden, der rund 80 Prozent über dem tatsächlichen Marktwert lag. Dieser Überschuss ging an Andreottis Seilschaft in Sizilien, die von meinem Vater geleitet wurde, oder floss in die sogenannten „Nebenkosten", also an den Mann, der sich Loverde nannte.

Sie meinen den berühmten „Ingenieur Loverde", also Provenzano? Der Boss bekam also auch Geld?

Es wurden die klassischen Beteiligungen gezahlt, denn mein Vater musste natürlich auch seine eigenen, lokalen Ausgaben bestreiten. Also, wenn mein Vater wusste, dass Graf Cassina 100 Millionen Lire für ihn beim IOR in Rom einzahlen würde, zahlte er 20 Prozent der Summe im Voraus an Provenzano. Es gab einen festen Anteil für Provenzano oder vielmehr für Salvatore Riina, denn eigentlich war Riina der Chef, für den Graf Cassina das Geld verwaltete.

Wie viel Geld lag in den Schließfächern?
Beträchtliche, aber keine Riesensummen, ein paar hundert Millionen Lire. Das Geld blieb nur kurz dort. Die Schließfächer dienten lediglich als Zwischendepot. Das Geld blieb nur so lange dort, bis mein Vater Anweisungen gab, was damit passieren sollte. Manchmal blieb es auch im IOR, wenn jemand in Rom bezahlt werden musste. Mein Vater reiste nämlich nicht gern, schon gar nicht mit dem Flugzeug. Deshalb war es besser, das ganze Geld im IOR zu sammeln und es dann nach und nach je nach Bedarf zu verbrauchen, wenn es um die berühmte Verteilung oder um das Einsammeln von Geldern ging.

Sind Sie jemals dort gewesen, im Sitz des IOR im Turm Nikolaus' V. hinter dem Petersplatz?
Ich habe meinen Vater ein Dutzend Mal offiziell zur Apotheke im Vatikan begleitet, aber dann draußen gewartet.

Wie bitte, was hat denn die Apotheke damit zu tun?
Mein Vater ließ sich ein spezielles Medikament verschreiben, das berühmte Tonopan, das aus der Schweiz kam[16] und nur in der Vatikanapotheke erhältlich war. Dann legte er das Rezept bei der Schweizergarde vor, die ihn anstandslos passieren ließ. Würde man heute in den Archiven des Vatikans nachforschen, fände man zweifellos jede Menge solcher Rezepte, die auf den Namen meiner Mutter ausgestellt wurden.

Das war also ein Vorwand, um die Zugangskontrolle der Schweizergarde zu täuschen?
Natürlich. Bei Vorlage eines Rezepts wurde man ohne Weiteres sofort durchgelassen. Beim IOR wurde mein Vater dann stets er-

wartet. Ist doch klar, es ging schließlich um Geld aus illegalen Quellen, Schmiergelder, Finanzierungen, „Provisionen", wie gesagt, das konnte man doch nicht einfach am Schalter einzahlen, einem einfachen, wenn auch respektablen Kassierer anvertrauen.

Wusste man im Vatikan über diese Art von Zahlungen Bescheid?

Ganz unbeleckt waren sie sicher nicht, wenn ich da an gewisse Erzbischöfe und Mitglieder der Kurie aus Palermo und Monreale denke, mit denen sich mein Vater regelmäßig traf.

Das heißt, Ihr Vater gab auch diesen Bischöfen und anderen geistlichen Würdenträgern Geld?

Ja, ja, sicher. Zu seiner Zeit finanzierte er jede Menge Geistliche, angefangen mit Monsignor Ruffini, alles natürlich als Spenden getarnt. Schließlich war mein Vater ein Zögling des Jesuitenpaters Iozzo, der nach dem Krieg als Erster eine Schule für den politischen Nachwuchs einrichtete, die mein Vater gemeinsam mit dem damaligen Minister Giovanni Gioia besuchte. Seine gesamte politische Ausbildung hat mein Vater von der katholischen Kirche erhalten.

Aber war das Geld nicht vielleicht für wohltätige Zwecke gedacht?

Ich habe nie erlebt, dass mein Vater einfach Geld spendete, ohne etwas dafür zu bekommen. Mit Geld war er knauserig. Wenn er etwas gab, dann nur, um etwas dafür zu erhalten.

Wie lange funktionierte dieses System?

Solange mein Vater etwas zu entscheiden hatte. [...] Die Schließfächer dagegen gab es noch sehr viel länger. Eines sogar bis vor Kurzem, die anderen und die Konten bis vor ein paar Jahren.

Wurden in den Schließfächern außer Geld noch andere Dinge aufbewahrt?

Mein Vater verwahrte dort auch persönliche Unterlagen, die ich nach seinem Tod an mich genommen habe, auch um nicht mehr auf Strohmänner angewiesen zu sein. Dabei handelte es sich um persönliche Dinge, sein Testament, Aufzeichnungen und Berichte aus seinem Leben.

Verzeihung, aber ich verstehe noch nicht ganz, warum diese Geldgeschäfte unbedingt über die Vatikanbank abgewickelt werden mussten. Warum nicht über eine ganz normale Bank?

Mein Vater hat mir erklärt, dass alle Finanzaktivitäten des IOR durch diplomatische Immunität geschützt sind. Wenn man beispielsweise bei uns eine Hausdurchsuchung gemacht hätte [...]. Viele glaubten ja, mein Vater, wir hätten unsere wichtigsten Papiere bei unserem Anwalt Giorgio Ghiron in seiner Garage in Fregene deponiert, aber das stimmt nicht [...]. Wenn es wichtige Unterlagen gab, wusste ich, wo ich sie aufbewahren musste [...] bestimmt nicht in einer Anwaltskanzlei! Immer wieder hat mein Vater mir gesagt, dass an diese Schließfächer keiner herankommt, weil ein Rechtshilfeersuchen an den Vatikan unmöglich ist [...]. Außerdem hätte man dann die Namen der Kontoinhaber wissen müssen.[17]

Liefen über diese Schließfächer außer den Schmiergeldern und Schutzgeldern bei der Auftragsvergabe in Palermo auch noch andere Gelder?

Noch viele andere Dinge wurden darüber abgewickelt, zum Beispiel die Mitgliedsbeiträge für die Partei. Auch ein kleiner, aber nicht unerheblicher Teil der berühmten Enimont-Schmiergeldzahlungen floss über die Vatikanbank. Ich erinnere mich, dass mein Vater einmal von dem Abgeordneten Lima oder dem Schatzmeister aus der Parteienfinanzierung zirka 200 Millionen Lire erhielt. Davon kassierte mein Vater seinen Anteil, der aus Rom kam. Ich weiß nicht mehr, ob von Salvo Lima oder vom damaligen Schatzmeister der Democrazia Cristiana.

Damit wären wir also im Jahr 1993. Doch wegen dieser Sache wurde nie gegen Ihren Vater ermittelt und auch keine Anklage erhoben. Wie kommt das?

Diese Dinge sind nie bekannt geworden. Gegen meinen Vater wurde nur wegen Vergehen aus seiner Zeit als Politiker in Palermo ermittelt, wegen seiner Zusammenarbeit mit der Mafia.

Der Exorzist und der Bankminister des Papstes

Trotz aller gebotenen Vorsicht – immerhin ist seine eigene Verwicklung in die Vorfälle noch ungeklärt – klingen Cianciminos Angaben doch ziemlich glaubwürdig. Außerdem basieren sie auf Tatsachen, die in diesem Buch zum ersten Mal umfassend belegt werden. Denn inzwischen steht fest, dass die Vatikanbank für Andreotti, seine engsten Vertrauten wie Bisignani und seine Freunde wie Kardinal Angelini die bevorzugte Bank war. Folglich war es nur logisch, wenn der Bürgermeister des „Sacco di Palermo" als führender Vertreter der sizilianischen Andreotti-Gefolgschaft seine illegalen Transaktionen ebenfalls über die Vatikanbank laufen ließ. Zwar kann Massimo Cianciminos Glaubwürdigkeit hier nicht umfassend überprüft werden, aber es bleibt festzuhalten, dass er nicht zögert, seinen Vater und auch sich selbst schwer zu belasten, indem er zugibt, bei wichtigen Terminen dabei gewesen zu sein.

Zu dieser Zeit stand die gesamte Führungsriege der Democrazia Cristiana vor dem IOR Schlange. Die einen, um Schmiergelder zu waschen, die anderen, um Mafiagelder in Empfang zu nehmen, die Dritten, um die eigenen, beträchtlichen Ersparnisse in

Sicherheit zu bringen wie der aus Brescia stammende Gianni Prandini, mächtiger Minister für öffentliche Aufträge im 6. und 7. Kabinett Andreotti (1989/1992). Obwohl Prandinis tragikomische Geschichte rein gar nichts mit den bisher geschilderten Geldwäscheaktivitäten zu tun hat, wirft sie doch ein Schlaglicht auf das bunte Völkchen aus Finanzjongleuren, Strohmännern und Geschäftemachern, das sich im Dunstkreis der Papstbank tummelte, ja sogar noch unter dem Vorsitz von Caloia sein Unwesen trieb. Strohmänner, die in Wirklichkeit dem wichtigsten Ziel der Bank dienten: jederzeit die Bedürfnisse der DC-Mächtigen zu befriedigen.

Für den Ex-Minister war das IOR wie ein zweites Zuhause. Seit Mitte der achtziger Jahre unterhielt er gute Beziehungen zu Lelio Scaletti, der in dieser Zeit bis zum stellvertretenden Direktor aufstieg. Vor allem gehörte Prandini zur selben Parteiströmung wie der neue IOR-Präsident Caloia, der aus dem Kreis um Vittorino Colombo kam, welcher dann mit der Strömung Arnaldo Forlanis verschmolz. Als Caloia Präsident des IOR wurde, empfahl Prandini ihm seinen Freund Scaletti, der es einige Jahre später tatsächlich zur Nummer zwei des Instituts brachte. Als sich die Presse 1990/1991 auf ihn einschoss, schaffte Prandini sein Vermögen bei der Vatikanbank in Sicherheit. Ein weiser Entschluss, denn wenig später stand er im Visier der Ermittler, die das Ende der Ersten Republik einläuteten – mit Verhaftungen, Beschlagnahmung von Vermögenswerten und öffentlicher Anprangerung. Als Prandini 15 Jahre später, 2005, endgültig von allen Vorwürfen freigesprochen wurde und sich beim IOR sein Geld auszahlen lassen wollte, war es weg, einfach verschwunden. Als niemand ihm helfen wollte, ging er auf die Barrikaden und verklagte die Vatikanbank.

In der Klageschrift behauptete Prandini, der damalige Vizedirektor Scaletti habe die Bürgschaft dafür übernommen,[18] seine, Prandinis, Ersparnisse formell einem damals ziemlich bekannten Theologen anzuvertrauen: Corrado Balducci, Exorzist und „Dämonologe", ein bekanntes Fernsehgesicht und Verfasser von Büchern über Satanismus und Ufos. Als Priester, so habe Scaletti versichert, gehöre Balducci zum Kundenkreis des IOR und eigne sich deshalb hervorragend als Strohmann. Daraufhin wurden zwei Konten eröffnet, eines für Lire und eines für Devisen, um das Vermögen des Ex-Ministers in Sicherheit zu bringen. Auf dem ersten wurden 3 Milliarden Lire gutgeschrieben, auf dem zweiten 1,6 Millionen Dollar. Doch als Prandini 2005 sein Geld abholen wollte, erlebte er eine böse Überraschung. Das Geld war unauffindbar. Noch wusste man nicht genau, ob Balducci es beiseitegeschafft oder ob Giorgio Bosio, ein befreundeter Rechtsanwalt, es auf andere Konten umgeleitet hatte, um es vor dem Zugriff der Ermittler zu schützen, die den Ex-Minister damals in die Zange nahmen. Tatsache ist jedenfalls, dass Prandini heute Scaletti und die Vatikanbank auf fünf Milliarden verklagt, dabei aber nicht genau weiß, an wen er sich wenden soll, denn Balducci ist am 20. September 2008 im Alter von 85 Jahren verstorben und hat das Geheimnis mit ins Grab genommen. Rechtsanwalt Bosio dagegen wurde im Winter 2008 wegen Ausbeutung hilfloser Personen verhaftet. Nach Erkenntnissen der Staatsanwaltschaft soll Bosio den Exorzisten in seinen letzten Lebensjahren eingewickelt und ihm Immobilien und Bargeld im Wert von 1,9 Millionen Euro abgeschwatzt haben. Ein fauler Zauber, bei dem Prandini am Ende ohne einen Cent dasteht.[19]

---

1 Giuseppe D'Avanzo, „I due banchieri e l'oro del boss", in „La Repubblica", 10. April 1997.

2 Curzio Maltese, *Scheinheilige Geschäfte*, Kunstmann, München, 2009, S. 113.

3 Giovanni Falcone bezeichnete ihn als „den glaubwürdigsten Mitarbeiter der Justiz".

4 Francesco Messina Denaro ist der Vater des untergetauchten Matteo Denaro, einem der Bosse der Cosa Nostra.

5 Francesco Viviano, „Portai a Marcinkus e a Calvi due valigie con 10 miliardi dei clan", in „La Repubblica", 15. Oktober 2002. Calcara sagte weiter: „Gemeinsam mit drei anderen Personen holte ich das Geld in der Wohnung von

Ciccio Messina Denaro in Castelvetrano ab und steckte es in zwei Koffer. Wir checkten unter falschem Namen ein und flogen nach Fiumicino, wo zwei Autos mit ausländischen Kennzeichen auf uns warteten. In einem saß Kardinal Marcinkus mit seinem Fahrer, in dem anderen ein anderer Prälat, gleichfalls mit Fahrer. Dann fuhren wir in die Kanzlei des Notars Albano. Während die anderen nach oben gingen, blieb ich unten auf der Straße. Nach ein paar Minuten kam dieser Mann mit Glatze und Schnurrbart, den ich ein paar Monate früher auf dem Flughafen Linate gesehen hatte, und ging auch nach oben". Das war Roberto Calvi.

6 Giovanni Bianconi, „Il figlio di Calvi: la Orlandi rapita per intimidire la Santa Sede", in „Corriere della Sera", 26. Juni 2008.

7 Gespräch mit dem Autor vom 21. Januar 2009. Lupacchini ist der Richter, der Calvis Tod untersuchen und 1999 im Zuge der Ermittlungen Calvis Leiche exhumieren ließ. Außerdem ließ er umfangreiche Ermittlungen über die Magliana-Bande anstellen, die erst kürzlich im Zusammenhang mit dem Verschwinden von Orlandi aufgetaucht ist.

8 Ferruccio Pinotti, Luca Tescaroli, *Colletti Sporchi*, Bur Rizzoli, Mailand, 2008.

9 „Panorama", 20. Dezember 2007.

10 In diesem Interview sagte Ciancimino weiter: „Er sagte zu mir: Weck mich nur, wenn Ingenieur Loverde mich sprechen will und [...] als ich beim Blättern in ‚Epoca' zufällig die erste digitale Rekonstruktion des gesuchten Provenzano sah, fiel es mir wie Schuppen von den Augen". Unmittelbar nach dem Interview begann Massimo bei der Staatsanwaltschaft Caltanissetta und Palermo mit seiner Zeugenaussage, die bis 2009 dauerte.

11 In diesem von Riina verfassten Schreiben wurden folgende Forderungen gestellt: Abschaffung des Paragrafen 41b, Stopp der Konfiszierung von Mafiagütern, Verkleinerung der Kronzeugenprogramme und Hafterleichterungen.

12 Verhör von Giovanni Brusca durch Staatsanwalt Piero Grasso am 17. Mai 2005.

13 Nachdem er jahrelang im Untergrund gelebt hatte, wurde Graf Romolo Vaselli am 7. Juni 1999 festgenommen und angeklagt, der Geschäftspartner von Vito Ciancimino gewesen zu sein. Seit 1996 wurde er gesucht, „um eine Haftstrafe von vier Jahren zu verbüßen", heißt es auf der Website centroimpastato.it, „und zwar wegen Begünstigung, Beihilfe zum Amtsmissbrauch und zu intellektueller Urkundenfälschung. In den fünfziger Jahren erhielt Vasellis Unternehmen von der Gemeinde Palermo Aufträge für Dienstleistungen wie etwa Straßenreinigung. Die Strafe betrifft einige Aufträge, die seiner Firma auch in der Zeit des sogenannten ‚Frühlings von Palermo' [als man begann, die mutmaßlich von der Mafia kontrollierten Firmen von öffentlichen Auf-

tragsvergaben auszuschließen] von den Firmen Cosi und Sico in Rom zugeschanzt wurden, die offiziell den römischen Unternehmern Cozzani und Silvestri, in Wahrheit aber Ciancimino gehörten." Nach Erkenntnissen der sizilianischen Ermittlungsbehörden war Vaselli ein Strohmann von Bürgermeister Ciancimino. Vor Gericht verteidigte Vaselli sich wie folgt: „Ich habe nur getan, was Ciancimino von mir verlangt hat, denn bei einem wie ihm konnte man sich nicht weigern".

14 Der Ingenieur und Unternehmer Roberto Parisi (1931–1985) erlangte durch seine Firma ICEM später Berühmtheit, weil er von der Kommune den Auftrag für die Instandhaltung der Straßenbeleuchtung erhielt und im Juni 1982 Präsident des Fußballclubs Palermo calcio wurde. 1985 geriet Parisi in Partanna Mondello in einen Hinterhalt der Mafia und kam dabei ums Leben.

15 Personen, die damit beauftragt werden, Geld oder andere Güter über die Landesgrenze ins Ausland zu schaffen.

16 Das Schmerzmittel der Firma Sandoz (0,5, 125 und 40 mg) enthält Koffein, Propyphenazon und Dihydroergotaminmesilat. Es wirkt sofort gegen Kopfschmerzen.

17 Ohne sie ausdrücklich zu erwähnen, spielt Ciancimino hier auf die Staatsanwaltschaft an.

18 Ignazio Ingrao, „Il giallo dell'esorcista milionario", in „Panorama", 23. Oktober 2008.

19 Das Ermittlungsverfahren wird von Staatsanwalt Alberto Caperna aus Rom geleitet und ist noch nicht abgeschlossen. Ingrao schreibt in dem zitierten Artikel: „Angeblich hat sich Bosio als Testamentsvollstrecker einsetzen lassen und hat jetzt die Aufgabe, eine Stiftung zum Studium des Satanismus zu gründen, die Balducci als Alleinerbin eingesetzt haben soll". Außerdem soll Balducci „Prandinis Geld auf das Konto von Anna Maria Sforza, Bosios Mutter, überwiesen haben, die am Tag der Verhaftung ihres Sohnes gestorben sein soll. Als zweimalige Witwe soll Sforza mit Balducci durch eine lange Freundschaft verbunden gewesen sein".

Danksagung

Meine Anerkennung und mein Dank gehen vor allem an meinen Chefredakteur Maurizio Belpietro. Seit meiner Zeit bei „L'Europeo" und „Il Giornale" sind Vertrauen und Freiheit, die er mir immer gewährt hat, ein Privileg, für das ich ihm dankbar bin. Belpietro, Ferruccio de Bortoli und Andrea Pucci waren mir stets ein Vorbild dafür, sich nicht entmutigen zu lassen und den oft mühsamen, verschlungenen Pfaden zu folgen, die zur Wahrheit führen. Danke.

Mein Dank geht auch an alle, die mir Einblick in wertvolle Dokumente gewährt haben. Vor allem an jene, die Monsignor Renato Dardozzi nahestanden und nach seinem Tod beschlossen haben, sein umfangreiches Archiv der Öffentlichkeit zugänglich zu machen. Außerdem an Simone und Luca Tartaglia, die das heikle Material sicher aufbewahrt haben, und an Ivan, der mir an schwierigen Stellen den Rücken freigehalten hat.

Ein weiterer Dank geht an die Offiziere der Finanzpolizei, der Carabinieri und der Sicherheitsdienste, an die Staatsanwälte in Italien und der Schweiz, an die Richter im Vatikan, an Diplomaten, an die vielen Helfer in den Institutionen, an Anwälte und Geistliche, denen ich unschätzbare Hinweise verdanke. Einige von ihnen sind mutige Personen, denen ich mich freundschaftlich verbunden fühle.

Ebenfalls danken möchte ich meinem Agenten Luigi Bernabò für seinen strengen Rat, Gian Antonio Stella, Vittoria Forchiassin und Cristina Bassi für ihre umsichtigen Recherchen, Rosanna Cataldo und Valeria Berra für ihre präzisen Übersetzungen sowie den Mitarbeitern der Dokumentationszentren von Mondadori, RCS Periodici e Quotidiani, „Il Messaggero" und „Il Giornale".

Ein besonderer Dank gilt meinen Eltern, die mir beim Korrigieren geholfen und mich ertragen haben, und vor allem meiner Familie, meiner Frau Valentina.

Glossar

Giulio Andreotti (Rom 1919): Der Politiker, Schriftsteller und Journalist hat die italienische Politik in der zweiten Hälfte des 20. Jahrhunderts maßgeblich geprägt. Er war einer der wichtigsten Politiker der Democrazia Cristiana, die nach dem Zweiten Weltkrieg die Mehrheitspartei stellte. Sieben Mal war er Ministerpräsident, acht Mal Verteidigungsminister und fünf Mal Außenminister. Seit 1948 saß er ununterbrochen im Parlament und ist heute Senator auf Lebenszeit. Von dem Vorwurf, er habe mit der Mafia zusammengearbeitet und den Mord an dem Journalisten Mino Pecorelli in Auftrag gegeben, wurde er freigesprochen. Unter den italienischen Politikern war er der mächtigste und einflussreichste Gesprächspartner des Vatikans.

Luigi Bisignani (Rom 1953): Als Pressesprecher von Schatzminister Gaetano Stammati in den Andreotti-Regierungen der siebziger Jahre pflegte er enge Beziehungen zu dem christdemokratischen Politiker. Der machtbewusste Strippenzieher in einem weitgespannten Beziehungsnetzwerk war seit 1992 einflussreicher PR-Mann der Ferruzzi-Gruppe, die mit dem Kauf von Montedison zum zweitgrößten italienischen Firmenimperium nach dem Fiat-Konzern der Familie Agnelli aufstieg. 1981 war er in den Skandal um die Freimaurerloge Propaganda Due (P2) verwickelt und wurde 1993 im Zuge der Ermittlungen im Enimont-Schmiergeldskandal verhaftet. Er hatte, zwecks Geldwäsche, einen Großteil der 152,8 Milliarden Lire Schmiergelder der Vatikanbank IOR übergeben und wurde zu zwei Jahren und sechs Monaten Haft verurteilt.

Giovanni Bodio (Mailand 1922): Der ehemalige Manager der Bank Mediocredito Centrale folgte Angelo Caloia in die Vatikanbank, als dieser 1989 anstelle von Marcinkus zum Präsidenten des IOR ernannt wurde. Bodio stand unter dem Einfluss von Monsignor Donato de Bonis, Marcinkus' rechter Hand. Nach fast drei Jahren als IOR-Generaldirektor wurde er entlassen.

Domenico Bonifaci (Villa San Sebastiano, L'Aquila, 1938): Der dem Vatikan nahestehende römische Bauunternehmer und vermögende Kunde des IOR ist einer der Baulöwen Roms und Besitzer der Tageszeitung „Il Tempo". Er war es, der den Ferruzzi 152,8 Milliarden Lire zur Verfügung stellte – jenes Schwarzgeld, mit dem im Enimont-Schmiergeldskandal die Politiker bestochen wurden.

Angelo Caloia (Castano Primo, Mailand, 1939): Papst Johannes Paul II. ernannte den Bankier zu Marcinkus' Nachfolger an der Spitze des IOR: 1989–2009 war er Vorsitzender des IOR-Aufsichtsrats, bevor er – nach Erscheinen der italienischen Originalausgabe dieses Buches – eineinhalb Jahre vor Ablauf der regulären Frist aus seinem Amt „entlassen" wurde. Sein Nachfolger ist der dem Opus Dei nahestehende Bankier Ettore Gotti Tedeschi.

Roberto Calvi (Mailand 1920–1982): Der „Bankier Gottes" begann seine Karriere 1947 mit dem Eintritt in das von der italienischen katholischen Finanz kontrollierte Kreditinstitut Banco Ambrosiano, das eng mit dem IOR zusammenarbeitete. Der einfache Angestellte avancierte 1971 zum Generaldirektor und 1975 zum Präsidenten der Bank. Er pflegte enge Beziehungen zu hochrangigen Mitgliedern der Geheimloge Propaganda Due (P2), der er selbst angehörte. Ferner war er Geschäftspartner des sizilianischen Finanziers Michele Sindona, der über Kontakte zur sizilianischen und amerikanischen Mafia verfügte. Auf Bitte des Vatikans stellte er der polnischen Gewerkschaft Solidarność und den rechtsgerichteten Contras in Nicaragua größere Geldmittel zur Verfügung. Seine Finanzspekulationen, auch mit Geldern der sizilianischen Cosa Nostra, führten zum Zusammenbruch des Banco Ambrosiano. Calvi wurde 1982 in London ermordet.

Giancarlo Capaldo (Neapel 1947): Als Staatsanwalt in Rom koordinierte er die Ermittlungen gegen den Papstattentäter Ali Ağca, die Untersuchungen zum spurlosen Verschwinden von Emanuela Orlandi, Tochter eines Vatikanangestellten, sowie die Operation „Sofia". Dabei ging es um die mutmaßlichen Bemühungen von Vatikanvertretern, in den Jahren 1994–1996, nach dem Zusammenbruch des italienischen Parteiensystems und dem Ende der Ersten Republik, mit Schwarzgeld aus dem Ausland eine große katholische Partei Italiens aus der Taufe zu heben, die eine Alternative zur Partei Silvio Berlusconis bilden sollte.

Agostino Casaroli (Castel San Giovanni 1914–1998): Galt als einer der mächtigsten italienischen Kardinäle und war 1979–1990 vatikanischer Staatssekretär. Diese schwierige Zeit für den Heiligen Stuhl war geprägt von den Skandalen nach dem Crash des Banco Ambrosiano, in die auch das IOR unter Erzbischof Marcinkus verwickelt war, sowie dem rätselhaften Tod Sindonas und Calvis. Casaroli gilt als der Architekt der vatikanischen Ostpolitik mit der behutsamen Öffnung des Vatikans zu den kommunistischen Ländern. Er ernannte Monsignor Renato Dardozzi zu seinem persönlichen Berater und entsandte ihn als einzigen

Geistlichen in die bilaterale Kommission, die der Vatikan mit dem italienischen Staat gebildet hatte, um die Mitverantwortung des Vatikans für den Konkurs der Ambrosiano-Bank zu klären.

José Rosalio Castillo Lara (San Casimiro 1922–2007): Der Venezolaner, ein maßgeblicher Kirchenrechtsexperte, wurde 1985 von Papst Johannes Paul II. zum Kardinal ernannt und stieg in der Hierarchie des Vatikans rasch auf. Er war Vorsitzender der Kardinalskommission zur Kontrolle des IOR, Präsident der Vermögensverwaltung des Heiligen Stuhls (APSA) sowie Leiter des Governatorats des Vatikanstaats. Noch nie zuvor hatte ein Kardinal alle drei Ämter gleichzeitig innegehabt. Dardozzis Archiv zeigt, dass er Monsignor de Bonis deckte und in enger Abstimmung mit ihm die Vermögensinteressen des Heiligen Vaters persönlich wahrnahm.

Massimo Ciancimino (Palermo 1963): Er war das vierte und letzte Kind von Vito Ciancimino, Bürgermeister von Palermo und Sprecher des Andreotti-Flügels innerhalb der Democrazia Cristiana Siziliens. Vito Ciancimino wurde als erster italienischer Politiker wegen Zusammenarbeit mit der Mafia rechtskräftig verurteilt. In den achtziger und neunziger Jahren begleitete Massimo seinen Vater ins IOR, wo die Familie unter Tarnnamen geführte Konten und Schließfächer besaß. Nach eigener Aussage überbrachte er Bernardo Provenzano, dem Boss des Corleone-Clans, Botschaften seines Vaters und nahm als Mittelsmann an den mutmaßlichen Verhandlungen zwischen der Cosa Nostra und dem italienischen Staat teil, die der Anschlagserie nach der Ermordung der Anti-Mafia-Staatsanwälte Giovanni Falcone und Paolo Borsellino ein Ende setzen sollten. Ciancimino jr. wurde im Berufsverfahren wegen Geldwäsche und falscher Deklarierung von „Vermögenswerten" seines Vaters zu drei Jahren und vier Monaten Haft verurteilt. Nach Interviews, die der Autor dieses Buches mit ihm führte, entschloss er sich zur Zusammenarbeit mit der Justiz.

Vito Ciancimino (Corleone 1924–2002): Der Friseurssohn aus Corleone trat nach einer Ausbildung zum Buchhalter der Democrazia Cristiana bei und war 1959–1964 Stadtrat für öffentliche Arbeiten in Palermo. Als Führer des Andreotti nahestehenden Parteiflügels „Primavera" wurde er Bürgermeister der Hauptstadt Siziliens. Wegen des „Sacco di Palermo", des Ausverkaufs der Stadt an die Spekulanten der Mafia während des Baubooms in Palermo in den sechziger Jahren, sowie der Rekordzahl von Milliardenaufträgen, die er Mafiafirmen zuschanzte, ging seine Amtszeit in die Annalen der Geschichte ein. 1984 bezeichnete ihn der Mafiaaussteiger und Kronzeuge Tommaso Buscetta als „Mitglied" des Corleone-Clans. Er wurde verhaftet, aus der Democrazia Cristiana ausge-

343

schlossen und 2001 wegen Begünstigung und Unterstützung einer mafiosen Vereinigung zu 13 Jahren Haft verurteilt. Die Ermittler bezeichneten ihn als das deutlichste Beispiel „für das Einsickern der Mafia in die staatliche Verwaltung".

Sergio Cusani (Neapel 1949): Der Sprecher einer linken Studentenbewegung wurde zum gefragten Finanzberater großer italienischer Unternehmen. Berühmt-berüchtigt aber wurde er wegen seiner Rolle im Enimont-Skandal, bei dem der Ferruzzi-Chef Raul Gardini zahlreichen Politikern Bestechungsgelder zahlte. Die „Mutter aller Schmiergelder", wie die Affäre Enimont bald genannt wurde, belief sich auf eine Summe von rund 150 Milliarden Lire. Diese Summe bezahlte der private Chemiekonzern Montedison, um sich den Rückzug aus einem Joint Venture mit dem staatlichen Energiekonzern Eni zu ermöglichen. Nach den Ermittlungen im Rahmen der Operation „Saubere Hände" wurde Cusani unter dem Vorwurf, Schmiergelder gesammelt zu haben, vor Gericht gestellt. Sein Schweigen war gleichsam der Damm, der verhinderte, dass zahlreiche Politiker wegen Korruption vor Gericht gestellt wurden. Das von ihm gewählte abgekürzte Strafverfahren brachte ihm die Verurteilung zu acht Jahren Haft, von denen er vier absaß.

Renato Dardozzi (Parma 1922–2003): Er war Kanzler der Päpstlichen Akademie der Wissenschaften und Berater des vatikanischen Staatssekretariats, zuerst unter Agostino Casaroli, dann auch unter dessen Nachfolger Angelo Sodano. In seinem Testament verfügte er ausdrücklich, die mehr als 4000 Dokumente, die er im Laufe von mehr als 20 Jahren seiner Tätigkeit im Vatikan zusammengetragen hatte (interne Berichte, Sitzungsprotokolle, Kontoauszüge, Überweisungen und Schreiben höchster vatikanischer Würdenträger), der Öffentlichkeit zugänglich zu machen. Die von Gianluigi Nuzzi ausgewerteten Dokumente bildeten die Grundlage für das vorliegende Buch.

Donato de Bonis (Pietragalla 1930–2001): Er stand an der Spitze des IOR und war Marcinkus' Sekretär. Vielen Beobachtern galt er als der eigentliche Herr des IOR. Aus Dardozzis Archiv geht hervor, dass de Bonis maßgeblich am Aufbau eines geheimen Finanzgeflechts aus wohltätigen Stiftungen („Stiftung für arme Kinder", „Kampf gegen Leukämie") beteiligt war, mit deren Hilfe die Pflege der Beziehungen zu Politikern der Democrazia Cristiana verschleiert werden sollte. Das 1987 unter der Bezeichnung „Stiftung Kardinal Francis Spellman" eröffnete Konto war ein Geheimkonto Giulio Andreottis (Kontonummer 001-3-14774-C).

Pellegrino de Strobel: Er war in den sechziger Jahren Chefbuchhalter des IOR. Sein Name taucht im Zusammenhang mit einem Beratungsgremium auf, das

Papst Paul VI. 1969 zur Modernisierung der Vatikanbank ins Leben gerufen hatte und dem auch Michele Sindona, Luigi Mennini und Massimo Spada angehörten. Neben Mennini und Marcinkus drohte auch ihm die Verhaftung in der Ambrosiano-Affäre.

Alberto di Jorio (Rom 1884–1979): Der Kurienkardinal war, noch vor Marcinkus, 1961– 1968 der erste Pro-Präsident der Päpstlichen Kommission für den Vatikanstaat, also des Governatorats, und die Nummer eins des IOR mit weitreichenden legislativen, haushalts- und finanzpolitischen Aufgaben. Dem Pro-Präsidenten des Governatorats obliegt auch die alljährliche Präsentation der Jahresbilanz des Vatikanstaats.

Stanisław Dziwisz (Raba Wyżna bei Krakau 1939): Nach dem Studium im Seminar von Krakau wurde Dziwisz 1963 von dem damaligen Krakauer Weihbischof Karol Wojtyła, dem späteren Papst Johannes Paul II., zum Priester geweiht. Nach seiner Wahl zum Papst holte Wojtyła Dziwisz als seinen persönlichen Sekretär nach Rom. 1998 wurde er zum Titularbischof von San Leone und zum Beigeordneten Präfekten des Päpstlichen Hauses ernannt. Er war für die protokollarische Ordnung bei Audienzen und Zeremonien im Päpstlichen Palast sowie bei Papstbesuchen innerhalb und außerhalb Roms verantwortlich. 2003 wurde Dziwisz zum Erzbischof und 2006 von Papst Benedikt XVI. zum Kardinal ernannt.

Raul Gardini (Ravenna 1933–1993): Er folgte seinem Schwiegervater Serafino Ferruzzi in der Führung des Agrarkonzerns Ferruzzi. Berühmtheit erlangte er in den achtziger Jahren, als er zum größten Aktionär des Industriegiganten Montedison aufstieg. Danach fädelte Gardini die Fusion von Montedison mit dem staatlichen Energieriesen Eni ein. So entstand Enimont, an dem Eni und Montedison jeweils 40 Prozent der Aktien hielten und die restlichen 20 Prozent freien Anteilseignern gehörten. Gardinis Versuch, den gesamten Enimont-Konzern unter seine Kontrolle zu bringen und an der Börse Enimont-Aktien aufzukaufen, führte zum Bruch mit Eni. Schließlich erklärte sich Eni bereit, Gardinis 40 Prozent von Enimont zurückzukaufen, allerdings zu einem weit überhöhten Kurs. Ein Teil der bei diesem Deal eingenommenen immensen Gelder wurde für die Zahlung von Schmiergeldern an das politische Establishment verwendet, nachdem der bei der Transaktion realisierte Erlös von der Steuerpflicht befreit worden war. Weitere Finanzspekulationen Gardinis in den nachfolgenden Monaten veranlassten ihn, von seinen Aufgaben im Ferruzzi-Konzern zurückzutreten. Nach Bekanntwerden der Enimont-Schmiergeldzahlungen wurde er am 23. Juli 1993 in seinem Haus in Mailand tot aufgefunden.

Licio Gelli (Pistoia 1919): Als Jugendlicher meldete er sich freiwillig für die Schwarzhemden – eine Miliz, die von Mussolini nach Spanien geschickt wurde, um an der Seite Francos im Bürgerkrieg zu kämpfen. Im Zweiten Weltkrieg war er Verbindungsoffizier zwischen Mussolinis Republik von Salò und Nazideutschland und 1948–1958 Mitarbeiter des christdemokratischen Abgeordneten Romolo Diecidue, der in den Wahlkreis Florenz-Pistoia gewählt worden war. Nachfolgend engagierte er sich in der Freimaurerei und gründete die Loge Propaganda Due (P2), für die er zahlreiche Politiker und Persönlichkeiten des öffentlichen Lebens warb. Für viele war diese Loge nur einer von vielen Orten der politischen Machenschaften; doch in den siebziger Jahren bildete sie den Ausgangspunkt einer Verschwörung mit dem „Plan einer demokratischen Erneuerung", der von Francesco Cosentino nach den Vorgaben Licio Gellis formuliert worden war.

Andrea Gibellini (Bergamo 1932): Er wurde 1993 als Nachfolger Giovanni Bodios Generaldirektor des IOR. Zuvor war er im Verwaltungsrat der Banca Popolare Bergamo und Vorsitzender des dortigen christlichen Unternehmerverbands UCID. Journalisten gegenüber erklärte er, unter seiner Leitung werde das IOR beginnen, „auf allen Finanzplätzen zu operieren, auch dem italienischen. Das wird zu größerer Offenheit und Transparenz führen, da die Regeln des Marktes uneingeschränkt beachtet werden."

Albino Luciani (Papst Johannes Paul I.) (Forno di Canale 1912–1978): Er wurde am 26. August 1978 zum Papst gewählt. Sein Pontifikat war das kürzeste in der Geschichte der Kirche. Er starb nur 33 Tage nach seiner Wahl.

Paul Casimir Marcinkus (Cicero, Chicago, 1922 – Sun City 2006): Er studierte in den fünfziger Jahren Theologie an der Päpstlichen Universität Gregoriana in Rom und erhielt anschließend die Möglichkeit, in der renommierten englischen Sektion des vatikanischen Staatssekretariats zu arbeiten. 1969 wurde er zum Titularerzbischof von Horta ernannt. 1971–1989 war Marcinkus Präsident des IOR. Anfang der siebziger Jahre schloss er Freundschaft mit dem amerikanischen Geschäftsmann David Matthew Kennedy, dem damaligen Präsidenten der Continental Illinois Bank in Chicago und Finanzminister in der Regierung Nixon. Kennedy machte Marcinkus mit Michele Sindona bekannt, der ihn seinerseits mit Roberto Calvi, dem Präsidenten des Banco Ambrosiano, in Kontakt brachte. Mit ihm gründete er 1971 die Cisalpina Overseas Bank in Nassau auf den Bahamas (später Banco Ambrosiano Overseas, gegen den wegen der Wäsche von Geldern aus dem illegalen Drogenhandel ermittelt wurde), in deren Verwaltungsrat auch Michele Sindona und Licio Gelli saßen. Von besonderer Bedeutung waren Marcinkus' Beziehungen zum Banco Ambrosiano, in dessen Zusammenbruch er verwickelt war. Vor dem Haftbefehl der Mailänder Staatsanwaltschaft 1987 rettete ihn nur sein Diplomatenpass. Er erhielt nie die Kardinalswürde.

Luigi Mennini (Mailand 1910–1997): Der Generaldirektor des IOR wurde 1963 zum Päpstlichen Kammerherrn ernannt und war unter Marcinkus einer der wichtigsten Exponenten des IOR. Auch er war in den Finanzskandal um die Banca Privata Michele Sindonas und den Banco Ambrosiano Roberto Calvis verwickelt und kam deshalb 1981 in Haft.

Giovanni Battista Montini (Papst Paul VI.) (Concesio 1897–1978): Der Erzbischof von Mailand wurde am 21. Juni 1963 zum Papst gewählt. Nach dem Tod Papst Pius' XII. wählte das Konklave den betagten Patriarchen von Venedig, Angelo Giuseppe Roncalli, als Papst Johannes XXIII. zu seinem Nachfolger. Johannes XXIII. entsandte Montini als seinen Stellvertreter in zahlreiche Länder rund um den Globus. In das Pontifikat Papst Pauls VI. fielen die großen politischen Probleme und theologischen Dispute der Nachkriegszeit in Italien und Europa.

Giuseppe Pisanu (Ittiri 1937): Nach seinem Engagement in der katholischen Studentenbewegung trat er in die Democrazia Cristiana ein und wurde zum Parteivorsitzenden der Provinz Sassari und der Region Sardinien. 1975–1980 war er zusammen mit Benigno Zaccagnini Generalsekretär seiner Partei, später Untersekretär im Schatzministerium. Nach Auflösung der Democrazia Cristiana trat er Berlusconis Forza Italia bei. 2001 war er als Minister ohne Geschäftsbereich für die Umsetzung von Berlusconis Regierungsprogramm verantwortlich. Am 3. Juli 2002 wurde er Nachfolger von Innenminister Claudio Scajola, ein Amt, das er bis 2006 innehatte.

Bernardo Provenzano (Corleone 1933): Seit 1963 polizeilich gesucht, wurde der sizilianische Mafiaboss 2006 nach 43 Jahren im Untergrund verhaftet. In Abwesenheit war er zu dreimal lebenslänglich verurteilt worden und galt als der Boss der Bosse. Nach der Verhaftung von Totò Riina 1993 war Provenzano zum Boss des Corleone-Clans aufgestiegen. Mit ihm veränderte die Cosa Nostra ihre Strategie und agierte von nun an eher unauffällig. 1995 beziehungsweise 1996 waren auch Leoluca Bagarella und Giovanni Brusca verhaftet worden, unmittelbare Rivalen Provenzanos für die Führungsrolle innerhalb der Mafia.

Carlo Sama (Ravenna 1948): Der Chefmanager von Montedison wurde vom Kassationsgericht zu zwei Jahren und drei Monaten Haft verurteilt. Im Juni 1991, als Gardini von allen Aufgaben im Konzern entbunden wurde, traten bei Ferfin Arturo Ferruzzi und bei Montedison Sama selbst, der Ehemann der Tochter des Firmengründers Alessandra Ferruzzi, die Nachfolge an.

Michele Sindona (Patti 1920–1986): Nach dem Jurastudium arbeitete Sindona zunächst im Finanzamt von Messina. Nach dem Krieg eröffnete er in Mailand eine Steuerkanzlei und spezialisierte sich in den fünfziger Jahren auf Finanzplanung. Er kaufte mehrere Banken, angefangen mit der Banca Privata Finanziaria. 1972 erwarb er die Mehrheit an der Franklin National Bank und gründete Hunderte weitere Finanzgesellschaften. Er kaufte Firmenbeteiligungen, unter anderem an einer italienischen Investmentbank, die in unmittelbarer Konkurrenz zur Mediobanca stand. Sindona wurde wegen betrügerischen Bankrotts in den USA verhaftet und 1986 als Auftraggeber des Mordes an Giorgio Ambrosoli, dem Konkursverwalter seiner Banken, zu einer lebenslangen Freiheitsstrafe verurteilt. Im Zuge der Ermittlungen kamen seine Verbindungen zu Licio Gellis Geheimloge P2 ans Licht, seine Kontakte zum Vatikan, zur Freimaurerei und zu Mafiakreisen. Zwei Tage nach seiner Verurteilung wegen des Mordes an Ambrosoli beging er am 20. März 1986 Selbstmord. Er starb an einem mit Zyankali vergifteten Espresso.

Francis J. Spellman (Whitman, Massachusetts, 1889–1967): 1916 zum Priester geweiht, war er 1925–1932 Mitarbeiter des vatikanischen Staatssekretariats für die Vereinigten Staaten. Seit 1939 Erzbischof von New York, wurde er am 18. Februar 1946 zum Kardinal mit der Titelkirche Santi Giovanni e Paolo geweiht, ein Amt, das zuvor Papst Pius XII. innegehabt hatte. Seit 1939 war er Militärbischof der USA.

Karol Wojtyła (Papst Johannes Paul II.) (Wadowice 1920–2005): Er war der erste nichtitalienische Papst nach 455 Jahren. Sein Pontifikat war geprägt von einem starken antikommunistischen Engagement. Papst Johannes Paul II. war ein entschiedener Gegner der Abtreibung und bekräftigte die traditionelle Haltung der katholischen Kirche zum Zölibat und zur Priesterweihe von Frauen. Die marxistisch geprägte Theologie der Befreiung lehnte er ab.

Register

Auf Registereinträge zu Renato Dardozzi, Angelo Caloia, Donato de Bonis und Angelo Sodano wurde verzichtet, weil es sich um Protagonisten des Buches handelt, die fast auf jeder Seite genannt werden. Einige Namen des Registers sind so unvollständig wie in den Dokumenten; ihre Identität konnte nicht abschließend geklärt werden.

Adonis, Joe 40
Agnelli, Gianni 111, 125, 223, 341
Albano, Antonio 337
Altissimo, Renato 143, 186, 187
Ambrosoli, Giorgio 43, 44, 58, 246, 348
Amoretti, Anna Maria 193
Andreatta, Beniamino 46, 47
Andreotti, Giulio 5, 22, 42, 63, 73–79, 81, 84, 86, 87, 97, 101, 102, 104, 108, 110, 111, 113, 114, 122, 130, 143, 144, 155–159, 167, 178, 195, 196, 206, 246, 297, 302, 303, 317, 323, 326, 330, 334, 335, 341, 343, 344
Angelini, Fiorenzo 107–110, 206, 303, 334
Aquilanti, Giuseppe 304, 305
Aragona, Natalino 120, 143
Arnou, René 17
Aronwald, William 317
Ascari, Odoardo 78

Bagarella, Leoluca 329, 347
Bagnasco, Angelo 25, 26
Balducci, Corrado 335, 336, 338

Balducci, Domenico 325
Bartoloni, Bruno 145, 284
Bazoli, Giovanni 59, 67, 226, 271, 273, 282
Bechis, Franco 284
Bedogni, Anna 89
Beltrami, Ottorino 274, 275
Benedikt XIII. 28
Benedikt XIV. 29
Benelli, Giovanni 37, 103
Beria di Argentine, Chiara 143
Berlini, Pino 145
Berlusconi, Silvio 223, 287–291, 309, 342, 347
Bernasconi, Paolo 52
Bersani, Pierluigi 297, 298, 309, 310
Bertoli, Paolo 41
Bertone, Tarcisio 22, 26, 220, 224, 277, 279, 283, 314
Bettazzi, Luigi 293
Biagiotti, Laura 205
Biagiotti, Lavinia 205
Bianco, Gerardo 289
Bianconi, Giovanni 337
Bischi, Nicola 29

Bisignani, Luigi 87, 101, 102, 113, 114, 116, 117, 119, 123, 143, 151, 154, 160, 162–165, 167, 168, 170, 171, 176–178, 180, 186, 189, 334, 341
Bocca, Giorgio 125, 144
Bocconi, Sergio 142, 282
Bodio, Giovanni 68, 80, 118–120, 124, 154, 170, 185, 203, 209, 223, 341, 346
Bolan, Thomas 241, 242
Boncompagni Ludovisi, Rodolfo 30
Bonifaci, Diletta 209
Bonifaci, Domenico 100, 113, 117, 127, 131, 151, 152, 159, 165, 171, 180, 182, 186–190, 208–214, 216, 223, 341
Bonifaci, Federica 209
Bonifaci, Flaminia 209
Bonsanti, Sandra 60
Bontate, Stefano 321
Borgia, Rocco 307, 319
Borrelli, Francesco Saverio 127–131, 136, 137, 144, 149, 309
Borsellino, Paolo 130, 322, 323, 343
Bosio, Giorgio 336, 338
Bossi, Umberto 97, 186, 187, 282
Bricchetti, Renato 52, 61, 66, 281
Briganti, Giuliano 266
Broglio, Timothy 125, 127, 133, 134, 144, 270
Brunelli, Lucio 192
Brusca, Giovanni 323, 329, 337, 347
Buratti 102, 103
Buscetta, Tommaso 131, 326, 327, 343
Buttafuoco, Pietrangelo 273
Buttiglione, Rocco 289, 290

Cacciavillan, Agostino 251
Cagliari, Gabriele 111, 121, 153
Calabresi, Luigi 78
Calabresi, Ubaldo 236, 237
Calcara, Vincenzo 322, 323, 336
Calò, Pippo 321, 325
Calvi, Carlo 324, 337
Calvi, Roberto 16, 18, 21, 33, 42–47, 51, 53–56, 58, 60, 61, 69, 70, 95, 96, 113, 114, 131, 200, 201, 225, 226, 229, 232, 234, 270, 322, 324, 325, 336, 337, 342, 346, 347
Camadini, Giuseppe 273, 282
Cannevale, Alessandro G. 193
Capaldo, Giancarlo 9, 294, 295, 297, 298, 311, 342
Capaldo, Pellegrino 47–49, 54, 56, 57, 61
Caperna, Alberto 338
Capone, Al 37
Cardella, Fausto 193
Carlini 118, 143, 223
Carnevale 231
Carraro 246
Casaroli, Agostino 18, 44, 46, 47, 49, 51, 57, 58, 61, 67, 137, 149, 160, 162, 186, 187, 190, 214, 216, 226, 233, 249, 342, 344
Caselli, Giancarlo 323
Casini, Pierferdinando 288–290
Casolino, Giacomo 281
Cassina, Arturo 329–331
Castillo Lara, José Rosalio 68, 95, 108, 120, 131, 137, 140–142, 162, 169, 170, 175, 179, 181–184, 186, 187, 195–197, 202, 205–208, 211–221, 223, 224, 228, 237, 256, 277, 343
Castillo, Lucas Guillermo 206
Chávez, Hugo 220

350

Checchia, Clorinda 209
Chiesa, Mario 60, 80, 109, 143
Chiminello, Antonio 117, 143, 251
Ciampi, Carlo Azeglio 314, 316
Ciancimino, Massimo 9, 326–334, 337, 338, 343
Ciancimino, Vito 9, 326–334, 337, 338, 343
Ciferri, Augusto 317
Ciocci, Pietro 118, 138, 143, 203
Clemens XIV. 29
Consoli, Jacqueline 263, 280
Corsini, Lorenzo (Clemens XII.) 28, 29, 57
Coscia, Niccolò 28, 29
Cossiga, Francesco 97, 122, 289, 290, 293, 314
Cozzani 338
Craxi, Bettino 57, 116, 157, 186, 187, 314
Cremona, Carlo 104
Cuccia, Enrico 43
Curzi, Giuseppe 303
Cusani, Sergio 88, 102, 113, 116, 119, 126, 134, 159, 171, 177, 178, 181, 186, 187, 192, 200, 344

D'Agostino, Filippo 204
d'Andrea, Antonio 204
D'Avanzo, Giuseppe 336
D'Ercole, Giovanni 250, 251
D'Onofrio, Francesco 288
D'Orazio, Alberto 227
Dale, George 245
Davigo, Piercamillo 136
De Benedetti, Carlo 223
De Donno, Antonio 58
De Filippo, Eduardo 70
De Gasperi, Alcide 59

De Gennaro, Gianni 315
De Guida 102, 103
De Lorenzo, Francesco 109
De Luca, Giuseppe 128, 133, 134
De Mita, Ciriaco 47
De Paolis, Velasio 276
de Scalzi, Erminio 273
de Strobel, Pellegrino 40, 44, 52, 58, 61, 66, 70, 93, 99, 199, 344
de Weck, Philippe 95, 161, 170, 191, 270, 280
Dechant, Virgil 191
del Blanco Prieto, Félix 280
Del Ponte, Carla 175, 176
Dell'Utri, Marcello 289, 321
della Monica, Silvia 193
Della Valle, Raffaele 298
Dellorfano, Fred M. 232, 233
di Carlo, Valerio 78
Di Feo, Gianluca 138, 168
di Jorio, Alberto 66, 69, 91, 100, 150, 151, 159, 198, 199, 345
Di Pietro, Antonio 60, 108, 123, 136, 164, 167, 168, 177, 186, 192, 293
Dini, Lamberto 248, 293
Dziwisz, Stanisław 82, 83, 97, 102, 114, 125, 187, 219, 254, 270, 345

Estermann, Alois 250

Falcone, Giovanni 97, 130, 322, 323, 325, 336, 343
Falez, Stefano 79
Famiglietti, Tekla 78
Fanfani, Amintore 314
Favino, Giulio 248
Fazio, Antonio 140
Federico, Salvatore 321
Felder, Franco 176

Fellah, Raffaello 78
Ferramonti, Gianmario 306
Ferruzzi, Alessandra 88, 116, 117, 143, 159, 347
Ferruzzi, Arturo 143, 347
Ferruzzi, Familie 88, 111, 117, 119, 151, 152, 163, 342
Ferruzzi, Franca 143
Ferruzzi-Gruppe 88, 111, 112, 116, 117, 141, 169, 170, 175, 176, 179, 185, 186, 341, 344, 345
Ferruzzi, Idina 143
Ferruzzi, Serafino 143, 345
Fini, Gianfranco 291
Fiorani, Gianpiero 220–222, 224
Fisichella, Rino 23
Fleri, Marino 79
Flick, Giovanni Maria 324
Folchi, Enrico 30
Foligni, Mario 301–304, 317, 318
Follain, John 250
Follini, Marco 288
Forcellini, Paolo 279
Forlani, Arnaldo 112, 157, 186, 187, 314, 335
Formentini, Marco 274
Formigoni, Roberto 289
Fornasari, Mario 299, 307, 318, 319
Frankel, Martin 238–245, 250
Frattini, Eric 110
Frigerio, Gianstefano 119

Galli, Giancarlo 60, 61, 109, 143
Gallo, Alberto 224, 227
Gallo, Giuliano 193
Gambino, Agostino 47–49, 51, 52, 54, 56, 60, 61
Gardini, Raul 111–113, 116, 121, 123, 142, 143, 177, 178, 208, 344, 345, 347

Gargiullo, Franco Maria 301
Garofano, Giuseppe 119–121, 123, 127, 156, 178, 187
Gelli, Licio 41, 45, 113, 122, 144, 232, 248, 301, 321, 322, 325, 346, 348
Gelli, Luigi 232, 248
Gelli, Maria Grazia 248
Gelli, Maurizio 248
Gelli, Raffaello 248
Genovese, Vito 40
Gerini, Alessandro 217, 226–231, 234, 246–249
Gerini, Giannina 229
Gerini, Lanfranco 246
Geronzi 102, 103
Ghiron, Giorgio 333
Giacobino, Andrea 145
Giallombardo, Mauro 116
Giansoldati, Gianfranca 224
Gibellini, Andrea 68, 120, 140, 141, 167, 168, 175, 191, 195–197, 215, 217, 236, 265, 346
Gioia, Giovanni 332
Giordano, Mario Lucio 299
Giordano, Michele 204, 299, 300, 308, 311
Giudice, Raffaele 303
Gori, Nicola 280
Gotti Tedeschi, Ettore 26, 278, 342
Grande Stevens, Franzo 125, 128, 133, 134, 147, 161, 162, 164, 166, 167, 172, 174, 176, 179, 181–183, 191, 192, 231, 290
Grasso, Piero 337
Greco, Francesco 136
Grosso, Cristina 266
Gubinelli, Paolo 303
Gutkowski 266, 281

352

Hunt, Lemmon 95

Ilari, Annibale 303
Ingrao, Ignazio 338
Ingroia, Antonio 204, 328
Inzerillo, Familie 60, 321
Izzi, Domenico 235–238, 250

Jacobs, Peter 241–243, 245, 250, 251

Kennedy, David M. 41, 346
Kuharić, Franjo 79

La Malfa, Giorgio 186
La Monica, Pietro 246
La Rocca, Orazio 95, 282
Laghi, Pio 205, 232, 242, 248, 250, 251
Lai, Benny 33, 280
Lajolo, Giovanni 228, 248
Lannes, Gianni 106, 110
Lari, Sergio 328
Lavezzari, Carlo 77
Legrenzi, Fanny und Tito 78
Lelli, Eligio 105
Leo XIII. 30, 32
Leone, Giovanni 40
Leone, Lorenzo 92, 93, 105–107
Letta, Enrico 293
Letta, Gianni 205
Ligresti, Salvatore 215
Lima, Salvo 326, 334
Lobato, Abelardo 78
Longo, Alessandra 110
Lorenzini, Mauro 203
Luciani, Albino (Johannes Paul I.) 16, 43, 44, 59, 110, 314, 346
Lupacchini, Otello 71, 95, 325, 337
Lynch, William 317, 318

Maccanico, Antonio 293
Macchi, Pasquale 39, 40, 103, 104, 110, 121, 122, 205, 206, 281
Macchiarella, Pietro 76
Macioce, Thomas 95
Madonia, Francesco 321
Maltese, Curzio 281, 336
Malvezzi, Giovanni 273
Mamone, Luigi 308–310, 317
Mancino, Nicola 328
Manguso 102, 103
Mannino, Calogero 323
Mannoia, Francesco Saverio 321–323
Marcinkus, Paul Casimir 15, 16, 21, 28, 37–47, 51, 52, 56, 58, 59, 61, 62, 64, 66, 67, 69–73, 80, 93, 95, 99, 100, 103, 104, 118, 131, 139, 170, 198, 205, 206, 214, 257, 262, 270, 318, 322, 326, 336, 337, 341, 342, 344, 345–347
Margonda 214, 215
Mariella, Giovanni 309, 310, 319
Marinelli, Giovanna 230
Marini, Franco 293
Martelli, Claudio 186
Martinelli, Felice 226, 230, 246, 271, 282
Martínez Somalo, Eduardo 51, 137, 162, 186, 187, 216
Martini, Carlo Maria 67, 135–137, 139, 273, 274, 293
Martini, Daniele 143
Massera, Emilio 248
Mastella, Clemente 288, 293
Mastrogiacomo, Daniele 143
Matarrese, Antonio 297, 298, 309, 316
Matarrese, Giuseppe 316
Matarrese, Salvatore 316

Matta, Giovanni 330
Maurizio, Pierangelo 247
Mazza, Angelo 221, 224
Mazzotta, Roberto 272–274
Meletti, Gianadelio 302
Melpignano, Sergio 188, 189
Menghini, Emanuela Serena 143
Mennini, Luigi 40, 43, 44, 52, 58, 61, 66, 118, 198, 199, 345, 347
Merolli, Claudio 246
Messina Denaro, Francesco 323, 336, 337
Messina Denaro, Matteo 323, 336
Meza Romero, Gladys 250
Mezzina, Nicola 304
Micara, Clemente 69
Michels, Alexander 30
Miglio, Giuseppe Giampiero 108
Mintoff, Don 303
Mondatore, Cinzia 105
Monteleone, Maria 322
Montesquieu 28
Monti, Giuseppe 299, 301, 317, 318
Montini, Giovanni Battista (Paul VI.) 38–43, 60, 72, 90, 103, 199, 206, 306, 314, 316, 325, 345, 347
Moreira Neves, Lucas 79
Mosca Moschini, Rolando 308–310
Moschetti, Giorgio 167, 191
Mussolini, Benito 39, 346

Napolitano, Giorgio 308, 324
Navarro-Valls, Joaquín 108, 243, 251, 300
Negro, Fabio 280
Nixon, Richard 41, 233, 346
Nogara, Bernardino 38
Nolé, Francescantonio 238

O'Connor, John 79, 137, 186, 206, 216
Oddi, Silvio 292
Odifreddi, Piergiorgio 255
Onorati, Frank 233
Orizio, Riccardo 223, 279
Orlandi, Emanuela 324, 337, 342
Ortolani, Umberto 143, 144, 301

Pacelli, Carlo 32
Pacelli, Ernesto 32
Pacelli, Eugenio (Pius XII.) 32, 37, 38, 59, 257, 347, 348
Pacelli, Giulio 32
Pacelli, Marcantonio 32
Padalino, Antonio 95
Palermo, Carlo 61
Pamparana, Andrea 192
Pappalardo, Alberto 226, 228–234, 248
Pappalardo, Marina 230
Pappalardo, Salvatore 292, 314, 315
Parisi, Roberto 330, 338
Pavina, Luciano 160
Pazienza, Francesco 95
Pecorelli, Mino 44, 130, 302, 317, 341
Pennarola, Rita 294
Perdinzani, Ermanno 143
Pergolini, Angelo 62
Perrone, Vincenzo 96, 126, 191, 196, 218, 222
Pesenti, Familie 70
Piazzesi, Gianfranco 60
Picchi, Mario 78, 89
Pietzcker, Theodor 95, 170, 270
Piga, Franco 112
Pini, Nicola 192
Pinotti, Ferruccio 337
Pioppo, Piero 22, 278

Piovano, Gianfranco 174, 175, 192, 242
Pisano, Isabel 71
Pisanu, Giuseppe (Beppe) 288, 298, 311, 314, 319, 347
Pius IX. 30
Pius X. 32
Pivetti, Irene 230
Poggiolini, Duilio 108
Poletti, Ugo 44
Politi, Marco 192, 223, 280
Pollari, Niccolò 246
Pomicino, Paolo Cirino 186
Pontiggia 273
Prandini, Gianni 335, 336, 338
Prela, Nike 79
Previti, Cesare 289
Prodi, Romano 287, 293, 298, 310
Proietti, Fernando 143
Provenzano, Bernardo 286, 321, 327, 328, 330, 331, 337, 343, 347
Pujats, Jānis 218, 219

Quarracino, Antonio 236, 237

Ratti, Achille (Pius XI.) 279
Ratzinger, Joseph (Benedikt XVI.) 18, 26, 27, 57, 61, 144, 220, 228, 248, 277, 283–285, 314, 345
Re, Giovanni Battista 144, 187, 242, 251, 273, 292
Reagan, Ronald 241
Recchia, Carmine 138
Renzo, Michele 193
Ricci, Vittorio Giuliano 143
Rizzi, Fabrizio 60
Rizzo, Sergio 282
Rizzoli, Angelo 122, 144, 337

Roberti, Franco 309, 319
Rochat, Marco H. 263, 280
Rogers, William 233
Roncalli, Angelo (Johannes XXIII.) 38, 39, 235, 347
Roncareggi, Angelo 273–275
Rossi, Giancarlo 167
Rothschild 30
Ruini, Camillo 292, 293
Russo, Michelangelo 300, 308–310, 317
Russo, Nanni 234

Salato, Giancostabile 296
Saldutti, Nicola 142
Salerno, Francesco 69, 242, 251, 317, 319
Salvatori, Carlo 274
Sama, Carlo 87, 88, 113, 116, 117, 119, 120, 123, 126, 127, 143, 159, 169, 170, 186, 187, 347
Sánchez Asiaín, José Angel 95, 191, 270
Sasso, Cosimo 315
Sbardella, Vittorio 167, 191
Scajola, Claudio 314, 347
Scaletti, Lelio 68, 175, 187, 191, 202–204, 210, 213, 226, 228–231, 242, 248, 251, 269, 274, 275, 300, 335, 336
Scalfaro, Oscar Luigi 97, 298, 308–310
Scandiffio, Michele 122
Scarpinato, Roberto 204
Scotti Camuzzi, Sergio 248
Scottoni, Franco 61
Secchia, Domenico 107
Senn, Nicholas 233
Sereny, Eva 79
Sforza, Anna Maria 338

Silvera 228–231, 248
Silvestri 231, 338
Silvestrini, Achille 231
Simi De Burgis, Romeo 186
Simpson Blowback, Christopher 59
Sisti, Leo 143
Sogno, Edgardo 78
Soldati, Fabio 176
Sottocornola, Fabio 246
Spada, Massimo 40, 43, 60, 345
Spadolini, Giovanni 314
Spaziante, Emilio 315
Spellman, Francis J. 5, 37–39, 59,
    72–81, 85, 86, 96, 97, 100,
    114–116, 122, 129, 150, 151,
    155–157, 159, 166, 168, 180,
    186, 188, 195–198, 210, 344,
    348
Spreafico, Franco 231, 246
Stammati, Gaetano 113, 341
Statera, Alberto 143
Szoka, Edmund Casimir 219, 256,
    257

Tancredi, Armando 79
Tarantola, Giuseppe 171
Tartaglia, Pier Giorgio 191
Tassan Din, Bruno 144
Teodori, Massimo 77
Tescaroli, Luca 322, 325, 337
Testori, Luigi 273
Tinebra, Baldassare 60
Togna, Trabaldo 221
Tonini, Ersilio 293
Tornay, Cedric 250
Tosatti, Marco 314
Travagin, Giancarlo 306

Tremonti, Giulio 212
Tricarico, Alberto 250
Tricerri, Carlo 237
Tumedei Casalis, Alina 88, 90, 92,
    99, 198
Tumedei, Cesare 90, 99, 198
Turone, Giuliano 44

Urosa Savino, Jorge Liberato 220
Ursi, Corrado 122
Uva, Pasquale 104, 105

Vannucchini 198
Vaselli, Romolo 329, 337, 338
Vetrano 89, 102, 103
Viganò, Egidio 248
Vigna, Pierluigi 309, 310
Villot, Jean 44
Viola, E. 102, 103
Visco, Vincenzo 310
Vitalone, Claudio 191
Viviano, Francesco 336

Wiederkehr 218
Wojtyła, Karol (Johannes Paul II.)
    7, 16, 18, 44, 51, 57–59, 64,
    68, 95, 99, 104, 107, 114, 122,
    127, 139, 155, 205–207, 217,
    219, 222, 232, 248, 253, 257,
    258, 260, 261, 277, 292, 306,
    314–316, 321, 322, 342, 343,
    345, 348

Yallop, David A. 23, 38, 44, 59, 61,
    110, 317, 318

Zizola, Giancarlo 69, 95

Heimlich, heimlicher, unheimlich.

Reinalter, Helmut
„DIE WELT-
VERSCHWÖRER"
188 Seiten, EUR 19,95
ISBN: 978-3-902404-85-5

Geheime Gesellschaften machen Weltpolitik. Diese Behauptung findet sich in zahlreichen literarischen Werken und populärwissenschaftlichen Büchern, die die Hintergrundkräfte der Geschichte aufzeigen und ihr Wirken erklären möchten. Dahinter verbirgt sich die Vorstellung, dass geheime Mächte am Werk sind, die Politik gestalten und bestimmen, und dass die Welt von konspirativen Gruppen gelenkt wird.
Dieses Buch entführt Sie in die Welt des Verschwörungsdenkens und legt die wissenschaftlichen Fakten über die Verschwörung der Templer, der Aufklärer, der Illuminaten, der Jakobiner, der Sozialisten und Kommunisten und die angebliche Weltverschwörung der Juden und Freimaurer offen.
Was steckt hinter den Mythen über die Einflüsse der „Weltverschwörer" auf Politik und Wirtschaft? Welche geheimen Gesellschaften gibt und gab es wirklich? Wo haben sie ihre Wurzeln? Was sind ihre Ziele, und wollen sie wirklich die Weltherrschaft an sich reißen?
Helmut Reinalter beleuchtet die faszinierende Geschichte der Verschwörungstheorien, geht auch auf ganz aktuelle Theorien ein und beurteilt sie kritisch aus der Perspektive des Aufklärers und Rationalisten.

Kein Wort zu viel.

Jelinek, Gerhard
„REDEN, DIE DIE WELT VERÄNDERTEN"
312 Seiten, EUR 19,95
ISBN: 978-3-902404-77-0

»Der Autor formuliert in kristallklarer Sprache, seine Urteile sind von bestechender Ein- und Weitsicht. So muss man in einer geschichtsfernen Zeit schreiben, um die Menschen für die Vergangenheit zu interessieren.«

Die Presse

Jesus Christus, Bertha von Suttner, Marie Curie, Joseph Goebbels, Kaiser Hirohito, Leopold Figl, Bruno Kreisky, Margaret Thatcher, Helmut Khol, Lech Wałęsa, Václav Havel, Michail Gorbatschow, Martin Luther King, Nelson Mandela. Oft bleibt von großen Leben ein Satz: Winston Churchill und sein „Blood, toil, tears, and sweat", John F. Kennedys Bekenntnis „Ich bin ein Berliner" oder Ronald Reagans Aufforderung: „Herr Gorbatschow, reißen Sie diese Mauer nieder."
Dieses Buch handelt von Reden, die Geschichte gemacht haben, und es beschreibt die Geschichte dieser Reden.

Spannend.

Von bösen Menschen.

Haller, Reinhard
„DAS GANZ NORMALE BÖSE"
224 Seiten, EUR 19,95
ISBN: 978-3-902404-80-0

»Es gibt wohl keinen Abgrund der menschlichen Seele, in den der 55-jährige Vorarlberger noch nicht geblickt hätte.«

Salzburger Nachrichten

Das Böse ängstigt und bedrückt uns, es nimmt uns Freiheit, Gesundheit und Lebensfreude, es stürzt uns in Konflikte und Leid. Obwohl wir das Böse nicht beschreiben können, wird es gefürchtet, gehasst, bekämpft, gemieden und tabuisiert – und gleichzeitig voll Faszination betrachtet.
Das Böse, das zum menschlichen Dasein gehört wie das Gute, zeigt sich in Hass und Gier, in Mord und Vergewaltigung, in Krankheit und Katastrophe, in Krieg und Genozid – und in jedem Verbrechen. Es begegnet uns in der Wut des Streitenden und in der Rache des Gekränkten, im hochgeschaukelten Affekt des Eifersüchtigen und im eiskalten Vernichtungsplan des Narzissten. Wir erkennen es in autoritären Regimen und fanatischen Ideologien, in zwischenmenschlichen Konflikten oder Familiendramen, in Völkerschlachten und Kriegsgräuel, in Seuche und Krankheit, in Deportation und Sexualmord – und in unseren geheimen Gedanken. Es lauert im destruktiven Agieren von Unmenschen und im sadistischen Planen von Nichtpersonen genauso wie hinter der biederen Fassade von Jedermännern – und es steckt in jedem von uns.